新曲綫 New Curves | 用心雕刻每一本......
http://site.douban.com/110283/
http://weibo.com/nccpub

用心字里行间 雕刻名著经典

改变心理学的40项研究

第7版

［美］罗杰·霍克　著

白学军　等译　　杨治良　郭秀艳　审校

人民邮电出版社

北　京

图书在版编目（CIP）数据

改变心理学的 40 项研究：第 7 版 /（美）罗杰·霍克著；白学军等译 . -- 北京：人民邮电出版社，2020.1（2024.2 重印）

ISBN 978-7-115-52707-3

Ⅰ. ①改… Ⅱ. ①罗… ②白… Ⅲ. ①心理学－研究 Ⅳ. ① B84

中国版本图书馆 CIP 数据核字（2019）第 277801 号

改变心理学的 40 项研究（第 7 版）

◆ 著　　　[美] 罗杰·霍克
　译　　　白学军 等
　审　　校　杨治良　郭秀艳
　策　　划　刘　力　陆　瑜
　责任编辑　刘冰云
　装帧设计　陶建胜

◆ 人民邮电出版社出版发行　北京市丰台区成寿寺路 11 号
　邮编　100164　电子邮件　315@ptpress.com.cn
　网址　http://www.ptpress.com.cn
　电话（编辑部）010-84931398　（市场部）010-84937152
　三河市少明印务有限公司印刷
　新华书店经销

◆ 开本：710 × 1000　1 /16
　印张：24.75
　字数：320 千字　2020 年 1 月第 1 版　2024 年 2 月第 4 次印刷

著作权合同登记号　图字：01-2016-9371

定价：88.00 元

本书如有印装质量问题，请与本社联系　电话：（010）84937152

内容提要

《改变心理学的40项研究》的独到之处在于填补了心理学导论性书籍和心理学研究类著作之间的沟壑，从历史的角度深入阐述了心理学史上具有里程碑意义的40项研究，并介绍了这些研究的后续进展和相关研究。全书分为十个专题，分别为：人类行为的生物学基础，意识与知觉，条件作用和学习，认知、记忆和智力，毕生发展，动机和情绪，人格，心理障碍，心理治疗以及人类互动与社会行为。

自1992年首版以来，本书一直是备受推崇的心理学畅销书，成为世界各地许多大学和中学的参考教材，且已被译为6种语言。作者罗杰·霍克不仅是一位心理学家，同时也是优秀的教育家和作家，他用自己简练的思维和生动的语言，将“枯燥的”心理学经典研究变成了一个又一个引人入胜的故事。阅读此书，会让你感到心理学将不再“枯燥”，不再“远离实际”，也不再“高不可攀”。同时，阅读这些经典研究，还会让你信服现代心理学的确是“硬”科学，并折服于心理学大师们的绝妙思路和天才的想法。

第7版新增了在心理学史上极具影响力的两项研究。第一项是罗施自1973年以来的革命性发现，她通过巧妙的方法来研究人类大脑对颜色的分类；第二项是近年来的研究，它基于研究目的来使用磁共振成像（MRI）直观地揭示人脑活动。此外，更新了很多研究报告中的“近期应用”部分，反映了进入21世纪以来这40项研究被引用的情况。此次修订还对全书译文进行了精心修订和编校，修正了译文中不少错漏之处。

For Diane Perin Hock and Caroline Mei Perin Hock

译者序

正如刻在德尔斐的阿波罗神庙的名言“认知你自己（know thyself）”所说，为了对人类自身心理问题加以认识，心理学家不断地探索，以期揭示人类心理的奥秘。

1879年冯特创立心理学实验室，标志着科学心理学的诞生。从那时起，无数的心理学家从不同角度对人类心理问题进行了科学、系统的研究，其中的一些研究随着时间的推移变成了经典。经典的研究如同陈年老酒，越久越香！阅读经典总能让人受到启迪和教诲，也会给人以力量或产生激励作用！

陶行知先生提出好书的三个标准：(1) 我们要看这本书有没有引导人动作的力量；(2) 我们要看这本书有没有引导人思想的力量；(3) 我们要看这本书有没有引导人产生新价值的力量。我想本书具备以上三个标准，同时还需要强调的是，本书中的每项研究更符合上面的三个标准。每一项研究自发表后，就引起人们极大的关注，并激发后来学者强烈的好奇心和探索欲望。

2017年春，北京新曲线出版咨询有限公司与我联系，希望我能够承担本书新版的翻译工作。鉴于本书是许多心理学爱好者、研究者、工作者非常喜欢的读物之一，我欣然地接受了这项光荣而重要的工作，然后带领着自己的弟子们共同翻译此书。经过几个月的努力，现在终于可以交稿了。看到自己的学生们一天天地成长，我感到无比欣喜：“得天下英才而教育之，一乐也！”

子在川上曰：“逝者如斯夫。”从2004年，我带领弟子们第一次翻译此书，至今已十多个年头了。我自己也从一名青年学者变成中年学者。一年又一年，时间怎么过得如此快呢？我常常情不自禁地感叹：“时间都去哪儿了？”

同时，我也收获了很多。记得有许多次，我到兄弟院校进行学术交流，同仁给学生们介绍时常会这样说:"这位就是《改变心理学的40项研究》一书的译者。"我从学生们激动、兴奋的表情中，感受到这本好书的魅力。有一些学生还将自己新买的书请我签名，让我过了一把"明星"瘾；还有读者来信告诉我："读了此书后，我就喜爱上了心理学";"读了此书后，才发现心理学是如此地'好玩'";"读了此书后，才知道心理学如此有意思！"；"读了此书，才明白什么是科学的心理学！"；"读了此书后，我明白了如何像心理学大师们一样思考心理学问题"……

在全书的结构上，这一版没有大的变化，仍然由十个心理学专题构成，但专题名称有所变化，分别为：人类行为的生物学基础，意识与知觉，条件作用和学习，认知、记忆和智力，毕生发展，动机和情绪，人格，心理障碍，心理治疗以及人类互动与社会行为。每个专题包括四项研究。这十个专题涵盖了当今心理学的主流内容，受到的关注度最高。

每一项研究包括题目、作者、时间、论文名称（或著作名称)、发表刊物（或出版社)、卷（期）和页码、问题提出的背景、理论假设、研究方法、结果、讨论、批评、最近应用和参考文献等内容，即一项完整研究的全部内容。通过阅读每一项研究，读者能够全方位地获取心理学研究的相关知识。

如何才能在阅读本书后有所收获呢?

第一，读书贵有疑。明代学者陈献章说："前辈谓学贵知疑，小疑则小进，大疑则大进。疑者，觉悟之机也。一番觉悟，一番长进。"建议你读完每一项研究后，想一想，还有哪些问题值得进一步研究？还有哪些因素需要进一步控制？还可以将此研究拓展到哪些领域?

第二，反复阅读。在陈寿《三国志・魏志・董遇传》中有一句名言："读书百遍而义自见。"对于经典研究，建议大家多读几遍，反复揣摩心理学大师们的智慧与创造。不仅要学习他们是如何发现问题和提出问题的，更要学习他们是如何巧妙地解决问题的，从而提高自己的"问题意识"和"解决问题的能力"。

第三，批判性阅读。在《孟子・尽心下》中有一句话:"尽信书，则不如无书。"美国哲学家、教育家和心理学家约翰・杜威在《我们如何思维》一书中将批判性思维称为反省性思维。他认为反省性思维是对观点和被认同的知识所采取的主动的、持续的、仔细的思考；其方式是探究知识具有什么样的支撑，可以得出什么样的结论。因此，读者在阅读每一项研究时，首先要重点阅读研究者提出的理论观点；其次是要找到作者用什么来支撑其理论观点；最后，阅读“批评”部分，了解一下前人如何独立提出自己对经典研究的质疑。

与本书的第 6 版相比，第 7 版更换了两项研究：第一项是 1973 年埃莉诺·罗施的革命性工作，她通过巧妙的方法来研究人类大脑对颜色的分类；第二项是近年来的研究，它使用高技术设备（主要是 MRI）直观地揭示出人脑活动。除了上述变动外，作者对其他研究也做了部分修改，根据最新的研究成果对其进行了丰富。

参加本书翻译的人员是：白学军（前言、第一章）、王永胜（第二章）、张慢慢（第三章、第四章）、李士一（第五章、第七章）、谭珂（第六章）、李馨（第八章）、刘丽（第九章、第十章）。翻译完初稿后，谭珂和李士一两位博士研究生又对照原文仔细核对了译稿。最后我对全书进行了统校。

在本书前几版的翻译过程中，得到了著名心理学家、教育家杨治良教授和郭秀艳教授的鼎力相助，在此向他们表示衷心感谢！

著名心理学家、教育家林崇德教授，将我领入心理学的殿堂。他用自己的智慧、勤奋取得了无数令人钦佩的成就，成为全国人民教师的楷模。能够成为他的学生，是我一生的骄傲和荣幸。林老师一直关心此书的翻译工作，在此向他致以诚挚的谢意！

著名心理学家、教育家沈德立先生生前对本书的翻译倾注了大量的心血。虽然他离我们而去了，但他留下的“爱国、尊师、勤奋、认真”的思想，激励着我们不断地前进！谨以此书献给沈先生，以表达弟子对他无尽的怀念！

父亲生前一直教导我：要以“好”为标准，不仅要好学，还要有好心，更要做好人。我一直牢记父亲的嘱咐。

本书的成功翻译，还要感谢爱妻、女儿、岳母、母亲对我工作的大力支持！

将一种文字的著作翻译成另一种语言，既是一个让人思想不断升华的过程，又是一个不断追求真、善、美的过程，更是对人学识的检验过程。在本书的翻译过程中，我们明白和体会到“书到用时方恨少，事非经过不知难”这句话的真意。虽然我们认真地翻译，力求使翻译内容科学、准确，但是深知自己学识修养还不足。因此，译文中一定会有不妥之处，敬请读者批评指正！

白学军

教育部人文社会科学重点研究基地

天津师范大学心理与行为研究院

2017 年 3 月 28 日

前　言

欢迎大家阅读《改变心理学的 40 项研究》一书的第 7 版。20 多年来，本书已成为世界各地许多大学和高级中学的主要参考书，且已被翻译为 6 种语言。第 7 版中的大部分研究在第 1 版时就已经收录了。这说明这些里程碑式的研究仍然对心理学的思想与研究具有深远影响。这些原创性研究以及后来在此基础上有所增加或修改的研究，使我们有机会得以窥见科学心理学的诞生与发展，也让我们认识到人性的复杂性。

在心理学各分支领域中，众多人类行为的研究具有举足轻重、意义深远的影响。这些研究结果改变了我们对人类行为的认识，并为此后不计其数的实验设计和研究程序打下了基础。虽然有些重要研究的结果被后来的研究所证伪或质疑，但它们在特定历史条件下的影响和作用丝毫未被削弱。它们依旧为新的著述所引用，依然是学术探讨的话题，依旧是众多教材编写的基本内容，依旧在心理学家的心目中占有独特的地位。

本书的构思源于我 30 多年的心理学教学经验。心理学教科书大多以科学研究为基本内容，这些研究在相对短暂的心理学史上，对心理科学的发展起了举足轻重的作用。然而，教科书对于原创性的研究却很少给予应有的关注。在这些书中，人们通常只是概括地介绍研究过程和结果，这就大大弱化了生命的奇妙性与科学发现的兴奋性。有时，对这些研究成果的介绍方式也会使读者误解科学研究的真正影响和意义。这决不是批评教科书的作者们，因为教科书的篇幅有限，他们不得不对诸多研究的内容和细节进行艰难的取舍。然而，出现这种情况是令人遗憾的，因为现代心理学的全部基础是科学研究，在一个多世纪里，有许多构思独特、设计精巧的研究，不断地拓展和完善了我们对人类行为的认识与理解，达到了今天如此深入的程度。

本书试图填补心理学教科书与心理学研究之间的这一鸿沟。它也是对心理学

史上重大事件的一次回顾。我希望自己的介绍能够使这 40 项研究得以真实地再
12 现，让读者亲身感受它们。本书谨献给所有希望深入了解心理学真正之根的人们。

研究的选择

本书涵盖的这些研究，是根据心理学教科书、心理学学术期刊和心理学分支学科许多权威专家的建议，精心挑选出来的。虽然对应选多少研究事先并无计划，但是，从历史和本书篇幅两方面来考虑，选择 40 项研究似乎恰如其分。书中所挑选的这些研究，在心理学史上也许是最著名、最重要或是最有影响的。我用“也许”这个词，是因为本书的许多读者可能会对其中的一些选择持不同意见。毫无疑问，要列出让所有人都满意的一个 40 项研究的目录是不可能的。然而，本书所包含的这些研究在发表以后引发了激烈的争论，激发了很多的相关研究，开创了心理学探索的新领域，极大地改变了我们对人类行为的认识，而且继续被频繁引用。这些研究是按其所属的心理学分支组织起来的，主要包括：人类行为的生物学基础，意识与知觉，条件作用和学习，认知、记忆和智力，毕生发展，动机和情绪，人格，心理障碍，心理治疗以及人类互动与社会行为。

本书的体例

本书不可能将每一原创研究的所有内容都包括在内。相应地，为了便于读者更好地理解每一项研究，本书采用了统一的基本格式，每项研究都包含以下内容：

1. 可找到含原始研究出处的确切、实用的参考文献。
2. 该研究背景的简要介绍及开展此项研究的原因。
3. 该研究依据的理论命题或假设。
4. 对实验设计和方法的详细介绍：包括合适的研究场所、参与者是谁以及如何招募、仪器和材料的使用，以及进行研究的实际步骤。
5. 用清晰、易理解、非技术性、非统计学的通俗语言总结研究结果。

6. 根据研究者在原文中对结果的讨论来解释该项研究发现的意义。
7. 该研究在心理学领域内的重要性。
8. 简要讨论后续研究中的一些支持或反对的情况，以及本领域其他研究对该研 13
   究提出的批评与质疑。
9. 介绍近期某些文章中应用和引用此研究的例子，以说明该研究的持续影响力。
10. 与本研究有关的进一步研究及最新研究的最新参考资料。

通常，要想理解科学家所用的语言并不容易（甚至对其他科学家而言也是如此！）。本书的主要目标是使这些研究变得更有意思，从而更容易被广大读者接受，并使他们能够体验到这些引人注目的重要发现中那些令人激动的美妙之处。我尽可能地对这些研究进行了适当的简化论述，使之易读易懂，同时又注意保持原有研究的精华，以使读者明了该研究所带来的重要影响。

第 7 版中的新内容

《改变心理学的 40 项研究》（第 7 版）提供了许多重要的和实质性的变化，新增了在心理学历史上最有影响力的两项研究。第一项是埃莉诺·罗施自 1973 年以来的革命性发现，她通过巧妙的方法来研究人类大脑对颜色的分类。第二项是近年来的研究，它基于研究目的来使用高科技设备（主要是 MRI）直观地揭示人脑活动。

此外，更新了很多研究报告中的“近期应用”部分，反映了进入 21 世纪以来这 40 项研究被引用的情况。书中讨论的这 40 项研究每年被引用超过 1 000 次！书中选取其中一些研究进行了简要介绍，以使读者能够去亲身体验这 40 项研究对心理学的持续影响。在每一章结束时，新的研究将连同其他相关的资料一起列出。读完之后，读者将体会到这些研究对心理学发展所做的巨大贡献。

从第 6 版出版后的数年以来，我继续与许多心理学分支学科的专家进行交谈，共同探讨了新一版中可能出现的变化，从中获得了许多有益的建议。这些研究同行时常会提到两项颇具影响力的研究，我也曾一度考虑过它们，并且出现在很多心理学教科书中，所以在这一版中把它们加了进来。两项新增加的研究以其独特的视角，拓宽了我们对人类本性中非常基础的两个方面的认识，增加了我们对人类体验复杂性和多样性的理解。

第 7 版“新增”的一项研究，实际上在 20 多年前的第 1 版中就已经收录，
14 这次是重新选入。这些年来，许多同事告诉我，这项研究极为重要，不应该从本书中删除。这项研究是埃莉诺·罗施完成的，她提供的研究证据表明，我们天生就能对颜色进行分类，许多颜色人们并未学习过，而是通过预存的颜色“原型”对它们进行分类，这种颜色原型已经预先编入大脑之中，并且通过进化一代代地传递着。当我们认识到颜色的识别能力对早期人类的生存和人类物种的存活具有非常重要的作用时，就能理解该研究的意义了。虽然早期人类还不能命名颜色，但是颜色的生存价值已经发挥作用了，比如：“上次我吃了黄色的叶子后大病一场，所以我必须远离它。否则我可能会中毒而死！”

第 7 版新增的第二项研究与其他研究稍有不同，与其他研究相比，这项研究比较新（2003 年）。然而，我之所以收录这项研究，是因为在我们如何研究人脑以及揭示大脑功能上这是一项重大的科学转变。这种新的范式允许研究者观察人们在执行心理功能时的大脑活动。它甚至最终有可能使我们“看到”人们正在想什么！允许我们这么做的工具就是磁共振成像（MRI）。虽然 MRI 本身不是很新的技术，但是研究者现在才用它来观察人们思考时的大脑。这被称为功能性磁共振成像或 fMRI。MRI 的这一研究方案即使今天仍然处于发展阶段，而且人们对其最大潜能仍然有争论。但是当你阅读这项研究时，你就会看到 fMRI 能够实现以及已经实现的成就是令人惊叹的。

所有 40 项研究，无论其发表的早晚，都有一个共同的问题，即我们在接下来要讨论的研究伦理问题。科学心理学的一个最重要的基石是，心理学家在以人或动物为被试开展研究时必须遵守严格的职业道德规范。下面让我们简要总结一下社会科学家开展研究工作时遵循的伦理原则。

以人或动物为研究对象的伦理问题

没有研究对象，就没有科学研究。物理学的研究对象是物质与能量，植物学的研究对象是植物，化学的研究对象是原子和分子，而心理学的研究对象则是人。有时，某些类型的研究不宜采用人类参与者，于是就用动物被试来替代。然而，以动物为对象的研究，其目的也是为了更好地了解人类，而不仅是动物本身。在接下来的文章中，读者将读到一些以人和动物为对象的研究。有些可能会引发人们对研究中伦理问题的思索。

当所介绍的研究中存在让人痛苦或者紧张的研究程序时，我们在这章中提到研究中的伦理问题。但由于伦理问题是一个敏感的话题，因此在讨论具体的研究 15
之前，我在这里简要谈一下当代心理学家遵循的伦理准则。

使用人类参与者的研究

美国心理学协会（American Psychological Association，APA）制定了严格、明确的准则，以指导使用人类参与者的心理学实验研究。下面是这些准则的部分内容：

> “心理学家必须为那些与他们一起工作的人的利益着想，谨防对他们造成伤害。在职业活动中，心理学家要尽力保护研究对象的利益和权利……当职责或关注的问题之间发生冲突时，心理学家力争以高度负责的方式解决冲突，努力避免伤害或者使伤害降低到最小……心理学家必须坚持行为的职业准则，明确他们的专业角色和义务，为他们的行为承担相应的责任，并致力于妥善处置可能导致侵犯或伤害的利益冲突……心理学家必须尊重全人类的尊严和利益，尊重个体的隐私权和自主权。（摘自《心理学家的伦理准则和行为规范》，2003；见 http://apa.org/ethics/）

根据这些准则，现今，研究者进行所有使用人类参与者的研究时，必须遵守以下几条原则：

1. 免于伤害。这对你来说再明显不过了：研究者当然有责任保护研究的参与者免于伤害，难道不是吗？答案是肯定的！然而这并不总是一个硬性的规则。你会在本书的一些研究中看到，对于实验是否侵犯到志愿者的权利以及研究者是否遵循了相应的伦理原则，随后的争论已经持续很长时间了。此外，保护参与者免于伤害还必须扩展到实验之外，如果参与者在实验后感到不安，他们可以与研究者联系并加以讨论。
2. 知情同意。研究者必须事先告知参与者实验的目的和程序，以便让参与者能够做出是否参加实验的决定。如果某人同意参加实验，这就称为知情同意。你在本书中可能会看到，有时实验目的不能事先告诉参与者，否则将会使参与者的行为发生改变并污染实验的结果。在这种情况下，研究者就要隐瞒实验目的。即使如此，研究者仍应尽量给参与者足够的信息，做到“知情同意”。并且，实验所隐瞒的部分必须合理地建立在潜在研究结果重要性的基础之上，在实验结束时还需告诉参与者。在涉及儿童或未成年人的研究中，需要家长或监护人同意并且适用相同的伦理准则。

16 3. 随时退出实验的自由。知情同意中的一条原则是，在所有研究项目中，所有人类参与者都必须知道在整个实验过程中，他们随时有退出实验的自由。这似乎是一条不必要的规则，因为很显然，参与者感到实验程序让他们十分不适时，就能简单地选择退出。然而，事情并不总是如此简单。例如，在大学里，许多心理学实验的参与者是那些为得到学分而参与实验的学生。他们会认为，中途退出实验会影响他们得到学分，因此他们并不自由。付费实验时，如果研究者让参与者觉得只有做完实验才能获得报酬，这种不道德的诱导会使参与者失去退出实验的自由。为了避免上述问题的出现，只要在实验正式开始时参与者出席了，就应该得到相应的学分或报酬。

4. 保密。除非得到了参与者同意，否则所有的实验数据都应保密。虽然这并不意味着结果不能公布或发表，公开的前提条件是，必须隐匿任何与个人身份有关的数据信息。通常，研究者甚至根本不采集有关参与者身份的信息，而采用将所有参与者的数据合并以得出不同组间平均差异的做法。
5. 事后解释。绝大多数心理学研究（包括所用方法）在进行时或完成后是完全无害的。然而，即使看起来无害的实验程序有时也可能使参与者产生沮丧、尴尬、忧虑等负面影响。应对这种情况的保护性措施是事后解释。在参与者完成一个实验后，特别是实验含有某种形式的欺骗，应对他们做出事后解释。在此过程中，实验人员应该向参与者说明实验的真实目的和意图，而且参与者有权对有关问题进行询问。如果实验有可能对参与者造成一定的事后影响，那么研究者应该将自己的联系方式留给参与者，以便以后参与者产生任何顾虑时与研究者联系。

你在阅读本书时可能会发现，有些研究似乎违反了伦理准则。需要指出的是，这些研究都是在制定正式的心理研究伦理准则之前完成的，现在已经无法重复这样的研究了。但是，伦理准则的缺乏并不能成为早期研究者违背伦理的理由。对这些研究者及其行为的判断应该由我们每个人自己来完成，同时，我们还应像众多心理学家所做的那样，从过去的失误中吸取教训。

使用动物被试的研究

在科学界内外讨论得最热烈的话题之一就是动物研究中的伦理问题。随着动物保护组织不断增多，他们的声势也不断壮大。今天，有关动物被试的争论比有关人类被试的多，主要原因可能是动物不像人类那样能够获得知情同意和自由退 17
出实验等准则的保护。另外，一些激进的动物保护主义者认为，所有的生命都是有价值的，动物也能感知疼痛。根据这一观点，动物和人类具有同样的价值。人类对动物的使用，无论采用何种形式，均是不道德的，其中包括吃鸡、穿皮革、饲养宠物等（按照动物保护主义的观点，宠物是奴隶的一种形式）。

争论双方中的一方认为，用动物做研究是不人道、不道德的，是应该禁止的。然而，几乎所有的科学家和大多数美国人认为，在科学研究中有限制地、人道地使用动物是必需的和有益的。许多挽救生命的药物和医疗技术都是以动物为被试发展起来的。在心理学研究中，常用动物来研究抑郁、大脑的发育、过度拥挤和学习过程等问题。其主要原因在于，在人身上做类似的研究明显是不道德的。例如，你想知道玩具与活动的丰富与否对婴儿大脑发育和智力的影响，便把婴儿安排在这两种条件下实验，这种做法显然是不可行的。然而，大多数人则会同意用老鼠来进行类似的研究，这样做既能获得对人类而言非常重要的研究发现，同时又避免了道德问题（见本书研究 2 介绍的罗森茨维格和贝内特的研究）。

美国心理学协会除制订了使用人类参与者的研究所应遵循的原则外，还制订了严格的规则来规范使用动物被试的研究。这些规则包括让研究者为动物提供适当的居住空间、合理的喂养、清洁的环境和医疗保健，还禁止对动物施加任何不必要的伤害。美国心理学协会的《动物护理和使用的道德行为准则》(2004) 的部分内容如下：

> 在实验期间应给予动物仁慈的关怀和健康的生存条件……鼓励心理学家为实验动物创造丰富的环境，应该掌握如何保证实验动物健康以及如何营造丰富生活环境的最新文献资料……当行为程序可以选择时，应该使用对动物造成最小伤害的方式。当使用厌恶性条件时，心理学家应该调整刺激的参数，使其既符合研究的目的，又把对动物的伤害降低到最小。鼓励心理学家在合适的时间亲自尝试引起痛苦的实验刺激。（见 http://apa.org/science/anguide.html）

本书中有几项以动物为被试的研究。除必须考虑这些研究的伦理问题外，动物研究的结果也很难直接推论到人类。在涉及以动物为被试的各研究章节中我将讨论这些问题。无论是心理学研究者，还是学习心理学的学生，每个人对动物研究都应有自己的观点，并在具体研究中决定是否适合使用动物做被试。如果你认
18 为在某种情况下用动物做实验是可接受的，那么对于本书中以动物为被试的研究，你有必要对这些研究结果做评判，看它的价值是否足以支持它所用的方法。

最后需要关注与动物被试有关的一些工作进展，即公众所关注的动物虐待问题已经引起有关部门的关注。马萨诸塞州的剑桥城是拥有哈佛大学和麻省理工学院等机构的国际研究中心之一，那里的健康与医疗部（见 http://www.cambridgepublichealth.org/services/regulatory-activities/lab-animals/lab-animals-overview.php）设立了一个叫作动物实验委员会专员职位。这是美国第一个该类型的管理职位。剑桥城内有 44 家研究机构，饲养着约 200 000 只动物。该专员

负责监管研究过程的每一环节对动物是否仁慈，包括从动物的生活方面到研究计划中动物的使用方法。如果在某实验室中发现存在违反剑桥城有关严格遵守仁慈对待实验动物的法律的行为，该专员有权对该实验室处以每天 300 美元的罚款。截至撰写本书之时，只有一家单位因违反规定而被罚款，因其故意无视有关对待动物的法律而被处以 40 000 美元的罚款（共计有 133 天违法）[动物实验委员会专员朱莉·梅德利（Julie Medley）博士，e-mail，2012 年 4 月 15 日]。在所有其他情况下，在发现违规行为时，实验室均自愿快速地予以纠正。你将要在本书中读到的这些研究，各自从不同方面为全人类做出了不同程度的贡献。心理学研究的历史虽然相对比较短暂，但是它却充满了丰富多彩、激动人心的关于人类本性的发现。

致　谢

我要向出版人查里斯·琼斯·欧文（Charlyce Jones Owen）致以诚挚的感谢，本书从酝酿之初就得到了她的支持和信任。我也非常感谢培生出版集团的心理学主编杰茜卡·莫舍（Jessica Mosher）女士对此项目的支持以及源源不断、富有才华的帮助。对于这一版，我要衷心感谢培生的心理学执行编辑斯蒂芬·弗雷（Stephen Frail）、项目策划编辑马迪·施里克（Maddy Schricker）以及第 7 版 GEX 出版服务项目经理米歇尔·德格里恩（Michelle Durgerian）。我以个人名义对才华横溢的布鲁斯·肯西拉（Bruce Kenselaar）和苏珊娜·本克（Suzanne Behnke）为本书过去几版以及本版设计的封面表示感谢。

我真诚地感谢心理学同行为本书过去几版以及本版付出的宝贵时间和精力，感谢他们与我交流他们的意见、建议和智慧。我试图利用每一次机会将他们有价值的见解包含在本书中。

最后，我要向在本书 20 多年的历史里以各种有形或无形的方式参与进来的所有家人、朋友和学生们（你知道我说的是谁），表达我深深的祝福和最衷心的感谢。

罗杰·R. 霍克

目　录

第一章

人类行为的生物学基础

几乎所有基础心理学教科书都以与人类行为相关的生物学内容开篇。这并不能简单地归因为惯例，而是因为生理过程构成了所有行为的基础。心理学的任何一个分支都或多或少建立在生物学基础之上。心理学中研究生物机能的分支称作“生理心理学”或“生物心理学”，重点研究大脑和神经系统的相互作用，研究人类通过感官从外界环境获取刺激和信息的过程，研究所有这一切如何影响人的身体及行为。

本章选录的研究作为心理学的这一基本组成部分的代表，涵盖范围广，也是影响力最大、引证次数最多的研究。第一项研究探讨了有关大脑左右两个半球功能的单侧化，它形成了我们现有的有关大脑功能的许多知识。第二项研究报告说明了幼年时期的刺激将可能促进大脑的高度发展，这一发现让科学界感到震惊。第三项研究报告体现了很多心理学家在思考人类行为、人格、社会交往产生的基本原因时所发生的重要变化，即关于基因重要性的一种新观点。第四项研究报告展现了用于研究婴儿深度知觉的著名视崖装置的发明。这几项研究以及本书中另外几个研究，均提出了一个贯穿心理学各领域的基本议题，并引发了连续不断、引人入胜的讨论：先天与后天之争。

01 一个脑还是两个脑

Gazzaniga, M. S. (1967). The split brain in man. *Scientific American, 217* (2), 24–29.

也许，你已经意识到自己大脑的两半球并不相同，且它们各自执行着不同的功能。例如，大脑的左半球负责身体右侧的行动，反之亦然。不仅如此，大脑的
20 两半球表现出许多专门的功能特化。

大脑左半球控制语言能力，而右半球则更多地涉及空间关系，如艺术活动所需要的相关能力。对大多数人来说，这些知识已经相当普及了。众所周知，因中风或遭遇意外事故的受害者，如果其大脑的左半球受到损伤，通常会使他们不同程度地丧失语言能力（通过治疗和训练，这种能力一般可以部分恢复）。许多人相信，大脑的每侧或每个半球确实是可以完全分离的智力系统，它们各自具有独立的学习、记忆、认知世界甚至感受情绪的能力。这一共识的建立是早期科学研究割裂脑的结果。

这方面研究的先驱是罗杰·斯佩里（Roger W. Sperry, 1913—1994），他的研究在本章提到的论文发表前 15 年就开始了。在以动物为被试的早期研究中，斯佩里获得了许多重大发现。例如，通过外科手术切断一只猫大脑两半球之间的联系，并改变它的视觉神经，使猫的左眼只能向左半球传递信息，右眼只能向右半球传递信息。手术后，这只猫表现得很正常，几乎没有显示出不良后果。然后蒙住它的右眼，让它学习一种新的行为，比如穿过一个小迷宫找到食物。在这只猫能熟练地通过迷宫后，放开右眼，再蒙住它的左眼。然后把它再放入迷宫，它的左脑对在哪儿转弯根本没有印象，不得不重新开始熟悉整个迷宫。

斯佩里在此后的 30 多年里进行了许多相关研究，并且由于在大脑两半球功能特化方面的成就而于 1981 年获得了诺贝尔奖。20 世纪 60 年代初，他的研究方向转向以人为被试，迈克尔·加扎尼加（Michael Gazzaniga）加入了他的研究。虽然斯佩里被认为是割裂脑研究的奠基人，但本篇选择了加扎尼加的文章，这是因为这篇文章清晰、简洁地概括了他们早期使用人类参与者的合作研究，并且一直被许多普通心理学教科书引用。这一选择决不是忽视或掩盖斯佩里在此领域的领导地位或伟大贡献。在很大程度上，加扎尼加把他在大脑半球功能特化方面

的早期研究及现在在这一领域的领导地位归功于斯佩里（见 Sperry, 1968; Puente, 1995）。

为了理解割裂脑研究，首先需要介绍一些人类生理学方面的知识。大脑的两半球是通过由大约 2 亿根神经纤维构成的胼胝体相互联系的（图 1-1）。如果胼胝体被切除，大脑两半球连接的主要途径就被切断，那么两半球的功能就彼此独立了。所以，如果我们想要单独研究大脑的每一个半球，只需要通过外科手术切开胼胝体即可。

但是，科学家能把人的大脑分开吗？这听起来有点儿像是科学怪人弗兰肯斯 21
坦博士的心理学。显然，伦理道德决不允许单单为了研究大脑两半球的特定功能就对人采取这样残忍的方式。然而，20 世纪 50 年代后期，医学界给了心理学家一个黄金般的机遇。对一些非常特殊、非常极端且无法控制的癫痫病患者来说，

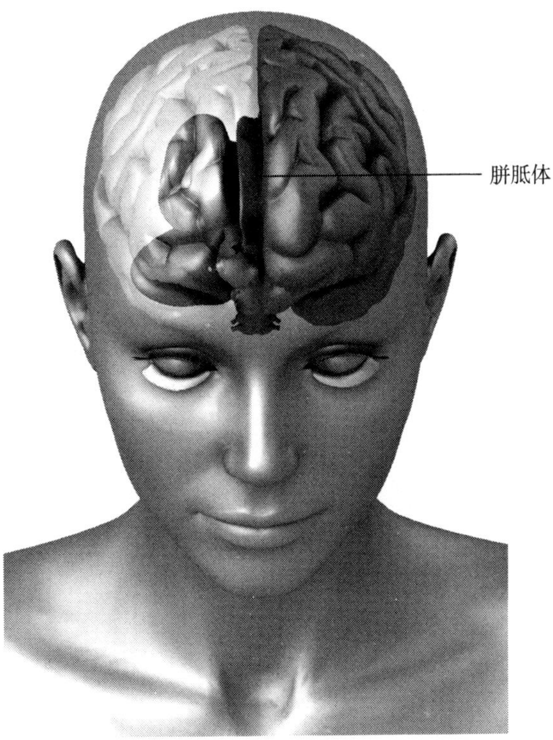

图 1-1 胼胝体（3D4Medical/Photo Researchers, Inc.）

切断胼胝体几乎可以消除这种病症。对于这些没有其他方法可以救治的病人，这种手术作为最后的治疗方法，在那时是（并且现在也是）十分成功的。当这篇文章 1966 年完成时，已经进行了 10 例这样的手术，其中 4 名患者同意参加斯佩里和加扎尼加的测试，以确定这种外科手术对他们的知觉和智力功能产生了怎样的影响。

理论假设

研究者力图揭示人脑两半球在多大程度上能独立运作，以及它们是否有各自独一无二的能力。如果大脑两半球之间的信息传输被中断，你身体的右侧会不会突然变得无法与左侧协调？如果语言由大脑左半球控制，在这个手术后，你说话
22 的能力和对词语的理解能力会受到怎样的影响？思维和推理过程是否都独立存在于两个半球中？如果大脑真的被分成两个脑，当这两个脑不再交流时，一个人还能正常地行动吗？既然感觉输入是同时作用于左右两侧的，那么视觉、听觉、触觉等会受到怎样的影响？在斯佩里和加扎尼加的割裂脑研究中，他们试图回答上述问题。

方　法

研究者设计了三组不同类型的测试用来揭示患者的一系列心理（认知）能力。一种测试是检测视觉的。他们设计了一种方法，使一张印有一个物体、一个单词或者只言片语的图片只能投射到大脑的左半球或右半球的单侧视觉区域(称作“视野”)，而不是同时投射到双侧。应该注意的是，正常情况下，两只眼睛能分别向大脑的两半球同时传递信息。然而，当物体或单词出现在你面前的某一精确位置，你的视线专注于一个特定的点上时，你大脑的左视野或右视野就可能单独获得图像。

他们设计的另一种测试是有关触觉（接触）刺激的。患者只能去触摸，但却看不到给出的物体、字母块或由字母块组成的单词。这种装置由一个屏幕以及屏

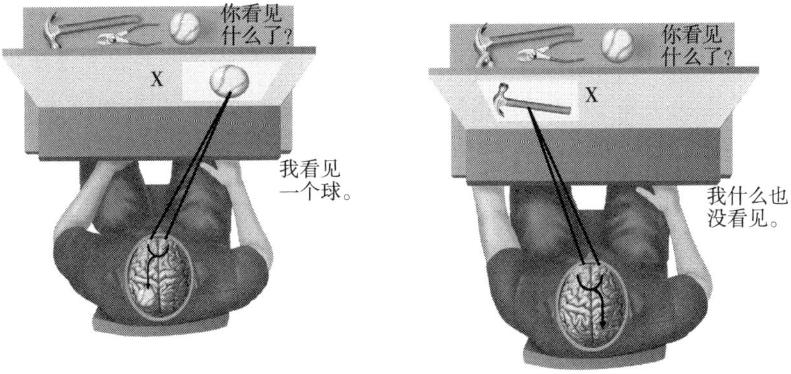

图 1-2　对割裂脑患者进行视觉测验的典型装置

隔后的空间构成，这样参与者能摸到物体但不能看见物体。视觉和触觉装置可以同时使用。例如，当一张画有钢笔的图片被投射到大脑的一个半球时，将钢笔及其他物品放在屏幕后，以便参与者触摸（参见图 1-2）。

最后是测试听觉能力，这似乎需要更多的技巧。当声音传到你的一只耳朵时， 23
感觉同时输入你大脑的两半球。因此，想要限制听觉信息只输入大脑的一个半球，即使对割裂脑患者，也是不可能的。然而，限制大脑一个半球对这些输入信息做出反应则是可能的。做法如下：想象有几种普通的物品（一把汤勺、一支钢笔、一个玻璃球）放在布袋里，然后口头要求你摸出特定的物品。你也许毫不费力就能做到。如果你把左手放进袋子里，这只手是由大脑的右侧控制的，反之亦然。你认为大脑的一个半球可以单独完成这个任务吗？就像你在后面将会看到的，大脑的两个半球在执行这项听觉任务时并没有同等的能力。如果不是要求你找到特定的物品，而只是要求你将手伸入袋子，通过触觉来识别物品，那么又会怎样呢？这对于你并不困难，而对于割裂脑患者来说则相当困难。

加扎尼加综合上述这些检测方法，揭示出大脑功能之谜。

结　果

首先需要指出的是，你应该知道在实施这种极端的脑部外科手术后，患者的智力水平、个性特点、特有的情绪反应等相对来说没有改变。他们显得非常愉快，有一种摆脱病魔的自由。加扎尼加报告说，一个手术后很虚弱的患者还开玩笑说，他感到“分裂的头痛”。然而，当测试开始时，这些参与者却表现出许多不寻常的心理能力。

24 视觉能力

第一个检测中使用了一块木板，上面水平排列一排灯泡。当患者坐在木板前，盯着中间的一个灯泡时，这些灯泡将在他的左、右视野依次闪烁。然而，当研究者要求病人报告他们看到了什么时，他们却说只有右边板上的灯泡闪烁过。之后，研究者只让处于患者左视野上的灯泡闪烁，病人报告说他们什么也没看见。对于这一现象，唯一符合逻辑的结论是大脑的右半球是一个盲区。随后一件奇怪的事情发生了。灯泡再一次闪烁，这次要求患者指出闪烁过的灯泡。尽管他们说只看到右边灯泡闪烁，但他们能指出两个视野中的所有灯泡。使用了这种指认的方法后，我们发现大脑的两半球都能看见灯泡，并且在视知觉方面能力相当。在这里，重要的一点是病人不能说出他看到了全部灯泡，并不是因为他们看不见，而是因为语言中心位于大脑的左半球。换言之，为了能说出你看见的东西，就不得不让你大脑的左半球看见这一物体。

触觉能力

你可以自己进行一下这个测试。把你的双手背到身后，然后让别人把熟悉的物品（一把勺子、一支钢笔、一本书、一块手表）放在你的右手或左手里，看你是否能辨别它们。你可能觉得这样做不太难，是不是？这基本上就是斯佩里和加扎尼加对割裂脑患者所作的测试。用上述方法把某一种物品放在患者的右手中，不让患者看到或听到，物品的有关信息只传递到他们大脑的左半球，在这种条件下，患者能够叫出物品的名字，并能描述它，指出它的用途。然后，当同样的物品放在患者的左手（与右半球相关联）时，患者就不能说出物品的名字，也不能描述它。但患者*知道*物品是什么吗？研究者为了找到答案，要求参与者在他面前的各种物品中找出与左手中的物品（记住，参与者并没有看见它）相配的物品。

他们就像你我一样，很容易找出来。这再一次表明，口头表达能力位于大脑的左半球。记住，你能说出放在左手里的物品的名字，是因为信息从你大脑的右半球经由胼胝体传到了左半球，你的语言中枢在那里会说 ：“那是一把勺子！”

视觉加触觉测试

综合这两类测试来看，不仅支持先前的研究发现，还得出了额外有趣的结果。如果只向参与者大脑的右半球呈现某一物品的图片，他们不能说出物品的名字，也不能描述它。事实上，患者也许根本没有言语的反应，甚至否认有任何东西出现。但是，如果允许患者伸出左手到屏幕下触摸和挑选一组物品，他们总能找到那个曾在视觉中呈现过的物品。

测试发现，右半球也能很好地思考和分析物品。加扎尼加曾报告说，在展示某一物品的图片（比如香烟）给参与者的右半球时，允许参与者在屏幕后触摸10 种物品，但里面没有香烟，并让其选择最接近图片的一件物品——在本研究中是一个烟灰缸。加扎尼加继续解释如下 ：

> 然而，太奇怪了，即使在他们正确反应之后，并当他们左手握着烟灰缸时，他们也不能说出或描述这个实物以及图片上的香烟。显然，在知觉和知识方面，左半球和右半球完全分开了。(p. 26)

另外一些测试结果很清楚地表明右半球具有语言加工能力。有这样一个著名的、极富创造力和启示性的视觉测试装置。当“HEART”这个词被投射到患者的视野中时，其中 HE 被发送到右半球，ART 被发送到左半球。现在，根据大脑两半球的功能，你认为患者将会口头报告看到了什么？如果你说是“ART”，那么你答对了。然而，这一实验的启示性在于 ：当参与者面对印有单词“HE” 25
和“ART”的两张卡片，并且要他们用左手指出所看见的单词时，他们全都指向“HE”！这证明大脑右半球能理解语言，虽然它使用了不同于大脑左半球的方式，即一种非言语的方式。

对患者进行的听力检测也得出了相似的结论。要求患者把左手伸入一个他们看不到的混杂着不同物品的袋子里，让他们拿出某一特定的物品（一块手表、一个玻璃球、一把梳子、一枚硬币），他们没有丝毫困难。这表明大脑右半球正在理解语言。甚至研究者只对目标物品的某一特征进行描述，要求患者去寻找时，他们仍能做到准确无误。加扎尼加举了一个例子：当要求患者在一个装满不同塑料水果的袋子里去找“猴子最喜欢的水果”时，他们拿出一个香蕉；当要求患者找出“新奇士（Sunkist）销售很多的东西”时，他们拿出一个橙子。然而，如果同样的水果放在患者的左手里而不让他看见时，他们就不能说出那是什么。换言之，当要求参与者用言语作反应时，大脑右半球则无法执行。

我们的最后一个例子采用了放在屏幕后桌子上的塑料字母块，显示了大脑两半球有着惊人的差异。当要求患者用左手凭感觉将这些字母块拼成各种单词时，他们很容易做到了。即使把能拼成特定单词的三四个字母块放在屏幕后面，他们也能用左手依照顺序正确地拼成单词。然而，完成这一任务后，参与者却不能说

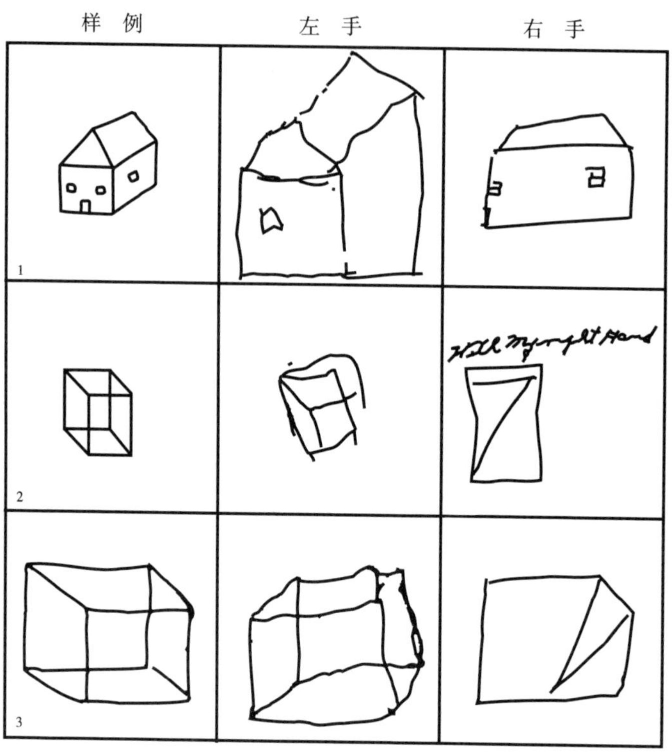

图 1–3　割裂脑患者所画的图（引自“The Split Brain in Man,” by Michael S. Gazzaniga.）

出刚刚拼出的单词。很明显，大脑的左半球在言语上优于右半球（一些左利手人可能正好相反）。那么，大脑右半球有什么优势技能呢？斯佩里和加扎尼加在这一早期研究中发现，在涉及空间关系和形状的视觉任务中，左手的成绩更好（即使这些病人都是右利手）。就像在图 1-3 中看到的，复制三维图画（用铅笔在屏幕后复制），左手的成绩更好些。

最后，研究者想要揭示割裂脑患者的情绪反应。进行视觉实验时，斯佩里和加扎尼加突然给参与者的左半球或右半球呈现一张女人的裸体照片。例如，他们把这张照片投射到一名女性患者大脑的左半球。

> 她大笑，并且能用语言说出这是张裸体照片。之后当这张照片呈现给她大脑的右半球时，她说……她什么也没看见，但她脸上立即闪过狡黠的微笑，并开始咯咯地笑起来。问她笑什么时，她说："我不知道……没什么……哦——那个机器真滑稽。"虽然大脑右半球不能描述所看到的东西，但视觉所看到的东西仍能在大脑右半球引起情绪反应，就像在大脑左半球引起的一样。（p. 29）

讨 论 26

从这篇研究报告得出的总的结论是：每个人的颅骨内有两个不同的脑，每个脑都具有复杂的能力。加扎尼加提出了一种可能性，如果我们真的有两个脑，那么当大脑的两半被分开后，也许我们就有双倍处理信息的潜能。的确，有些研究证据表明，在正常人完成一项认知任务的时间内，割裂脑病人能完成两项任务。

结果的意义

斯佩里、加扎尼加的这些研究结果和他们所作的后续研究以及其他人的相关研究都是极其重要并影响深远的。现在我们已经知道，大脑的两半球有许多特有的技能和功能。大脑左半球"擅长"于言语、写作、数字运算、阅读等，是主要的语言中枢。大脑右半球则在加工人像、解决空间关系问题、符号推理、艺术活动等方面更有优势。

27 随着对大脑两半球功能特化的认识的增加，我们可以对中风或脑部受伤的患者进行更加有效的治疗。明确受伤的位置，就可以预测当病人康复后可能存在哪些后遗症。通过这些知识，可以制定出恰当的重新学习、重新适应的计划，从而帮助病人尽可能快速、全面地恢复健康。

加扎尼加和斯佩里在这一领域进行了多年研究以后，得出“大脑的每个半球的确有各自的思想”的结论。在后来的研究中，他们对割裂脑患者测试了一些比上述讨论的要更加复杂的问题。其中一个是“你会选择什么职业？”一名男性患者口头（大脑左半球）回答说，他想当个绘图员，而他的左手（大脑右半球）通过触摸大写字母拼出了“*automobile race*（赛车）”(Gazzaniga & LeDoux, 1978)。事实上，加扎尼加将他的理论推进了一步。目前他坚持认为，即使大脑完好无损的正常人，两半球之间的联系也并不完全充分（Gazzaniga, 1985)。例如，如果特定的信息，比如形成某种情绪的信息，没有以语言的方式存储起来，大脑左半球就不可能提取它。结果就可能是你感到伤心，却说不出原因。由于这是一种令人不适的认知情境，大脑左半球会试图用语言寻找一个原因来解释这种悲伤（毕竟，语言是它的主要工作）。然而，由于大脑左半球不具备所需的充足资料，所以它的解释可能是完全错误的！

批　评

多年来，很少有人对斯佩里、加扎尼加及其他人在割裂脑研究中得出的结果产生质疑。有关这项研究的批评转而集中在大脑左、右半球功能单侧化这一观点向大众文化及媒体传达的方式之上。

现在，有一种迷信的说法较为普遍，即有些人的大脑*右半球*或*左半球*更为发达，或是为了提高你的某项技能，你需要发展大脑的某半球。美国芝加哥大学的生物心理学家贾尔·利维（Jarre Levy）一直在努力消除人们有关人具有两个功能独立的大脑半球的观念，并在这方面处于最前沿。她认为，正因为大脑两半球有不同的功能，所以二者的功能必须整合，而不是如大多数人所相信的那样互相分离。通过整合，大脑能用不同于任何一个半球的、更为强大的能力及方式去工作。

例如，当你在读一个故事的时候，大脑右半球正专注于故事的情绪方面（幽默、悲伤），想象其视觉情景，保持故事整体结构的印象，并且欣赏其艺术写
作手法（例如隐喻的运用）。当这些活动发生的时候，大脑左半球正在理解书 28
面语言，从词句之间的复杂关系中寻找意义，并且将这些词转换成语音，使它们可以作为语言来理解。你能阅读、理解并欣赏一个故事，是因为大脑是作为一个单一、整合的结构运行的（Levy, 1985）。

利维认为，事实上，没有一项人类活动是只用大脑的一个半球来完成的。“那种流行的神话只是一种解释和愿望，并不是科学家的客观发现。正常人不会只有半个脑，也不会有两个脑，有的只是一个分化的大脑，脑的每一半球各具有其特定的功能”（Levy, 1985, p. 44）。

近期应用

对利维见解的引用再次说明了斯佩里和加扎尼加割裂脑研究的持续影响。一篇评论近期医学和心理学文献的文章指出，许多领域的大量文章不仅参考了斯佩里早期的研究及方法，也参考了加扎尼加及其合作者最近的研究成果。例如，1998 年，法国的一项研究（Hommet & Billard, 1998）对斯佩里和加扎尼加的研究基础提出质疑，认为切断胼胝体难以把大脑分成两半。法国的这一研究发现，一个天生没有胼胝体的孩子（一种罕见的脑畸形），信息仍可以在其大脑的两半球之间传递。研究者推断，这些孩子脑内一定存在着除胼胝体以外的其他形式的重要连接方式。在割裂脑患者中是否存在这样的皮层下联系，直到目前仍不清楚。

近期的研究提示，在将加扎尼加的研究成果应用于教育时需要特别谨慎（Alferink & Farmer-Dougan, 2010）。一种广为流行的观点是大脑两半球分别控制着不同的认知功能。这一结论来自于因特殊医学问题而经过外科手术切断胼胝体的少数病人。我们不能没有限制地将这些假设用于大脑完整的人身上。基于这些发现，急于想从“每个大脑半球分别负责特定的任务”这一假设中，进一步推论

形成相应的教育模式，这将是非常危险的。一些研究者指出，上述研究中的病人即便在手术前，其大脑功能也是异常的。因此，在针对正常的、非割裂脑的人的教育上，我们应该避免只关注大脑的某一个半球。

尽管如此，研究者继续探究这一观点，即大脑两半球具有不同的、区别明显
29 的功能与影响。一个研究（Morton, 2003）揭示出起主导作用的半球是如何决定一个人的特定兴趣和职业的。莫顿的研究在这方面有两个发现。第一，通过使用“利手测验”来测量半球化程度（即一个人是左脑取向还是右脑取向），莫顿发现上大学一年级基础课的400名学生中，56%的人是左脑取向。然而，用同样的方法发现，在180名学习更加专业化的高水平课程的学生中，左脑取向的学生处于38%到65%之间。这一不同意味着一个人的大脑半球可能与其学业成就和兴趣有关系。第二，莫顿使用相同的方法探讨在大学校园中大脑半球取向是如何决定不同专业的。研究结果发现，大脑半球化能够预测个人的职业选择。例如，在莫顿的研究中，83%的生物化学家是左脑取向，而在天文学家中，左脑取向的人只有29%（p. 319）。你可以从这项研究中看出，它与斯佩里和加扎尼加的研究有某种联系。生物学家和化学家更多地依赖于语言能力，而天文学家则必须要有更好的空间关系能力（这里没有别的意思）。

结　论

一些研究者进一步发展了这一观点，并将其应用于一些精神疾病上，如分裂型多重人格障碍（如Schiffer, 1996）。这一观念背后的思想是，对于一些具有完整的、“非割裂”大脑的人，他们大脑的右半球可能会比左半球的功能更独立，甚至可以在一段时间内控制一个人的意识。多重人格障碍有没有可能是隐藏于大脑右半球的人格的外在表现呢？这是一个值得用你大脑两个半球思考的问题。

Alferink, L., & Farmer-Dougan, V. (2010). Brain-(not) based education: Dangers of misunderstanding and misapplication of neuroscience research. *Exceptionality, 18*, 42–52.

Gazzaniga, M. S. (1985). *The social brain*. New York: Basic Books.

Gazzaniga, M. S., & LeDoux, J. E. (1978). *The integrated mind*. New York: Plenum Press.

Hommet, C., & Billard, C. (1998). Corpus callosum syndrome in children. *Neurochirurgie, 44*(1), 110–112.

Levy, J. (1985, May). Right brain, left brain: Fact and fiction. *Psychology Today*, 42–44.
Morton, B. E. (2003). Line bisection-based hemisphericity estimates of university students and professionals: Evidence of sorting during higher education and career selection. *Brain and Cognition, 52*(3), 319–325.
Puente, A. E. (1995). Roger Wolcott Sperry (1913–1994). *American Psychologist, 50*(11), 940–941.
Schiffer, F. (1996). Cognitive ability of the right-hemisphere: Possible contributions to psychological function. *Harvard Review of Psychiatry, 4*(3), 126 138.
Sperry, R. W. (1968). Hemisphere disconnection and unity in conscious awareness. *American Psychologist, 23*, 723–733.

02　丰富的经历 = 更大的大脑吗

Rosenzweig, M. R., Bennett, E. L., & Diamond, M. C. (1972). Brain changes in response to experience. *Scientific American, 226* (2), 22–29.

当下，如果你走进一个美国典型中产阶级家庭的婴儿房间，你可能会看到一 30
张婴儿床，在婴儿触手可及的上方悬挂着许多玩具小动物和各种各样的彩色玩具。其中一些玩具会发光、会活动、会演奏音乐，或者三者兼备。想一下，人们为什么给婴儿准备这么多让他去看或玩的东西呢？除了婴儿喜欢这些东西并做出积极反应外，绝大部分父母都相信——无论这个观点得到公认与否——孩子们需要一个令他们兴奋的环境，以最大限度地促进智力发展和大脑发育。

某些特定的经验是否会引起大脑形态发生变化，几个世纪以来一直是哲学家和科学家在猜测和研究的问题。1785 年，意大利解剖学家玛拉卡尼（Malacarne）研究了同一胎产下的几对小狗和同一窝蛋孵出的几只小鸟。他有目的地长期训练每一对中的一只，而另外一只会得到同样良好的照料，但并不接受训练。然后，通过对动物的尸体进行解剖，他发现受过训练的动物的大脑更复杂，带有更多的褶皱和沟回。然而，这一研究不知由于什么原因没能继续下去。19 世纪后期，人们试图把一个人的学习量和他的头围联系起来。虽然一些早期的研究成果支持这种相关关系，但后来的研究发现则认为这并不是一种测量大脑发展的有效指标。

直到 20 世纪 60 年代，新技术的发展使科学家们具备更精确地检测大脑变化的能力，他们运用高倍显微技术，并对大脑内各种酶和神经递质水平进行评估。在加利福尼亚大学伯克利分校，马克·罗森茨维格和他的同事爱德华·贝内特以及玛丽安·戴蒙德采用这些技术，历时 10 余年，进行了由 16 次实验组成的系列研究，力图揭示经验对大脑的影响。本章中的这篇文章将介绍他们的研究发现。由于显而易见的原因，他们在研究中并没有使用人类参与者，而是像很多经典心理学实验一样，用大鼠作被试。

理论假设

由于心理学家最终的兴趣在于人而不是大鼠，因此就必须指出这种不用人作被试的研究的合理性。在这些研究中，为什么选择大鼠作被试就成了研究理论基础的一部分。作者解释说，由于多种原因，使用啮齿类动物比使用高级的哺乳类动物（如食肉类或灵长类动物）更方便。这项研究的重点是脑部，大鼠的脑部是平滑的，并不像更高等的动物那样有褶皱而复杂。因此，对其大脑的检测和测量就更容易。此外，大鼠体型较小也不昂贵，在实验室的研究中，这是一个很重要
31 的考虑因素（通常实验室经费并不充足而且缺乏空间）。大鼠一胎多子，这就允许研究者将同一窝中的大鼠分配到不同的实验条件下。作者最后指出，研究者培养了多种种系的大鼠，以便在需要的时候把遗传因素考虑进去。

在罗森茨维格的研究中，隐含着一种想法，即将饲养在单调或贫乏环境中的动物与饲养在丰富环境中的动物相比较，两者在大脑发育和化学物质等方面会表现出明显的不同。在这篇实验报告所涉及的每次实验中，均采用了 12 组大鼠，每一组由取自同一胎的三只雄鼠组成。

方 法

三只雄鼠都是从一胎所生的大鼠中选择的，它们被随机分配到三种不同的实验条件中。一只大鼠仍旧与其他同伴待在实验室笼子里，另一只被分派到罗森茨维格称为“丰富环境”的笼子里，第三只被分派到“贫乏环境”的笼子里。记住，在 16 次实验中，每次都有 12 只大鼠被安排在每一种实验条件中。

三种不同环境（如图 2-1）描述如下：

1. 标准的实验室笼子中，有几只大鼠生活在足够大的空间里，笼子里总有适量

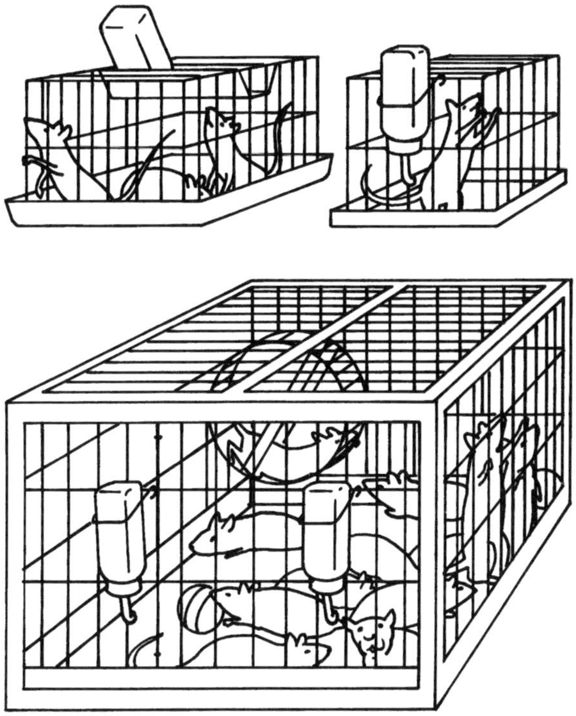

图 2–1　罗森茨维格设计的三个笼子的各自环境

的水和食物。

2．贫乏的环境是一个略微小一些的笼子，大鼠被放置在单独隔离的空间里，笼子里总有适量的水和食物。 32

3．丰富的环境几乎是大鼠的迪士尼乐园（并没有冒犯米老鼠的意思），6~8 只大鼠生活在一个“带有各种可供玩耍的东西的大笼子里。每天从 25 种玩具中选取一种新的组合放在笼子里”（p. 22）。

实验人员让大鼠生活在这些不同环境里的时间从 4 周到 10 周不等。经过这样不同阶段的实验处理之后，这些实验大鼠将接受检测，以确定脑部发育是否有所不同。为了避免实验者偏见的影响，检测按照编号的随机顺序进行，这就可以避免检测人员知道大鼠是在哪种环境下成长的。

然后对大鼠的大脑进行测量、称重和分析，以确定细胞生长量与神经递质活动的水平。在对神经递质活动水平的测量中，有一种叫作“乙酰胆碱”的大脑酶类引起了研究者们特别的兴趣。这种化学物质十分重要，因为它能使脑细胞中神经冲动传递得更快、更高效。

罗森茨维格和他的同事是否发现了大鼠的大脑因为其生活环境的不同而有所不同呢？以下就是他们的研究结果。

结 果

结果证实，生活在丰富环境下和贫乏环境下的大鼠的大脑在很多方面都有区别。在丰富环境中生活的大鼠其大脑皮层更重、更厚，并且这种差别具有显著性。大脑皮层是大脑对经验做出反应的部分，负责运动、记忆、学习和所有感觉的输入（如视觉、听觉、触觉、味觉和嗅觉）。前面提到神经系统中存在的乙酰胆碱酶，在身处丰富环境的大鼠的大脑组织中，这种酶更具活性。

尽管两组大鼠的脑细胞（神经元）在数量上并没有显著差异，但丰富的环境使大鼠的大脑神经元更大。与此相关，研究还发现，在丰富环境中的大鼠，其 RNA 和 DNA（两种对神经元生长起最重要作用的化学成分）的比率也相对更高。这意味着在丰富环境中的大鼠其大脑中有更高水平的化学活动。

罗森茨维格和他的同事解释说：“虽然由环境引起的大脑变化并不很大，但我们确信这种变化是千真万确的。在重复实验的时候，上述结果仍能出现……我
33 们发现，经验对大脑最一致的影响表现在大脑皮层与大脑的其余部分（即下皮层）的重量之比上。具体表现为，经验使大脑皮层迅速地增重，但大脑其他部分变化很小”（p. 25）。这种对大脑皮层与大脑其余部分比率的测量是对大脑变化最精确的测量。这是因为每只动物的脑重量会随动物体重的变化而变化。运用这个比率，可以消除个体差异。图 2-2 说明了 16 次实验的结果。正如你看到的，只有一次实验结果的差异统计不显著。

最后，是有关两组大鼠大脑的神经突触的发现。神经突触是指两个神经元相汇之处。大部分大脑活动发生在神经突触上，在这里，神经冲动有可能通过一个又一个神经元继续传递下去，也有可能被抑制或终止。在高倍电子显微镜下发现，

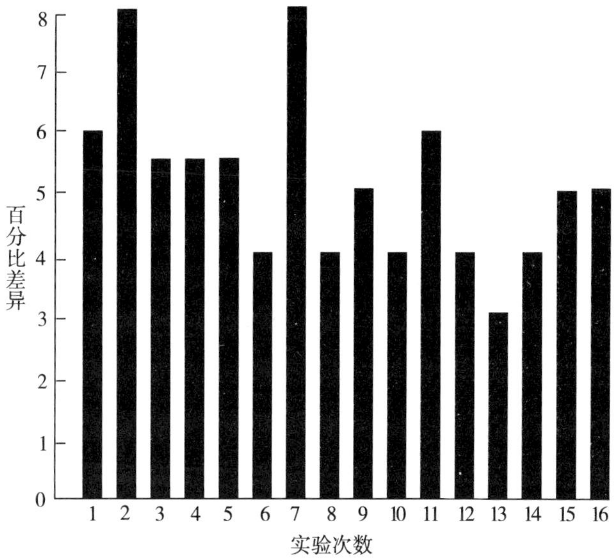

图 2-2　大鼠大脑皮层增加的比率：丰富环境与贫乏环境相比（实验2至16有统计学上的显著差异）（引自Rosenzweig, Bennett, & Diamond, p. 26.）

在丰富环境中的大鼠，其大脑中的神经突触比在贫乏环境中的大鼠的神经突触大50%，这意味着它们有更多的大脑活动。

讨论和批评

经过近 10 年的研究，罗森茨维格、贝奈特和戴蒙德满怀信心地指出："现在，可以肯定地说，大脑构造及其化学成分的很多方面会被经验改变"（p. 27）。然而，他们也坦承，当他们第一次公布研究结果时，许多科学家对此表示怀疑，因为像这样的结果在过去的研究中从未被清楚地证实过。有些批评意见认为，也许 34
并不是丰富的生活环境使大脑产生了变化，而是由于大鼠接受了不同的实验处理，如纯粹的触摸或压力。

这种批评是有根据的，在丰富环境的实验条件下，大鼠每天被触摸两次，即在换玩具时得将它们移开。而在贫乏环境的实验条件下，大鼠没有被触摸。因此，可能是触摸导致了这一结果，而不是丰富环境的实验条件所致。为了消除这一潜在的混淆因素，研究者每天抚摸一组大鼠，而不抚摸与它们同胎的另一组大鼠（这些大鼠都处在同一环境中）。结果，并没有发现这两组大鼠的大脑有差异。此外，在他们后来的研究中发现，同样触摸在丰富环境与贫乏环境条件下的大鼠，得到的结果也是一样的。

至于压力情境，批评者认为，在贫乏环境中生活的大鼠因被隔离而产生应激反应，这是导致它们大脑欠发达的原因。罗森茨维格等人引证了另一项研究，此项研究让大鼠暴露于日常的压力情境之中（旋转笼子或给予轻微电击），并没有发现仅因压力而使大脑改变的证据。

在实验室中进行的任何研究都存在人为性问题。罗森茨维格和他的同事很想知道在自然的生长环境中，各种水平的刺激是如何影响动物大脑发育的。他们指出，实验室中的大鼠常在人工环境中繁殖，且已经繁衍了上百代，它们和野生鼠几乎没有多少相似的遗传基因。为了探索这种有趣的可能性，他们开始研究野生大鼠。他们把抓到的这种野生鼠随机地放在户外自然环境中或是实验室的
35 丰富环境笼子里。4 周后，发现户外大鼠的大脑比实验室丰富环境中大鼠的大脑发展得更好。“这就表明，实验室中的丰富环境与自然环境相比，仍是相当贫乏的”（p. 27）。

对任何涉及动物被试研究的最主要的批评是它适用于人的问题。毫无疑问，这类研究永远不能用人来当被试，但是研究者仍有责任探讨此问题，并且这些科学家也这样做了。

作者解释说，很难把在一组大鼠身上的研究结果推论到另一组大鼠身上，而要把用大鼠做研究的结果应用到猴子或人的身上则更难。虽然他们宣布在几类啮齿类动物身上取得了相似的结果，但他们也承认，要负责任地得出假设认为经验对人脑产生这种影响之前，仍需要进行更多的研究。然而，他们提出以动物为被试的这类研究的价值在于“允许我们对概念和技术进行检验，其中一部分可能对今后以人为被试的研究有所帮助”。（p.27）

作者在文章中还提到这项研究几个潜在的好处。它可以用在记忆研究中。由于经验而使大脑产生的改变，可以使人更好地理解记忆是怎样被保存在大脑中

的，进而促进开发新的记忆术，并阻止因年龄增长而导致的记忆衰退。另一方面，这些研究也可以对解释营养不良与智力发展之间的关系有所帮助。作者的观点是：营养不良会导致一个人对环境刺激反应迟钝，长期的营养不良可能限制大脑的发育。作者强调，一些同期研究证明，营养不良对大脑发育的影响也会因环境的丰富而减轻，抑或因环境的贫乏而加重。

相关研究和近期应用

由罗森茨维格、贝内特和戴蒙德所做的这项工作，对该领域研究的持续发展起到了催化剂般的作用。论文发表后的 25 年来，这些科学家和其他科学家继续致力于巩固、改进、扩充他们的研究成果。例如，他们发现丰富环境的生活经历使得学习本身得以提升，即使是在贫乏环境中长大的成年动物，当它被放在一个丰富环境中的时候，其大脑发育也能获得改善（完整回顾见 Bennett, 1976）。

现有的一些证据表明，经验确实改变了人类大脑的发育。通过对自然死亡之人的尸体解剖发现，若一个人具有更多的技术和能力，他的大脑确实变得更复杂、更重。在对那些没有某种特殊经历的人的大脑进行解剖时发现了另外一些结果。例如，与视觉正常的人相比，盲人大脑的视觉皮层部分明显发育不良，沟回较少，皮层较薄。

玛丽安·戴蒙德是这篇文章的作者之一，她在论述人类智力毕生发展的过程时运用了这一研究成果。她说：“在生活中，我想我们应该对大脑老化持更加乐观的态度……主要因素是刺激，神经细胞因刺激而存在。所以我认为好奇心是一个关键因素。如果一个人在一生中始终充满好奇心，这将刺激他的神经组织和大脑皮层……我寻访了一些年纪高于 88 岁还极有活力的人，发现那些经常用脑的人，大脑不易老化。事情就是这样简单”（Hopson, 1984, p. 70）。

有两个新近的研究，分别从不同方面阐述了罗森茨维格、戴蒙德和贝内特关于环境影响大脑发育的观点的新应用。维斯和贝林格（Weiss & Bellinger, 2006）进一步研究了人类大脑早期发展过程中有害环境的影响，这些有害环境不仅包括 36
各种有害的化学物质，而且还应考虑个体全部生活的情境因素，如遗传倾向和生活环境的丰富或贫乏。研究者提出，对人类而言，接触有害物质的后果直接与个体生活环境丰富或贫乏相关。换言之，生活在贫困环境中的儿童，不仅其发展环境可能很贫乏，而且他们也可能会接触更多的有害化学物质。这样的环境因素可能影响有害物质对大脑发展的作用。维斯和贝林格强调指出，研究者研究有害环境时，更多地关注研究有害物质本身的影响，却忽视了相关情境变量。作者写道：

> 我们认为，生命早期暴露于有害物质环境下的后果，本质上是由儿童所处社会环境（包括胎儿期）决定的……我们认为，要想对有害物质潜在后果及其对神经行为的影响进行真正的评估，就必须考虑个体活动于其中的生态环境（如环境的丰富性）及其给个体造成的特有的、永久的缺陷（p. 1497）。

另一项新近研究引用了罗森茨维格在 1972 年的这项研究，对近来一些试图用过分简单化的丰富环境的策略来促进儿童大脑发育的做法提出了批评（Jones & Zigler, 2002）。正如你料想的那样，当人们知道了罗森维格等人的研究后，一场大众运动就可能会出现，听起来非常吸引人，但是却未能建立在科学事实之上。其中 20 世纪 90 年代出现的著名的“莫扎特效应”就属于其中一例。这一股狂热始于一些初步研究所发现的结果：听莫扎特（而不是其他古典作曲家）音乐的儿童学习会变得更好。这一思想在互联网上发展到了极点，网络中有人说，“莫扎特效应”可使儿童和成人均能从中获益，他们还宣称特定的音乐能够促进全面健康、提高记忆力、治疗注意缺陷、减轻抑郁和加速身体创伤的愈合。

结　论

琼斯和奇格勒（Jones & Zigler, 2002）认为，这种对研究的推广应用不仅无效而且还非常危险。他们指出：“人们错误地使用脑研究成果，对一些复杂的、系统性问题提出误导性的、急于求成的解决方法”（p. 355）。他们进一步提出，若脑和学习的科学研究成果能得到谨慎的、正确的应用，便能够对“早期认知和社会性发展起到深刻的、高质量的、多领域干预的实质性贡献”（p. 355）。

Bennett, E. L. (1976). Cerebral effects of differential experience and training. In M. R. Rosenzweig & E. L. Bennett (Eds.), *Neural mechanisms of learning and memory*. Cambridge, MA: MIT Press.
Hopson, J. (1984). A love affair with the brain: A PT conversation with Marian Diamond. *Psychology Today, 11*, 62–75.
Jones, S., & Zigler, E. (2002). The Mozart Effect: Not learning from history. *Journal of Applied Developmental Psychology, 23*, 355–372.
Weiss, B., & Bellinger, D. C. (2006). Social ecology of children's vulnerability to environmental pollutants. (Commentary). *Environmental Health Perspectives, 114*, 1479–1485.

03 人的本性是“天生的”吗

Bouchard, T., Lykken, D. , McGue, M., Segal, N., & Tellegen, A. (1990).Sources of human psychological differences: The Minnesota study of twins reared apart. *Science, 250*, 223–229.

近来，在如何广义地看待人性这一问题上，许多心理学家的意见正发生着根 37
本性的变化，本项研究正是这一变化的代表。倘若你想体会一下这种变化，可以对以下这个问题稍作一下你个人的思考：“你是怎样的一个人？”花一点儿时间思考一下你的个人特征，即你的“人格特质”：你易紧张激动还是平静放松？内向腼腆还是开朗大方？富于冒险精神还是追求舒适安逸？合群还是孤僻？对未来乐观还是悲观？请思考一下这些问题以及其他你认为与之有关的问题。慢慢来……完成了吗？现在，请回答下面这个对本文而言非常重要的问题：“你为什么是这样的一个人？”换言之，是什么因素使你变成了现在的你？

一般而言，你会和大多数人一样，将此归结于父母对子女的教育以及他们灌输给子女的价值观、人生观以及权衡轻重的优先级。你也许会认为这其中有兄弟姐妹、祖父母、叔叔阿姨以及在你的品格塑造方面起关键作用的同伴、老师和其他良师益友的影响；还有些人会想到生命中的一些重大转折，如生病，失去自己所爱的人，对大学、专业甚至是对特殊生命历程的选择，所有这一切都有可能对一个人人格的塑造产生极大影响。以上这些只是众多影响因素中的一部分。然而，所有这些影响都具有一个共同的特征：那就是它们都是环境因素。几乎没有人会对“你为什么是这样的一个人”这个问题报以“我生来就是这样，这都是我的基因使然”的回答。

所有人都承认身高、发色、体型及眼睛的颜色等体态特征具有遗传性。且越来越多的人开始认识到癌症、心脏病和高血压等许多疾病的发病倾向也有很明显的遗传成分。但几乎没有人会想到基因在“你是怎样的一个人”这样的心理品质中也起着很重要的作用。说到这些，你也许会感到很奇怪，但产生这样的“环境偏向”的确很容易理解。

首先，在20世纪后半叶，心理学领域一直被一种叫作*行为主义*的人性理论所统治。行为主义理论的基本主张是：人的所有行为都受制于环境因素，包括引
38 起人的行为的刺激以及随后选择反应的结果。严格的行为主义者相信，人的内部心理活动不仅不能用科学的手段加以研究，而且这种研究对完整解释人类的行为显得无关且多余。行为主义的形式理论是否为大众文化所理解或接受其实并不重要，重要的是这样一个现实，即受其影响，当今在公众中牢固地形成了这样一个根深蒂固的信念：经验是人性塑造的基本因素或唯一因素。

其次，遗传和生物因素对人类行为的影响不能直接观察到，这便是人们普遍接受用环境因素解释人类行为的又一个原因。人们常说：“我成了一名作家，是因为在我七年级时，我的写作老师曾给了我深深的启发和鼓励。”你记得这些影响的存在，它们是你亲眼所见的，是你过去生活中的一部分，还是你目前能够意识到的经验。我们很难意识到生物因素的影响，很少有人会说，“我成了一名作家，这是因为在我的DNA中包含了一种基因，这种基因在我的身上得以表现，它使我先天就具备了妙笔生花的倾向。”基因的影响看不见，摸不着，甚至我们根本不知道它位于身体的哪个部位！

最后，很多人不愿接受基因在其人格塑造中起决定作用的观点，而宁愿认为真正起作用的是他们在生活中所作出的各种选择。因为前者带有宿命论的味道，无法体现人的“自由意志”。不管什么理论，只要它可能以某种方式限制人们以其意识能力决定其生活，很多人都会很反感。因此，他们便趋向于回避或反对行为和人格的遗传学解释。事实上，完整的人格是通过遗传和经验的相互作用而塑造起来的，我们所要问的唯一的一个问题是：此二者中哪个占了主导地位？用媒体惯用的表达方式来说便是：“*人性是先天的还是后天的？*”

本节我们将要探讨的是由托马斯·鲍查德、戴维·莱肯及其助手们在位于明尼阿波利斯市的明尼苏达大学所完成的论文。文章综述的是一项开始于1979年

的研究，该研究意在检验基因在决定个人心理品质中所起作用的大小，人们试图用一种科学的方法将人的行为和人格中的遗传影响（先天）和环境影响（后天）加以分离，这便促使了该项研究的出现。但是，假定你们每个人都不是被收养的，且生长于基因供体（即父母）所营造的环境里，你们想想，此时要把遗传和环境因素分离开来就不那么简单了。举个例子，你可能和你父亲一样具有幽默感（绝无冒犯之意！），这种幽默感是你从他那儿学到的（后天的）呢？还是你继承了他那载有“幽默感”的基因（先天的）？我们似乎无法找到一种系统的方法来把两种因素分开，对吗？

然而，鲍查德和莱肯会回答“否！”他们发现有一种方法可以确定某种心理特征到底是由遗传因素还是由环境因素决定的，他们对这种方法颇有信心。

理论假设 39

这确实不难，你所要做的就是找到两个具有相同基因的人，从出生起就把他们分开，在两种截然不同的环境中把他们抚养成人。然后，你就可以假定，到他们成年时，他们的行为和人格的相同之处便是遗传因素所致。但研究者到底怎样才能找到两个一模一样的人呢？（别回答“克隆”，我们还没到那一步！）即使我们能找到，要强迫他们进入完全相反的生存环境也很不道德，不是吗？正如你已经猜到的那样，研究者没必要这么做。社会已经为他们做好了这一切：同卵双胞胎实际上就具有完全一致的遗传结构。之所以称其为同卵双胞胎，是因为他们始于同一个受精的卵子，简称受精卵，然后才分裂成为两个一模一样的胚胎。异卵双胞胎是两个不同的精子细胞使两个不同的卵子受精后的结果，所以把他们称为异卵双胞胎。异卵双胞胎和其他非双胞胎的兄弟姐妹一样，仅具有遗传的相似性。不幸的是，双胞胎弃婴被不同家庭收养的情况时有发生。收养机构也会尽力把兄弟姐妹放在一起，特别是双胞胎，但更重要的是要为他们找到一个好的家庭，尽管这有时会意味着分离。所以，随着时间的推移，数以千计的同卵、异卵双胞胎被不同的家庭收养，他们在不同的、有时甚至是截然相反的环境下长大，而且人们通常都不知道他们还有个双胞胎的兄弟姐妹。

鲍查德和莱肯从1983年便开始鉴定、寻找这类双胞胎并将他们集中起来，他们最终找到了56对分开养育的同卵双胞胎（MZA），这56对同卵双胞胎分别来自美国等8个国家，他们同意参加为期一周的集中心理测验和生理测量。在进一步研究分析后，鲍查德等人于1990年完成了这篇研究报告。（有趣的是，这项研究是在“双子城”之一的明尼阿波利斯市进行的，它无法不引起人们的关注）。研究者将这些双胞胎与那些在一起成长的同卵双胞胎（MZT）进行比较，得出了惊人的发现，并在整个生物与行为科学领域引起了巨大的反响。

方 法

参与者

这项研究所面临的第一个挑战就是要寻找那些早年分离、成长环境不同、成年后才相聚的同卵双胞胎。研究者在进行这项研究的消息以口头传播方式流传开来以后，找到了许多参与者。双胞胎本人、朋友或家庭成员与明尼苏达双胞胎收养和研究中心（MICTAR）取得联系，该机构里从事各种社会公益事业的专业人员也在其中协助进行联系工作。有时也会出现双胞胎之一与中心取得联系并寻求帮助，他们希望找到自己的兄弟姐妹。所有的双胞胎在参加研究之前均经过检测以确保他们确实是同卵双胞胎。

40 程 序

研究者想要在双胞胎来访的一周内获得足够多的资料。每一名参与者完成将近50小时的测试，测试内容几乎涵盖你可以想到的每个维度。他们完成了4种人格特质量表、3种能力倾向和职业兴趣问卷以及两项智力测验。另外，参与者还要填写一张家用物品清单（例如家用电器、望远镜、原创艺术作品和足本词典等），以评估其家庭背景的相似性；填写一张家庭环境量表以测量他们对养父母教养方式的感受。他们还要接受个人生活史、精神病学以及性生活史等三次访谈。每名参与者的所有项目全部分开独立完成，以避免一对双胞胎间存在不经意的相互影响。

正如你可以想到的，数小时的测试产生了数量巨大的信息资料。下面我们将讨论这其中最重要、最令人惊讶的结果。

结　果

表 3-1 显示了分开养育的同卵双胞胎（MZA）在某些特征上的相似性，也包含了共同养育的同卵双胞胎（MZT）在该方面的测量结果。相似程度在表中用
相关系数或相关值“*r*”来表示。相关系数越大，其相似程度越高。在此有这样 41
一个逻辑假设：若个体的差异是由环境引起的，则在相同环境下成长起来并共同养育的同卵双胞胎与分开养育的同卵双胞胎相比，前者的个体特征应当更相似。

表3–1　分开养育的同卵双胞胎（MZA）与共同养育的同卵双胞胎（MZT）在某些特征上的相关系数（r）的比较*

特　征	*r* (MZA)	*r* (MZT)	相似性 *r* (MZA) ÷ *r* (MZT)**
生理	—	—	—
脑电波活动	0.80	0.81	0.987
血压	0.64	0.70	0.914
心率	0.49	0.54	0.907
智力	—	—	—
韦氏成人智力量表	0.69	0.88	0.784
瑞文智力测验	0.78	0.76	1.030
人格	—	—	—
多维人格问卷	0.50	0.49	1.020
加利福尼亚人格问卷	0.48	0.49	0.979
心理兴趣	—	—	—
史特朗—康久尔兴趣问卷	0.39	0.48	0.813
明尼苏达职业兴趣量表	0.40	0.49	0.816
社会态度	—	—	—
宗教信仰	0.49	0.51	0.961
非宗教信仰社会态度	0.34	0.28	1.210

* 选自 Table 4，p. 226。

** 1.00 意味着 MZA 双胞胎之间的相关与 MZT 双胞胎之间相关极其相似。

正如你所看到的，研究者所发现的并非如此。

将 MZA 双胞胎间每种特征的相关系数与 MZT 双胞胎间的相关系数相除，所得数值列在表 3-1 的最后一列，这列数值表示两类双胞胎在每种特征相似性上的差异。如果两个相关系数相同，则相除以后的结果是 1.00；如果它们完全不同，则相除以后的结果会接近 0.00。仔细观察表 3-1 第 4 列中的数据，就会发现 MZA 双胞胎和 MZT 双胞胎在每种特征上的相关系数惊人地相似，即其比值大多接近于 1.00，没有低于 0.70 的。

讨论及研究发现的意义

这些结果表明，对于相当数量的人类特征而言，大多数差异似乎是由遗传因素（或“基因组”）引起的。表中的数据从两个重要方面证明了这一结果。其一是，具有完全相同的遗传特质的人（同卵双胞胎），即便分开抚养且生活条件大相径庭，他们长大成人以后不仅在外表上极为相似，而且其基本心理和人格也惊人的一致。在本研究中支持基因占主导地位的第二个论据是，在相同条件下养育的同卵双胞胎，环境对他们的影响似乎很小。鲍查德和莱肯将他们的发现表述如下：

> 到目前为止，在调查过的每一种行为特征——从反应时到宗教信仰，个体差异中的重要部分都与遗传有关。这一事实今后不应再成为争论的焦点；现在是该考虑它的意义的时候了。

当然，对于鲍查德和莱肯的这一观点，仍然有人会提出疑义。我们将在下一部分对不同的观点进行讨论。然而，探讨本项研究及其研究者所做的类似研究的意义是绝对有必要的。本文所报告的遗传学发现以何种方式改变了心理学家，甚至改变了我们每个人对人性的看法？正如前面提到的，心理学界和西方文化被环境决定论的思想统治了近 50 年。过去，我们对于养育方式、教育、犯罪和刑罚、心理治疗、技能和能力、兴趣、职业目标、社会行为等许多问题持环境决定论的解释，认为是经验而非人的基因塑造了其人格。很少有人会以“那个人生来如此”的想法来理解某人的行为。我们想要确信，人的行为模式是习得的，因为我们看

到父母的不同养育方式造成了孩子人格上的差异，积极的生活体验可以战胜消极
的生活体验，不健康的无效行为会被忘却。而“人格是在出生的那一刻就已注定 42
的”这样的观点会诱使我们提出一系列以“何必”开头的问题：何必努力成为好家长？何必去帮助那些穷困潦倒的人？何必努力提供高质量的教育？等等。然而，鲍查德和莱肯第一个站出来反对对其研究发现作这种解释。在这篇文章中，他们对自己那些具有煽动性的结论给出了三种解释：

1. 显然，智力主要是由遗传因素决定的（智力差异中的 70% 都可以归因于遗传的影响）。然而，正如作者所明确阐述的：

 > 这些发现并不意味着像 IQ 这样的特质不能提高……一项覆盖了 14 个国家的调查表明，近年来 IQ 测验的平均分数已有所提高。因此，目前的发现并没有规定或限制 IQ 分数可以在理想的环境中提高。(p. 227)

 从根本上讲，他的意思是，虽然 IQ 差异中的 70% 要归因于先天的基因不同，但仍有 30% 可归因于环境的影响。这些影响包括我们众所周知的因素，例如教育、家庭环境、毒品和社会经济地位等。

2. 鲍查德和莱肯研究的基本假设是，人的特性是由遗传和环境的综合影响决定的。所以，当环境因素影响较小时，其差异更多地来自遗传，反之亦然：对某些特性而言，如果环境因素对其影响较大，则遗传的影响就较小。例如在美国，大多数儿童都有机会学习骑自行车。这就意味着对所有儿童而言，环境的作用几乎是很相近的，所以在骑车能力方面的个体差异主要来自遗传因素的影响。另一方面，在美国，人们在食物偏好上的不同似乎受环境因素的影响较多，因为在童年及其整个一生中，各人所接触的食物或口味有很大不同，所以几乎没有给遗传因素留有发挥其作用的余地。在此，研究者提出了一个很有意思的观点：即他们认为人格更像是骑自行车而不像是对食物的偏好。

 实际上，作者的意思是，在孩子长大成人的过程中，家庭环境对他的影响与他所继承的基因相比，其作用相对较小。而大多数家长不愿意听到或相信这些，这是可以理解的。他们努力扮演好父母的角色，并使孩子快乐成长，

让他们成为好公民。而唯一能从这些研究结果中得到安慰的是那些在抚养子女方面已经黔驴技穷的家长，这样的研究结果能使他们少一些自责！然而，鲍查德和莱肯很快又指出，基因不是决定命运的必然因素，那些极富奉献精
43 神的父母仍能以各种积极的方式影响他们的子女，即使他们在总体中只占一个很小的百分比。

3. 鲍查德和莱肯提到的最有趣的一点是，并非环境影响人的特性，恰恰相反，是人的特性影响着环境。也就是说，实际上是人的遗传倾向塑造着周围环境！下面这个例子可以说明这种理论。

有些人比其他人更具有丰富的情感，人们常认为这是前者的父母对孩子比后者的父母更亲切慈爱的结果。换言之，情感丰富的孩子来自富于情感的环境。每当对这种假设进行研究时，总能发现这种说法是正确的。确实，情感丰富的孩子从他们父母那儿得到了更多的爱。然而，鲍查德和莱肯认为，事实上“情感丰富性”方面的差异是由遗传决定的，所以有些孩子一出生就比别的孩子情感更丰富。与别的孩子相比，他们这种与生俱来的行为倾向，使他们能够以恰当的方式对父母的情感做出更主动的回应，这就更加强化了其父母的行为，并进而引起了父母充满爱心的行为。研究者强调，遗传在许多（即便不是大多数）人类特性中都发挥着重要作用。他们如此般地阐述道：

> 导致绝大多数心理差异的直接原因可能包含着通过经验而习得的东西，正如极端的环境论者一直坚信的那样。然而，有效的经验在很大程度上是人们自我选择的结果，而这种选择又为基因组的恒定压力所引导。(p. 228)

批评及相关研究

正如你所料，人们以鲍查德和莱肯的双胞胎数据资料为基础，完成了大量的相关研究。这些研究结果仍表明，基因对许多人格特征和行为有着很强的影响。通过双胞胎研究，我们需要对一些过去在很大程度上或完全归因于环境的特性进行重新评估，正如双胞胎研究所揭示的，遗传要么是大多数变异的原因，要么其

作用比我们以前所预料的还要显著。

例如，明尼苏达大学的研究小组发现，基因不仅在很大程度上决定着人们对职业的选择，甚至当各种职业对身体的要求保持恒定时，在人们的整体工作满意度和职业道德方面大约仍有 30% 的变化缘于遗传因素（Arvey et al., 1989; Arvery et al., 1994）。另有一项研究对同卵双胞胎和异卵双胞胎进行比较，这些双胞胎中 44
既有共同抚养的也有分开抚养的，研究者把研究内容更直接地指向一些影响人一生的、稳定的人格特质方面（Bouchard, 1994; Loehlin, 1992）。这些研究和其他一些研究的结果表明，人们在外倾—内倾（开朗大方或腼腆内向）、神经质（承受高度焦虑或具有偏激的感情反应的倾向）和责任心（个人的干练、负责任和考虑问题的全面程度）等特性上的变异，更多地（65%）要以遗传差异而非环境因素来解释。

当然，在科学界，并非所有人都心悦诚服地接受这些研究发现。对鲍查德和莱肯研究的批评意见体现在多个方面（见 Billings et al., 1992）。有些评论家声称，这些研究者并没有尽可能完整地公布他们的研究数据，因此，不能片面地对他们的研究结果进行评价。他们还认为，有很多研究报告表明，鲍查德和莱肯没能考虑到的一些环境因素对双胞胎确实有重大影响。

此外，一些研究者对双生子研究的一个方面“相同环境假设”提出了批评（例如，Joseph, 2002）。这些争论认为鲍查德和莱肯有关遗传影响的许多结论都源于这样一个假设：共同抚养的同卵双胞胎和异卵双胞胎的生长环境是相同的。这些批评家认为这个假设是无效的，与同卵双胞胎相比，异卵双胞胎受到的对待是非常不同的。他们还对使用双胞胎这种研究方法去研究基因影响因素提出了质疑。然而，也有一些文章反对这种批评，并且支持“相同环境假设”（例如，Kendler et al., 1993）。

近期应用

1999 年，鲍查德评价了明尼苏达双胞胎研究档案上所有有关“先天—后天”的研究证据（Bouchard, 1999）。他总结道，从整体上看，人格中 40% 的变异和智力中 50% 的变异都以遗传为基础。他又反复强调了前面已经讨论过的观点，即基因驱使你对环境作出选择，或驱使你回避某些特定的、影响人格发展的环境和行为。

在明尼苏达双胞胎中心进行的研究至今仍很活跃。其中有些饶有趣味的新研究已将人的复杂特性和行为，比如爱情、离婚和死亡等作为研究对象，而以前很少有人会认为这些特性受到遗传的影响（见 Minnesota Twin Family Study, 2007）。这些研究者还将“坠入爱河”的人们作为研究对象，研究人们对梦中情人或白马王子的选择是否也同样受遗传的预先安排。结果发现，事实并非如此！然而，研究者们确实发现了与离婚、进食障碍以及死亡年龄的可能性有关的基因。

最后，鲍查德和莱肯的研究被应用到人类克隆问题的哲学讨论上（见 Agar, 2003）。如果一个人被成功地克隆了，问题是，正如你可能会想到的，他或她的基本特质，比如个体的人格，在多大程度上会被传递到克隆体上？那些反对克隆
45 的普遍论据是，担心人之所以为人的同一性可能会因此被改变、贬低或者丧失。另一方面，双生子研究的结果，诸如鲍查德和莱肯的观点表明，“在某种情况下，克隆人从某种程度来说是生命的延续……然而……通过克隆延续生命必须防止对克隆技术的滥用，而不仅仅是许不许可的问题”（Agar, 2003, p. 9）。另一项独立研究探讨了同卵双生子和克隆问题（Prainsack & Spector, 2006），研究者发现，同卵双生子很少考虑自己是同卵双生子这一遗传事实。此外，按照这些研究者的个人观点，他们并不认为克隆是一种不自然的或不道德的做法，但他们更关注为什么要进行人类克隆的伦理问题。当然，这更像是哲学上的讨论而不是有关基因的讨论，但是，随着克隆技术的日益临近，它会给我们带来越来越重要和有趣的深入思考。

Agar, N. (2003). Cloning and identity. *Journal of Medicine and Philosophy, 28*, 9–26.

Arvey, R., Bouchard, T., Segal, N., & Abraham, L. (1989). Job satisfaction: Environmental and genetic components. *Journal of Applied Psychology, 74*(2), 187–195.

Arvey, R., McCall, B., Bouchard, T., & Taubman, P. (1994). Genetic influences on job satisfaction and work value. *Personality and Individual Differences, 17*(1), 21–33.

Billings, P., Beckwith, J., & Alper, J. (1992). The genetic analysis of human behavior: A new era? *Social Science and Medicine, 35*(3), 227–238.

Bouchard, T. (1994). Genes, environment, and personality. *Science, 264*(5166), 1700–1702.

Bouchard, T. (1999). Genes, environment, and personality. In S. Ceci, et al. (Eds.), *The nature–nurture debate: The essential readings*, pp. 97–103. Malden, MA: Blackwell.

Joseph, J. (2002). Twin studies in psychiatry and psychology: Science or pseudoscience? *Psychiatric Quarterly, 73*, 71–82.

Kendler K., Neale M., Kessler R., Heath A., & Eaves L. (1993). A test of the equal environment assumption in twin studies of psychiatric illness. *Behavioral Genetics, 23*, 21–27.

Loehlin, J. (1992). *Genes and environment in personality development*. Newbury Park, CA: Sage Publications.

Minnesota Twin Family Study. (2007). What's special about twins to science? Retrieved March 10, 2007, from http://www.psych.umn.edu/psylabs/mtfs/special.htm.

Prainsack, B., & Spector, T. D. (2006). Twins: a cloning experience. *Social Science & Medicine, 63*(10), 2739–2752.

04 小心视崖！

Gibson, E. J., & Walk, R. D. (1960). The "visual cliff." *Scientific American, 202*(4), 67–71.

在心理学界，人们常常提起一则有关 S. B. 先生（用姓名首字母以保护其隐私）
的趣事。S. B. 天生看不见东西，直到他 52 岁时，一种新出现的先进手术（即现
在已很普遍的角膜移植术）才使他恢复了视力。虽然 S. B. 获得了视力，但并不
意味着他自动地获得了和我们正常人一样的视知觉能力。这一点在手术后不久，
他的视力还没完全恢复的时候就变得十分明显。当 S. B. 从医院的窗户向外望时，
他十分好奇地发现楼下的地面上一些小东西在移动着，于是他爬到窗边，想探下
身子看个究竟。幸亏医院的工作人员及时阻止了他的行动。他当时住在四楼，下 46
面移动着的小东西正是汽车！尽管 S. B. 现在能看见东西，但他不能知觉深度。

实验心理学家感兴趣的领域之一是我们用视觉感知和解释周围世界的能力。由此产生了一个重要的问题——这种能力是天生的还是后天习得的：先天与后天的问题再一次被讨论。许多心理学家认为，我们最重要的视觉能力就是深度知觉。你可以想象一下，一个人如果没有深度知觉能力，其生存将变得多么困难和痛苦。你会撞到墙，不能判断猛兽离你有多远，或者会从悬崖上掉下去。因此，从逻辑上可以假设人对深度的知觉能力是一种天生存在的机制，是不需要经验来发展的。然而，正像埃莉诺·吉布森和理查德·沃克在他们文章中写到的那样：

> 婴儿在爬行和蹒跚学步阶段，很容易从或高或低的地方跌下来。大人们必须很警惕，以防止婴儿爬到儿童床的床栏边或楼梯口。当婴儿的肌肉协调

能力成熟后，他们开始能自己避免跌落。通常人们认为，孩子是从经验中学会认识容易摔跤的地方的，也就是从自己有过跌落和受伤的经验中学习。(p. 64)

研究者想在实验室里科学地研究深度视知觉能力。为此，他们构思并设计出了一种叫作“视崖”的实验装置。

理论假设

如果你想找到动物或人在发展过程中获得深度知觉的关键点，一种方法是把他们放在悬崖边上，看他们能否让自己不掉下去。这个建议十分可笑，因为从伦理上说，这可能伤害到无法知觉深度（特别是高度）的参与者。视崖则解决了这个问题，因为它能给参与者造成一种悬崖的感觉，而实际上并没有真正的悬崖存在。他们是如何做到的呢？这将在后面详细介绍。这种装置的重要意义在于可以把婴儿或小动物放在视崖上，观察他们是否能知觉到这种悬崖并进行躲避。如果他们不能这样做，而是从“悬崖”上跌下来，他们也并没有真正摔下的危险。

吉布森和沃克在这篇文章中持有“先天论”的观点，他们相信深度知觉和避免从高处跌落的能力是自动生成的，是我们生理机制的一部分，因此，它们不是经验的产物。经验主义者持相反的观点，认为这种能力是习得的。吉布森和沃克
47 的视崖允许他们提出这样的问题：人或动物在发展的哪个阶段才能对深度和高度刺激作出有效的反应？对于不同种类和不同生存环境的动物，这种反应出现的时间是否相同？

方　法

视崖装置是这样构成的：一张 1.2 米高的桌子，顶部是一块透明的厚玻璃（图 4-1 和图 4-2）。桌子的一半（浅滩）是用红白格图案组成的结实桌面。另一半也是同样的图案，但它在桌子下面的地板上（深渊）。因此，从在浅滩边上看，图案好像直接落到了地面，但实际上一块玻璃覆盖着整个桌面。在浅滩和深渊的中

图4-1 吉布森和沃克的视崖

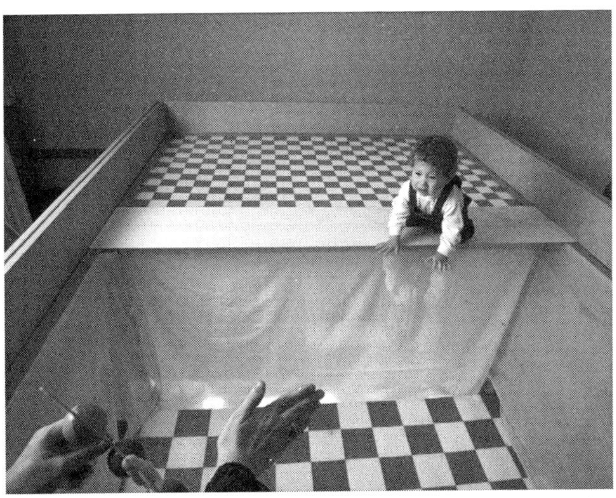

图4-2 视崖测试情景（Mark Richards/PhotoEdit, Inc.）

间是一块约一英尺宽的中间板。使用这种装置对婴儿施测的过程十分简单。

这项研究的参与者是 36 名年龄在 6 到 14 个月之间的婴儿。这些婴儿的母亲也参加了实验。每个婴儿都被放在视崖的中间板上，先让母亲在深的一侧呼唤自己的孩子，然后再在浅的一侧呼唤自己的孩子。

为了比较人类与小动物的深度知觉能力，对其他种类的动物也进行了视崖实
48 验（当然没有母亲的召唤）。这些动物被放在视崖的中间板上，观察它们是否能区别浅滩和深渊，以避免摔下“悬崖”。你可以想象一下，将许多种小动物汇集到康奈尔大学的心理实验室做实验，是一个多么独特而有趣的情景。这些动物包括小鸡、小海龟、大鼠、小绵羊、小山羊、小猪、小猫和小狗。有人可能会好奇：“这些动物是否是在同一天接受测试的？”

请注意，这项研究的目的是检测深度知觉是后天习得的还是天生的。这个实验方法之所以巧妙，是因为它可以回答或至少开始回答这个问题。毕竟，我们无法向婴儿或小动物询问他们是否知觉到深度，而且就像上面提到过的那样，他们也不能在真正的悬崖上进行实验。心理学上很多问题是由于新实验方法的发展而得到答案的。吉布森和沃克早期研究的结果在这方面给我们提供了一个很好的案例。

结果和讨论

在研究中，9 名婴儿拒绝离开中间板。虽然研究者没有解释这个问题，但这可能是因为婴儿太固执。当另外 27 位母亲在浅的一侧呼唤她们的孩子时，所有的孩子都爬下中央板并穿过玻璃。然而，当母亲在深的一侧呼唤他们时，只有 3 名婴儿极为犹豫地爬过视崖的边缘。当母亲在视崖的深渊一侧呼唤孩子时，大部分婴儿拒绝穿过视崖，他们远离母亲爬向浅的一侧，或因不能够到母亲那边而大
49 哭起来。婴儿已经意识到视崖深度的存在，这一点几乎是毫无疑问的。“通常他们能透过深的一侧玻璃注视下面的深渊，然后再爬向浅滩。一些婴儿用手拍打玻璃，虽然这种触觉使他们确信玻璃的坚固，但还是拒绝爬过去”（p. 64）。

这些研究结果能证明人类知觉深度的能力是天生的而不是后天习得的吗？明显不能！因为这项研究中所有婴儿至少已经有了六个月的生活经历，在这段时间内他们可能通过尝试错误而学会了知觉深度。然而六个月以下的婴儿由于不具备自主运动的能力，所以不能接受该实验。这也是吉布森和沃克用各种动物作为实验参照的原因。众所周知，大部分非人类动物获得自主运动的能力比人类婴儿要

早得多。动物测试的结果很有趣——不同种类动物知觉深度能力的发展与它们的生存需要有关。

例如，小鸡出壳后就必须马上开始自己觅食。当研究者把出生不足 24 小时的小鸡放在视崖上接受测试时，它们从不会犯跌下深渊的错误。

小山羊和小绵羊在出生后很快就可以站立、行走。从能站立的那一刻起，它们对视崖的反应和小鸡一样准确而可预测，一次错误也没有。当研究者把一只出生仅一天的小山羊放在深渊的一侧玻璃板上时，它变得惊恐呆滞，表现出防御性姿态。随后，如果把它推向浅滩的一侧，它则变得轻松自在，并跳向看似坚实的表面。这说明视觉起着完全的控制作用，动物虽然能感觉到在深渊一侧的上面有坚实的玻璃，但这种感觉没能影响它们的反应。

而对于大鼠则是另一回事了。它们对浅滩没有表现出明显的偏好。你认为这一差异为什么会存在呢？在你得出“大鼠比较愚蠢”这样的结论以前，先来看看吉布森和沃克的解释：大鼠对视觉依赖性不大。实际上，它们的视觉系统不够发达。因为它们属于夜间活动的动物，在黑暗中靠鼻子上坚硬的触须帮助其四处活动，靠嗅觉感知食物的方位。所以当一只大鼠被放在中间板上时，它不会被视崖欺骗，因为它不是用视觉来决定走哪条路的。对大鼠的触须而言，深侧和浅侧的玻璃在感觉上没有区别，所以大鼠离开中间地带走向深侧的概率与浅侧相同。

你可能会猜测小猫也有同样的结果。它们主要在夜间活动而且也有触须。然而，猫是食肉动物，不像大鼠一样是食腐动物。因而它们更加依赖视觉。相应地，自从它们能自主运动起（约在出生后 4 周），小猫便具有极好的深度知觉能力。

尽管有时这篇研究文章（特别是讨论部分）听起来好像是给孩子讲的动物故事，但还要说明的是，动物中在视崖上成绩最差的是海龟。研究者选择的海龟是 50
水栖类生物，因为研究者猜测由于海龟自然生活的环境是水，它们可能更喜欢深的一侧。然而，事实证明，聪明的海龟知道它们并不是真的在水里，它们中的 76% 都爬到浅的一侧。但是也有 24% 的小海龟“越过边界”。“数量相对较多的少数小海龟选择了深侧，这一事实可能表明这种海龟的深度知觉能力比其他动物要差，也可能是它的自然生活环境使其较少‘害怕’跌落的状态”(p. 67)。很明显，如果你生活在水中，在防止跌落方面，深度知觉的生存价值将会减小。

吉布森和沃克指出，他们所有的观察结果和进化论完全一致。也就是说，所有种类的动物，如果它们要生存，就必须在能够独立行动时发展感知深度的能力。对人类来说，这种能力到 6 个月左右才会出现；但是对于鸡、羊来说，这种能力几乎是一出生（一天之内）就出现了；而对于大鼠、猫和狗来说，大约在 4 周时出现这种能力。因此作者得出结论：这种能力是天生的。因为如果通过尝试错误学习获得这种能力，可能会带来过多潜在的、致命的危险。

那么，如果说我们在生理上已经具备了足够的能力，为什么那么多儿童仍会摔跤呢？吉布森和沃克解释说，这是因为婴儿的深度知觉能力比他们的行动技能成熟得早。实验中，许多婴儿在中间板上转身时，会借助深侧玻璃转换支撑点，当他们开始转向浅侧爬向母亲时，有的甚至倒在深的一侧。如果那儿没有玻璃，一些婴儿会真的摔下“悬崖”。

批评与后续研究

对于研究者所得的结论，批评得最多的一点是它们是否能证明人类天生具备深度知觉。如前面已经提到的那个批评：当婴儿在视崖上接受测试时，他们已经学会了避免这种情况。后来有研究把年龄在 2 到 5 个月之间的婴儿放在视崖深侧的玻璃上，这时所有的婴儿都表现出心率变慢。这种心率变慢是感兴趣的信号，而不是恐惧的信号，恐惧应伴随着心率加快（Campos et al., 1978）。这表明这些婴儿还没有习得对悬崖的恐惧，他们是在不久之后学会了这种规避行为的。这些发现与吉布森和沃克的结论恰恰相反。

然而，应该注意到，对于我们什么时候开始能感知深度这一问题，学术界仍在继续争论（先天论者对经验论者），有许多为寻找这一问题答案的研究都使用了吉布森和沃克的视崖装置。此外，另一使用视崖的相关研究得到了一些有趣的结果。

索兹等人（Sorce et al., 1985）进行的研究是个很好的例子。他们把 1 岁的婴
51 儿放在视崖上，落差不深也不浅，大约 76 厘米。当儿童爬向视崖时，他会停下
来向下看。在另一边，与吉布森和沃克的研究一样，母亲在那里等待。有时母亲

根据指令在脸上做出害怕的表情，有时则看起来兴高采烈和兴趣盎然。当婴儿看到母亲害怕的表情时，他们会拒绝再向前爬。然而，当看到母亲高兴的表情时，大部分婴儿会再次检查悬崖并爬过去。当落差变得很浅时，婴儿不再观察母亲的表情而径直向前爬。婴儿这种通过非语言交流以改变行为的方式被称为社会参照。

近期应用

吉布森和沃克开创性发明的这种视崖装置，在如今研究人类发展、认知、情绪甚至心理健康等方面都发挥着重要的作用。下面是一个简明的例子。

伯杰和阿道夫最近的一项研究引用了吉布森和沃克的早期研究，他们关注初学走路的儿童怎样分析深度特征，特别是在过桥任务中（Berger & Adolph, 2003）。研究者哄着年龄较小的初学走路的儿童（16 个月），走过不同宽度的桥。一些桥有扶手，而另一些没有。研究者发现，婴儿显然更倾向于从较宽的而不是较窄的桥穿过（16 个月的婴儿已相当聪明）。然而，更有趣的是，研究者发现，如果在有扶手的情况下，婴儿更有可能试着从窄的桥穿过。“在迈上桥之前会试探桥和扶手，并且设计出备用的过桥策略的婴儿，更有可能成功穿过桥。这些结果对传统的工具概念化提出了挑战：婴儿使用扶手作为保持平衡的手段，并执行在没有扶手的情况下不可能完成的目标导向任务”（p. 594）。

如何使用技术性视崖的思路来帮助有重度恐高症（一种对高处的非理性恐惧）的人？这是一种非常常见的恐怖症，患病率为 5%。假如你是一名心理治疗师，倘若你想让恐高症来访者“直面他们对于高处的恐惧”的话，你也许不会有太多客户了。为什么？因为他们实在太恐惧了！当一个人确实患有某种恐怖症，他会不惜一切地去避免接触害怕对象或情境。一项结合了吉布森和沃克的工作的研究发现，虽然虚拟跌落还会使恐高症者害怕，但对来访者的威胁较小，因此，不用离开治疗师的办公室就能对患者进行有效的治疗，减轻其非理性的恐惧（Coelho et al., 2009）。

结 论

由于吉布森和沃克的发明，行为科学家能够用一种明确、系统的方式去研究
深度知觉。行为主义科学家对这种能力和其他认知能力到底是天生的还是后天习
52 得的这一问题一直处于争论中，真相可能是一种折衷的情况，即先天与后天的相
互作用所致。正如很多研究者指出的，深度知觉能力在婴儿一出生就已经具备了，
但害怕跌落和避免危险是婴儿到了能够爬行的年龄并遇到危险后，通过经验习得
的。但是不管怎么说，像视崖这种优秀的技术，的确是一种研究方法上的进步，
让我们可以继续进行更多的探索。

Berger, S., & Adolph, K. (2003). Infants use handrails as tools in a locomotor task. *Developmental Psychology, 39*, 594–605.

Campos, J., Hiatt, S., Ramsay, D., Henderson, C., & Svejda, M. (1978). The emergence of fear on the visual cliff. In M. Lewis & L. A. Rosenblum (Eds.), *The development of affect*. New York: Plenum Press.

Coelho, C., Waters. A., Hine, T., & Wallis, G. (2009). The use of virtual reality in acrophobia research and treatment. *Journal of Anxiety Disorders, 23*, 563–574.

Sorce, J., Emde, R., Campos, J., & Klinnert, M. (1985). Maternal emotion signaling: Its effect on the visual cliff behavior of 1-year-olds. *Developmental Psychology, 21*, 195–200.

第二章

意识与知觉

心理学家之所以对研究知觉与意识有着浓厚的兴趣，是因为它们阐述并展现了人的心理与环境的相互影响。思考一下，每时每刻由周围的各种刺激组合而成的数以百万计的信息，对你的感官进行着怎样的狂轰滥炸？你的大脑不可能对所有的信息都进行加工。所以，你的大脑就要把这些大量来自感官的信息资料组织成具有一定形式和意义的单元。这就是心理学家所说的*知觉*。

显然，你的意识水平，通常也称为*意识状态*，在很大程度上控制着你对什么进行知觉以及你的大脑怎样组织这些信息。当你度过白天、黑夜、一周、一年和一生时，你会体验到各种意识状态的变化：集中注意（或不集中）、做白日梦、胡思乱想、进入睡眠或开始做梦，你可能在某一刻被催眠，也有可能服用某种精神类药物（甚至咖啡因和尼古丁也是精神活性物质！）。这些都是你的意识状态的变化，它们改变着你对周围世界的感知，进而影响你的行为。

在知觉和意识的研究领域内，一些极具影响力又饶有趣味的研究都集中在视觉、睡眠、梦和催眠上。本章将从一项著名且有影响力的研究开始，该研究贡献了一种卓越的研究方法，可使研究者用来研究仅有几天大的婴儿的思维过程，即他的*知觉*过程。这个方法叫作*注视偏好*，可帮助人们理解婴儿大脑功能以及他们如何知觉这个世界。本章的第二篇研究报告，包含了两项改变心理学的研究，因为它们（1）发现了REM睡眠（快速眼动睡眠）并（2）揭示了快速眼动睡眠和梦之间的关系。第三篇研究报告论述了一项非常有影响也极受争议的研究。它提出，梦并不是像弗洛伊德和其他研究者认为的那样，来自于人潜意识中的神秘信息，而是纯粹由睡眠时大脑中随机的生理电刺激所致。第四项研究是影响传统心
54 理学思想的众多研究之一。该研究反对一种被广泛接受的观点，即催眠是一种强有力的独特意识状态。该项研究表明，被催眠的人与清醒的人没有什么不同，只不过更易被驱动罢了。

05 注视偏好

Fantz, R.L. (1961). The origin of form perception. *Scientific American, 204* (May), 61–72.

如果你想知道别人对周围世界的知觉，一个很简单的办法就是问他们。当然，通常情况下你问什么，他们会告诉你什么。但是，你尝试过问婴儿这些问题吗？有时候，一些婴儿似乎想试图告诉你他们的想法和感觉，但他们做不到，他们不会说话，即便能告诉你些什么，也不会很多；而且最有可能的是，他们甚至无法理解你的问题！

如果你有机会接触婴儿（每个人都有不同程度的机会），你可能经常会想，“我很好奇这个婴儿在想什么！”，或者“这个婴儿能说话该多好……”遗憾的是，这是不可能的（约翰·特拉沃尔塔的系列电影《看谁在说话》除外）。但是，纵观心理学史，对于婴儿的研究一直是心理学家的研究热点（仅本书中就包含了七个关于婴儿的研究）。

然而，在本章我们将讨论的罗伯特·范茨（Robert Fantz）的研究中，困扰着心理学研究者的问题却是：“我们如何研究婴儿的认知过程？”，“我们如何真正地窥视小婴儿的大脑正在想什么，他们知觉到了什么，以及理解了多少？”

20 世纪 50 年代，克里夫兰西储大学（即现在的凯斯西储大学）的心理学家罗伯特·范茨注意到发生在婴儿身上的一些很有趣的现象。但是他的观察对象不是人类婴儿，而是刚孵出的小鸡。范茨发现，小鸡几乎在破壳而出时就能很好地知觉周围的环境，并开始寻找和啄取食物（参见上一章的研究“小心视崖！”，以便更多地了解小鸡的知觉能力）。从某种程度上讲，这也告诉范茨，小鸡的确

有着比人类婴儿更优秀的知觉能力，这使得小鸡成为该研究领域的理想研究对象。但是需要强调的是，当心理学家研究动物时，他们的最终目标是将研究结果应用于理解人类行为，我们将在后面进一步讨论这个问题。

理论假设

在范茨之前，已有研究证明婴儿可以用一些较为原始的方法知觉周围世界，如看亮光、区分基本颜色、察觉运动等能力。但是，正如范茨所指出的："长期以来存在争议的一个说法是，婴儿不能对形状、图案、大小或体积等刺激做出反应， 55
简言之，就是婴儿不能知觉形状"(p.66)。范茨对该观点表示怀疑。因此，在20世纪50年代后期至60年代早期，他着手开发了一种新技术，该技术能够让研究者获取婴儿知觉过程的更多细节、探查知觉能力发展的时间进程、判定婴儿知觉技能的复杂性。他提出，刚出生的婴儿与初生的小鸡没有什么不同，他们实际上能够知觉不同形状；我们可以通过观察婴儿如何"分析"他们的世界（即他们"看什么"以及"看多长时间"）来证实这一观点。这种研究婴儿心理的方法，称之为"注视偏好"，此方法迅速在心理学界得到推广，在研究婴儿心理方面引起一场持续至今的革命。

方　法

范茨通过一个简单的实验证明了刚出生的小鸡能知觉什么以及不能知觉什么。在小鸡没有任何啄取食物的经验之前，范茨向它呈现不同形状和大小的物体，并记录小鸡啄取每个物体的次数。与锥形物体相比，小鸡啄圆形物体的次数更多；啄圆形物体的次数比三角形物体多；啄球形物体的次数比扁平物体多；并且，面对大小不同的圆形物体，小鸡更喜欢直径比1/8英寸大一点或小一点的物体。小鸡先前没有任何学习经验，它们就能知觉形状——很明显，它们喜欢那些更像食物（种子或谷物）的形状。

范茨在他的文章中提到，这也许是你现在可能在想的问题："当然，适用于鸟类的规律，未必就适用于人类”(p.67)。他考虑到了这种可能性：鸟类知觉形态（多种鸟类都有）的这种先天能力可能在灵长类动物（包括人类）的进化过程中没有得到发展；或者，也许灵长类动物在出生后需要经过一段时间的发展或学习，才能习得这种能力。所以，当范茨将注意转移到灵长类的婴儿时，他需要一种新的研究方法，因为灵长类的婴儿显然不会去“啄取”任何食物，即便他们有这种倾向，其所需的运动能力也未得到充分发展（当然，他们不会这么做的主要原因是婴儿并不喜欢谷物和种子）。

然而，婴儿有一种行为可以作为观察指标，即他们会注视物体。如果范茨能够用一种方法证实婴儿对某些形状的物体比对另一些形状的物体注视多或注视的时间长，其唯一的解释就是他们能区别其差异，即能知觉到形状。范茨及其同事从与人类基因最相似的黑猩猩开始研究，他们发明了所谓的“观察室”，该装置基本上是在一个普通的大盒子里放上一个舒适摇篮。盒子顶端有两个开口，用于给幼黑猩猩呈现物体，还有一个窥视孔，用于研究者观察幼黑猩猩的注视行为。
56 当研究者确定幼黑猩猩对特定物体表现出系统性偏好（由注视时间决定）时，他们开始运用相似的方法来研究人类婴儿。

研究者没有干涉婴儿日常的安排或活动，只是将婴儿放入舒适的观察室，给他们成对呈现各种各样的物体。婴儿的年龄为 1~15 周。呈现给婴儿的刺激包括立体的、有纹理的圆盘；球体；椭圆形人脸；人脸特征被打乱后的椭圆形图案，以及多种复杂的形状和图案（见图 5-1）。研究者多次对这些物体进行两两配对，观察并记录每 1 分钟的实验中婴儿注视每个物体的时间，及在每组物体中他们“喜欢”（注视时间长）哪个。他们的实验结果强有力地证明，所有年龄段的婴儿都拥有知觉和辨别不同形状的能力。

结 果

在实验的第一个阶段，研究者给婴儿成对呈现不同的黑白测试图，如一个有横纹的正方形和一个有靶状图的正方形；一个棋盘和一个扁平的、没有图案的正方形；一个加粗的十字和一个圆；还有一对完全相同的三角形作为对照刺激。结

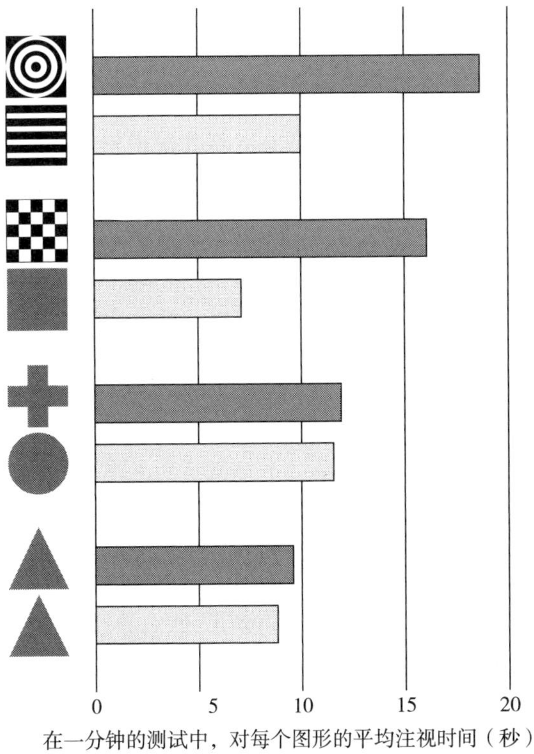

图5–1 220次试验中，婴儿对各种形状的兴趣可作为平均注视时间的函数（资料来源：Reproduced with Permission. Copyright © 1961 Scientific American, Inc. All rights reserved.）

果如图 5-1 所示，婴儿显然“喜欢”更复杂的形状（靶状图和棋盘）。不管是多大的婴儿，他们的这种偏好是相同的，这表明婴儿区别这些形状的能力是先天的，57
在出生时即可表现出来。大约从第 8 周开始，婴儿对靶状图的偏好优于条纹，对棋盘的偏好优于扁平的正方形。这种时间上的延迟意味着婴儿出生后两个月便出现学习活动，或者说这种变化是源于脑和（或）视觉系统的成熟。

与以上发现同样有趣的是，研究者并未发现婴儿的这些能力与早期关于小鸡的研究之间存在重要联系。如果婴儿出生后不需要学习、天生就具备区分形状的能力，那么我们必须要问这是为什么。就小鸡而言，答案是非常明确的：它们对形状的认知是为了寻找食物以求得生存。对婴儿而言，他们对特殊形状的先天辨知能力怎么会具有生存价值呢？也许，这两者之间的原因其实是相似的。范茨写道：

> 在婴儿的世界中，人类对婴儿的重要性就类似谷物对小鸡的重要性。面孔模式具有将人与其他客体区分开来并将其辨识出来的最重要的特点……所以，毫无疑问，婴儿会对面孔图片产生选择性认知（p.70）。

换言之，婴儿不依赖形状知觉来寻觅食物及获得生存；他们需要依赖他人的照料。就像小鸡能够更好地识别特定形状那样，婴儿自然就会对人脸存在知觉偏好。而事实也的确如此。

范茨的研究团队给 49 个婴儿（4 天 ~6 个月）呈现了三个同样大小的椭圆形图案。第一个是人类的面孔特征，第二个是错乱的人类面孔特征，第三个为控制图案，在一端有黑色填充的椭圆图案，其黑色面积与其他两个椭圆图案的黑色面积相等（如图 5-2）。婴儿对面孔特征的椭圆图案表现出较高的兴趣，专心地注视它们，而完全忽略了控制图案。无论多大的婴儿，他们的这种偏好程度都是相同的，这再次证明了婴儿出生时便具有知觉基本形状的能力，也排除了学习或发展因素。

58 在本文提及的最后一个研究中，研究者再次验证了人类婴儿知觉面孔图片的能力。实验中给婴儿呈现了 6 个直径为 6 英寸的圆盘，分别是：(1) 面孔；(2) 靶状图；(3) 随机打印的页面（如报纸或者课本）；(4) 全红色圆盘；(5) 全荧光黄色圆盘；(6) 乳白色圆盘，并记录婴儿在第一次看到这些圆盘时注视每个圆盘的时间。你认为婴儿对哪个圆盘的注视时间最长？如果你回答“面孔”那就对了；与任何其他形式或颜色的圆盘相比，他们更多地注视面孔圆盘（见图 5-3）。

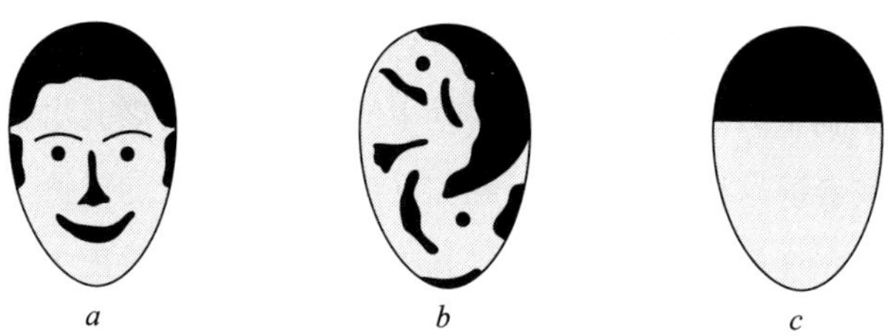

图5-2　范茨的面孔图形测验。与b相比，婴儿喜欢a；而与c相比，则更喜欢a和b（资料来源：Reproduced with Permission. Copyright © 1961 Scientific American, Inc. All rights reserved.）

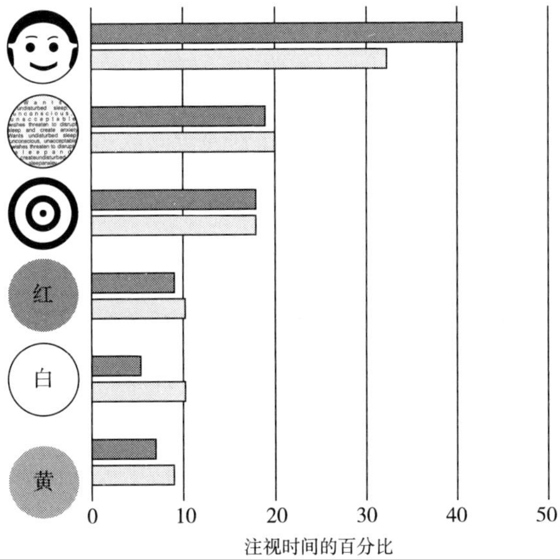

图5-3 婴儿对不同形状和颜色图案的注视时间（黑条为8-12个月的婴儿；灰白条为年龄大于12个月的婴儿）

（资料来源：Reproduced with Permission. Copyright © 1961 Scientific American, Inc. All rights reserved.）

后续研究和近期应用

与本书里的很多研究类似，此项研究显著地改变了心理学，主要原因有两个：开创性的研究发现，以及研究者为获得这些研究发现而采用的开创性的研究方法。直到 20 世纪中期，许多行为学和生物医学研究者还认为，刚出生的婴儿几乎没有知觉或感觉能力，随着个体与环境的相互作用，他们才慢慢地发展或习得了大部分即使不是全部的技能。人们相对容易地接受了心理学中关于新生儿的“白板”说，这是因为那时我们并没有可以揭示初生婴儿真实能力的研究方法。范茨提供的注视偏好研究方法，几乎可以说打开了一扇通向婴儿心理的大门。如今的研究者仍然普遍使用这种方法，它对心理学的意义就像显微镜对生物学：当想要研究婴儿如何思考时，该方法仍为研究者首选的工具之一。当然，“婴儿一出生便具备各种知觉技能”这一观点并没有降低学习和发展的重要性。但是，研究者使用范茨的方法发现的先天技能似乎为婴儿未来的生存和成长提供了一个平台。正如 59

范茨所指出的：

> 初生的小鸡对可食用物质的形状存在偏好，婴儿对某类形状（这些形状有助于婴儿日后客体识别、社会回应和空间定向能力的发展）存在兴趣，这些现象均证实了他们固有的环境知识。这种原始的知识为在实际经验中积累大量知识奠定了坚实基础。(p.72)

范茨的发现引发了婴儿知觉能力领域内的研究革命。你可以看到，范茨独创的研究方法所产生的影响遍及发展心理学和认知心理学领域。例如，在婴儿认知领域，一些世界级的顶级研究者，如伊利诺伊州大学婴儿认知实验室的勒妮·贝拉吉恩（Renee Baillargeon）和哈佛大学发展研究实验室的伊丽莎白·斯皮克（Elizabeth Spelke），在许多研究中大量运用了范茨的注视偏好法（关于此项研究的回顾见 Talbot，2006）。范茨的研究可更加详细地确定婴儿何时以及在多大程度上能够知觉到深度和陡坡，这些内容详见第一章吉布森和沃克的经典视崖实验。

范茨研究的一个最有影响力的扩展可能就是堪萨斯大学弗朗西斯·霍洛维茨（Frances Horowitz）的研究，后者发现除了注视偏好外，婴儿会对重复呈现的相同刺激感到厌烦（Horowitz & Paden et al., 1972）。当你给婴儿呈现一个新的视觉刺激时（如范茨研究中使用的图片），他们会在一定时间内注视它；但当相同的刺激重复呈现时，婴儿的注视时间就会减少。此现象被称为*习惯化*。如果变换图片，他们似乎又有了兴趣，并且注视时间变长，这种反应叫作*去习惯化*。研究者将注视偏好、习惯化和去习惯化的研究方法结合在一起，就能够了解婴儿甚至新生儿所“知道”的周围世界更多的细节。

例如，在近来的一个研究中，研究者想要探讨个体何时才能获得区分“可能”物体和“不可能”物体的能力（Shuwairi, Albert, & Johnson, 2007）。毫无疑问，
60 你已经明白，那些所谓的不可能物体就是我们经常称之为视错觉的东西。图 5-4 显示出可能物体和不可能物体之间的区别。你对不可能物体的注视时间更长，对吗？婴儿也是如此。研究者将注视偏好和注视时间等研究方法结合起来，结果发现 4 个月大的婴儿注视不可能物体的时间开始变长，这表明他们能意识到这种差异，就好像是说：“我能够发现这个物体有错误，我想弄明白到底是怎么一回事！”

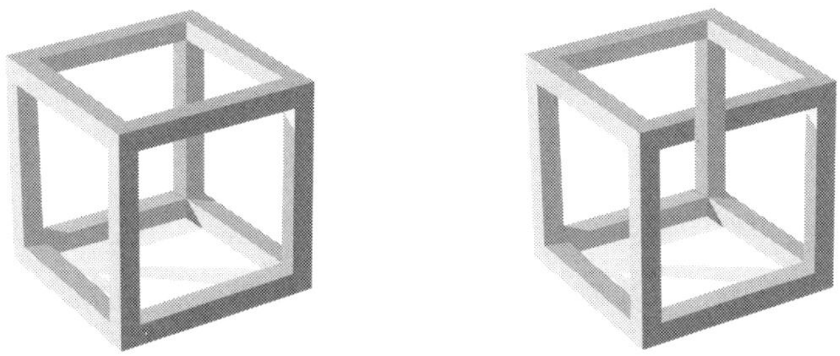

图5–4 4个月的婴儿可以区分可能物体（左）和不可能物体（右）

这仅仅是每年由发展心理学家和其他行为科学家完成的成百上千个研究中的一个例子，他们的基本方法都建立在罗伯特·范茨的研究发现之上。这些方法让我们了解了婴儿大脑内部如何运作，而先前我们并不知道他们是如何知觉和思维的。事实上，每当我们换个角度，就会发现他们“越来越聪明”，发现他们能知觉到的东西往往超出我们的预料。

Horowitz, F. D., Paden, L., Bhana, K., & Self, P. (1972). An infant-controlled procedure for studying infant visual fixations. *Developmental Psychology, 7*, 90.

Shuwairi, S., Albert, M., & Johnson, S. (2007). Discrimination of possible and impossible objects in infancy. *Psychological Science, 18*(4), 303–307.

Talbot, M. (2006, September 4). The baby lab. *The New Yorker, 82*(27), 91–101.

06 睡眠，毫无疑问会做梦……

Aserinsky, E., & Kleitman, N. (1953). Regularly occurring periods of eye mobility and concomitant phenomena during sleep. *Science, 118*, 273–274. Dement, W. (1960). The effect of dream deprivation. *Science, 131*, 1705–1707.

就像你所看到的，这部分与其他部分相比有些不同，因为在这里我们将探讨两项研究。第一项研究发现了有关睡眠和做梦的一些基本现象，为第二项研究提供了可能性。本章的主要内容是威廉·迪蒙特关于做梦剥夺的研究，但为了让读者对此有所准备，我们首先介绍阿瑟瑞斯基的发现。

1952 年，当尤金·阿瑟瑞斯基还是个研究生时，就开始了有关睡眠的研究。他研究的一部分是观察睡眠中的婴儿。他发现，当婴儿睡眠时，总是周期性地出现主动性眼动，而在其他时间里，仅偶尔出现慢速眼球运动。他认为这些主动性眼动可能与做梦有关。然而，婴儿不可能告诉他自己是否在做梦。所以，为了验证他的想法，阿瑟瑞斯基将研究范围扩展到了成人。

阿瑟瑞斯基和他的同事纳撒尼尔·克莱特曼招募了 20 名正常成年人作为参与者。灵敏的电子测量仪器通过电极连接在参与者眼部周围的肌肉上。电极的导线一直延伸到隔壁房间，研究者在那儿监控参与者的睡眠。然后参与者就可以正常地入睡了（每个参与者参加观测不止一夜）。整个夜晚，无论在主动性的眼动期还是很少或根本没有眼动的时期，主试都可能把参与者叫醒并对其进行“讯问”。叫醒参与者的目的是询问他们是否在做梦，是否还记得梦的内容。研究结果相当具有启发性。

61 综合所有参与者的观察结果，在快速眼动睡眠期间，参与者总共被唤醒 27 人次。其中，20 人次详细报告了很形象的梦境，其余的 7 人次报告“感觉到在做梦”，但无法回忆详细内容。在无眼动期间，共唤醒参与者 23 人次；其中有 19 人次报告没有任何梦境，其余 4 人次模糊地感到好像是在做梦，但无法描述其梦境的内容。在有些情况下，允许参与者整夜睡眠而不被打扰。结果发现，在平均 7 个小时的睡眠过程中，参与者出现 3 到 4 次眼动期。

阿瑟瑞斯基对 REM 睡眠（快速眼动睡眠）或者有梦睡眠的发现，今天我们已经非常熟悉了，在当时却并不是很引人注目。他的发现后来引出了大量关于睡眠和做梦的研究，而且与日俱增。多年来，随着生理记录仪器和研究方法的日趋成熟，我们可以进一步深化阿瑟瑞斯基的发现并揭开睡眠的神秘面纱。

例如，我们现在已经知道，当你入睡后，睡眠共经历四个阶段，开始是浅睡眠阶段（阶段 1），接着进入越来越深的睡眠阶段。然后，当你达到最深的深度睡眠阶段（阶段 4）后，便开始依次返回到最初的阶段；你的睡眠会越来越浅。当你即将再次进入睡眠的第一阶段时，就会出现一个叫作 REM 睡眠的特殊阶段。做梦大多出现在 REM 睡眠阶段。然而，与普遍想法相反的是，科学研究发现，在 REM 睡眠期间，人们并不经常挪动身体。来自大脑的电化学信息能够麻痹你的肌肉，使你的身体不能动弹。有了这样一种生存机制，人才不会用肢体去演绎梦境，从而避免了伤害自己或者出现更糟的后果。

短暂的 REM 睡眠后，你又重新开始睡眠的四个阶段，称为“非快速眼动睡眠”（NON-REM 或简写为 NREM）。整个夜晚，REM 睡眠和 NREM 睡眠交替出现约 5 到 6 次，大约入睡 90 分钟以后出现第一次 REM 睡眠，随后 NREM 睡眠越来越短而 REM 睡眠越来越长（这就是人在清晨时做梦较多的原因）。顺便提一下，每个人都会做梦。虽然有少部分人声称他们从不记得做过梦，但研究证明所有人都会做梦。

所有这些认识都产生于阿瑟瑞斯基在 20 世纪 50 年代早期对 REM 睡眠的发现。继阿瑟瑞斯基之后，该研究领域的另一位领导者、斯坦福大学的威廉·迪蒙特，则向我们提供了许多关于睡眠和梦的非常有价值的信息。大约从阿瑟瑞斯基的发现的同一时间，迪蒙特就开始了他对睡眠和梦长达数十年的开创性研究。

理论假设

最震撼迪蒙特的发现是每个人每天晚上都会做梦。正如迪蒙特在他的文章中
所说：“由于睡觉的人每晚都会出现大量的梦境，你可能会问，从某种意义上说，
做梦如此之多是否成为人的生命所必不可少且至关重要的一部分”（p. 1705）。进 62
而他提出，如果这一前提成立，那么“梦被完全或部分地剥夺了，人是否还能继
续正常地活动？梦在心理意义上是必需的，还是在生理意义上是必需的，抑或二
者兼而有之？”（p. 1705）。

迪蒙特决定通过剥夺参与者做梦的机会来尝试回答这几个问题。起初，他尝试使用具有镇静作用的药物来阻止参与者做梦，但药物本身对参与者睡眠模式的影响太大，以至于无法得到有效的结果。所以，他决定使用“有些过激的方法”，就是每当参与者在夜里进入 REM 睡眠就把他们叫醒。

方　法

迪蒙特的这篇论文报告了一项持续的睡眠和做梦研究项目中前 8 名参与者的情况。参与者全部为男性，年龄在 23 岁到 32 岁之间。参与者在他们通常的入睡

时间来到睡眠实验室。为记录脑电波图形和眼球运动情况，主试把小电极连接到参与者的头皮和眼部周围。与阿瑟瑞斯基的研究一样，这些电极的导线连到隔壁房间里，使参与者可以在安静而黑暗的房间中入睡。

研究的程序是这样的：开始的几个晚上，允许参与者整夜正常睡眠。这样做是为了确定每个参与者一般情况下做梦数量的基线和睡眠模式。获得这些资料之后，下一步就是要剥夺参与者 REM 睡眠或有梦的睡眠。在以后的几个夜晚（不同参与者被连续剥夺 REM 睡眠的数量从 3 夜到 7 夜不等），每当电极传导的信息表明参与者开始做梦时，实验者就要唤醒参与者。要求他从床上坐起来，直至有迹象表明他已经完全清醒，几分钟之后才允许他们再次入睡。

迪蒙特提到的一个重点是，在此研究中，主试要求参与者在除研究以外的其他任何时间都不能睡觉。这是因为，如果参与者睡着了或打了个盹儿，他们就可能会做梦，这会污染实验结果。

在完成做梦剥夺的研究阶段后，参与者就进入了实验的恢复阶段。在恢复阶段，允许参与者整夜安然入睡而不被打扰。继续像以前那样，对他们这一阶段的梦进行电子监控并记录做梦的数量。

之后，给所有参与者放几天假（无疑，这绝对会令他们很高兴！）。接下来他们中有 6 人回到实验室，继续进行另一系列睡眠干扰的研究。这次实验中唤醒参与者的夜数及每晚的次数“完全重复了做梦剥夺实验阶段的情况。唯一不同的
63 是唤醒参与者的时间，即改为在两次眼动（做梦）之间的一段时间内唤醒参与者。当做梦开始时，允许参与者一直睡下去而不被打扰，当梦自然地结束以后再来唤醒他们”(p. 1706)。最后，就像在做梦剥夺阶段随后所做的那样，给参与者相同数量的“恢复夜晚”。这被称为控制恢复阶段，这一阶段的目的是为了消除这样一种可能，即无论参与者做梦与否，任何剥夺做梦的效果都不能简单归因于夜间被多次叫醒。

结　果

表 6-1 总结了研究的主要发现。在建立基线的夜晚，当参与者不被打扰地睡

觉时，他们每晚的平均睡眠时间为 6 小时 50 分钟。参与者做梦的平均时间为 80 分钟，或占整个睡眠时间的 19.5%（见表 6-1，第 1 列）。迪蒙特从开始几夜的结果中发现，不同参与者之间用于做梦的时间惊人地相似。事实上，其做梦时间的变化仅在正负 7 分钟之内！

这个研究的主要目的是检验做梦剥夺或 REM 睡眠剥夺所产生的影响。与此有关的第一个发现是：在做梦剥夺阶段，为了阻止参与者进入 REM 睡眠所需要的唤醒次数，正如你在表 6-1（3a 列）中所看到的，第一夜，实验者为了阻止参与者进入 REM 睡眠，唤醒参与者的次数在 7 至 22 次之间。然而，随着实验的进行，为了阻止参与者做梦而唤醒参与者的次数越来越多。在最后一个夜晚，唤醒参与者的次数达到 13 至 30 次（3b 列）。平均来看，在做梦剥夺结束的那一夜，参与者试图做梦的次数增加到最初的两倍。

接下来，也许最有意义的发现是，参与者在经历了几个被阻止做梦的夜晚以 64
后，其做梦时间明显增加。表 6-1（第 4 列）中的数字反映了恢复阶段第一夜的情况。这一夜所有人做梦时间平均为 112 分钟，占整个睡眠时间的 26.6%（而第 1 列基线夜的做梦时间平均为 80 分钟，占整个睡眠的 19.5%）。迪蒙特指出，有 2 名参

表6-1 做梦剥夺实验结果总结

	1	2	3a	3b	4	5
	做梦		唤醒次数		做梦	做梦
	时间百分比：	做梦剥夺			时间百分比：	时间百分比：
参与者	基线	夜晚的数量	第一夜	最后一夜	恢复阶段	控制阶段
1	19.5	5	8	14	34.0	15.6
2	18.8	7	7	24	34.2	22.7
3	19.5	5	11	30	17.8	20.2
4	18.6	5	7	23	26.3	18.8
5	19.3	5	10	20	29.5	26.3
6	20.8	4	13	20	29.0	—
7	17.9	4	22	30	19.8 (28.1)*	16.8
8	20.8	3	9	13	—**	—
平均数	19.5	4.38	11	22	26.6	20.1

* 恢复阶段第二夜

** 参与者在恢复阶段之前退出研究（数据引自 p. 1707）

与者的 REM 睡眠时间没有表现出显著增加（参与者 3 和参与者 7）。如果把他们排除后再来计算全部做梦时间，其平均值为 127 分钟，占整个睡眠的 29%。这比基线夜的平均值增加了 50%。

虽然在表 6-1 中，只报告了第一个恢复夜晚的数据，但需要注意的是，大多数参与者接连 5 个夜晚表现出做梦时间的增加（与基线相比）。

现在你会想："等一下！"也许这里做梦时间的增加与剥夺 REM 睡眠根本无关。也许只是由于这些参与者被唤醒得过于频繁。那么，迪蒙特会让你记住，他已为你敏锐的观察做了充分准备。参与者中有 6 人在休息了几天以后又回到实验室，并严格地重复了这一实验过程，只不过是在两次 REM 睡眠期间被唤醒（次数相同），其结果是做梦时间无显著增加。在控制了唤醒之后，用于做梦的平均时间为 88 分钟，占整个睡眠的 20.1%（第 5 列）。与第 1 列的 80 分钟和 19.5% 相比，未发现显著差异。

讨　论

迪蒙特从这些研究结果中试探性地得出这样的结论：人需要做梦。倘若不允许人们做梦，经过连续几夜剥夺做梦的睡眠，似乎就会有某种压力增加做梦。在经历做梦剥夺的阶段后，参与者做梦的数量有所增加（比较 3a 列和 3b 列），且做梦的时间也显著延长（比较第 4 列和第 1 列），这两点在他的发现中显而易见。他还指出，这种增长会持续几个晚上，以便在数量上尽量补偿被剥夺的梦。尽管迪蒙特在那时没有使用一专业术语命名它，现在这个重要的发现被称为 REM 反弹效应。

在这篇简短但不同凡响的论文中还有一些有趣的额外发现。如果重新查看一下表 6-1，就会发现，如我们先前所说，有 2 名参与者未表现出显著的 REM 反弹（参与者 3 和参与者 7）。在研究中参与者相对较少时，对这些特例的解释就显得十分重要了。迪蒙特发现，不难解释参与者 7 做梦时间的增加较少这一现象："他在恢复期的第一天晚上没能表现出做梦时间的增加，是由于来实验室之前，他在聚会上喝了几杯鸡尾酒，因此预期会出现的做梦时间的增加被酒精的抑制作用抵消了”（p. 1706）。

然而，对参与者 3 解释起来就比较困难。尽管在做梦剥夺阶段，他的唤醒次数增幅最大（从 7 变为 30），但在恢复期的 5 天晚上，他没有表现出任何 REM 65
反弹。迪蒙特承认这名参与者是其研究中的特例。他从理论上推测认为，这名参与者可能具有异常稳定的睡眠模式，以至于可以抵御任何变化。

最后，对 8 名参与者进行监控，以观察是否会因为 REM 睡眠的剥夺而使其行为受到影响。所有参与者在 REM 睡眠干扰阶段都出现了轻微的焦虑、烦躁和注意力不易集中的症状。有 5 名参与者报告说在做梦剥夺阶段食欲明显增加，其中的 3 名参与者体重增加了 3 至 5 磅。在控制唤醒阶段，这些行为症状无一出现。

研究发现的意义及后续研究

在迪蒙特开创性研究之后的 40 多年，我们掌握了大量有关睡眠和做梦的知识。其中一些已在本章前几部分作了简要的讨论。我们知道，迪蒙特 1960 年的论文中绝大部分内容经受住了时间的考验。所有人都做梦，而且，如果我们某个晚上因为某种原因而无法做梦的话，我们会在下一晚做更多的梦。的确，在我们做梦的需要中有某些本能的东西。事实上，REM 反弹效应在很多动物身上都可以观察到。

有一个仅仅被迪蒙特作为逸事来报告的偶然发现，现在看来却意义重大。剥夺人 REM 睡眠的方式之一是通过使用酒精制品或其他药物，如安非他明、巴比妥酸盐等。这些药物在增加沉睡趋势的同时，它们会抑制 REM 睡眠并使人在夜晚的大部分时间里都保持在深度的 NREM 睡眠阶段。正是由于这个原因，很多人无法戒除为了睡眠而服用安眠药或酒精制品的习惯。一旦停止使用这些东西，过于强烈的 REM 反弹效应会妨碍他们的睡眠，导致他们害怕睡觉并重新开始服用这些药物来避免做梦。这种问题的一个极端事例是一些嗜酒成瘾的人们，很多年来他们可能一直在剥夺自己的 REM 睡眠。一旦他们停止饮酒，REM 反弹作用会非常强烈，以至于当他们清醒时它也会出现！这也许可以解释被称为因酒精中毒而引起的震颤性谵妄（DTs）现象，这种障碍常常会出现可怕的幻觉（Greenberg

& Perlman, 1967)。

迪蒙特用十几年的时间继续他早期的开创性研究，关注着剥夺做梦对人行为的影响。在后来的研究中，他在更长的一段时间内剥夺参与者的 REM 睡眠，但未发现有任何证据证明这种剥夺引起了有害的变化。他总结道："十年的研究未能证明有哪种严重的不良影响是由长期而有选择的 REM 睡眠剥夺引起的"(Dement, 1974)。

源于迪蒙特这项早期研究的一些其他研究报告认为，在 REM 睡眠期间，大脑中蛋白质的合成比 NREM 睡眠期间更甚。也有人认为，这些化学变化可能代表人们将新信息整合入大脑记忆结构的过程，甚至可能成为人格变化的生物基础(Rossi, 1973)。

66 近期应用

阿瑟瑞斯基对 REM 睡眠的发现已经被研究睡眠和梦领域的专家们普遍接受。很多与睡眠、做梦或睡眠紊乱有关的研究都以他的实验研究为基础。因此，他与克莱特曼的早期研究为许多新近的科学论文频繁引用。

迪蒙特对阿瑟瑞斯基研究的扩展研究，更为研究睡眠模式的论文所广泛引用。一项最近的研究发现，人们在 NREM 睡眠中做梦的次数可能比我们预想的要多(Suzuki，et al., 2004)。研究人员让参与者白天打盹，这样他们会比通常晚上睡眠时能够更快进入 NREM 睡眠。研究发现，当询问参与者打盹时做梦的情况时，只有那些真正进入到 NREM 睡眠状态的参与者才回答经常做梦。然而，研究人员还发现，"在 NREM 阶段打盹的参与者的做梦情况，在数量、生动性和情感等方面都不如 REM 阶段打盹的做梦情况"(p. 1486)。

与迪蒙特和阿瑟瑞斯基的基本研究相关的另一项研究主张，在 REM 睡眠阶段人们会发展出一种*原始意识*，即正常意识所必需的大脑的基本生物组织形式(Hobson, 2009)。这种基本形式的人脑发展被认为从出生前开始一直持续整个儿童期。霍布森在研究中提出，早期的 REM 睡眠为我们提供了一个清醒世界的虚拟模型，这可以帮助我们完成清醒时的各种日常生活任务。这个理论有助于解释两个现象：为什么婴儿比成人会有更多的 REM 睡眠，以及为何人类的大脑每晚总是维持最少时间的 REM 睡眠。

结　论

迪蒙特这位致力于探索睡眠的研究专家，于 2000 年在斯坦福大学出版了《睡眠的价值：在睡眠医学领域中对健康、幸福和高质量睡眠间重要关系的开创性探索》一书。该书是为普通人而写。迪蒙特花了 40 年的时间研究睡眠，积累了大量的知识。他用这些知识帮助我们了解高质量睡眠的重要性，以及如何去改善睡眠质量。在该书中，迪蒙特将我们描述成一个“睡眠病态社会”，并以睡眠研究者的身份提出了自己的目标：

> 在我职业生涯的大部分时间里……我在不停地改变社会应对睡眠的方式。为什么呢?
>
> 因为当前的方式，或者根本不成为一种方式，是如此的糟糕。……对于数以百万甚至数十亿的人来说，如果他们能够理解一点点简单的原则，其生活质量就能得以提高，然而他们却不这样做。
>
> 改变社会及其组织机构应对睡眠的方式，是我所能够想到的最有意义的一件事，当然，也是我一直以来努力去实现的目标。（Dement, 2000, pp. 4-5）

要想更多地了解迪蒙特在斯坦福大学睡眠障碍诊断与治疗研究中心所做的出色工作，请见 http://med.stanford.edu/school/psychiatry/humansleep。

Dement, W. C. (1974). *Some must watch while some must sleep*. San Francisco, CA: Freeman.

Dement. W. C. (2000). *The promise of sleep: A pioneer in sleep medicine explores the vital connection between health, happiness and a good night's sleep*. New York: Dell.

Greenberg, R., & Perlman, C. (1967). Delirium tremens and dreaming. *American Journal of Psychiatry, 124*, 133–142.

Hobson, J. (2009). REM sleep and dreaming: Towards a theory of protoconsciousness. *Neuroscience, 10*, 803–813.

Rossi, E. I. (1973). The dream protein hypothesis. *American Journal of Psychiatry, 130*, 1094–1097.

Suzuki, H., Uchiyama, M., & Tagaya, H., et al. (2004). Dreaming during non-rapid eye movement sleep in the absence of prior rapid eye movement sleep. *Sleep, 27*(8), 1486–90.

07 类别天成

Rosch, Eleanor H. (1973). Natural categories. *Cognitive Psychology, 4*, 328–350.

67 在 1934 年秀兰・邓波儿主演的电影《起立欢呼》中有这样一个场景，艺名为“斯蒂宾・费奇特”的伟大演员和舞者，坐在一幢老建筑的走廊台阶上检视一双老旧的鞋子，充满哲学意味地惋惜道：“鞋子为什么叫作鞋子呢？”他扮演的剧中人物总想知道某个事物为什么叫现在的名字。心理学家也在通过各种方式寻求这个问题的答案。行为科学家主要通过关注**认知**（思维）和**知觉**（人类对周围世界的解释）来对这类问题进行研究。

这些研究领域的一个基础性问题就是**概念**。概念是你对世界的经验的一种心理表征，使得你可以根据事物的一些共同特征对其进行分类（例如，家具、蔬菜、动物、职业、鞋子等等）。由于你得以将一组物体进行分类，因而概念对于提高信息加工的效率来说是非常有用的。例如，你知道某件特定家具是椅子，因为它符合你对于椅子的“概念”。因此，当你每次见到式样不熟悉的椅子时，不需要重新进行学习，就能知道这个特别的椅子也被称为椅子，因为它符合你对椅子的这一分类。

因为我们在之前的讨论中提到了椅子，你现在可能正在思考椅子（对么？）。什么特征构成了你的“椅子概念”呢？你可能认为椅子有腿，有座位，有椅背可以靠。即使有些椅子不完全符合这些特征（比如躺椅和摇椅没有椅腿），它们仍然符合你对椅子的分类。然而，如果你见到豆袋椅（bean bag），而且不知道它是什么，你可能不把它称为椅子。实际上你可能不确定它叫什么。

认知心理学家最感兴趣的问题是：关于物体分类的知识是从哪儿获得的？在 1970 年之前被普遍接受的传统或“经典”观点认为，分类是我们所使用语言的功能。换句话说，类别的存在是由于我们有相对应的词汇。例如，我们有一类动物可以下蛋，能飞，有羽毛，会鸣叫，这种类别的动物我们称之为“鸟”。这种传统观点认为，如果我们没有关于鸟的词汇，这种类别或概念就不会存在。

因此，概念和分类由于语言的变化在不同的文化间也应该发生变化，而且有
68 相关的例子。一个经常被引用的例子是，生活在北极附近的因纽特人的语言中有

12 个关于“雪”的词汇，而在英语当中只有一两个。很明显，由于所在生活环境的气候，因纽特人在关于雪的交流上需要更大的变通性，这反映在他们的语言当中。在南太平洋群岛上生活的人，在他们的语言当中根本就没有关于雪的词汇，因此，科学家认为对他们来说没有关于雪的概念。

许多年来，关于概念起源的这种观点被社会科学领域的科学家，包括心理学家、人类学家、语言学家和社会学家认为是理所当然的。在 20 世纪 70 年代早期，加利福尼亚大学伯克利分校的埃莉诺·罗施（Eleanor Rosch）发表了一系列研究，对这个观点提出了挑战，并且彻底颠覆了认知心理学领域。她提出，分类并不一定来自于语言，而是天然存在的，与人类知觉的生物学能力有关。

在这里我们将呈现她具有里程碑式意义的研究，包括两个独立的实验以及一些技术程序。为了在篇幅有限的情况下清楚说明，我们会对研究中的第一个实验进行详细的介绍。

理论假设

罗施认为，如果之前被普遍认可的理论是正确的，那么属于同一类别的所有物体在该类别中应该具有大致相同的状态——也就是它们同等程度地符合这一类别。然而，她观察到，事实并非如此。相反，一个类别当中的部分“样例”，人们往往认为相比其他样例会更符合这一类别（她将这些样例称之为*原型*）。举个例子来说，再次考虑一下“鸟”这个类别。然后在你脑海中迅速形成鸟的图像。你首先可能想到的是知更鸟、冠蓝鸟、鹪鹩或者雀类（可能是一只乌鸦或者一只鹰）。你可能不会首先想到鹅、鸡、鸵鸟或者企鹅。根据罗施的观点，这是因为知更鸟要比鸡更符合你关于鸟的*原型*（或者说“理想样例”）。换句话说，知更鸟符合你全部或者大部分关于鸟这一类别的描述，因此你认为知更鸟更加符合鸟的分类。相反，鸵鸟的这些特征比较少——不能飞，也不会鸣叫，而且体型很大，因此对于大多数人来说鸵鸟并不是关于鸟的一个原型。

罗施认为，对于一个物体是否符合某一类别，大部分情况下并不存在清晰的界限，我们心理类别的边界是“模糊的”。我们通过将物体与*原型*进行比较来确定其是否属于某一个类别。同时，她认为就算某种语言没有关于某一类别的词汇，这一类别仍然是存在的，并且具有心理现实性。

为了检验这一理论，在 20 世纪 60 年代后期，罗施去了新几内亚，那里生活着被称为丹尼人的社会部落（参见本书研究 22 中埃克曼对这一国家文化的讨论）。丹尼人迄今为止仍处于石器时代，他们的语言中不包含所有现代文化中存
69 在的一些概念。我们将要讨论一项罗施的早期研究，是关于颜色的分类。在英语中颜色主要有 11 个类别：红色、黄色、绿色、蓝色、黑色、灰色、白色、紫色、橙色、粉色和棕色。研究已经确定了说英语者具有一致的某些“焦点色”：每一种颜色类别中最好的例子（或者说*颜色原型*）。例如，说英语者认为消防车的红色是红色这一颜色类别的焦点色（也可以说是最像红色）。这种红色相比于其他的“淡红色”或者红色，在被判断为红色时更快也更容易。一会儿还有更多这样的例子……

然而，丹尼人关于颜色只有两个分类：深色冷色调的“mili”和浅色暖色调的“mola”。罗施认为，如果分类是由语言决定的，这一“经典”观点是正确的，那么丹尼人应该只能够加工两种颜色概念。然而，罗施认为，所有人类都有远多于两种的颜色类别，不仅仅是两种。而且，这种分类是与生俱来的，在进化的过程中已经植入到我们的大脑之中。

为了检验这一观点，她决定教给丹尼人 8 种焦点色或 8 种非焦点色的新词。她假设对于丹尼人的文化来说，远多于两种的颜色类别是具有心理现实性的，即使在他们的语言当中并没有关于这些类别的名称。如果这一观点是正确的，那么对于丹尼人来说，焦点色（或者说原型色）要比非焦点色学起来更快也更加容易。

方　法

参与者

罗施研究中的参与者是年轻的丹尼男性，所有参与者都预先进行测试以确保没有色盲。对他们的颜色知识进行测试，确定他们关于颜色的词汇知识仅限于“mili”（深色）和“mola”（浅色）。有趣的是，丹尼人并不记录他们的年龄，因

此研究者只好根据他们的体型和身体成熟度，判断这些参与者的年龄大致在 12 到 15 岁之间。这些参与者自愿参加这项研究，并得到报酬。

在完成颜色学习阶段的程序后，这些参与者被分为几个小组，每个小组 12 人。这里我们将讨论两个最重要的实验组。

颜色刺激

在学习阶段使用的刺激材料是光面比色卡，类似于当你要粉刷房屋时在油漆店所见到的。

然而，这些比色卡是根据科学方法制作的，代表了精确波长下的特定颜色。实验中使用的颜色类别包括粉色、红色、黄色、橙色、棕色、绿色、蓝色和紫色。对于其中一组参与者呈现的颜色是焦点色，即特定颜色的原型（比如消防车的红色）。罗施认为这些颜色普遍代表了自然形成的类别，因此无论何种语言和文化，70
这些颜色都容易识别。

对于另一组参与者，八种比色卡是处于两种焦点色之间的颜色，说英语者可能会称它们为“红棕色”、“黄绿色”。这些颜色被命名为模糊颜色或者“非焦点色”。

程　序

罗施和她的同事所面临的第一个挑战是如何使用丹尼人的语言给这些颜色命名。这个问题并不像听起来那么简单，因为为了避免由使用词汇本身所造成的偏差，所使用的词汇对于这些参与者来说应该有相同的使用频率、熟悉度和意义。罗施发现丹尼人对于他们的“亲属”有多种称谓。罗施所说的亲属是类似于宗族的家庭群体。（英语中使用同一个词 sib，即 sibling 的缩写。）这些称谓符合她对于颜色替代词的要求，因而被用来表征不同的颜色类别，让参与者学习。为了避免偏好或偏见，某个参与者如果恰好有相应的亲人，那么对于这个参与者则不使用这个称谓来命名颜色。

每一个参与者被告知他们将要学习一种新的语言，实验者会教给他们这个任务。在第一天开始的时候，给参与者呈现每种颜色及相应的名称，实验者读，参与者重复。之后，将这些颜色顺序打乱，重新给参与者呈现。如果参与者能正确地命名颜色，实验者会给予表扬，如果命名错误，则告知其正确的名称。这样学习 5 到 12 天后，对参与者颜色命名学习的结果进行测试，同时记录参与者的学习进展，直到所有的参与者都能对颜色进行正确的命名。

在完成学习阶段的任务之后，所有参与者进行另一个任务，检验参与者这种新的一般概念的理解能力是否真正形成，能否向新情境迁移，还是仅仅局限于所学习过的特定颜色。

为了检验这个问题，给参与者呈现多种颜色，要求他们识别出未学习过的 8 种颜色。计算两组参与者的“迁移”任务成功率（用来说明之前的学习能否迁移到不同的情境中）。

结 果

如果人能够天生地知觉颜色的种类（就像罗施所假设的那样），那么颜色学习任务中那些学习焦点色的丹尼人要比那些学习非焦点色的人学得更快，因为焦点色更符合颜色概念的原型。图 7-1 概括说明了两组参与者在学习阶段的学习进展。

学习颜色原型组参与者整体的错误数为 8.54，而学习模糊颜色组参与者在整个学习阶段的错误数为 18.96。两组之间的差异在统计上是非常显著的。如果仔
71 细观察图 7-1，你能发现学习原型颜色的参与者只需要 5 天就能掌握颜色类别，而学习非原型颜色的参与者则需要 11 天。

罗施认为，证明通过这种学习方式获得的颜色类别的能力能够迁移到新情境是非常重要的。这不仅仅是对特定颜色的学习，而是形成了一种“有用”的概念。在要求参与者识别出未学习过的颜色的任务中，如果参与者不能进行迁移，那么参与者的正确率应该只有随机水平的 12%。在罗施的研究中，参与者回答的正确率为 90%。

罗施还报告了另一个非正式的发现，在学完所有颜色名称之前，学习非焦点色的参与者中有 4 名参与者感觉非常沮丧，中途要求退出实验。实验者做了很大

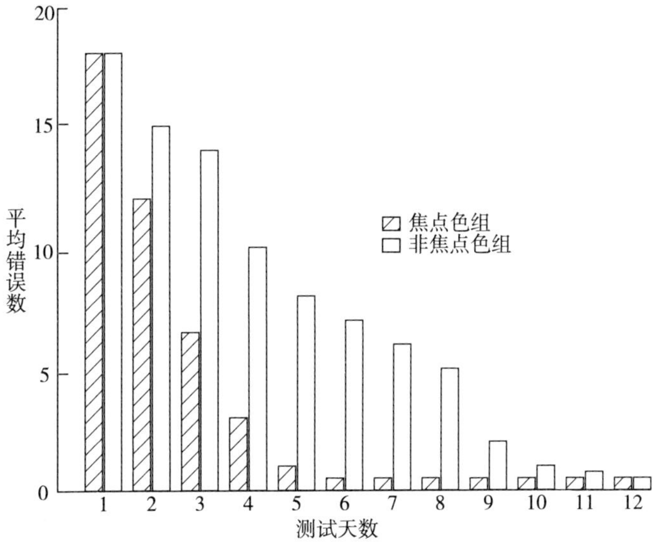

图7-1 学习焦点色和非焦点色的参与者在颜色类别学习中的平均错误数（数据引自p. 338）

的努力才说服参与者继续完成实验任务。在学习焦点色的参与者中并没有遇到这个问题，他们都非常乐意完成实验任务。

为了获得一个简单的发现，看起来仍然有很长的路要走。但是，正如本节开头所提到的，罗施的这项研究以及她和其他人的一些研究，对于理解我们的大脑如何工作产生了深远影响。接下来我们首先概述罗施对研究结果的讨论，然后简要介绍大量后续的相关研究。

讨 论 72

罗施找到了一种方法来检验看似几乎无法检验的理论。你能想到在英语（或者其他语言）中并不存在的物体概念或类别，就像丹尼人的语言中没有关于颜色的类别吗？可能存在，但是很难发现，而且检验起来会更加困难。找到并研究不存在颜色类别知识的文化，这本身就是独创性的。但是罗施的贡献更多地源自她的发现。

这项研究的主要发现是，即使文化中没有颜色概念，人们也能够学习颜色类别，而且学习原型颜色要比学习非原型颜色更快。这个发现说明，特定的概念存在于所有人类的大脑中，而不论使用的语言是什么，也不论是否使用过这些概念。这是一个重大的发现。因为这些概念看起来是人类生物结构的一部分，所以罗施称之为“自然类别”（她的论文标题）。这项研究对心理学之所以有如此大的影响，是因为它彻底颠覆了几乎被普遍接受的观念，即语言产生了概念，而这种观点已经被替换成了完全相反的观点，即语言中的概念是围绕着自然存在的类别形成和发展的。

罗施在论文中进行了总结，并指出这项研究更深层的意义：

> 简而言之，本研究所呈现的关于颜色类别的学习及其结构的意义可能远远超出颜色领域本身：（a）在其他的领域中可能也存在类似的自然类别，（b）甚至在非知觉分类领域，人工原型（非知觉分类的最佳样例）一旦获得，可能会以类似自然原型的方式，影响该领域对类别的学习和加工。（p. 349）

这就意味着，对于你的大部分感知来说，你的大脑是根据其在多大程度上匹配某个适合的原型（自然的或人工的）来进行分析和分类的，而不是根据它是否符合正式语言学定义中的标准。

后续研究

在罗施的早期研究之后，大量的研究都支持自然类别的存在以及在概念的形成过程中类别原型的作用。罗施及其同事以及其他的研究者对她的这项早期研究进行了发展，显示出这项研究的深远意义。

例如，正如我们之前提及的，根据严格的语言学定义，客体的类别之间应该有明确的界限，然而罗施进一步证明，概念之间并不存在清晰、明确的界限，相反，概念之间的界限是模糊的，甚至会存在一定程度的重叠（Rosch, 1975）。如果我
73 们回过头来再看一下“鸟”这个概念的例子，你认为鹬鸵是鸟类吗？蝙蝠呢？你可能有关于鹬鸵的形式知识，知道它属于鸟类（即使它不能飞，也不会鸣叫，栖

息在树上)，但是当你想到鸟的时候，鹬鸵通常不会出现在你的脑海（不过现在可能会了！）。

另一方面，你知道蝙蝠不是鸟，即使它能飞，发出特定的鸣叫声，甚至有的蝙蝠生活在树上。正是由于蝙蝠的这些特征，有些人在一定程度上觉得蝙蝠是鸟。再举一个例子，考虑一下“水果”这个类别，你首先想到的是哪些水果？人们首先想到的往往是苹果、橘子或者香蕉。那么番茄是不是水果呢？番茄可能是水果，但它是一个不典型的样例（与你的原型相比），因为番茄与你心目中的水果的原型相距甚远。请记住心理学家所关心的是：人是如何思考的而不是实际上是否正确。（顺便说一下，kiwi 对于鸟这个类别来说不是一个典型的样例，对于水果来说也不是一个典型的样例！）（英语中 kiwi 这个单词既可以指鹬鸵，也可以指猕猴桃——译者注）。

近期应用

在罗施对新几内亚丹尼人的研究首次表明自然类别的存在之后，研究者已经发展出了多种研究方法用来揭示人类是如何对周围的世界进行概念化的（完整讨论见 Rosch, 1978）。其中一种方法是让参与者对某个物体是否属于某个特定类别进行等级评定（例如从 1 到 10 的等级）。对于“狗”这一类别，德国的牧羊犬可能被评定为 10，而法国斗牛犬可能被评定为 3（这与狗的品种没有关系，而是人们认为在多大程度上更像狗）。其他的一些研究使用反应时作为指标来测量某

我们都知道法国斗牛犬是狗，但当你被问到狗时可能不会想起这一品种，因为它不能很好地符合你对于狗的原型（除非你有一只！）（Katsai Tetiana/Shutterstock）

个事物是否属于某个心理类别（例如，Dovidio, 1986; Rosch & Mervis, 1975; Unyk, 1990）。

其中一种方法是让参与者看或听一句描述，例如“火鸡是鸟”，然后尽快地按键做出对或错的反应。使用这种研究方法得出的结果表明，样例与类别的原型越接近，反应越快。判断“火鸡是鸟”的反应时要明显慢于判断“知更鸟是鸟”。

74 第三种方法是让参与者列出或画出某个类别的样例。在给定的时间内，参与者通常会生成那些对于某个类别更具代表性的样例。例如，让你画出几件家具，在你画出碗架或书柜之前，你通常可能会先画出椅子、沙发或桌子。或者让你列出人类的情绪，你可能会首先列出高兴、生气，之后才会想到困惑、愤怒（例如，Fehr & Russell, 1984）。

与本书总结的很多其他研究类似，罗施关于自然类别和原型的发现改变了心理学对于概念的认识，但在其发现之后的 40 年中，一些研究扩展了她的研究结果或者对她的结果提出了质疑。例如，一些研究发现，虽然罗施的原型理论看起来是有效的，但是并不意味着我们彻底放弃使用严格的语言学定义。例如，在 2010 年的一项研究中，虽然承认这里对于罗施研究的讨论，但是报告了其他一些研究，包括对巴布亚岛另外一个亚文化群体参与者的研究，该研究发现对于概念的学习看起来并不是基于概念的原型，而是语言的线索（Tylen et al., 2010）。

“事实”（如果我们能够获知事实的话）似乎是，当我们需要概念的准确描述时，我们会使用概念的语言学定义。之前提到的水果类别可以作为一个很好的例子。如果有人问你，“你想要一个水果么？”你不会想到水果的语言学定义——“水果：成熟后结出种子的植物结构。”相反，你会立即想到关于水果的原型，例如苹果、橘子或香蕉。如果你回答了“是的！”，而给了你一个松果的时候（严格来说，松果是松树的果实），你可能会表现得很惊讶。然而有时候，水果正式的语言学定义也是有用的。比如说，当你在大自然中漫步的时候，遇到了不常见的植物，并且结了奇怪的果实，即使这些果实与你脑海中水果的原型一点儿都不相似，但你关于水果正式的语言学定义可能会让你说：“看！这株植物结了水果。”

Dovidio, J. (1984). Concept of emotion viewed from a prototype perspective. *Journal of Experimental Psychology: General, 113*, 464–486. doi: 10.1037/0096-3445.113.3.464

Fehr, B., & Russell, J. (1986). Racial stereotypes: The contents of their cognitive representations. *Journal of Experimental Social Psychology, 22*, 22–37.

Rosch, E., & Mervis, C. (1975). Family resemblances: Studies in the internal structure of categories. *Cognitive Psychology, 7*, 573–605.

Rosch, E. H. (1975). Cognitive representations of semantic categories. *Journal of Experimental Psychology: General, 104*, 192–233.

Rosch, E. H. (1978). Principles of categorization. In E. Rosch & B. Lloyd (Eds.), *Cognition and categorization*. NJ: Lawrence Erlbaum.

Tylen, E., Weed, E., Wallentin, M., Roepstorff, A., & Frith, C. (2010). Language as a tool for interacting minds. *Mind & Language, 25*, 3–29.

Unyk, A. (1990). An information-processing analysis of expectancy in music cognition. *Psychomusicology, 9*, 229–240.

08 行动，如同被催眠了一般

Spanos, N. P. (1982). Hypnotic behavior: A cognitive, social,psychological perspective. *Research Communications in Psychology, Psychiatry, and Behavior, 7*,199–213.

我们都非常清楚意识状态的转换与睡眠和梦有关。前面三篇论文已经对与此 75
相关的几项影响深远的研究进行了重点讨论，然而还存在另一种与意识状态改变有关的现象，那就是催眠。催眠常常被人们认为是对人的心理有控制作用的神秘过程。沉迷、恍惚等与催眠有关的词语都暗示着催眠是一种与清醒和睡眠都不同的独特意识状态。很多心理学家都同意这种观点。然而，尼古拉斯·斯潘诺斯（Nicholas Spanos, 1942—1994）却持相反意见。他认为，催眠事实上不过是一种提高了的动机状态以执行某些特定的行为，无须救助于“恍惚状态”或意识状态的改变这些概念就可以完全将其解释清楚。

最初的催眠术要追溯到 18 世纪中叶，那时候人们才第一次把精神疾病归因于心理而不是机体病变。帮助心理学从巫术中脱离出来的传奇人物之一就是弗朗兹·安东·麦斯默（Franz Anton Mesmer，1733—1815）。他认为“癔症”是体内一种流经全身的磁性体液失去平衡的结果。他在实验室举行特殊的聚会，音乐缓缓响起，灯光逐渐变暗，麦斯默穿着像邓布利多（哈利波特系列小说和电影中人物的形象）一样的衣服，从装有各种化学药品的瓶子中取出沾有药液的小棒触碰被痛苦折磨的病人。他相信这将把那些化学药品中他称为“动物磁体”的东西传递到病人那里，以使他们的病症得到缓解。有趣的是，历史上记载了很多用此方法治疗成功的个案。正是从麦斯默那里我们获得了“麦斯默术”这个词，许多人认为这种治疗方法包含了很多与现代催眠术有关的技术。

纵观心理学的历史，特别是在心理治疗领域，催眠术（以希腊睡神 Hypnos 命名）占据着很重要的地位，而且它还是弗洛伊德精神分析技术的主要组成部分。有人认为催眠是一种改变了的心理状态，而欧内斯特·希尔加德（Ernest Hilgard, 1904—2001）则始终站在支持这一观点的研究者的前列（见 Hilgard, 1978; Kihlstrom, 1998）。他和其他一些人都认为催眠术包括如下这些特征：对暗示的敏感性提高、不由自主地做出某种行为、记忆力提高、视觉表象急剧增加、意识分裂（能意识到某些经历，而对另一些却毫无意识）、痛觉缺失（对疼痛的感受性很低）等等。直到 20 世纪 70 年代，世人关于“催眠可以让人产生正常状态下不可能有的想法、念头和行为”以及“催眠是一种不同的意识状态”的争论才渐渐平息下来。

76 然而，科学家们必须经常用批判性思维的眼光来看待研究现状，一旦他们觉得合适，就会尝试着去推翻一些共识。就像霍布森和麦卡利那样，他们提出了一种关于梦的新观点，与以往人们普遍接受的看法截然不同。社会心理学家尼古拉斯·斯潘诺斯提出，希尔加德等人构建的有关催眠的主要假设应受到质疑。斯潘诺斯在文章中写道：“主张催眠行为受控于特殊过程不仅是不必要的，而且可能是一种误解。……催眠行为基本上与其他社会性行为没什么区别，并且像其他社会性行为一样，催眠行为可以说是有策略或是目标导向的”(p. 200)。换句话说，斯潘诺斯主张催眠行为实际上是一种随意行为，参与者借这种行为以达到其想要的结果。他进一步指出，如果这种行为可能由较高的动机水平引起，那么催眠就不是一种改变了的意识状态。

理论假设

斯潘诺斯推论，那些所谓催眠状态下的行为实质上都在人正常的自主和随意能力范围之内。他指出，一个人确定自己被催眠的唯一原因是：他们在催眠条件下的行为与自己期望在这种状态下会出现的行为相一致。在斯潘诺斯看来，催眠的过程是西方文化中一种具有多种含义的仪式。参与者希望放弃对自己行为的控制，随着催眠过程的深入，他们开始相信他们的随意行动开始转化为自发的不随意活动。斯潘诺斯举了一个这样的例子：在催眠过程的初期，给参与者一些随意活动的指导语，如“放松你的腿部肌肉”，但后来就变成一些不随意活动的暗示，如“你的腿感觉到沉重无力”。

斯潘诺斯和他的几个同事、助手合作，为了证明常见的催眠效应可以用并不神秘的简单方式解释，在 1982 年发表论文之前，研究了近十年。

方　法

本文并不介绍某个特定实验，而是总结了斯潘诺斯等人在 1982 年以前的很多研究成果。这些成果支持了斯潘诺斯等人的观点，反驳了希尔加德的说法（及人们的普遍看法）——催眠是一种独特的意识状态。在此报告中，绝大多数研究成果分别来自于斯潘诺斯直接参与的 16 项研究，它们对催眠所产生的行为给出了另一种解释。因此，与前面关于梦境研究的论文一样，研究的结果和讨论将合并论述。

结果和讨论

斯潘诺斯声称催眠术中有两个很关键的因素，致使人们相信催眠是一种改变了的意识状态。一是参与者把自己的行为解释为是由别的什么东西引起的，而不是他们自己引发的，这样就会使某些动作看起来是不随意的。二是前面已谈到的 77
观点，即催眠的形式让参与者产生了一种期望，这种期望促使参与者以与期望相一致的方式表现某种行为。本文中，斯潘诺斯报告的研究将焦点集中于怎样对那些常被引用的催眠术观点提出质疑。

被催眠的参与者要相信行为是不随意的

当参与者被催眠时，主试经常要求他们完成各种测试以确定其是否已进入了催眠状态。斯潘诺斯称这些测试常使用一些特殊的方式，诱使参与者确信自己有一些不同寻常的事情正在发生。催眠测试包括如下暗示：“你的胳膊很沉重，你无法抬起它”；“你的双手正被某种力量拉到一起，而你无法把它们分开”；“你的胳膊象铁棒一样僵直，无法弯曲”；或是“你的身体太沉，你无法站起来”。斯潘诺斯解释说，这些测试中的暗示包含了两个相互关联的要求：一个是要求参与者去做某些动作，另一个是要求他们把这些动作解释为是不随意出现的。这些暗示对有些参与者完全不起作用，斯潘诺斯称这些参与者并不明白，他们必须随意地做一些动作才能引发暗示所指的行为，而不能只是等待胳膊或身体自己开始运动。虽然另一些参与者对暗示做出了反应，但他们意识到这些行为是随意的。最后，也有一些参与者满足了这两个要求，他们对暗示做出了反应，并认为他们的这些反应不受自己控制。

斯潘诺斯提出，参与者把自己的行为解释为随意的还是不随意的，这主要取决于暗示性指导语的措词方式。在一项研究中，斯潘诺斯让两组参与者通过诱导进入催眠状态。对其中的一组，主试给予多种行为暗示，例如，“你的胳膊很轻并正在抬起。”对另一组参与者则直接指导他们做出同样动作，如“举起你的胳膊”。随后询问参与者，他们的行为是否是随意的，受到暗示的那一组参与者与接受直接指导的那组参与者相比，更倾向于认为自己的行为是不随意的。

读到这里，请你马上向前伸直你的左臂并保持几分钟。你会发现它开始渐渐变沉。这种变化不是由催眠引起的，而是重力的作用！所以，如果你被催眠，并受到暗示说你那伸直的手臂开始变沉，你就会很轻易地将它归因于某种不随意的力量。（无论如何你是自己想把胳膊放下来的！）但是，如果你受到的暗示是你的胳膊很轻并正在抬起的话，又会怎样呢？如果你抬起了胳膊，那你就很难把那个动作解释为不随意的，因为你无法忽视重力发出的矛盾反馈。斯潘诺斯检验了这种想法，并发现这样的解释是非常困难的。相信自己被催眠的参与者，在把放下胳膊与抬起胳膊的动作相比较时，显然更倾向于认为放下胳膊的动作是不随意

的。传统的催眠理论认为，催眠暗示中胳膊运动的方向没有任何影响，胳膊的动 78
作总被认为是不随意的。

用暗示催眠参与者，常常要求他们去想象特定情境以便他们产生一个想要的行为。如果你是一名参与者，你可能会接受这样一个暗示：你的胳膊很僵硬，不能弯曲。为了强化这种暗示，主试还可能加上“你的胳膊上了石膏”。斯潘诺斯相信，某些人会比其他人更为这些雕虫小技所影响，从而相信他们的反应（胳膊不能活动）是不随意的。他的推断是，如果你高度专心于此，你就无法注意到另外一些信息，而只有那些信息才会提醒你这些幻觉并不真实。你把胳膊上的石膏想象得越生动，精确到它的质地和硬度，以及它是怎样被装到胳膊上去的等等，你就越不会想到这只是你的想象力在起作用。如果你深深地专注于想象中发生的这些事情的细节，就更有可能倾向于相信僵直的手臂动作是不随意的，尽管事实并非如此。为了支持这一观点，斯潘诺斯发现，在要求参与者评价自己对想象的情景的专注程度时，对专注程度评价越高的人，就越容易认为自己的行为是不随意的。斯潘诺斯也注意到，对催眠很敏感的人与他（或她）专注于诸如读书、听音乐或做白日梦等活动中的倾向密切相关。因此，这些人更乐于接受催眠中的暗示。

被催眠的参与者会产生某种期望

斯潘诺斯宣称，大多数相信催眠的人，也恰恰容易使他们自己产生典型的催眠行为。他进一步提出，用于诱发和研究催眠的方法能加强这种信念。他举了三个研究实例，这些例子都证明人们之所以在催眠状态下做出某种特定行为，是因为他们觉得催眠就应该是那样，而不是因为催眠改变了他们的意识状态。

斯潘诺斯首先提到的一项研究是给两组学生做关于催眠术的讲座。讲座中，除了告诉其中一组学生胳膊僵直的感觉是在催眠过程中不由自主出现的现象以外，其余内容完全相同。随后，两组学生都被催眠。在讲座中听到有关胳膊僵直信息的那组学生，在没有给出任何指导语的情况下，就有人自动地表现出了这种行为。然而，在另一组参与者中，无一人胳膊变得僵直。按照斯潘诺斯的观点，这就说明在催眠中，人是按自己对催眠的想象来行动的。

支持斯潘诺斯观点的第二项研究有以下发现：参与者声称他们在催眠状态下

产生的视觉表象要比未被催眠时产生得更为强烈、生动和真实。实质上，从这些研究的实施过程中就能找到答案。主试要求参与者想象他们正在某种背景或情境
79 下完成特定动作。然后对相同参与者进行催眠，要求他们再去想象相同或相似的情境（催眠和不催眠的试验次序可任选）。这些参与者普遍报告在催眠条件下产生的表象更为强烈。然而，斯潘诺斯和他的助手们发现，若使用两组参与者，一组被催眠，另一组不催眠，其视觉表象的平均强度值近乎相等。为什么会出现这种差异呢？这一现象可以这样解释，即后一种方法使参与者没有任何东西可以用来作对比。然而，如果我们在两种测试条件下使用同一参与者，他们则得以将两种条件下的感受进行比较，并依据一个来评价另一个。因此，既然参与者几乎总是把催眠状态下的表象评价为更强烈，那么这是否说明催眠的确是一种改变了的意识状态呢？如果你问斯潘诺斯，他会说："否！"按照他的观点，参加了两种条件测试的参与者期望着催眠过程会带来更强烈的表象，因此，他们是根据自己的期望作出评价的。

由斯潘诺斯援引的第三项研究对催眠的解释也许最为有趣，即催眠可以使人们对疼痛变得不敏感（*痛觉缺失效应*）。通过"冷压测试"可以在实验室中检测出参与者的疼痛情况，但又不会对参与者造成任何伤害。如果你是这项研究的参与者，主试就会要求你把自己的胳膊浸入冰水中（零摄氏度），并坚持到你不能忍受为止。经过约 10 秒左右，胳膊的痛感明显加强，大多数参与者会在 1 到 2 分钟内把手臂移开。希尔加德（Hilgard, 1978）指出，在两种状态下接受痛觉缺失训练的参与者报告，他们在催眠状态下感觉到的冷压疼痛显著小于清醒状态。他对此的解释是，在催眠状态下，人可能会把疼痛从意识中分离出来。希尔加德强调，人的一部分意识体验到疼痛，但"遗忘障碍"却将这种意识隐藏了起来。

同样，斯潘诺斯对痛觉缺失的催眠性解释也予以驳斥，并提供证据证明，在催眠时参与者疼痛感的降低是他们的动机和期望作用的结果。所有催眠研究使用的参与者，均是在受催眠影响的敏感性测量中获得较高分数的人。斯潘诺斯认为，这些人"非常投入，希望自己在催眠实验中成为一个好的参与者"（p. 208）。这些参与者知道主试正在把清醒状态与催眠状态做比较，参与者们想证明催眠的确有效。斯潘诺斯和他的助手 H. J. 斯塔姆完成了一项含有冷压疼痛的类似研究，

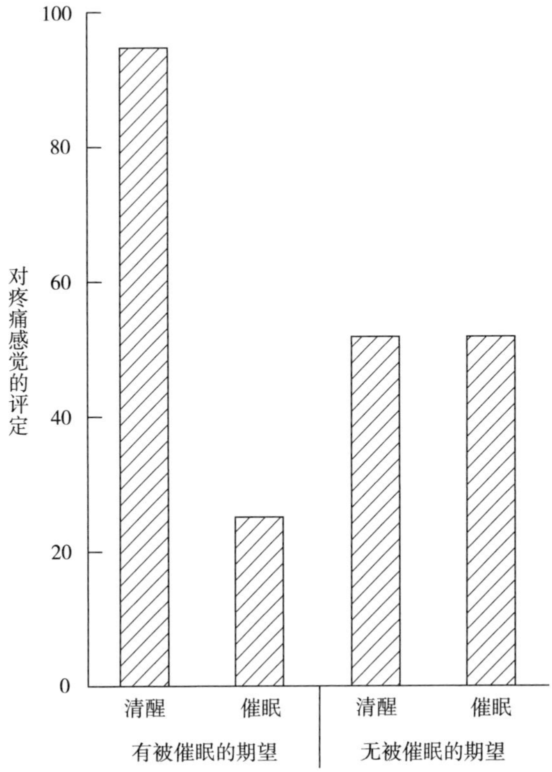

图8–1 清醒状态与催眠状态下痛觉缺失的比较：有期望与无期望

但与前面的研究有一个很大的不同：一些参与者被告知，他们先使用清醒时的痛觉缺失技术（例如自我分心），然后再进行催眠状态下的疼痛减轻测试；而其他的参与者则未被告知随后还将进行催眠状态下的测试。

图 8-1 是对斯潘诺斯和斯塔姆研究发现的总结。当参与者期待着清醒状态测试之后的催眠状态下的测试时，他们会把痛觉缺失的效果评价得较低，正如斯潘诺斯所言，他们是为了给催眠状态下测试效果的提高“留有余地”。斯潘诺斯指 80
出，这就证明即便出现了对疼痛不敏感的催眠行为，也可能是由于参与者需要对情境要求做出反应，而不是自动产生的一种意识分离状态。

围绕着斯潘诺斯所报告的这些实验结果，最重要的疑问是：我们是否应该重新评价所谓的“催眠”现象。如果我们确认催眠不是像一般人和很多心理学家描述的那样，是一种改变心理的强大力量，那么它又将意味着什么呢？

研究发现的意义

评价斯潘诺斯的研究时，必须记住他的目的不是要证明催眠现象是否存在，而是要证明我们所谓的催眠行为，只是一种由较高的动机和目标驱动的社会性行为的结果，而不是什么改变了的独特意识状态。有一点已经被大多数行为科学家
81 所接受，即人不可能违背自己的意志而被催眠。并且，在催眠状态下，参与者不会做出他们认为是反社会的行为，也不可能表现出超人的力量或耐力。斯潘诺斯在本文中已证明，催眠现象的很多微妙内容都可以用并不神秘或更为直接的方式来解释，而不再以“催眠后的恍惚状态”来解释。

接受斯潘诺斯的“催眠并不存在”的观点意味着什么呢？对这个问题的回答是：“也许无所意味。”无论催眠的效果是由一种改变了的意识状态产生的，还是由提高动机水平产生的，均不会改变这样的事实，即催眠常是一种帮助人们改善生活中某些方面的有效方法。催眠的这种神奇的力量之所以能被不加质疑的接受，依然得到如此广泛的传播，其原因之一可能是它能满足人的这样一种需要：如果其他改善生活的方法都失败了，它就是人们最后一种解决其问题的途径——它的力量如此强大，以至于甚至能使人迎着自身对这种变化的抵抗而进行改变。

有关催眠是否是一种改变了的意识状态的争论仍在继续。但无论催眠是什么，它毕竟不是大多数人乐于寻找的灵丹妙药。多项研究均表明，催眠与其他治疗方法相比，在帮助人们戒烟戒酒、提高记忆力或者减肥等方面并不怎么有效（研究回顾见 Lazar & Dempster，1981）。

近期应用

如果有一个机会，你会愿意被催眠，还是拒绝被催眠？有人（Capafons et al., 2005）在斯潘诺斯研究的基础上对那些不情愿被催眠的人进行了研究。正如你将

要看到的，这项研究发现既能用来反驳斯潘诺斯的观点，也能用来支持他的观点。对于这些不情愿的参与者，说服他们同意参加催眠实验，然后将这些参与者分为三组：对一组参与者几乎不提供任何关于催眠体验的信息（作为控制组）；第二组会提供关于催眠体验的“认知－行为”信息，即预期他们在催眠状态下如何思考和行动；第三组被告知会出现催眠恍惚状态，即伴有认知分离的一种意识状态的改变（意识从正常的自我觉知状态中分离）。

在催眠开始的阶段，这些参与者中哪些人对催眠更有可能表现出回避反应呢？有些人可能认为，认知－行为组和意识恍惚组更有可能对催眠过程产生抗拒，催眠的结果也会更加不明显（或者不能被催眠）。但是，令人惊奇的是，结果却正好相反。认知－行为组和意识恍惚组都比控制组表现出了更高的催眠易感性。这些结果说明了什么呢？结果的意义也许并不特别明确。这可能印证了那句老话“知识就是力量”。也就是说，人们接受越多关于“未知”体验的信息，体验到的控制感就越高，在催眠过程中感觉越能对自己进行“掌控”。

最后，另一项研究引用斯潘诺斯的催眠理论，对有些心理治疗师在咨询实践 82
中的行为提出批评。这些治疗师常常诱导来访者回忆出表面上“被压抑的”过去遭受的性虐待记忆（Lynn et al., 2003）。作者认为，催眠以及其他有争议的治疗技术，可能会歪曲记忆，甚至创造出受虐待的记忆，实际上，这些记忆中的事情可能从来就没有发生过，特别是在儿童早期的经历中（要了解更多内容，请阅读第四章罗夫特斯关于记忆恢复的问题）。研究者指出，根据斯潘诺斯的研究，“成人对两岁或者更早之前事情的记忆，可能代表了早期事件的虚构、浓缩和建构，也代表当前所关心的内容以及所听到的关于早期事件的故事”（Lynnet al., 2003, p. 42）。换句话说，认为催眠技术可以使来访者提取出自己早期创伤性经历的准确记忆，这是一种误导，这种记忆会像在非催眠状态下的记忆一样出现各种错误。作者认为，这可能导致对从未发生过的受虐事件错误的记忆和指控。斯潘诺斯1994年出版的《多重同一性与虚假记忆：社会认知观》一书介绍了对这一技术的可能误用。

结 论

显然，争论仍在继续。斯潘诺斯在 1994 年 6 月由于飞机失事而英年早逝，在此之前他一直在继续他的研究（见 McConkey & Sheehan, 1995）。在他 1988 年的著作《催眠：认知行为观》一书中可以找到对其早期催眠研究的总结。尼古拉斯·斯潘诺斯是一位成果丰富、令人尊敬的行为科学家，他的同事和那些受益于其研究的人们都深深地怀念他（见 Baker，1994，一篇缅怀尼古拉斯·斯潘诺斯的悼文）。显然，人们会继承他的遗志以及他留下的宝贵遗产。他关于催眠的研究改变了心理学，因为在将近 200 年的时间内，人类这一方面的意识和行为从未受到过任何实质性的挑战，斯潘诺斯基于实验对此提出了一个全新的解释。

Baker, R. (1994). In memoriam: Nick Spanos. *Skeptical Inquirer, 18*(5), 459.

Capafons, A., Cabañas, F., Alarcón, A., Espejo, B., Mendoza, E., Chaves, J., & Monje, A. (2005). Effects of different types of preparatory information on attitudes toward hypnosis. *Contemporary Hypnosis, 22*, 67–76.

Hilgard, E. (1978). Hypnosis and consciousness. *Human Nature, 1*, 42–51.

Kihlstrom, J. F. (1998). Attributions, awareness, and dissociation: In memoriam Kenneth S. Bowers, 1937–1996. *American Journal of Clinical Hypnosis, 40*(3), 194–205.

Lazar, B., and Dempster, C. (1981). Failures in hypnosis and hypnotherapy: A review. *American Journal of Clinical Hypnosis, 24*(1), 48–54.

Lynn, S., Loftus, E., Lilienfeld, S., & Lock, T. (2003). Memory recovery techniques in psychotherapy: Problems and pitfalls. *Skeptical Inquirer, 27*, 40–46.

McConkey, K., & Sheehan, P. (1995). Nicholas Spanos: Reflections with gratitude. *Contemporary Hypnosis, 12*, 36–38.

Spanos, N. (1994). *Multiple identities & false memories: A sociocognitive perspective*. Washington, DC: American Psychological Association.

Spanos, N., & Chaves, J. (1988). *Hypnosis: The cognitive-behavioral perspective*. New York: Prometheus.

Stam, H. J., & Spanos, N. (1980). Experimental designs, expectancy effects, and hypnotic analgesia. *Journal of Abnormal Psychology, 89*, 751–762.

第三章

条件作用和学习

心理学在学习领域已经产生了一系列相当明确的研究文献，很好地解释了动物和人的学习过程。心理学史上一些最著名的人物，甚至有些不属于行为科学领域的知名人士，都把他们的一生奉献给了这个领域，如巴甫洛夫、华生、斯金纳和班杜拉。虽然要从心理学这一分支中选取一些最有影响的研究并不容易，但本章所选的内容几乎可以在所有基础心理学教科书中找到，并且对于这些科学家的巨大成就来说也是极具代表性的。 83

首先要谈谈巴甫洛夫，我们将回到一百多年前去重温他用狗、节拍器、唾液分泌装置所做的研究以及他对条件反射的发现。其次是华生，他因自己对心理学的诸多贡献而闻名于世（或是声名狼藉？）。他用小阿尔伯特做的实验第一次证明了人的情绪是经验的结果。在这一章的第三个实验中，我们讨论斯金纳对一只鸽子迷信行为的著名解释和论断，以及人类是怎样以完全相同的方式变得迷信的。最后是著名的“波比娃娃实验”，在这一实验中，班杜拉指出儿童的攻击行为是通过模仿成人的暴力行为而习得的。

09 不只限于分泌唾液的狗

Pavlov, I. P. (1927). *Conditioned reflexes.* London: Oxford University Press.

走进牙科诊室，那里的消毒水的味道是否曾令你牙疼？如果有过，那可能是由于那种气味引起了你的一种联想，它使你的大脑在这种气味和以前看牙医的经
84 历之间形成了一种条件反射。当听到美国国歌在奥林匹克运动会上奏响时，你是否会感到心跳加速？大多数美国人都会如此。当听到意大利国歌的时候，是否也会发生同样的状况？除非你在意大利长大，否则你的心跳一般不会加快。这是因为你是条件性地对一首歌做出反应，对其他歌曲则不会。当你在某些人的身旁对着气球吹气时，为什么他们会眯起眼变得紧张起来？很显然，这是因为他们条件性地把膨胀的气球和一些可怕的事情（如一声巨响）联系在一起。上述行为只是无数由经典条件作用而产生的人类行为中的一小部分。

关于学习的经典条件作用理论是在大约 100 年以前由心理学史上最著名的人物之一——俄国的伊凡·彼德罗维奇·巴甫洛夫（Ivan Petrovich Pavlov, 1849—1946）提出并发展的。与这本书中大部分研究不同，巴甫洛夫的名字和他的联想学习的基本观点在流行文化中被广泛接受（甚至在一首摇滚歌曲中曾唱到“我像巴甫洛夫的狗一样流着口水”）。然而，人们大多并不清楚他完成这一里程碑式发现的过程，也不理解其工作的真正意义。

虽然巴甫洛夫对心理学的贡献是史上曾做出的最重要的贡献之一，但他并不是一名心理学家，而是俄国研究消化过程的著名生理学家。他曾因在消化领域的研究获得 1904 年的诺贝尔生理学和医学奖。而他那些致使其职业生涯和心理学史发生巨大改变的发现却纯属偶然。值得注意的是，在 19 世纪晚期，心理学还是一门十分年轻的科学，很多人认为它不是真正的科学。因此，对巴甫洛夫来说，从更可靠、更令人信服的生理科学转向心理学，是职业上很冒险的一种改变。他写下了 20 世纪早期想要研究心理学的科学家所面临的两难境地：

> 从逻辑上讲，对生物的各种活动进行分析的生理学，应该建立在更先进、更精确的科学——即物理学和化学的基础上。但是，如果试着走近心理科学……我们将把我们的上层建筑建立在一门并不精确的科学上。……事实

上，心理学是否是一门自然科学，或者到底它是否可以被看作一门科学，仍是一个值得探讨的问题。（p. 3）

回顾巴甫洛夫的科学发现，我们庆幸他冒着风险转变了职业，这对于心理科学的进步和我们对人类行为的理解都是一种幸运。

巴甫洛夫的生理学研究主要是以狗为被试，研究唾液在消化中的作用。他和他的助手把各种可食用或不可食用的东西放入狗的嘴里，以观察唾液分泌的比例和数量。为了科学地测量唾液量，他们在狗身上做了个小手术，即在狗的面颊上划一个小口，插入一根导管，用来收集唾液。通过这一研究，巴甫洛夫得到了很多新的有趣发现。例如，他发现当一只狗得到流质食物时，它只分泌少量唾液；相反，当研究者给狗喂比较干燥的食物时，狗就会产生大量唾液。在这些条件下，唾液的分泌被巴甫洛夫称为“反射”，它是一种对特定刺激自动发生的反应，不 85
需要任何学习。如果你思考一下就会发现，对人来说，唾液分泌也是一种纯粹的反射。假如你在读这个句子时，我要求你尽可能多地分泌唾液，你一定做不到。但如果你饿了，并发现面前有诱人的食物，不管你是否愿意，你都会分泌唾液。

于是，巴甫洛夫用各种各样的刺激来做实验，以此判定这些唾液腺有多“聪明”。随着研究的继续，他开始注意到某些完全没有想到的现象。狗在食物放入嘴里之前，甚至在闻到食物的气味之前，就已经开始分泌唾液。一段时间之后，狗常常会在根本没有任何唾液刺激呈现的情况下就开始分泌唾液。这种唾液腺的反射行为某种程度上会由于动物在实验室中的某种经历而改变：“仅仅给狗呈现喂食的容器也足以引起它的完全消化反射（分泌唾液）；甚至，狗看到喂食的人或者听到他的脚步声也会产生这种反射”（p. 13）。

这对巴甫洛夫来说是面临抉择的重要关头，他观察到与消化似乎并无关系的刺激引起了消化反应。纯粹的生理学理论不可能解释这种现象，问题的答案只能到心理学中去寻找。

理论假设

巴甫洛夫提出，在实验室中狗从经验中学会了在某种信号出现之后，期待食物的出现。这些信号刺激并不会自然地引起唾液分泌，但狗把它们和食物联系了起来，并且做出唾液分泌的反应。因此，巴甫洛夫认为一定存在着两种类型的反射。

无条件反射是先天的和自动的，无需学习，并且对同一物种的所有成员而言都大体相同。食物进入口中时人会分泌唾液，听到巨大的声音时人会跳起来，灯光熄灭后人的瞳孔会放大，等等，这些都是无条件反射的例子。条件反射则正好相反，它是通过经验或学习获得的，并在同一物种的不同成员间可能存在很大的差异。一只狗听到脚步声时会分泌唾液，或者闻到牙科诊室的气味时你会感到牙疼，这些都是条件反射。

无条件反射的形成是无条件刺激（UCS）引起无条件反应（UCR）。在巴甫洛夫的研究中，无条件刺激是食物，无条件反应是唾液分泌。条件反射的形成是条件刺激（CS），如脚步声，引起条件反应（CR），如唾液分泌。你可能注意到这两个例子中的反应都是唾液分泌，但若唾液分泌的原因是听到脚步声的话，这便是一种学习，而不是狗的自然倾向使然。

巴甫洛夫试图解决的问题是：条件反射既然不是先天性的，那么它们是怎样获得的呢？他提出给狗喂食的时候，如果所处的环境中经常出现一种特定刺激，在狗的大脑中这种刺激就可能与食物建立联系，使它成为食物即将到来的信号。
86 在食物与刺激建立联系之前，这种环境刺激不产生任何重要反应。换言之，对于狗来说，它是一种中性刺激（NS）。当狗刚进入实验室时，虽然实验人员的脚步声可能使狗产生一种好奇反应（巴甫洛夫称它为“是什么”反应），但是它并不能引起狗的唾液分泌，此时的脚步声为中性刺激。然而一段时间后，狗因为每天在喂食前都听到同样的脚步声，就开始把这种声音与食物联系起来。根据这种理论，仅仅出现脚步声最终也能引起狗的唾液分泌。所以，依照巴甫洛夫的观点，上表列出了中性刺激转变成条件刺激的过程：

第一步			UCS （食物）	⟶	UCR （唾液分泌）
第二步	NS （脚步声）	+ +	UCS （食物）	⟶	UCR （唾液分泌）
第三步	（多次重复第二步）				
第四步			CS （脚步声）	⟶	CR （唾液分泌）

现在巴甫洛夫有了一套理论来解释他所观察到的现象，于是他便开始着手进行一系列实验来证明这种理论的正确性。我们通常认为，在巴甫洛夫的实验中，狗是听到铃声而分泌唾液的。但是正如你将看到的，在早期实验中，他使用的是节拍器。

方法和结果

巴甫洛夫得到了“一位热心而有公益精神的莫斯科商人”的资助，在彼得格勒（列宁去世后改名为列宁格勒，现在又改回它最早的名字——圣彼得堡）的医学实验研究中心建立了一个特殊的实验室。这个隔音实验室能够使被试与实验者及实验过程中的所有额外刺激完全隔离开。因此，在那里可以使用一个单独的特定刺激，并在记录反应时排除实验者和动物直接接触而产生的影响。

在建立了这种严格控制的实验环境之后，实验程序就相当简单了。巴甫洛夫选择食物作为无条件刺激。正如前面所提到的，食物将引起唾液分泌这一无条件反应。然后巴甫洛夫要找一种对狗来说与食物毫不相干的中性刺激。为此，他选择了节拍器的声音。在几次条件试验中，狗听到节拍器的滴答声后立即得到食物。“一种本身是中性的刺激被加在先天的消化反射行为之上。我们观察到，在
重复了几次这种刺激组合之后，节拍器的声音就具有了刺激唾液分泌的属性”（p. 87
26）。换句话说，对于分泌唾液这种条件反应来说，节拍器的声音已经成为它的一种条件刺激。

巴甫洛夫和他的助手通过使用不同的无条件刺激和中性刺激来详细说明这种初步发现。比如，在把一种柠檬汁之类的溶液倒入狗的嘴里之前（无条件刺激），向狗呈现香草的气味（中性刺激）。这种果汁无疑会引起狗的大量唾液分泌（无条件反应）。这种刺激组合大约重复20次后，只呈现香草的气味，狗也会分泌唾液。在一个视觉实验中，主试在给狗喂食以前旋转一个物体，这种组合在重复5次以后，仅出现旋转的物体（条件刺激），就能引起狗的唾液分泌（条件反应）。

巴甫洛夫工作的重要性及其应用远超出了对狗分泌唾液的研究。他的经典条件作用理论可以解释人类行为的很多重要方面，并帮助推动心理学成为一门真正

的科学。

研究发现的意义

经典条件作用理论（也称巴甫洛夫条件作用）被人们普遍接受，并且这一理论从巴甫洛夫的研究产生以来，一直未曾改变。它可以解释和说明许多人类行为，包括恐怖症从何而来，你为何不喜欢某种食物，什么是你情绪的来源，广告是如何起作用的，为何在面试或考试前你会感到焦虑，是什么引起你的性欲，等等。下面我们将讨论几项后来应用这一理论的研究。

经典条件作用关注反射行为：这些行为不在随意控制之下。任何一种反射都可经条件作用而由先前的一个中性刺激而形成。经过建立经典条件作用，你会在听到门铃声时眨左眼，看到蓝色闪光时心跳加快，或是吃草莓时产生性欲冲动。门铃、蓝光、草莓都是与条件反应无关的中性刺激，直到它们与无条件刺激配对联系起来时才成为条件刺激，这些条件反应即眨眼（如对着眼睛吹气）、心率加快（如突然一声巨响）和性冲动（如浪漫的拥抱）。

为了亲身体验经典条件作用的过程，你可以在自己身上进行一下这个实验。你所需要的只是一只铃铛、一面镜子和一间关灯后一片漆黑的房间，这个房间就是你的临时实验室。你的瞳孔会根据灯光亮度的变化而产生扩大和缩小的反应。你无法随意地控制瞳孔放大或缩小，而且也不必去学怎样控制它。如果我对你说“现在请你放大瞳孔”，你是无法做到的。然而当你走进黑暗的剧场，瞳孔会立即扩大。因此，光线的减弱对瞳孔扩大来说是一种无条件刺激，导致这种无条件反应。请在“实验室”中铃声响后随即关上灯。在黑暗中等待大约 15 秒后再打开灯。再等 15 秒后重复这一过程：响铃……关灯……等 15 秒钟……开灯……将
88 中性刺激（铃声）和无条件刺激（黑暗）构成的组合重复 10 到 20 次，确定铃声只在突然的黑暗前出现。现在，打开灯，靠近镜子仔细观察自己的眼睛，铃响后你将看到，即使没有灯光的变化，你的瞳孔也会有轻微的放大！于是，铃声变成了条件刺激，瞳孔扩大变成了条件反应。

相关研究和近期应用

本书中还有另外两个实验应用了巴甫洛夫的经典条件作用理论。在下一篇文章中，约翰·华生使 11 个月大的小阿尔伯特条件反射性地害怕大鼠（以及其他有毛的动物），他使用了和巴甫洛夫使狗分泌唾液同样的原理。通过这种方法，华生证明了情绪（如恐惧）产生的过程。在此之后，约瑟夫·沃尔普（参见第 9 章心理治疗中的第 34 项研究）通过应用经典条件作用的概念找到了一种治疗强烈恐惧（恐怖症）的方法。他的研究所依据的想法是，只有打破条件刺激和无条件刺激之间的联系才能降低恐惧反应。

这一系列关于经典条件作用与恐惧的研究一直持续到今天。例如一些研究发现，如果父母对某种事物感到恐惧，比如害怕蛇和蜘蛛，儿童无需直接接触这种事物，只通过从父母那儿间接地感受到“替代性”条件反射就能产生对同样事物的恐惧（Fredrikson, Annas, & Wik, 1997）。在心理学和医学文献中，有无数个应用巴甫洛夫理论的例子，在这里无法把它们一一概括出来。因此，我们接下来将讨论几项著名研究成果，而不是逐一罗列所有的研究。

有一个普遍困扰全世界牧场主的问题，那就是狼和土狼等食肉动物经常会捕食他们的家畜。20 世纪 70 年代初，人们进行了一项无需杀死食肉动物，而是运用巴甫洛夫条件反射技术来解决狼和土狼吃羊的研究（参见 Gustafson et al., 1974）。首先给狼和土狼吃一些含有少量氯化锂的羊肉（无条件刺激），这种化学物质摄入体内后可使动物感到不适。这些动物吃了羊肉以后，便感到头晕、恶心，并开始呕吐（无条件反应）。待痊愈之后，把这些饥饿的食肉动物与活羊放入同一围栏中。狼和土狼起初攻击羊群（条件刺激），但它们一闻到猎物身上的气味便停止攻击，并尽可能地远离羊群。当围栏的门被打开时，这些狼和土狼竟然迅速地逃了出去（条件反应）！根据这项研究和其他相关的研究，现在牧场里普遍采用这个方法，即运用经典条件作用理论使狼和土狼远离他们的牛羊。

应用经典条件作用理论的另一个潜在的重要研究领域是行为医学。有证据显示，应用巴甫洛夫原理可以改变免疫系统的活动。阿德和库恩（Ader & Cohen, 1985）给小鼠提供一种含有糖精的水（小鼠喜欢这种水）。随后，他们将这种糖

水与一种可减弱小鼠免疫系统能力的药物注射建立联系。然后，再给这些建立了
89 条件反射的小鼠提供这种糖水时，虽然不给它们注射药物，小鼠也会呈现出免疫力抑制的征兆，即一种免疫力减弱的反应。当前人们正在着手研究反向推理是否也能行得通，即是否可以通过建立经典条件作用，形成提高免疫力的行为反应（心理学的这个分支领域被称为*心理神经免疫学*）。总的来说，研究显示，利用经典条件作用来提高人类的免疫系统反应的前景是非常光明的（Miller & Cohen, 2001）。可以设想一下，在将来的某一天，我们只需通过把人置于非药物条件刺激中就可以提高人对疾病的抵抗力。比如，你着了凉或得了流感，便可以在 iPod 中播放有助于提高自己免疫系统功能的音乐，作为一种条件反应，你的抵抗力会因音乐的刺激而增强，由此治愈疾病。

巴甫洛夫的发现对当今心理学研究仍具有巨大影响，从 2000 年以来，超过 1 000 篇科学论文引用过这里所介绍的巴甫洛夫的理论。最近一项尤其引人注目的研究发现，通过使个体的心理状态处在条件作用的建立和消退之时，可能有助于对经典条件性非理性恐惧（*恐怖症*）的治疗（Mystkowski et al., 2003）。研究者运用脱敏技术对害怕蜘蛛的参与者进行治疗，其中一些参与者在摄取咖啡因后接受治疗，而另一些则在摄取安慰剂后接受治疗。一周后，所有的参与者都接受重测——一些摄取咖啡因，而另一些摄取安慰剂。那些在治疗阶段接受安慰剂但在随后接受咖啡因的参与者，以及那些在治疗阶段接受咖啡因但在随后接受安慰剂的参与者，都表现出了恐惧反应的复发。然而，对于那些在治疗和随后阶段中处于相同的药物条件（咖啡因或安慰剂）的参与者，持续地体验着对蜘蛛较低的恐惧。这项研究意味着，即使一个成功建立的经典条件行为已经消失，但是，如果在一个新的、不同的情景中再次遇到这一条件刺激，该条件反应还会出现。

结 论

通过这些实例可以清楚地看到巴甫洛夫的影响在许多科学和研究领域是多么广泛。很少有科学家在某一学科有如此大的影响，特别是对于心理学而言。经典条件作用理论是支撑现代心理学发展的基础理论之一。如果没有巴甫洛夫的贡

献，近几十年来，其他行为科学家也许还是会发现这些原理中的绝大部分。但如果巴甫洛夫没有下定决心冒险改变他的职业，没有进入那个未知的、未经验证且被高度质疑的19世纪的心理学领域，那么，如此完整、优美而又阐释清晰的条件反射理论就不可能诞生。

Ader, R., & Cohen, N. (1985). CNS-immune system interactions: Conditioning phenomena. *Behavioral and Brain Sciences, 8*, 379–394.

Fredrikson, M., Annas, P., & Wik, G. (1997). Parental history, aversive exposure, and the development of snake and spider phobias in women. *Behavior Research and Therapy, 35*(1), 23–28.

Gustafson, C. R., Garcia, J., Hawkins, W., & Rusiniak, K. (1974). Coyote predation control by aversive conditioning. *Science, 184*, 581–583.

Miller, G., & Cohen, S. (2001). Psychological interventions and the immune system: A meta-analytic review and critique. *Health Psychology, 20*, 47–63.

Mystkowski, J., Mineka, S., Vernon, L., & Zinbarg, R. (2003). Changes in caffeine states enhance return of fear in spider phobia. *Journal of Consulting and Clinical Psychology, 71*, 243–250.

10　情绪化的小阿尔伯特

Watson, J. B., & Rayner, R. (1920). Conditioned emotional responses. *Journal of Experimental Psychology, 3*,1–14.

你想过你的情绪反应是从哪儿来的吗？如果想过，那你也不是唯一一个这 90
样的人。情绪起源的问题在整个心理学史上一直令许多科学家着迷。我们可以在本书中找到一些破解这个谜题的答案，其中包括与情绪反应直接相关的四个实验（第5章，Harlow，1958；第6章，Ekman & Friesen，1971；第8章，Seligman & Meier，1967；第9章，Wolpe，1961）。当这项由华生和雷诺所做的条件性情绪反应实验在70年前公诸于世的时候，它是一项极有影响力的研究，并且其影响力一直延续至今。当你翻开一本普通心理学课本或有关行为与学习的书籍时，很少有不介绍这项研究的。

这项研究的历史重要性不仅要归功于研究结果本身，更是由于它开拓了心理学的新领域。如果我们回溯到上世纪初，感受一下那时心理学的状况，便会发现当时的心理学几乎完全被西格蒙德·弗洛伊德的研究统治（参见第8章中安娜·弗洛伊德的相关部分）。弗洛伊德精神分析理论关于人类行为的基本观点是：行为的动力来源于无意识的本能和童年期压抑的内心冲突。简单地说，行为和特殊的情绪是由内在的生理和本能过程产生的。

20 世纪 20 年代，心理学界开始了一场新的运动，以巴甫洛夫和华生为代表的行为主义出现了。行为主义者的观点与精神分析学派的观点完全相反，他们提出，行为是通过外在的各种环境和情境刺激而产生的。因此，华生推论说，我们之所以存在情绪反应，是因为我们在条件作用下，习惯于对环境中某种特定刺激做出情绪性反应。换句话说，人的情绪反应是习得的。华生相信所有人类行为都是学习和条件作用的产物，正如他在 1913 年的著名研究报告中所宣称的：

> 给我一打健全的婴儿和可用以培养他们的特殊世界，我就可以保证，对
> 随机选出的任何一名婴儿，我都可以把他训练成为我可以选定的任何类型的
> 91 专业人士，如医生、律师、艺术家和商界领袖，或者乞丐和窃贼。（Watson,
> 1913）

在那个时代，这是一种极具革命性的观点。大多数心理学家以及公众普遍不愿接受这些新观点。对情绪反应来说尤其如此，因为情绪反应似乎产生于人的内部。所以华生试图用实验证明：情绪可以经由条件作用而产生，不用考虑任何内部的力量。

理论假设

华生提出，假设一种刺激自动地使你产生某种特定的情绪反应（如恐惧），倘若这种体验每次重复时都伴随着其他事物，如一只大鼠，那么，大鼠就可能在你的大脑中与恐惧建立联系。换言之，你最终会条件反射性地害怕大鼠。华生认为我们天生并不害怕大鼠，这种害怕是通过条件作用习得的。这就是他最著名的实验的理论基础，该实验的参与者名叫“小阿尔伯特”。

方法和结果

参与者“小阿尔伯特”是一名 9 个月大的孤儿，从出生起就一直待在医院里。

研究人员和医护人员认为他在心理和生理上都很健康。为了了解阿尔伯特是否害怕某种特定刺激，实验者给他呈现大白鼠、兔子、猴子、狗、有头发和没有头发的面具以及白色棉毛织物。研究者密切观察阿尔伯特对这些刺激的反应。阿尔伯特对许多动物和东西都感兴趣，愿意接近它们，并不时触摸它们，从来没有表现出丝毫的恐惧。因为这些东西不引起恐惧，所以可将它们看作*中性刺激*。

实验的下一步是要确定阿尔伯特对巨大的噪音是否会产生恐惧反应。所有人，特别是婴儿，都会对突然出现的巨大噪音产生恐惧反应。因为这种反应是无需学习就会发生的，所以巨大的噪音被看作是*无条件刺激*。在本实验中，实验者在阿尔伯特身后用锤子敲一根 4 英尺长的铁棒。这种声音的突然出现，会使他受到惊吓而哭泣。

现在我们就可以检验阿尔伯特的恐惧情绪是否是*条件作用*的结果了。正式的*条件作用*检测是在阿尔伯特 11 个月大时进行的。研究者对通过实验引起儿童恐惧反应的做法感到犹豫，但最后他们还是决定继续进行（现在回想起来当时他们的伦理逻辑的确值得商榷，本章稍后将对此研究所涉及的所有伦理问题进行全面讨论）。

实验开始后，华生和他的研究生助理罗莎莉·雷纳向阿尔伯特同时呈现大白鼠和令人恐惧的声音。一开始，阿尔伯特对大白鼠很感兴趣并试图触摸它。在他
正要伸手时，铁棒被突然敲响，突如其来的响声使阿尔伯特十分惊恐，这一过程 92
重复了 3 次。一周以后，重复同样的过程。在总共 7 次大白鼠与噪音的配对呈现后，不再出现噪音，只是向阿尔伯特呈现大白鼠时，你可能已经猜到，阿尔伯特对大白鼠产生了极度恐惧。他开始号啕大哭，转身背对大白鼠，向远离它的方向翻了个身，并开始爬得飞快，以至于研究者不得不冲过去抓住他，以免他从桌子的边缘掉下来。对于一种物体从没有恐惧到产生恐惧，只有短短的一周时间。

研究者随后想要探讨这种习得的恐惧是否会迁移到其他物品上。在心理学术语中，这种迁移叫作*泛化*。如果阿尔伯特对其他刺激物也产生恐惧，那么这种习得的行为就已经泛化了。一周后，对阿尔伯特的再次测试发现，他仍旧对大白鼠感到恐惧。随后研究者欲测试这种恐惧是否泛化，他们呈现给阿尔伯特一种与大白鼠相似的东西（白兔）。用研究者的话来说 ：

> 消极反应立即出现，阿尔伯特尽可能地远离那个动物，他低声抽泣，然后大哭起来。我们让他触摸兔子时，他却把脸埋在垫子里，然后用四肢将自己支撑起来，边哭边爬走了（p. 6）。

这里要提醒读者的是，在这种条件作用建立前，阿尔伯特并不怕兔子，并且也没有过专门针对兔子的恐惧条件作用实验。

同一天，研究者依次给小阿尔伯特呈现狗、白色毛皮大衣、一包棉花和华生头上的灰白头发。他对所有这些东西都感到恐惧。令这项研究声名远扬同时也使其声名狼藉的最著名的泛化测验之一是：华生把一个圣诞老人的面具呈现给阿尔伯特，猜猜他的反应会怎样？……害怕！五天后，再次对阿尔伯特进行测试。表 10-1 中列出了这一天物品的呈现顺序。

另一方面，华生想知道条件性的情绪反应中，习得的情绪是否会从一种情境迁移到另一种情境。如果阿尔伯特对这些动物和物品的恐惧反应只发生在实验室而不发生在别的地方，那么其研究成果的价值将大大减弱。为了验证这一点，在进行表 1 测试的同一天，研究者将阿尔伯特带到一个完全不同的房间，那里灯光

表 10-1 第四天对阿尔伯特测试时刺激的呈现顺序

呈现的刺激	观察到的反应
1．积木	像平常一样玩积木
2．大鼠	恐惧性后退（没有哭）
3．大鼠 + 噪音	害怕并哭泣
4．大鼠	害怕并哭泣
5．大鼠	害怕，哭泣并离开
6．兔子	害怕，但不像前面表现得那么强烈
7．积木	像平常一样玩积木
8．兔子	与 6 相同
9．兔子	与 6 相同
10．兔子	有点儿害怕，但也想触摸它
11．狗	恐惧性回避
12．狗 + 噪音	害怕并离开
13．积木	正常玩积木

更明亮，在场的人更多。在这种新环境中，阿尔伯特仍然明显对大鼠和兔子感到恐惧，只是不像以前那么强烈。

华生和雷纳想要做的最后一个实验是观察阿尔伯特新习得的情绪反应是否会持续一段时间。但不久，阿尔伯特被人收养并即将离开医院，因此所有测试中断了 31 天。31 天后，给阿尔伯特呈现圣诞老人的面具、白色皮毛大衣、大鼠、白兔和狗，一个月后的阿尔伯特仍然对这些东西感到十分恐惧。

华生和他的同事还计划对阿尔伯特重建条件反射，以消除他的这些恐惧反应。 93
然而，小阿尔伯特在完成最后一个实验后不久就离开了医院，正如大家所知道的，矫正实验没能进行。

讨论和研究发现的意义

华生在这项研究及他的所有工作中有两个基本目标：(1) 证明人类所有的行为起源于学习和条件作用；(2) 证明弗洛伊德的心理学理论——即我们的行为来自于无意识——是错误的。虽然这一实验带有方法上的缺陷，并且严重违反了道德伦理，但却在很大程度上留给心理学界一笔巨大的财富，它令人信服地表明了情绪行为可以通过简单的刺激—反应手段而成为条件反应。这一发现对心理学的另一主要学派——行为主义的开创功不可没。这一研究表明，某些像情绪一样复杂、个性化的东西也服从于条件作用原理，正如巴甫洛夫证明的那样，狗听到节拍器的声音学会了分泌唾液。

对这一研究合乎逻辑的推论是其他情绪，如愤怒、愉快、伤心、惊讶或厌恶等，都可以用同样的方式习得。换句话说，当你听到一首老歌时感到伤感，求职面试时会紧张，春天到来时感到愉快，听到牙医手中工具发出的声音时感到害怕，这些现象之所以产生，是因为通过条件作用，在你头脑中这些刺激已与特定的情绪建立了联系。其他一些情绪的更极端反应，如恐怖症和生殖崇拜，也可以通过相似的条件作用序列来形成。这些过程与华生对小阿尔伯特施行的过程相似，只是更复杂一些而已。

华生很快指出，他的研究成果与弗洛伊德及其后继者的精神分析理论相比，

94 能更直接、更简洁地解释人类的行为。就像华生和雷纳在论文中提到的，一个弗洛伊德主义者会把吸吮拇指当作追求快乐的本能表现。然而，阿尔伯特会在他感到害怕时吸吮拇指。拇指一放到嘴里，他就不再害怕了。因此华生把吸吮拇指解释为一种阻碍恐惧产生的条件反射。

在这篇论文中，华生和雷纳还对弗洛伊德学派会怎样分析阿尔伯特对白色毛皮大衣的恐惧进行了预测，他们称，弗洛伊德学派的分析师“可能通过梦来进行分析。这个梦显示阿尔伯特在 3 岁时想玩妈妈的阴毛，却遭到妈妈的严厉斥责”(p. 14)。华生用阿尔伯特的例子主要想说明，成年人的情绪困扰不能总归因于童年的性创伤，而这常常是弗洛伊德学派的观点。

问题和批评

读到这里，你可能已经对实验者之于这名无辜儿童的做法感到担心，甚至是气愤。这项研究明显违反了人类行为研究中现行的伦理准则。今天任何一家以人为参与者的研究机构都不会赞成这项研究。然而，在 80 年前，这种伦理准则并未正式出现。在早期心理学文献中，经常可以看到实验方法上存在问题的情况。应该指出的是，华生和他的同事并不是虐待成性或残暴的人，况且他们面对的是一个未经探索的研究领域。他们承认在进行条件作用程序前，的确犹豫了相当长的一段时间，但最后他们认为即便不做这个实验，在阿尔伯特离开医院的庇护后，一些类似的恐惧也会出现在这孩子身上。于是，他们决定继续。然而即便如此，撇开实验结果的重要性不谈，单说令一个孩子惊恐到如此地步合适吗？如今绝大多数的行为科学家都会对此持否定态度。

在这项研究中，另一个与伦理有关的重要问题是，实际上阿尔伯特在离开研究环境时并没有消除恐惧。华生和雷纳在他们的文章中承认这种引起情绪的条件作用可能伴随人的一生。倘若果真如此，那么从伦理角度上讲，很难为致使一个人直到成年仍对这些东西恐惧的研究找到辩解的理由。（天知道还会有多少类似于这种刺激的东西会引起阿尔伯特的恐惧！）

与此相关，一些研究者还批评了华生关于这些恐惧会无限持续下去的假设（例如，arris, 1979）。另一些人则怀疑华生对阿尔伯特施行条件作用的有效性(Samelson, 1980)。很多研究证明，由于其他经历或仅仅是时间的推移就可使经过条件作用获得的行为得以消除。可以想象一下，假如在阿尔伯特 5 岁时，有人把一只宠物兔子作为生日礼物送给他，一开始他会感到恐惧（这毫无疑问会使他的养父母感到困惑），但在与兔子的相处中，他发现并没有可怕的事情发生（如 95
巨大的声响），于是他很可能对兔子的恐惧会慢慢减弱，直到对兔子不再产生任何恐惧反应。在学习心理学中，这种已广为接受的过程称为消退。在我们的一生中，我们经历着学习与消退、建立与解除条件作用的过程，消退只是其中的一部分。但对阿尔伯特来说却并非如此。

近期，一个由研究生组成的研究团队耗时 7 年最终搞清楚了这个名为“阿尔伯特”的孩子的真实身份，这是一个保守了数十年的秘密。“阿尔伯特”已被确认就是道格拉斯·梅利特，他是阿维利亚·梅利特的儿子。在华生开展研究期间，阿维利亚在约翰·霍普金斯大学医院工作，是“哈丽特·莱恩之家”的一名护士。她同意让自己的儿子被研究并得到了 1 美元的报酬（见 DeAngelis, 2010）。在这些新的发现中，最令人悲伤的是道格拉斯在 6 岁时死于脑积水（大脑内部及其周围液体积聚）。现在针对这种疾病有许多疗法，但在 20 世纪 20 年代，这种病通常是致命的。因此，“阿尔伯特”是否克服了华生对他建立的恐惧仍不得而知。此外，既然我们这个章节是对研究的“批评”，那么还需提到的是，在这项研究开展期间，华生由于与他的研究生助理罗莎莉·雷纳发生婚外恋而被约翰·霍普金斯大学解雇。

近期应用

尽管华生 1920 年发表的文章存在伦理缺陷，但仍一直被许多研究所引用，这些研究涉及范围很广，包括从父母对子女的养育到心理治疗。其中一项研究对婴儿情绪的面部表情进行了考察（Sullivan & lewis, 2003）。我们知道，在所有的成人和不同文化中，与特殊的情绪相应的面部表情是一致的（见第 6 章中埃克曼的研究）。但是，这项研究对此进行了扩展，主要研究婴儿的表情如何发展以及在他们年龄非常小的时候，这些不同的表情各有何含义。更好地理解婴儿面部表情的含义，有助于父母更好地和婴儿交流以及照顾他们。作者指出，他们的研究目标是，“向从业者提供基本信息，帮助他们更好地识别他们所照料的婴幼儿的表情信号”（p. 120）。这项研究对华生的研究成果的运用可以使我们感到某种欣慰，因为华生对小阿尔伯特采用的颇有争议的研究方法最终发挥了作用，使我们能够更敏锐地觉察到婴儿的情感和需要。

正如前面曾提到过的，一种情绪，譬如害怕，它的极端形式能产生严重的消极结果，即恐怖症。很多心理学家认为，恐怖症是通过条件作用形成的，类似小
96 阿尔伯特对有毛动物的恐惧的形成过程（参见第 9 章心理治疗中沃尔普治疗恐怖症的研究）。华生的研究被很多关注恐怖症产生原因和治疗方法的最新研究所采用。其中一项研究从先天—后天的视角讨论恐怖症，还获得了一些了不起的发现。华生的观点当然是认为环境或后天因素在其中起主要作用，人们因此得出恐怖症是习得的观点。

然而，一项研究（Kendler, Karkowski, & Prescott, 1999）提供的有力证据显示：恐怖症的发展可能与大量遗传因素有关。研究者以 1700 多名女性双胞胎为对象，研究了她们的恐怖症和莫名的恐惧（参见本书第一章中鲍查德对双胞胎的研究）。他们发现恐怖症中有很大一部分是由于遗传因素造成的。作者的结论是：虽然恐怖症可以通过个体的环境经验形成，但在恐怖症形成中，首要的影响因素是一个人的家庭遗传因素而不是家庭环境因素。设想一下，“天生具有恐惧”这种观点与华生的理论该是多么的尖锐对立，可以说这又给在心理学以及贯穿整个行为科学领域的先天—后天之争添了一把火。

DeAngelis, T. (2010). Little Albert regains his identity. *Monitor on Psychology, 41*, 10.

Harris, B. (1979). What ever happened to Little Albert? *American Psychologist, 34*, 151–160.

Kendler, K., Karkowski, L., & Prescott, C. (1999). Fears and phobias: reliability and heritability. *Psychological Medicine, 29*(3), 539–553.

Samelson, F. (1980). Watson's Little Albert, Cyril Burt's twins, and the need for a critical science. *American Psychologist, 35*, 619–625.

Sullivan, M., & Lewis, M. (2003). Emotional expressions of young infants and children: A practitioner's primer. *Infants and Young Children, 16*, 120–142.

Watson, J. B. (1913). Psychology as the behaviorist views it. *Psychological Review, 20*, 158–177.

11 敲敲木头

Skinner, B. F. (1948). Superstition in the pigeon. *Journal of Experimental Psychology, 38*, 168–172.

B. F. 斯金纳（1904—1990）是影响深远、极负盛名的心理学家，他一生硕果累累，下面我们将对他的一项研究进行讨论。然而，该选择哪项研究来代表他的工作的确是个难题。用短短的一篇文章来代表他对心理学研究的历史贡献是远远不够的。毕竟，斯金纳被人们视为行为主义之父，是著名的（或声名狼藉的）“斯金纳箱”的发明者，他还出版了 20 多本著作，发表了数百篇科学论文。这篇文章的题目颇为幽默——《鸽子的迷信行为》，我们之所以从他众多著作中选出这篇文章，是因为通过这个有趣的例子，我们不仅能清楚地认识斯金纳的基本理论，了解他研究行为的方式、方法，还能对我们都很熟悉的“迷信”现象进行一种斯金纳式的解释。

斯金纳被称为*激进行为主义者*，因为他认为所有心理现象从本质上说都是行 97
为的，包括公开的（或外部的）行为，以及个人的（或内部的）事件（例如感情和思想）。尽管他认为个体的行为很难研究，但他也承认对这些行为我们都有自己的主观体验。然而，他不把内部事件，比如思想和情绪，看成是产生行为的原因，而是将其看作是一种环境与行为的混合体，并试图对其进行解释（参见 Schneider & Morris, 1987，对术语“*激进行为主义*”的详细分析）。

斯金纳的理论简而言之就是：在任一特定的情况下，你的行为都很可能会伴随着某种结果，比如得到赞扬、报酬或解决问题后的满足感，这些结果使得你的行为在将来类似的情况下，很可能得到重复，这些结果被称为“强化物”。如果你的行为伴随着另一种结果，比如疼痛或尴尬，那么今后在相似的情况下，你将很少会再重复这一行为，这些结果被称为“惩罚物”。行为与环境相互作用的结果分别被称为强化和惩罚（Edward K. Morris，个人通信，1987 年 9 月）。在斯金纳所指的操作性条件作用中，强化和惩罚是两个最基本的心理过程。这一过程图示如下：

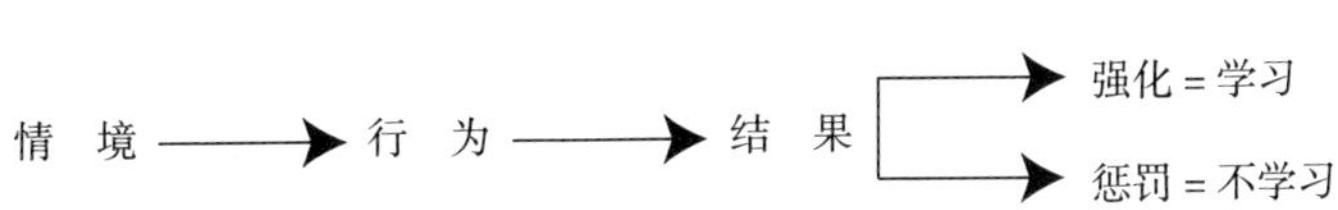

通过这一概念，斯金纳也就能解释习得的行为是怎样消退或彻底消失的。一种行为被强化后，强化物若不再出现，那么这一行为再发生的可能性将慢慢减弱直到完全消失，这种行为抑制过程被称作消退。

想想看，这些内容对你来讲其实并不新鲜。我们常用这种程序来训练宠物。你让狗坐下，它坐下了，你便奖励它一块美食。一段时间后，当你让狗坐下时，即使不及时给予食物奖赏，它也会坐下。这里你运用了操作性条件作用的原理。这是一种对所有动物都非常有效的学习方式，甚至可以让老狗学新技能，当然也包括猫！如果你想要宠物不再做某种动作，你想要停止这一行为所要做的所有事情就是把强化物挪走。例如，如果你的狗蹲在餐桌旁乞食，这必然有原因（不管你怎么想，狗并不是生来就会在桌边乞食的）。这一行为是你通过奖赏的强化，让狗形成的条件反射。如果你想让这种行为消退，就必须完全停止强化。最后，
98 狗会停止乞食。顺便说一句，在消退期间，如果一个家庭成员偶尔偷偷地给乞食的狗一些食物，消退将永远不会实现，狗将更加使劲地在这人的椅子周围乞食。

除有关学习的这些基本知识以外，斯金纳还认为人类的所有活动也以完全相同的方式产生和维持。只不过对于人类而言，识别行为及结果并不太容易。斯金纳对此进行的论述是众所周知的，如果一个人的行为被其他理论学派认为是由我们高度进化的意识或智力所致，这只是由于这些心理学家没能找到引发这一行为并使之维持的强化物。如果你觉得这是一个相当极端的观点，那么请记住斯金纳的称号是“激进行为主义者”，而且他的观点一直充满争议。

虽然经常遭到质疑，但斯金纳始终用实验支持自己的观点。他提出被看作是人类独有的某些行为，也可以被像鸽子或老鼠这样的“低等物种”学会。例如，人们会认为迷信行为是人类所独有的，理由是迷信需要人们认知活动（思考、辨别、推理）的参与。迷信在某种程度上是一种信仰，而我们通常认为信仰并不属于动物。但斯金纳提出，在本质上迷信行为与其他任何一种行为一样，很容易用操作性条件作用原理解释。他设计了一个实验来证明这一观点。

理论假设

回想一下你的迷信行为，你是否曾敲敲木头，避免从梯子下走过，避免踩到裂缝，携带一枚幸运硬币或其他护身符，在棋盘游戏中用一种特定的方式掷骰子，或者因为算了命而改变自己的行为？可以肯定地说，尽管一些人不想承认，但在某些时候每个人都会因为迷信做过某些事情。斯金纳说，人们这样做的原因是他们相信或揣测在迷信行为和某些强化性的结果之间存在联系，虽然实际上两者并不相干。人们相信这种联系是因为该行为（如用某种方式摇骰子）被偶然地强化过（如掷出一个好点数）一次、两次或几次。斯金纳称它为非关联性强化，即这种奖赏并不取决于任何特定的行为，但你却相信这种因果联系确实存在。“如果你认为这是人类特有的某些行为，”斯金纳可能会说，“那么我将给你创造一只迷信的鸽子。”

方　法

为了使读者理解斯金纳在这个实验中使用的方法，有必要对“斯金纳箱”做一个简短的介绍。斯金纳箱（斯金纳称它为条件作用室）背后的原理其实相当简
单。它由一只空的笼子或箱子组成，里边只有一个用来放食物的碟子或托盘。研 99
究者可以用此控制动物何时得到食丸的强化。早期的斯金纳箱中还包括一根控制杆，如果按下控制杆，食物就会自动出现。如果一只大鼠（斯金纳最早的研究中使用大鼠）被放在这样的箱子里，它通过尝试错误将最终学会为获得食物而去按控制杆。如果需要的话，实验者能通过控制食物的发放来强化某种特定的行为。后来人们发现在这种条件作用的实验中，鸽子也是理想的被试，因此在装鸽子的斯金纳箱里用啄击盘子代替了按控制杆。

虽然斯金纳在这一研究中使用了上面介绍的斯金纳箱，但是他却做了一项重要改变，即为了研究迷信行为，食物分发器被设定为每隔 15 秒会落下一些食丸到盘子里，不管动物当时在做什么。这种奖赏不取决于任何特定的行为。这就是非关联性强化。换言之，不管动物做了什么，每隔 15 秒它将得到一份奖赏。

研究中的被试是8只鸽子。连续几天对这些鸽子喂少于正常进食量的食物，以便它们在测试时处于饥饿状态，由此增强其寻找食物的动机（这也增加了强化的力量）。让每只鸽子每天在实验箱里待几分钟，对其行为不作任何限制。在这期间，每隔15秒强化自动出现一次。几天后，两个独立的观测者记录了鸽子在箱中的行为。

结　果

斯金纳在报告中写道：

> 8只鸽子中的6只产生了非常明显的反应，两名观察者得到了完全一致的记录。一只鸽子形成了在箱子中逆时针转圈的条件反应，在两次强化之间转二到三圈；另一只反复将头伸向箱子上方的一个角落；第三只显现出一种上举反应，似乎把头放在一根看不见的杆下面并反复上举它。还有两只鸽子的头和身体呈现出一种钟摆似的动作，它们头部前伸，从右边快速地摆动到左边，接着再慢慢地返回，它们的身子也顺势移动，动作幅度过大时还会踉跄几步。还有一只鸽子形成了不完整的啄击或轻触的条件反应，动作直冲地面但并不触及。(p.168)

这些行为在建立条件作用前未曾观测到。正如你知道的，这些新的行为与鸽子得到食物毫无关系。然而，它们表现得就好像那种行为会产生食物似的——也就是说，它们变得迷信了。

接下来，斯金纳想知道如果两次强化之间的时间间隔被拉长，则又会发生什么。他用了一只摇头的鸽子，然后把两次投放食丸间的间隔慢慢增加到1分钟。
100 这时，鸽子摆动得更加起劲，直到最后在两次强化间的一分钟内，这只鸽子摇摆和跳跃得如此明显，就好像在表演一种舞蹈（仿佛一种“鸽子进食舞”）。

然后是要消除鸽子的这种新行为。这意味着在测试箱中的强化不再继续。这时，迷信行为逐渐消退，直到完全消失。然而，值得注意的是，在完全消退前这只“跳舞”的鸽子的这种反应超过了10 000次！

讨　论

在这项实验中，斯金纳得到了6只迷信的鸽子。然而，他对这一成果的解释却极为仔细和谨慎："这一实验或许可以说证明了一种迷信。鸽子行动的依据似乎是在它的行为和食物出现之间存在一种因果联系，尽管这种联系并不存在"(p. 171)。

下一步是要将这些研究发现应用于人类。我确信，对你来说，要想到人类行为中有类似的情况并不难，对斯金纳而言也是如此。他写道："打保龄球的人扔出球去，球沿着球道滚动，但他还在弯曲着胳膊和转动肩膀，似乎可以此来控制球"(p. 171)。大家知道，理智地说，这些动作并不能对沿着球道滚动的球起什么作用。

然而，由于过去的条件作用，你相信你那古怪的动作可能会有所帮助，但是事实上，不管你掷出球之后的动作如何，球总是要去它所去之处。用斯金纳的说法就是："掷球者的行为对球并没有影响，但球的运动对掷球者却有反作用"(p. 171)。换言之，有时候球可能碰巧沿着掷球者身体移动的方向运动，球的运动及其全中或补中的结果偶然强化了曲臂和转肩行为，并使这种迷信得以保持。这与斯金纳的鸽子没多大区别。

究其迷信行为难以消退的原因，可以到那只在其跳舞行为消除前还跳了10 000多次舞的鸽子那儿去寻找。任何行为只偶然地被强化一次(称为部分强化)，就会变得非常难以消除。这是因为人们的期望值很高，期望迷信行为会产生强化的结果。你可能会想象，如果这种联系每次出现然后消失，那么这种行为也将会很快停止，然而在现实生活中，偶然的强化通常偶尔才会发生，因此迷信行为常常可能会持续一生。

批评和后续研究 101

斯金纳的行为主义理论和研究总会引起广泛、有时甚至是激烈的争论。其他有关人类行为的主要流派主张，严格的行为主义观点不能解释很多人类的基本心理过程。卡尔·罗杰斯是人本主义心理学派的奠基人，因与斯金纳的论战而闻名，他将人们对行为主义的批评总结如下：

> 在内在意义的世界里，人本主义心理学可以研究那些对于行为主义者而言毫无意义的内容，如意向、目标、价值、抉择、自我认识、对他人的认识、个人建构以及我们共同对我们的世界的建构……个体的整个现象世界及其意义的联结体。这个世界上并非只有一个方面是对严格的行为主义者敞开的，但以上这些因素对人类行为有重要意义这一点似乎是肯定的。(Rogers, 1964, p. 119)

行为主义者会反驳说，所有这些人类特性都可以用行为主义的方法进行分析。问题的关键是对构成这些特性的行为和结果做出适当的解释（参见 Skinner 1974 年对这些问题的一个完整讨论）。

然而，单就迷信这个问题而言，出现的争议却很少，并且由此形成的学习过程理论也获得了相当广泛的认可。由布鲁纳和列维斯基（Bruner & Revuski, 1961）设计的一个实验证明了人类是多么容易形成迷信行为。4 名高中学生坐在 4 个电报机按键前。他们被告知，每当他们按到正确的键时，都会响铃和闪红灯，并且他们将得到一枚硬币。正确的反应是 3 号键。然而就像在斯金纳的实验中一样，只有在 10 秒的延迟间隔后，3 号键产生的强化物才会出现。在这 10 秒内，学生会以各种组合尝试按键，接着，在延迟后的某一时刻，他们得到了强化物。对所有的学生来说，结果是相同的：一段时间后，他们都各自形成了一套按键顺序，并在每次强化之间一遍一遍重复（如 1，2，4，3，1，2，4，3）。其实，按下 3 号键才是唯一被强化的行为，而其他的按键序列完全是迷信。他们不仅迷信地行动，而且所有学生都相信按其他键是“建立”强化所必需的，他们对自己的这一迷信行为完全没有意识。

近期应用

斯金纳是心理学界最有影响的人物之一，他在很多方面依旧对科研领域产生着深远而重要的影响。1948 年他发表的关于迷信行为的文章每年被无数的研究引用。例如，有一项研究比较了两种强化类型在迷信形成中的作用（Aeschleman, Rosen, & Williams, 2003）。行为的结果是得到一些你想要的东西（例如金钱、食 102
物或赞扬），属于正强化；而负强化是通过消除你不喜欢的事物来进行奖赏（例如可以不做家庭作业或避免疼痛）。该研究发现，更高水平的迷信行为（对非偶然事件知觉到的控制）是在负强化的条件下形成，而非正强化下产生。用作者的话来说就是："这些结果……显示，相对于正强化，负强化对迷信行为的形成和维持提供了一个更有利的条件"（p. 37）。换句话说，你更可能采取迷信策略去防止坏结果的发生，而非创造好的结果。

另一篇发人深省的文章也引用了斯金纳 1948 年的研究（Sagvolden et al., 1998），这篇文章检验了强化对注意缺陷 / 多动障碍（ADHD）的作用。研究者请被诊断为 ADHD 的男孩和没有这种病的男孩共同参与一项活动，在游戏中给他们硬币或小玩具作为奖励。虽然强化固定为每 30 秒出现一次（非关联性强化），但所有男孩都产生了他们认为与奖励有关的行为。换言之，他们以与斯金纳的鸽子相同的方式产生了迷信。在下一阶段的研究中，不再出现强化，研究者希望以此减少和停止各种条件反射行为（消退）。这种结果在没有 ADHD 的男孩身上确实出现了。但经过一个短暂的停顿后，ADHD 男孩却变得更加活跃，并且开始以一种突发冲动的方式作出反应，好像强化又再次出现了。作者指出，这种过度活跃和冲动意味着 ADHD 男孩与对照组男孩相比，应对强化延迟的能力明显不足。这些研究结果对我们深入认识和有效治疗 ADHD 是非常重要的。

结　论

迷信行为无处不在。你可能就有一些，而且你也一定认识其他有迷信行为的人。一些迷信是文化的一部分，它们产生着广泛的社会影响。你可能会发现大部分高层建筑没有第 13 层。其实，事实并不是那样。很显然第 13 层一定存在，但没有哪一层标注为"13"。这并不是因为建筑师和建造者是一个极端迷信的团体，而是由于租出或卖掉"不吉利的"13 层的房子很困难。另一个例子是美国人对 2

美元纸币十分迷信，导致美国财政部印制的 2 元纸币远少于任何其他面额（少于 1%）。

迷信在心理上是不健康的吗？绝大部分心理学家相信，尽管从定义上讲，迷信行为并不会产生你想要的结果，但它们还是有积极的功能的。当一个人身处困境时，迷信行为经常能产生一种力量感和控制感。有趣的是，从事危险职业的人比其他人更加迷信。有时候，由迷信行为带来的力量感和控制感能降低焦虑、增
103 强信心和勇气，并提高成绩和表现。

Aeschleman, S., Rosen, C., & Williams, M. (2003). The effect of non-contingent negative and positive reinforcement operations on the acquisition of superstitious behaviors. *Behavioural Processes, 61*, 37–45.

Bruner, A., & Revuski, S. (1961). Collateral behavior in humans. *Journal of the Experimental Analysis of Behavior, 4*, 349–350.

Rogers, C. R. (1964). Toward a science of the person. In F. W. Wann (Ed.), *Behaviorism and phenomenology: Contrasting bases for modern psychology.* Chicago: Phoenix Books.

Sagvolden, T., Aase, H., Zeiner, P., & Berger, D. (1998). Altered reinforcement mechanisms in attention-deficit/hyperactivity disorder. *Behavioral Brain Research, 94*(1), 61–71.

Schneider, S., & Morris, E. (1987). The history of the term radical behaviorism: From Watson to Skinner. *Behavior Analyst, 10*(1), 27–39.

Skinner, B. F. (1974). *About behaviorism*. New York: Knopf.

12　观察到攻击行为……做出攻击行为

Bandura, A., Ross, D., & Ross, S. A. (1961). Transmission of aggression through imitation of aggressive models. *Journal of Abnormal and Social Psychology, 63*, 575–582.

攻击行为，以各种各样的形式，无可争议地是当今美国和世界面临的最大社会问题。它也是心理学史上一个最重要的研究课题之一。多年以来，在行为科学家之中，一直处于这项研究最前列的是社会心理学家，他们研究的重心是人与人之间的相互作用。社会心理学家的目标之一是给攻击行为下一个准确的定义。看起来这似乎很简单，但实际上给出一个这样的定义相当困难。比如，你觉得下面的哪些行为是攻击行为：一场拳击赛？猫咬死一只老鼠？士兵向敌人开枪？在地下室安放捕鼠夹？斗牛？我们还可以举出一堆这样的可能是或可能不是攻击行为的例子。因此，如果你请教 10 位不同的社会心理学家，你可能会得到攻击行为的 10 种不同的定义。

很多研究者已不再纠缠于给攻击行为下定义，而是转向考察人类攻击性的来源这一更重要的方面。他们提出的一个问题是，为什么人们会做出攻击行为。纵观心理学的历史，很多理论学派都对攻击行为产生的原因进行了解释。一些理论认为，人在生物学上有一种预设的攻击性程序，因为在特定的环境中，攻击性业已成为进化上的一种生存机制。另一些理论强调情境因素，比如多次受挫蓄意挑衅是引起攻击行为的主要决定因素。第三种观点，即本研究表明，攻击行为是习得的。

心理学史上最为著名、最有影响的实验之一，阐述了儿童是怎样习得攻击行为的。这项研究是阿尔伯特·班杜拉（Albert Bandura）和他的助手多萝西娅·罗 104
斯以及希拉·罗斯于 1961 年在斯坦福大学完成的。班杜拉被认为是“社会学习理论”心理学派的奠基人之一。社会学习理论家认为，学习是人格发展的主要因素，并且这种学习发生在与他人的相互作用之中。比如，在你的成长过程中，父母、老师等重要人物强化某一行为而忽视或者惩罚其他行为。班杜拉认为，除直接的鼓励和惩罚之外，行为的塑造还有一种重要的方式，即可以通过简单地观察、模仿其他人的行为（即榜样的影响）而形成。

你可以从本项研究的题目看出，班杜拉、多萝西娅·罗斯以及希拉·罗斯已经证明了榜样对攻击行为的影响。这项广为人知的研究在心理学界被称为“波比娃娃研究”，稍后我们将展开对它的讨论。文章开头的参考文献中提到的早期研究结果证明，儿童很容易模仿作为榜样的成人的行为。在这项新研究中，班杜拉想探讨孩子在观察了榜样的行为之后，是否会将这种模仿学习泛化到榜样不出现的情境中去。

理论假设

研究者计划让儿童分别观察两名成人，一名表现出攻击行为，另一名不表现出攻击行为，随后在没有榜样出现的新情境中对儿童进行测试，以了解儿童在多大程度上模仿他们观察到的成人攻击行为。依照这种实验操作，班杜拉和他的助手们作出了四种预测：

1. 观察到攻击行为的参与者不论榜样是否在场，都会模仿成人做出类似的攻击行为。而且这种行为明显不同于观察到非攻击行为或根本没有榜样的参与者。
2. 对于观察到非攻击行为的儿童，他们的攻击性不仅比观察攻击行为的儿童低，而且也明显低于无榜样的控制组儿童。换言之，非攻击性榜样能起到抑制攻击行为的作用。
3. 因为儿童倾向于认同父母或与自己同性别的其他成人，参与者“模仿同性榜样的行为将会远远超过模仿异性榜样的行为”(p. 575)。
4. “由于在社会上，攻击行为主要是一种极典型的男性行为，男孩将会比女孩更倾向于模仿攻击行为，尤其是在给参与者呈现男性榜样时差异更明显”(p. 575)。

105 方　法

这篇文章条理清晰地概括了实验中所用的方法。本文作了适当的省略和简化，具体步骤如下。

参与者

研究者得到了斯坦福大学附属幼儿园的管理人员和教师的支持和帮助，从而获得研究中所需要的参与者。参加这项研究的参与者由 36 名男孩和 36 名女孩组成，他们的年龄在 3 至 6 岁之间，平均年龄为 4 岁零 4 个月。

实验条件

24 名儿童被安排在控制组，他们将不接触任何榜样；其余的 48 名参与者先被分成两组，一组接触攻击性榜样，另一组接触非攻击性榜样，随后再按男女分组。最后，各实验组分出一半参与者接触同性榜样，另一半接触异性榜样。这样最终得到 8 个实验组和 1 个控制组。你可能会问这样一个问题：如果某些儿童原先就比其他人更有攻击性怎么办？班杜拉通过事先获得每个参与者的攻击性评定等级来克服这种潜在的问题。一名实验者和一名教师（都是对这些儿童非常了解的）对这些儿童的身体攻击、语言攻击和对物体的攻击行为进行评定。这些评定结果使实验者可以依据平均攻击水平对各组参与者进行匹配。

实验程序

每个儿童分别单独接触各个不同的实验程序。首先，实验者把一名儿童带入一间活动室。在路上，实验者假装意外地遇到成人榜样，并邀请他过来参加一个游戏。儿童坐在房间的一角，面前的桌子上有很多有趣的东西。其中有土豆印章（实验是在 1961 年，你们这些生长在高科技时代的人可能没有见过，土豆印章就是把土豆从中间切开，在上面进行雕刻，就像橡皮图章，按过印泥后可以复制出很多几何图形）和一些贴纸，这些贴纸颜色非常鲜艳，还印有动物和花卉，儿童可以把它们贴在一块贴板上。随后，成人榜样被带到房间另一角落的一张桌子前，桌上有一套儿童拼图玩具、一根木槌和一个 5 英尺高的充气波比娃娃。实验者解释说这些玩具是给成人榜样玩的，然后便离开房间。

无论在攻击情境还是在非攻击情境中，榜样一开始都先装配拼图玩具。一分钟后，攻击性榜样便开始用暴力击打波比娃娃。对于在攻击情境下的所有参与者，榜样攻击行为的顺序是完全一致的： 106

> 榜样把波比娃娃放在地上，然后坐在它身上，并且反复击打它的鼻子。随后榜样把波比娃娃竖起来，捡起木槌击打它的头部，然后猛地把它抛向空中，并在房间里踢来踢去。这一攻击行为按以上顺序重复三次，中间伴有攻击性的语言，比如“打他的鼻子……，打倒他……，把他扔起来……，踢他……，砰……”，以及两句没有攻击性的话，“他还没受够”，“他真是个顽强的家伙”。（p. 576）

这样的情况持续将近 10 分钟，然后实验者回到房间里，向榜样告别后，把孩子带到另一间活动室。

在无攻击行为的情境中，榜样只是认真地玩 10 分钟拼图玩具，完全不理波比娃娃。班杜拉和他的同事们努力确保：除了要研究的因素——攻击性榜样与非攻击性榜样以及榜样性别——以外，其他所有实验因素对每名参与者都相同。

愤怒或挫折感的激发

10 分钟的游戏以后，在各种情境中的所有参与者都被带到另一个房间，那里有非常吸引人的玩具，如救火车模型、喷气式飞机模型、包括玩具木橱和玩具车在内的一整套玩具娃娃，等等。研究者相信，为了测试参与者的攻击性反应，使儿童变得愤怒或有挫折感会更容易产生这些行为。为了实现这个目的，实验者先让参与者玩这些有吸引力的玩具，不久以后告诉他们这些玩具是为其他儿童准备的。但是也告诉参与者，他们可以到另一间房间里去玩别的玩具。

检测对攻击行为的模仿

在最后的实验房间内，有各种攻击性和无攻击性的玩具。攻击性玩具包括波比娃娃（当然会有！）、一个木槌、两支掷镖枪和一个上面画有人脸的系绳球。无攻击性玩具包括一套茶具、各种蜡笔和纸、一个球、两个玩具娃娃、小汽车和小卡车以及塑料动物。允许每个参与者在这个房间里玩 20 分钟，在这期间，评定者在单向玻璃后依据多条指标对每个参与者行为的攻击性进行测量。

攻击行为的测量指标

总共评定参与者行为中的 8 种不同反应。为清楚起见，在此我们只概述 4 种最有启示作用的测量指标。首先，研究者记录所有对榜样的攻击行为的模仿，包括坐在波比娃娃身上，击打它的鼻子，用木槌击打它，用脚踢它，把它抛向空中。
107 第二，测量参与者对攻击性语言的模仿，记录他重复说“打他”“打倒他”“砰”等的次数。第三，记录参与者用木槌进行的其他攻击行为（也就是用木槌击打娃娃以外的其他东西）。第四，用列表的方式记录成人榜样未做出而参与者自发做出的身体或语言的攻击行为。

结　果

观察者把研究发现总结为表 12-1。如果你仔细查看此表，就会发现这些结果支持了班杜拉等人在实验前提出的四种假设中的三种。

表12-1 儿童在不同处理条件下攻击反应的平均数

	榜样类型				
攻击类型	攻击性男性	无攻击性男性	攻击性女性	无攻击性女性	控制组
模仿身体攻击					
男孩	25.8	1.5	12.4	0.2	1.2
女孩	7.2	0.0	5.5	2.5	2.0
模仿言语攻击					
男孩	12.7	0.0	4.3	1.1	1.7
女孩	2.0	0.0	13.7	0.3	0.7
用木槌攻击					
男孩	28.8	6.7	15.5	18.7	13.5
女孩	18.7	0.5	17.2	0.5	13.1
非模仿攻击行为					
男孩	36.7	22.3	16.2	26.1	24.6
女孩	8.4	1.4	21.3	7.2	6.1

（引自 p. 579）

若参与者看到榜样的攻击行为，他们倾向于模仿这种行为，男性参与者平均每人有 38.2 次、女性参与者平均有 12.7 次模仿了榜样的身体攻击行为。此外，男性参与者平均每人 17 次、女性参与者平均每人 15.7 次模仿了榜样的言语攻击行为。这些特定的身体和言语攻击行为，在无攻击行为榜样组和控制组几乎没有发现。

回想一下，班杜拉和他的助手曾预测，无攻击行为的榜样能对儿童的攻击行为起到抑制作用。为了支持这种假设，结果应该显示参与者在无攻击条件下攻击行为的平均数明显低于没有榜样的控制组。在表 12-1 中，如果你对比一下非攻 108
击性榜样组的数字和控制组的数字，就会发现结果是混杂的。比如，在木槌攻击行为中，观察无攻击行为男性榜样的男孩和女孩表现出的攻击行为明显低于控制组；而观察无攻击行为女性榜样的男孩表现出的攻击行为却远远高于控制组。作者承认，这种矛盾性结果不能说明无攻击榜样能对攻击行为产生抑制作用。

实验假设中提到的性别差异却得到实验结果的强有力支持。很显然，男孩受有攻击行为的男性榜样的影响明显超过同样条件下的女性榜样。观察男性榜样的攻击行为后，男孩平均每人表现出 104 次攻击行为，而观察女性榜样后，平均只有 48.4 次。另一方面，女孩的行为虽然不太一致，但观察女性榜样的攻击行为后，平均每人出现 57.7 次攻击行为，而观察男性榜样后，只有 36.3 次表现出这种行为。作者指出，在同性别模仿条件下，女孩更多地模仿言语攻击，而男孩更多地模仿身体攻击。

几乎在所有条件下，男孩比女孩都更明显地表现出身体攻击的倾向。如果把表 12-1 中的所有攻击行为的数据相加，男孩共表现出 270 次暴力行为，女孩则只有 128 次。

讨 论

班杜拉等人宣称，他们已经证明特定行为——在这里是暴力行为——怎样通过观察和模仿而习得，即使其中不给榜样或观察者提供任何强化。他们的结论是：成人的行为向儿童传递了这样的信息，即这种形式的暴力行为是允许的，这样便削弱了儿童对攻击行为的抑制。他们指出，当儿童以后遇到挫折时，他们可能更容易表现出攻击行为。

研究者同时探讨了为什么攻击性的男性榜样对男孩的影响明显大于女性榜样对女孩的影响。他们解释说，在美国的文化中，也是在世界大部分国家的文化中，攻击行为被看成是典型的男性行为，而不是典型的女性行为。换言之，它是一种男性化的行为。所以，攻击性的男性榜样带有更大的社会认可度，因此，可能对观察者的影响更大。

后续研究

在实验进行的时候，研究者们可能还没想到它将来会产生多大的影响。20 世纪 60 年代初期，在美国文化中，电视已经成为一种重要力量，消费者们开始
109 关注电视暴力对儿童的影响。对于这个问题，一直存在着激烈的争论。在过去的 30 年中，美国国会至少举行了 3 次有关电视暴力的听证会，班杜拉和其他心理

学家的工作也被涵盖其中。

在以后两年中，班杜拉和他的两位助手进行了一项后续研究，目的是考察电视或其他非人类的攻击榜样对参与者的影响力。他们使用了类似于“波比娃娃研究”的实验方法。班杜拉、罗斯和罗斯设计了一个实验，分别比较真人榜样、同一人在电影中的榜样以及电影中卡通版榜样做出相同攻击行为的影响。结果证明，真人榜样影响力最大，电影榜样位居第二，卡通版榜样名列第三。但不管怎么说，三种形式的攻击性榜样对儿童的影响都比非攻击性榜样或无榜样明显得多（Bandura, Ross, & Ross, 1963）。

乐观的一面是，班杜拉在后来的研究中发现，在特定的条件下，榜样的暴力影响可以被改变。回想一下他早期的研究，实验者并未对榜样和参与者的攻击行为给予奖赏。但你是否想过，当儿童观察到榜样因暴力行为而得到强化或惩罚时又会怎么样？班杜拉（Bandura, 1965）对此进行了检验，发现当儿童看到暴力行为受奖励时，他们会更多地模仿暴力行为；当榜样的暴力行为受惩罚时，他们会明显减少对攻击行为的模仿。

对班杜拉这些研究的批评指出，对充气娃娃的攻击行为不同于对人的攻击，并且孩子们知道这两者的不同。在班杜拉及其同事研究的基础上，其他研究者检验了榜样的暴力行为对真正攻击行为的影响。在一项研究中，研究者使用了班杜拉的波比娃娃的实验方法（Hanratty, O'Neil, & Sulzer, 1972），先让孩子们观察成人榜样的暴力行为，然后使他们产生很大的挫折感。此时，孩子们常常会对真人（穿得像个小丑）产生暴力行为，不论这个人是否是引起挫折感的原因。

近期应用

本章所讨论的班杜拉的研究对心理学至少有两方面的主要贡献。首先，它在很大程度上说明了儿童的新行为是怎样通过简单地模仿成人而习得的，甚至成人可以不真正出现。社会学习理论家认为，构成一个人人格的许多行为，即便不是绝大多数行为，都是通过模仿形成的。第二，在过去 45 年间，这项研究为数百项关于现实生活中的暴力或媒体暴力对儿童影响的研究奠定了基础。（若要了解班杜拉及其对心理学的贡献，可参见 Pajares，2004)。大约 10 年前，国会又举行了多次有关媒体暴力的听证会，以探讨儿童接触电视、电影、视频游戏、电脑游
110 戏和互联网上的暴力内容可能产生的潜在负面影响。广播和多媒体开发者越来越多地感受到公众和法律带来的压力，他们正在努力减少媒体暴力，或者设立“家长忠告”等级体系，对暴力内容给予特别提醒。

也许更加令人担忧的是有科学证据表明，媒体暴力对儿童的影响效果会持续到成年期（例如，Heusmann et al., 2003)。一项研究发现：“儿童期暴露于媒体暴力可以预见其青年期的攻击行为，对于男性和女性均如此。对暴力电视节目中人物的认同以及感知到电视暴力的现实性，也能预见其后的攻击性。即使对社会经济地位、智力以及教养方式等因素的影响进行了控制，这种相关依然存在。”(p. 201)

结　论

由于儿童越来越容易接触到各种各样迅速发展的媒体渠道，社会对媒体暴力的影响的关注也在不断增加。因为阻止儿童接触到媒体暴力是不可能的，所以，研究的焦点不断集中到如何防止儿童将媒体暴力转化为现实攻击性的策略上。在遍及全美国的校园枪击案频发后，这方面的研究急剧增加，并且在可预期的将来继续成为研究的前沿。最近，加利福尼亚议会通过了一项法律：禁止向未得到父母允许的 18 岁以下儿童出售“极端暴力”视频游戏，违者处以 1 000 美元罚金。你会问，什么是“极端暴力”呢？根据该法律，极端暴力被定义为对人造成严重伤害，特别是通过邪恶的、残暴的、冷酷的手段实施的（参见 Going after video game violence, 2006)。如果你感到这一定义过于主观，也不奇怪。视频游戏行业正在以该法律违反宪法为由进行起诉，希望撤销该项法律。可以确信，班杜拉的研究将成为这场战役的一部分。

Bandura, A. (1965). Influence of models' reinforcement contingencies on the acquisition of imitative responses. *Journal of Personality and Social Psychology, 1*, 589–595.

Bandura, A., Ross, D., & Ross, S. (1963). Imitation of film mediated aggressive models. *Journal of Abnormal and Social Psychology, 66*, 3–11.

Going after video game violence. (2006). *State Legislatures 32*(1), 9.

Hanratty, M., O'Neil, E., & Sulzer, J. (1972). The effect of frustration on the imitation of aggression. *Journal of Personality and Social Psychology, 21*, 30–34. Retrieved from http://webspace.ship. edu/cgboer/bandura.html.

Huesmann, L. R., Moise, J., Podolski, C. P., & Eron, L. D. (2003). Longitudinal relations between childhood exposure to media violence and adult aggression and violence: 1977–1992. *Developmental Psychology, 39*(2), 201–221.

Pajares, F. (2004). Albert Bandura: Biographical sketch. Retrieved March 10, 2007, from Emory University, Division of Education Studies Web site: http://des.emory.edu/mfp/bandurabio. html.

第四章 认知、记忆和智力

111 在心理学的众多分支中，*认知心理学*是与本章主题关系最密切的一个分支。认知心理学家研究的是人的心理过程。人的智力、复杂的思维和推理能力，以及储存和提取过去经验符号表征的能力，所有这一切构成了人与动物在本质上的区别。当然，这些能力极大地影响着人们的行为。然而，研究心理过程比研究外在的、可观察的行为要困难得多，所以，在研究中必须采用大量富有创造性的灵活的方法。

本章收录的几项研究改变了心理学家看待人类内部心理行为的方式。第一个研究讨论了著名的“皮格马利翁研究”，该研究表明，他人（比如教师）的期望不仅能影响学生在学校的表现，而且还能影响他们的 IQ 分数。第二篇文章讨论的研究改变了我们如何定义人的智力。20 世纪 80 年代早期，霍华德·加德纳提出人类不是拥有一种普遍的智力，而是至少有七种独特的智力。他的观点就是现在大家熟知的*多元智力理论*（MI 理论）。第三项研究是认知心理学领域中的另一项早期开创性研究，它检验了动物和人怎样对周围环境形成心理表象，这种心理表象被称为*认知地图*。第四项是一项新近研究，它揭示了人们的记忆远没有想象中那样准确，在心理治疗以及法庭上的目击者证词也远没有想象的那么可靠。

13 所想即所得

Rosenthal, R., & Jacobson, L. (1966). Teachers´ expectancies: Determinates of pupils´ IQ gains. *Psychological Reports, 19*,115–118.

我们对于自我实现预言都很熟悉。这一概念的表现方式之一就是，如果我们预期某一事物将以某种方式发生，我们的期望就会倾向于让它变为现实。自我实现预言是否在生活中以预言的方式真实存在，这还有待于人们的科学研究，但是心理学研究已经证明，在某些领域这的确是事实。 112

早在 1911 年，自我实现预言这一问题便引起了心理学家的注意，这与针对“聪明的汉斯”的著名研究有关（Pfungst, 1911）。“聪明的汉斯”是冯奥斯登先生的马，它因为能够认字、拼写、解答数学问题而远近闻名。在解答数学问题时，它用前掌击地的次数代表问题的答案。对此，自然会有很多怀疑者，但专家组对它的能力进行测试后发现，没有冯奥斯登先生的提示，马也能真实地表现这些能力。但是，马怎么会有相当于人的智力水平呢（也许上世纪 60 年代的著名电视喜剧里的 Mr.Ed 除外）？心理学家冯斯特进行了一系列仔细的实验研究后发现，汉斯实际上是从提问者无意识的表现中获得细微线索的。例如，当人们问完一个问题以后，一般都会低头俯视其前掌等待它的答案。当它前掌敲击的次数接近正确答案时，提问者就会微微地抬起眼睛或头，期待着马完成它的解答。汉斯已对提问者的这些细微动作形成了条件作用，它会利用这种线索并从而做出正确回答。

接着，你可能会问，这匹“诡计多端”的马怎么会与心理学的研究有关呢？对“聪明的汉斯”的研究指出了一种可能性，即观察者经常带有某种特殊的期望或偏爱，会使他们在研究中无意识地给参与者发出某种隐蔽的信号。这些信号就可能使参与者按照与观察者偏见相一致的方式做出反应，从而证实观察者的预期。所有这一切归根结底就是：实验者可能总是期望，经过他的科学处理，一名或一组参与者与其他人相比就会产生某种特殊的行为。实际上，这只是实验者自己有倾向性的期望所导致的结果，除此之外别无其他。如果事情真是如此，那么实验便是无效的。这种对心理学实验效度的威胁被称为*实验者期望效应*。

研究这一方法论问题的先驱罗伯特·罗森塔尔（Robert Rosenthal）用心理学实验证明了实验者期望效应的存在。他利用正在上学习与条件作用课程的心理系的学生进行了一项实验研究（Rosenthal & Fode, 1963），在此期间这些学生并不知道自己已经成为了参与者。罗森塔尔告诉其中的一部分学生他们将要使用的是经过特殊方式喂养的有较高智力水平的“聪明鼠”，它们能快速学会走迷宫；而告诉另一些学生他们将要使用的老鼠在学习走迷宫时比较迟钝。然后，学生们开始训练老鼠完成各种技能，其中包括走迷宫。与得到愚笨鼠的参与者相比，得到聪明鼠的参与者报告他们的老鼠所需学习时间明显较短。事实上，分配给两组学生的那些老鼠都是标准的实验用鼠，且这些老鼠也是随机分配的。这些学生并不是
113 在说谎或是故意歪曲实验结果。他们在训练他们的动物时对动物施加的这种影响显然不是故意的，也是无意识的。

一系列的实验结果说明，实验者期望效应对科学研究的威胁显然是存在的。训练有素的研究者会使用更严谨的实验程序，尽可能地避免这些期望效应（例如使用双盲实验，在这种实验中，与参与者接触的实验者并不知道研究假设）。

此外，罗森塔尔还担忧，类似的偏见和期望也可能会出现在实验室以外，如在学校的课堂上。因为那些公立学校的教师一般不会有机会了解期望作用的危害，也不了解它会对学生的潜在表现产生多大的影响。毕竟在传统教育中，教师在一年级时就可以拿到学生的 IQ 分数。这些信息会不会使教师对不同学生产生带有倾向性的期望，并因此使他们无意识地区别对待“聪明”学生（以 IQ 分数为依据）以及那些看上去“不太聪明”的学生？如果事实果真如此，那么这公平吗？这些问题构成了罗森塔尔和雅各布森的研究基础。

理论假设

当这种期望效应出现在实验室以外的人与人之间的自然交往中时，罗森塔尔称之为*皮格马利翁效应*。在希腊神话中，雕塑家皮格马利翁爱上了他创作的女性雕像。我们更熟悉的是现代剧作家萧伯纳的作品《皮格马利翁》（其音乐剧版本名为《窈窕淑女》），由于亨利·赫吉斯的教育、鼓励和期望，伊利莎·多利特才

得以才华出众。罗森塔尔怀疑，在小学教师得到学生的某种信息（例如 IQ 分数）时，他们或多或少地会对学生的潜能产生某种期望，这种期望会使他们无意识地对那些可能会成功的学生的行为表现给予一些鼓励和鞭策。因此，致使这些学生产生自我实现的预期，并真的使其变得更加出色。也许这是以牺牲那些教师对其期望不高的学生为代价的。为了检验这些理论假设，罗森塔尔和他的助手雅各布森与一所小学（名为橡树学校）取得合作，这所小学位于某个大城镇中以中低阶层为主的生活区。

方 法

开学初，在橡树学校工作人员的配合下，研究者对一至六年级的所有学生进行了 IQ 测验（一般能力测验，简称 TOGA）。选择这个测验的原因在于，它属于非文字测验，学生的分数不依赖于先前接受的阅读、写作和算术技能等方面的训练。而且，橡树学校的教师对此项测验也不熟悉。研究者告诉教师，学生们所接受的是“哈佛应变能力测验”。在此情况下，这种隐瞒很有必要，其目的是让 114
教师对学生产生一些期望，而这正是该实验成功的必要因素。研究者还进一步对教师解释道，该测验的成绩可以预测一名学生未来在学业上是否会冒尖或突进。换言之，他们是要让教师相信在测验中获得高分的学生，其学习能力即将在下个学年中得到提高。实际上，这个测验并不具备这种预测能力。

在橡树学校，总共有六个年级，每个年级有三个班，每班有一名班主任，共 18 位教师（16 女，2 男）。每位班主任都得到了一份名单，上面记录着本班在哈佛测验上得分最高的前 20% 的学生，以便老师们了解在本学年里哪些学生有发展潜力。但是，下面才是本研究的关键：教师所得名单中的前十名学生，完全是随机分配到这种实验条件下的。这些学生和其他学生（控制组）的唯一区别就是，教师以为他们（实验组学生）将会表现出不同寻常的智力进步。

接近学年结束时，研究者对所有学生再次进行了相同的 IQ 测验（即 TOGA），并计算出每个学生 IQ 的变化程度。通过对实验组和控制组的 IQ 变化差异的检验，就可以看出在现实情境中是否也存在期望效应。

结 果

图 13-1 显示了实验组和控制组学生的 IQ 提高情况。综合全校的情况来看，那些被教师期望智力发展会有更大进步的学生，其 IQ 平均提高幅度显著高于控115 制组的学生（分别为 12.2 分和 8.2 分）。然而，对图 13-1 进行仔细观察就会发现，这种差异主要是由一二年级组中的巨大差异引起的。稍后我们将讨论导致这种差异的可能原因。罗森塔尔和雅各布森提出了另一种处理一二年级数据的方法，更有效也更具说服力，所得结果参见图 13-2。图 13-2 向我们展示了 IQ 成绩分别提

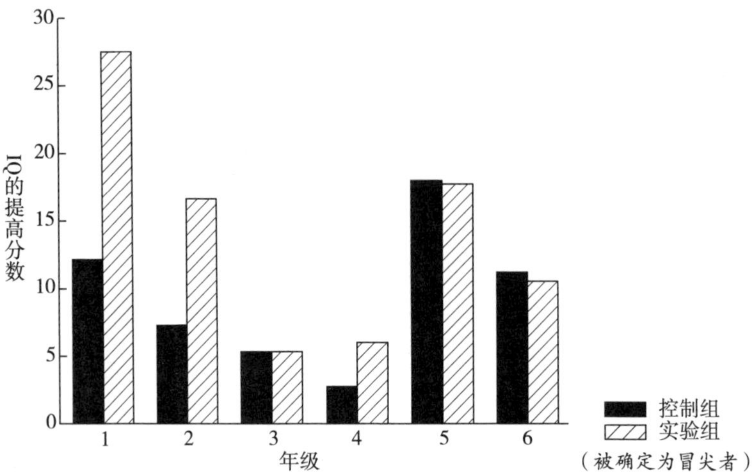

图 13–1 一至六年级学生IQ分数提高

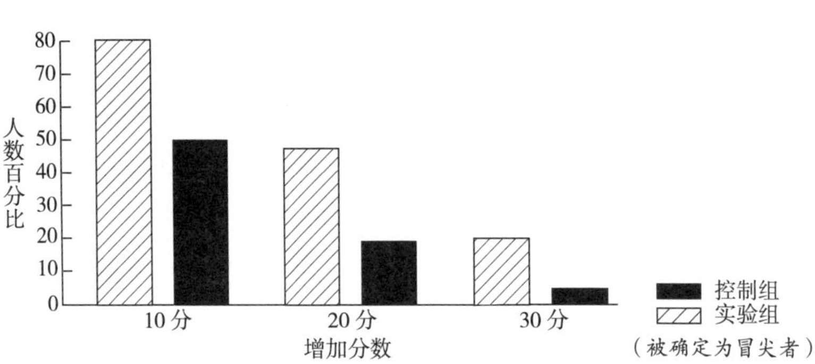

图 13–2 一、二年级学生IQ分数提高的人数的百分比

高了 10 分、20 分、30 分这样三组中各组人数的百分比。

在这项早期的研究中，研究者得到了两个主要的研究发现：一是在实验室情境中业已被证明的期望效应，也会在较少实验的现实生活情境中起作用；二是这些效应在低年级中表现得更明显，而在小学高年级中几乎不存在。这又都意味着什么呢？

讨 论

正如罗森塔尔根据他以前的研究所猜测的，教师对学生行为的期望转化成了一个自我实现预言。“当教师预期某个孩子会表现出智力水平有较大程度的发展时，这名学生的智力真的出现了较大程度的发展”（Rosenthal & Jacobson, 1968, p. 85）。请注意，图中报告的数据是每个年级三名教师所教的三个班级的平均成绩。很难想象除了教师的期望以外，还有什么其他理由可以解释学生在 IQ 分数提高量上的差异。

此外，这种自我实现的预言在高年级并未出现。罗森塔尔认为对这一现象进行解释是很重要的。在本文和一些后续论文中，罗森塔尔和雅各布森对此提出了如下几种可能的解释：

1. 一般认为低年级儿童更具可塑性，或更容易“转变”。如果事实确实如此，那么此研究中低年级儿童变化更大，也许仅仅是由于他们比高年级儿童更易改变。与此相关的另一种可能性就是，即使低年级儿童并不具有更强的可塑性，但教师可能也会认为他们是有这种特性的。单是这种想法就足以令教师对学生采取不同的对待方式，从而产生不同的结果。
2. 小学低年级学生还未能在老师的心目中形成牢固的印象。换言之，如果教师
   还没有对学生的能力形成某种认识，那么由研究者创造出的那种期望就会产 116
   生更大的影响。
3. 低年级的儿童可能更容易受影响；老师平时会与他们沟通对他们的表现的期望，低年级的儿童对这种微妙的、不经意的过程会更敏感。

> 根据这种解释，如果教师相信某些学生能获得智力上的提高，那么她对待各年级的这种学生的方式可能是相同的。但也许只有低年级儿童的表现会受到教师对待他们的特殊方式的影响，这些方式包括她对他们所说的一些话，说话时特殊的语气，她的眼神、姿势以及与学生的身体接触，她期望这些孩子的智力能够得到更大的进步（Rosenthal & Jacobson, 1968, p. 83）。

4. 低年级教师向学生传递期望的方式与高年级教师不同。罗森塔尔和雅各布森没有推测，如果确实存在这种情况，那么这些差异可能会怎样。

研究发现的意义和后续研究

罗森塔尔和雅各布森在橡树学校的研究发现的真正意义在于，教师对学生的在校表现的期望，会对学生产生长期的潜在影响。它直接引出了在当今心理学和教育学中最有争议的话题之一：IQ 测验的公平性问题。我们稍后再回到这个问题上进行一番讨论，但首先我们要来探讨几项有趣的后续研究，这些研究考察了教师是如何在不经意间，向他们认为有较大潜力的学生传递更高的期望的。

在一项研究中（Chaiken, Sigler, & Derlega, 1974），研究者对课堂教学情境中的师生互动情况进行了录像，研究者告诉教师其班里的某些学生极为聪明（这些所谓的“聪明”学生其实是从全体学生中随机抽取的）。仔细观看录像我们就会发现，在很多细微之处，教师都表现出对“聪明”学生的偏爱。他们给予这些学生更多微笑，更多的眼神交流，对这些学生的课堂回答给予更多的赞同。研究者还指出，这些在教师心目中被赋予了更高期望值的学生更喜欢学校生活，更乐意接受教师对其错误的建设性批评，并更努力地对此进行改进和提高。该项研究及其他一些研究的结果表明，虽然教师对学生的期望不是学生在校表现的唯一决定因素，但它的影响绝不仅限于智力分数。

假设你是一名小学教师，你的班级中有 20 名学生。在开学的第一天，你收到了印有每个学生 IQ 分数的名册。你发现这些学生中有 5 人 IQ 分数超过 145，可以归入天才行列。你认为你会像对待其他学生那样对待他们吗？你认为你对他们的期望会与你对其他学生完全一样吗？你对他们的期望会不同于你对另外 5 名 IQ 分数低于正常值的学生的期望吗？如果你的回答是你对待他们的方式和期望将完全相同，我敢打赌你做不到。事实上，不可能完全相同！我的意思就是，如 117
果你的期望变成了他们的自我实现预言，那么这对有些学生来说是不公平的。现在我们来考虑一下另外一点，也是更重要的一点：假设印在你的名册上的 IQ 分数是错的，错误的分数产生的期望有利于某些学生而不利于其他学生，这显然是不公平的，可能也是不道德的。这是当今激起人们对 IQ 测验进行争论的主要原因之一。

很多年来，对 IQ 测验始终存在着这样一种指责，即用于评价学生智力的标准化 IQ 测验中包含着种族和文化偏见。不少人认为，这些测验的设计者是中上阶层的白人男性，因此测验中包含了一些其他种族的人们很少接触过的思想和信息。在美国，少数族裔儿童在这些测验上的得分往往要低于白人儿童。如果我们据此以为这些孩子与白人孩子相比智商较低，那将是非常可笑的，所以，他们之间的分数差异只可能源于测验本身。但依照传统做法，自幼儿园开始直至 12 年级，教师们总能得到所有学生的 IQ 分数。如果你仔细想一想与罗森塔尔和雅各布森的研究相关的这一现象，可能就会发现潜在的危险情境正在出现。除了在学校中学生们可能会被教师按照 IQ 分数分类和分层外，教师会以这些可能带有偏见的信息为依据，下意识地对学生产生某种期望，从而使学生产生不当的自我实现预言。支持这种观念的论据很有说服力，这使得许多学区都暂停使用 IQ 测验，直至这些测验被证实不存在偏见。本节所讨论的这项研究就是支持以上观点的经典论据。

近期应用

由于罗森塔尔和雅各布森的研究工作，教师期望效应对学生表现的影响，业已成为我们理解教育过程的一个必不可少的部分。此外，罗森塔尔的“人际期望”理论已在除教育以外的其他领域产生了巨大影响。2002 年，罗森塔尔本人利用元分析的方法对有关期望效应的文献进行了回顾（关于元分析的解释见第九章史密斯和格拉斯的研究）。他向我们说明了“心理学研究者、学校教师、法官、企业主管和医护人员的期望如何能够在不经意间影响参与者、学生、陪审团、雇员和患者的反应”（Rosenthal, 2002, p. 839）。

有一篇颇为犀利的论文引用了罗森塔尔的期望效应研究，研究者考察了教师把学生送到学校的心理学工作者那儿接受心理评估和心理咨询的问题（Andrews et al., 1997）。研究者发现，教师让班级中非裔美国学生去进行发展性障碍评估的
118 比率显著高于班里的白人学生。另外，教师把在教室里以及在运动场上发生的行为问题更多地归咎于男生，较少归咎于女生，其间相差悬殊。研究者认为，不同组别的学生所表现出来的这种差异更多地是由教师期望的不同所致，而不是真实存在的个体差异。

值得注意的是，心理学界和教育学界的许多研究人员正努力探索新的方法，用于概念化以及测量儿童的智力水平。一些研究带头人聚焦于现有的关于人类大脑的工作原理，并提出不同的测试方法，这些方法与以往简单地将一般智力分数命名为 IQ 这种陈旧的、局限性的方法大不相同（参见 Benson, 2003）。其中，最具代表性的是罗伯特·斯滕伯格的三元智力测验（1993）。该测验可用于测量智能的三个显著方面：分析智能、实践智能和创造智能。另一个智力研究领域的代表人物霍华德·加德纳早在上世纪 80 年代早期就提出了他的多元智力理论，该理论至今仍在智力研究和测量领域发挥重要作用。你在下一节将会读到加德纳的理论，他指出，我们不仅仅有一种或三种智能，而是有八种不同的智能（也许有九种或更多），而且每个人的每一种智能的发展水平也是不一样的（Gardner, 2006）。

Andrews, T., Wisniewski, J., & Mulick, J. (1997). Variables influencing teachers' decisions to refer children for school psychological assessment services. *Psychology in Schools, 34*(3), 239–244.

Benson, E. (2003). Intelligent intelligence testing: Psychologists are broadening the concept of intelligence and how to test it [Electronic version]. *Monitor on Psychology, 34*(2), 48.

Chaiken, A., Sigler, E., & Derlega, V. (1974). Nonverbal mediators of teacher expectancy effects. *Journal of Personality and Social Psychology, 30*, 144–149.

Gardner, H. (2006). *Multiple intelligences: New horizons*. Jackson, TN: Perseus Books Group.

Pfungst, O. (1911). Clever Hans (the horse of Mr. von Osten): A contribution to experimental, animal, and human psychology. New York: Holt, Rinehart and Winston.

Rosenthal, R. (2002). *Covert communication in classrooms, clinics, courtrooms, and cubicles.* American Psychologist, 57, 839–849.

Rosenthal, R., & Fode, K. (1963). The effect of experimenter bias on the performance of the albino rat. *Behavioral Science, 8*, 183–189.

Rosenthal, R., & Jacobson, L. (1968). *Pygmalion in the classroom: Teacher expectations and pupils' intellectual development*. New York: Holt, Rinehart and Winston.

Sternberg, R. J. (1993). *Sternberg Triarchic Abilities Test*. Unpublished test, Yale University.

14 你在哪方面更聪明

Gardner, H. (1983) *Frames of mind: The theory of multiple intelligences.* New York: Basic Books.

本节的标题是我有意玩的一个文字游戏。这个问题通常的问法是“你有多聪明？”，这意味着你的智力是多少（即从“量”的角度来衡量）。而本节的标题是问“你在哪方面更聪明？”（即从“质”的角度来衡量），这就和量毫无关系了，取而代之的是讨论你的智力在本质上可能归属的某些特定类型。这就意味着，人 119
们不是简单地在智力水平上有高有低，而是我们每个人都拥有独特的各种智力能力形式的组合。

你们中的许多人可能至少做过一次智力测验（即使你记不起来了），有些人可能做过多次。基本上，过去 100 年间开发的智力测验的结果都是以一个单一的分数表示，这个分数被称为智商（IQ）。如果智力测验的结果是单维的，那么智力的概念也必然被界定为人类的一种单一的、普遍的心理能力。纵观整个 20 世纪，大多数时候智力也正是被这样解释的。事实上，人们经常用字母“g”来代表这一普遍的心理能力。当时在各种环境中，包括学校、工厂、军队等，IQ 分数均被作为一项标准，广泛地用于对人的评价、分类以及描述上。

然而，20 世纪 70 和 80 年代，研究者们开始质疑“把 IQ 分数作为唯一测试人类智力的方法”的合理性。与此同时，这种智力测验本身也暴露出许多弊端，表现在对特定的阶层和族群带有偏见。而且儿童受教育的机会也经常仅仅被其 IQ 分数所支配（见上一个研究中罗伯特·罗森塔尔关于这个问题所举的例子）。

随着对这种智力概念的批评逐渐增多以及其影响力的不断扩大，IQ 智力测验使用得越来越少。而此时，一种当时被认为是颠覆性的观点取得了进展，它科学而又通俗地解释了我们的智力是如何工作的。与那种一元论的智力理论截然不同的是，这种新兴理论把智力概念扩展为许多不同类型的心理能力，而每种心理能力又都拥有一种完全“独立式”的特征。哈佛大学的霍华德·加德纳，于1983年在其著作《智力的结构》中向世人介绍了多元智力这一新观点，这正是本节讨论的基础。

理论假设

加德纳的多元智力理论不仅仅基于对人们表现出来的形形色色的相关智力技能的简单观察，他的理论来源于他对大脑结构的研究。在投身于智力研究之前，加德纳主要的工作是研究生物学和大脑功能。他进一步拓展了前人研究的成果，证明人类大脑不仅仅在能力上有所区别，更是在功能上有着明确的分工。换句话说，你的大脑的每个不同区域都被“指派”去完成认知的某项特定任务。这种大脑功能特化理论可以通过观察一些大脑受过损伤的患者来证明，这也正是加德纳所采用的研究方法，研究发现，人的某些能力由于特定部位的脑损伤而消失或衰退。例如，大多数人的语言功能都位于大脑左半球的一个区域；视觉功能处于大脑后枕叶皮层的中心；而位于视觉皮层底部的一个特殊结构则具有辨认和识别人
120 脸的功能（更多关于大脑功能特化的理论见研究 1 中迈克尔·加扎尼加的割裂脑研究）。

伴随着大脑功能特化理论的进一步发展，加德纳坚持认为人类大脑的不同区域负责着智力的不同方面，或者更为准确地说，就是完全不同的智能。为了增强其多元智力理论的科学性，加德纳对很多不同类型的人进行了测试，而且他还制定出将一组能力界定为一种特定智力类别的标准。加德纳是这样描述其研究资料的：

> 为了能系统阐述多元智力理论，我以大量不同类型和迄今毫无关联的人作为考察对象。这些人包括：神童、天才、大脑损伤的患者、低能特才者（大脑迟钝的一种罕见类型或是在一个或两个领域有天赋的自闭症患者）、普通儿童、普通成人、不同行业的专家以及有着不同文化背景的人。(p. 9)

方 法

综合这些研究数据，加德纳制定了界定一种智力的八个标准或“标志”。如果某种或某组心智或能力被认为是独立存在的一种智能，那么它一定会符合其中的大多数标准。

1. *大脑损伤证明智能具有潜在独立性*。加德纳认为一种特殊的心智能力如果伴随着大脑损伤而受到破坏，或者当其他能力受损时仍能保持相对完整，那么就有充分的理由相信这种能力是一种独立的智能。
2. *低能特才者、神童以及其他天才的存在都与智力有关*。你会发现一部分人在某个特殊能力上拥有超常的智力技能；一些大脑迟钝或自闭的人被证明是“天才”；而有些智力平平的人其实是*神童*，他们拥有的某些能力远远超出他们的实际年龄和经历。加德纳相信这些个体的超常能力为证明独立智能的存在提供了有力的支持。
3. *智能应该与一个清晰的信息加工（思维）过程相联系*。这就意味着心理能力可以被认为是一种特殊的能力。因为如果一种能力有资格被界定为智力，它就必须包含一系列特殊的心理加工过程，加德纳称之为*核心操作*。它们存在于大脑的特定区域，并且只会被特定种类的信息触发。表 14-1 列举了加德纳所界定的各种智能的核心操作。
4. *智能应该有一个独特的发育历史和发展到高级专业水平的潜力*。加德纳相信每种智能都应该经历一条发展的道路：始于简单，逐步前进，并越过一个又一个象征能力更高等级的里程碑。
5. *智能的逐步进化发展有据可依*。同其他进化过程一样，人类智能经历了数 121
百万年的演化，使人类逐步适应大自然的生存法则，并最终作为一个物种幸存下来。根据跨文化研究的结果以及对动物身上相似能力的观察（例如本书前面讨论的托尔曼关于大鼠“认知地图”的研究），加德纳坚信，如果一种特殊能力被界定为智能，那么其涉及的技能应该显示出进化发展的证据。
6. *智能可以用心理学实验进行研究*。加德纳坚持认为，任何被界定为智能的能力都必须能够采用严密的实验来证明。例如，*心理旋转*任务的反应速度和准

表14–1 加德纳八种智能的核心操作与名人案例

智能	核心操作	著名案例
语言	句法学（措辞）、语音学（声音的发声）、语义学（词的意思）、语用学（词的使用）	莎士比亚、J. K. 罗琳、苏斯博士、伍迪·艾伦
音乐	音调（声音的频率）、节奏、音色（声音的质量）	莫扎特、格温·史蒂芬妮、安德里亚·波切利、保罗·西蒙
逻辑–数学	数字、数量、分类、因果关系	阿尔伯特·爱因斯坦、卡尔·萨根、玛丽·居里、B. F. 斯金纳
空间	敏锐的视觉、心理旋转和意象转换	毕加索、弗兰克·劳埃德·赖特、莱昂纳多·达·芬奇、凡·高
肢体-运动	对自己身体的控制、对物体的掌控	查理·卓别林、勒布朗·詹姆斯、塞莉娜·威廉姆斯、维纳斯·威廉姆斯
人际	对他人的感受、情绪、目标和动机的觉察	莫罕达斯·甘地、亚伯拉罕·马斯洛、奥普拉·温弗瑞
内省	对自身的感受、情绪、目标和动机的觉察	柏拉图、赫尔曼·罗夏、海伦·凯勒
自然观察	对自然环境中的事物的认知和分类，对自然世界的敏感	查尔斯·达尔文、简·古道尔、雷切尔·卡逊
存在智能 *	进行先验性关注的能力，如人类存在的基础、生命的意义及死亡的意义	艾利·维瑟尔、马丁·路德·金、卡尔·罗杰斯、伊丽莎白·库伯勒·罗斯

* 建议增加

确度的实验可以用来测量一个人空间智能的高低。图 14-1 就是这项实验的一个例子。你能多快反应出来呢？

7. *智能可以采用现存的标准化测验来测量*。这里，加德纳肯定了 IQ 测验及以
122 前的智力测验的潜在价值。然而他所看到的价值并不是这些测验能产生一个关于智力的分数，而是有些测验包含的分量表可以用来测量不同的智能。
8. *智能的各个类型都可能用一个符号系统代表*。最后，加德纳提出任何类型的人类智能都应该整合为一个符号系统。最明显的当然是人类的语言和数学智能。其他的像代表音乐智能的乐谱、代表空间智能的图画都是符号系统典型的例子。

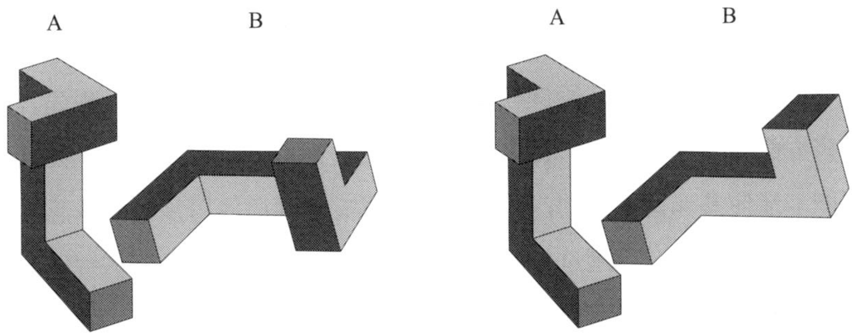

图 14–1　心理旋转任务范例，用来评估空间智能。每组中的两个图形是否相同？

下一部分我们将看到加德纳在其 1983 年出版的著作中对多元智力做的一个总结。他所涉及的每种智能都按照其制定的八项标准进行了分析。不符合多数标准的能力就会被排除。经过这一淘汰过程，加德纳最初提出了七种截然不同的智能，后来增加到八种，最近又建议增为九种。

结　果

加德纳在 1983 年的著作中对其提出的七种智能进行了详尽的讨论。在此，我们将对每一种智能进行简要的描述，还将引用一些加德纳文章中的论述，旨在使读者对这些能力有更清晰的理解。此外，表 14-1 总结了每种智能的核心操作，并列举了一些众所周知在这一智能类型上能力很强的人。尽管加德纳仍然没有认可任何一项单独的测验能够用来评价多元智力，现在还是已经发展出了一些这样的测验。你可以尝试做一些，通过在网上搜索“多元智力测试”就可以找到。

语言智能

如果你有突出的语言智能，你就能在使用文字上，比一般人更有技巧、更有效、更有创造性。你可以用语言说服别人支持你的立场；你可以回忆或重复详细而复杂的信息；你比绝大多数人都更擅长解释和传授概念、思想等；而且，你也 123
在充分享受着运用语言来谈论语言的乐趣。加德纳认为有天赋的诗人就是语言智能突出的代表：

> 在诗人对某行或某段诗歌字斟句酌的过程中，我们可以发现语言智能的一些方面在发挥着作用。诗人必须对词义的细微差别极度敏感，并且还要尽可能多地使其保留下来并广为流传……具有对词语使用规范的敏感性，具有遵守语法规则以及合理选择时机去违背规则的能力。如果语言智能达到更高的层次——对发音、节奏、变音以及韵律都很敏感，那么这样的诗人创作出来的诗歌，甚至外国人诵读起来也会觉得悦耳动听。(pp. 77-78)

音乐智能

你可能已经猜出了音乐智能的某些构成要素：包括在声音，特别是在声调、音色以及节奏方面具有天赋。加德纳坚持认为，音乐智能是所有智能里最早出现的，那些有音乐天赋的神童为其观点提供了佐证。加德纳用作曲家来说明其音乐智能：

> 一个作曲家最明显的特征就是“头脑中不断有旋律冒出”——也就是说，他经常能在接近意识层面的某些地方，听到曲调、节奏以及更多的音乐形式。(p. 101)

逻辑－数学智能

这种智能可以使你思考、分析、推断存在于抽象事物、概念或观念之间各种复杂的关系。数学家、科学家和哲学家往往拥有比较高的逻辑－数学智能，但是，这种智能也可能出现在那些痴迷于体育统计、电脑编程以及开发算法的人们身上：

> 这类人的典型特征是偏爱解决抽象问题……数学家必须严格并长期坚持一种怀疑态度：任何事实只有经过一系列严密步骤证明后才能被认可，而这些步骤也必须从得到普遍接受的第一原理中推导出来……尤其是找到长期以来被认为是无法解决的问题的答案，这特别能给他们带来快乐。(pp. 138-141)

空间智能

如果你善于形成表象、视觉化表象以及操纵表象，就说明你拥有较高的空间智能。这些能力都是与生俱来的，常见于那些从事依靠想象力工作或以其为业余爱好的人们身上，例如艺术家、雕塑家、室内装饰设计人员、工程师和建筑师等。为了使人们对空间智能了解得更具体，加德纳进行了如下解释：

> 辨认相同元素实例的能力、转换或识别结构变形的能力、在脑中想象并转换图像的能力、根据空间信息绘制简图的能力以及其他类似的能力。(p. 176)

图 14-1 就是一个心理旋转的例子，对于拥有高水平空间智能的人来说一点 124
都不难。

肢体运动智能

这种智能也可以被称为“身体智能”。如果你拥有很强的肢体运动智能，那么你会对自己的身体以及身体的运动非常敏感，同时，你也可以灵活自如地使用和控制你的身体去完成各种动作。正如你所想到的，舞蹈家、运动员、外科医生、制陶工人和很多演员都拥有很高的身体运动智能。加德纳进一步解释说：

> 这种智能的一个特点是：为了表演以及实现目标导向的目的，能够与众不同却又灵活自如地使用身体……另一个特点是拥有灵活操纵物体的能力，包括那些靠手指或手进行的精细动作以及那些靠整个身体进行的大肢体运动。(pp. 206-207)

接下来加德纳提出的两种智能，尽管相互独立，但却属于同一类型，加德纳称之为个人智能。两种智能中，一种关注人的内部世界，而另一种则关注外部世界。它们就是内省智能和人际智能。

内省智能

“你对自己有多了解？”加德纳指出，人们对自己的身份、情绪、动机以及行动的根源的意识和理解存在不同程度的差异。加德纳对高水平的内省智能是这样描述的：

> 这种核心能力涉及一个人自身的情感生活，也就是一个人的情感领域：它能使人立即有效地对各种情感进行区分，给它们贴标签，以象征性代码的方式卷入其中，最后以此来了解和指导自身的行为。(p. 239)

人际智能

这一智能之所以与内省智能形成鲜明的对比，就在于它关注的是“你对他人有多了解？”人际智能所包括的技能与内省智能差不多，但它们是指向外部的，强调的是对他人的情感、动机、欲望和行为的理解：

> 这种智能的核心能力是对他人的觉察和区分，特别是注意和分辨他人的心境、气质、动机、意图等。作为人际智能的一个较高形式，一个技巧娴熟的成年人可以看出别人隐藏于内心的意图和欲望，并基于这种了解采取相应的行动。(p.239)

以上这七种智能构成了加德纳最初的多元智力概念。但加德纳在《智力的结构》一书中明确指出，这些智能只是一个初步的罗列。经过进一步的调查与研究，很可能会纳入其他智能，原有的七种智能也可能由于某种有说服力的观点而被移
125 除一个或更多。许多年过去了，这七种智能仍保留了它们原来的地位，而也正如我们所看到的，加德纳又增加了第八种（以及第九种）智能。

后续研究与批评

加德纳的多元智力理论（现在通常简称为 MI 理论）迅速受到教育工作者、家长以及整个社会的欢迎，因为它证明了一个大家普遍持有的信念：人的聪明可以表现在不同方面。这就解释了为什么那些在考试和某些学科表现欠佳的学生（也包括成人），在别的某些方面却十分聪明。

MI 理论被用到对学习障碍儿童的关注和研究上，在很大程度上促使教育界

将“学习障碍”重新界定为“学习差异”。实际上，MI 理论已经在教育领域发挥了极大的作用。而加德纳在其著作《智力的结构》出版后所进行的研究，也都是致力于改进儿童和成人教育的方法。

在多元智力理论提出 10 年后，加德纳又对其理论进行了修订，并认为会有其他方面的能力成为智能的可能性。于是，加德纳的同事向他建议了很多不同领域的能力，如精神智能、性智能和数字智能（Gardner, 2003）。虽然加德纳承认将一组技能确定为一种智能可以有不同的解释，但他始终认为这些候选智能并不符合其八项标准，因此不够资格加入到 MI 理论中。然而，加德纳在研究中发现有一种能力非常符合其智能判断的标准。有一次，加德纳的一位同事让他描述历史上最有影响力的生物学家所具备的智能，当他试着去描述时，却意识到在其所定义的七种智能中没有一种适合这些人的。这激发他添加第八种能力，并命名为*自然智能*。加德纳解释说：

> 自然智能是指辨识和归类植物、矿物和动物的能力，包括岩石、草地以及各种各样的植物群和动物群。达尔文之所以成为最著名的自然学家，就是因为他把生物的本质看得如此透彻。（引自 Checkley, 1997）

因此，现有的 MI 理论是由八种智能构成的。而加德纳并没有停止他的理论研究。他认为多元智能概念是动态的：经常向新的、有明确定义的能力开放。他又提出一项新的技能，可能符合他关于智能的标准，这就是*存在智能*。因为存在智能看上去十分接近 MI 理论的门槛，所以本文将其作为一种新的智能罗列在表 14-1 中。加德纳对存在智能进行了如下解释：

> “（自然智能）之所以能作为智能的备选者，是基于人类有追问存在的最基本问题的癖好。我们为何而生？我们为何而死？我们从哪里来？将来会发生什么？什么是爱？为什么要发起战争？我有时会说，这些问题都是超越理性认识的。他们关注的问题太大或太小，已经超出了我们的五官的感知能 126
> 力。”（Gardner, 2006, p. 20）

1983 年出版《智力的结构》一书后，加德纳又出版和发表了多部著作和一系列文章来更新其理论，并尝试将其运用于相关的教育情境。事实上，与其他学习或思考的情境相比，MI 理论已经更多地运用于教育领域，特别是在 K-12 年龄段的应用。在《智力的结构》出版仅一年后，印第安纳波利斯的重点学校就完全按照 MI 理论重新设计了课程。时至今日，几乎美国所有的学校以及许多其他国家都在不同程度上借鉴了这一理论。

尽管 MI 理论是关于人类智能研究中最负盛名的理论，而且已经在各种研究和教育领域受到普遍支持，但它也不是无可挑剔的。在任何学科内，那些对传统观念提出挑战的新生、有影响力的理论，都会成为激烈争论的焦点，MI 理论也不例外。一种常见的反对观点指出，加德纳所提的八种智力，不是真实存在这些独立的智力，而只是描述了人类不同的“思维风格”，它们早已包含在本文开篇所讨论的一元智力理论中（Morgan, 1996）。另一种批评认为多元智力理论存在很多内在矛盾，以至于过于含糊，难以证明其正确性（Klein, 1998）。此外，克莱因还认为，正是由于这种模棱两可，MI 理论被当成一种“便利工具”来解释几乎所有认知能力，使其根本不需要证明也不会受到反驳。最后，一些研究者的争论集中在两方面：一方面认为加德纳没有进行足够严谨的科学研究来证明这些智能的正确性；另一方面则质疑 MI 理论在实际操作中的有效性。他们强调，如果未来经过研究发现 MI 理论不是一个正确的或有效的测量工具，那么大量的时间和努力就都白费了。原以为学习到了知识，实际上却一无所获（Collins, 1998）。尽管存在这样或那样的批评，MI 理论仍在人类智能研究领域有着巨大的影响力。

近期应用

数百篇科学论文和著作引用了加德纳的多元智力理论以及他的《智力的结构》一书中的内容，而且每年都会出现。加德纳博士在这一领域的工作，对学习与智能的研究和思考仍持续产生重大而广泛的影响。为了使读者了解 MI 理论的不同应用，下面对其中两项做简要的介绍。

首先让我们来看一项关于加德纳七种智能的跨文化研究。该研究主要是把英格兰和爱尔兰学生对自身及家庭成员各项智能的评价进行比较（Furnham et al.,

2002)。通过对比发现了很多有趣的现象：与英格兰学生相比：(1) 爱尔兰学生一般对自身的逻辑 – 数学智能评价更低，而对空间智能、音乐智能和内省智能的 127
评价较高；(2) 爱尔兰学生认为父亲的数学智能和空间智能较低，但是内省智能和人际智能较高；(3) 爱尔兰学生觉得母亲除了内省智能之外，其他智能都较低；(4) 爱尔兰学生评价他们的兄弟除了数学智能以外其他各项智能都很突出。

另一项引人注目的关于加德纳智能理论的研究是桑德拉·贝姆 (Sandra Bem) 进行的双性化测验（在本书“人格”一章中会予以讨论)。研究发现，人们对自身智能的评价与其性别认同有关 (Rammstedt & Rammsayer, 2002)。研究者让参与者对其自身各项智能进行评价，并同时用《贝姆性别角色量表》测量他们男性化、女性化以及双性化的程度。经过分析发现，不仅在逻辑 – 数学智能（男性化）和音乐智能（女性化）的对比上体现出性别差异，而且男性对其男性化、女性化或双性化的自我认知程度，显著地影响着他们对自身各种智能的评价。

结　论

加德纳的 MI 理论自提出至今已有 30 余年了，仍然有着旺盛的生命力。其影响力会逐渐扩大还是被新的智能理论所代替，仍需拭目以待。无论其将来如何，有一点我们必须承认：多元智力理论永远改变了世界对学习、教育和智力的看法。然而，加德纳告诫我们，多元智力理论是一种达到目标的手段，其自身不应该是一种结果：

> 教育的目的应当体现一个人自身的价值，而这绝不可能简单或直接地通过一种科学理论来实现。一种科学理论若要展现它的教育价值、阐述其目标，那么，就多元智力理论而言，只是推定多元智能的存在就会非常有帮助。特别是当其教育目标包括对学科的理解时，就有可能调动我们的几种智能去帮助实现这个高层次的目标……我已经认识到，一旦一个人向世界提出一种观点，那么他将很难再去完全控制这种观点的发展和影响，就像任何人都很难控制自己基因的产物——孩子。简单地说，我最广为人知的智力产物——多

元智力理论，过去、现在和将来都有它自己的命运，而且很有可能比我希望的更好。（Gardner, 2002）

Checkley, K. (1997). The first seven . . . and the eighth. *Educational Leadership, 55*, 8–13.
Collins, J. (1998). Seven kinds of smart. *Time, 152*, 94–96.
Furnham, A., Shahidi, S., & Baluch, B. (2002). Sex and cultural differences in perceptions of estimated multiple intelligence for self and family: A British-Iranian comparison. *Journal of Cross Cultural Psychology, 33*, 270–285.
Gardner, H. (2003). Multiple intelligences after twenty years. Paper presented at the American Educational Research Association, Chicago, IL, April 21, 2003.
Gardner, H. (2006). *Multiple intelligences: New horizons*. Jackson, TN: Perseus Books Group.
Klein, P. (1998). A response to Howard Gardner: Falsifiability, empirical evidence, and pedagogical usefulness in educational psychologies. *Canadian Journal of Education, 23*, 103–112.
Morgan, H. (1996). An analysis of Gardner's theory of multiple intelligence. *Roeper Review, 18*, 263–269.
Rammstedt, B., & Rammsayer, T. (2002). Gender differences in self-estimated intelligence and their relation to gender-role orientation. *European Journal of Personality, 16*, 369–382.

15　心中的地图

Tolman, E. C. (1948). Cognitive maps in rats and men. *Psychological Review, 55*, 189–208.

128 有不少研究被收录于本书的原因在于，这些研究的理论假设和研究发现，反驳了当时流行的观点和传统智慧。华生关于小阿尔伯特的研究、哈洛的婴儿依恋理论、鲍查德关于人格受遗传影响的发现以及其他的一些研究，都对心理学思想的现状提出了挑战，从而引发了人们对人类行为的革命性的新解释。爱德华·托尔曼（Edward C. Tolman）关于学习和认知的理论探讨与实验研究也对心理学作出了类似的贡献。多年来，心理学被严格的刺激－反应学习理论所统治，这一理论无视不能直接观察的内部心理活动的存在。加利福尼亚大学的心理学家托尔曼用实验证明，即便是大鼠也有着极其复杂的内部认知活动，而且不必借助直接观察也可以研究这些心理过程。由于其研究的重大意义，托尔曼被公认为是学习心理学领域“认知－行为主义”这一理论流派的奠基人。

为了更好地体会托尔曼的研究设想，我们来举个例子，假设你现在想去最近的邮局或音像店。你可能已在头脑中形成了它的所在位置的表象。现在思考一下你要走的那条路线。你很清楚必须要走哪些街道或公路，在哪儿转弯，并最终到达目的地。这是一幅存在于你头脑中的由你的当前位置与邮局或音像店的关系以及你穿梭于其间的路线所组成的图画，它被称为心理表征，托尔曼则称之为认知地图。托尔曼强调，不仅人类使用认知地图，而且包括大鼠在内的动物也在其思维活动中使用认知地图。那么，为什么会有人关心大鼠的思维方式呢？是的，如果你是一位 20 世纪三四十年代的学习理论研究者，你所采用的主要研究方法便是让大鼠学习走迷宫。

理论假设

在 20 世纪上半叶，学习理论家是走在心理学最前沿的，除了要试图解释学习的机制以外，他们还致力于使心理学成为一门真正的科学，并受到人们的尊敬。由于心理学从哲学中独立出来而成为一门科学也仅有几十年的时间，很多研究者 129
认为，要想证明心理学的科学性，最好的方法就是努力赶上像物理学那样的无可争议的硬科学。这种想法致使学习理论家提出，心理学正如物理学一样，其唯一合适的研究对象是那些可观察、可测量的事件。鉴于此，作用于机体的某种刺激是可测量的，机体对刺激的反应行为也是可测量的。但在刺激和反应之间机体内部发生了什么则是无法观察或测量的，因此是不能研究的，而且就此而论它也是不重要的。所以，以这种观点来看，在大鼠学习走迷宫的过程中，其速度越来越快，错误越来越少，这一学习过程是由一连串刺激和大鼠最后到达放有食物奖赏的迷宫尽头的一连串正确反应所组成的。关于行为的这种严格的刺激—反应联结主义的观点构成了行为主义的精髓，而且在短暂的心理学历史的前 50 年中一直占据着统治地位。

然而，在 20 世纪 30 和 40 年代，行为主义内部出现了小股“叛党”，他们主张，在学习过程中不仅有刺激和反应，而且在机体内部还发生了比这更多更复杂的事情。事实上，托尔曼对当时流行的观点提出了两点主要的修正意见。一是，如果不对与刺激和反应同时发生的内部心理过程进行考察，就不可能充分理解学习的本质及其复杂性。正如托尔曼在他 1948 年发表的著名论文中所阐述的（这篇论文也正是我们讨论的主题）：

> 我们相信在大鼠学习走迷宫的过程中，它的头脑中已建立了类似环境地图的东西。我们同意其他学派（刺激－反应）的观点，即走迷宫的大鼠接受某种刺激并最终由于这些刺激而导致了实际中所出现的各种反应。不过，我们觉得，发生在大脑中的过程远比刺激－反应学派的心理学家认为的更复杂、更丰富多彩，而且通常也更自主。(p. 192)

托尔曼提出的第二点是，尽管内部认知过程无法直接观察，但我们可以通过分析可观察的行为而客观、科学地将其推断出来。

方法和结果

托尔曼在他 1948 年的论文中介绍了很多研究以支持他的观点，所有这些研究都涉及大鼠学习走迷宫的实验。下面我们将讨论其中两项研究，它们简单明了地验证了他的理论观点。

第一个研究称为潜伏学习实验。研究中，大鼠被分为三组：对 C 组（控制组）而言，研究者所使用的是学习走迷宫的标准程序——让大鼠练习走迷宫，在迷宫的出口处放着作为奖赏的食物，每日如此；对 N 组（无奖赏组）的大鼠，其每天被放入迷宫的时间与 C 组相同，但不出现食物，而且在迷宫中的任何行为都不
130 会受到奖赏；而 D 组（延迟奖赏组）的大鼠在前 10 天与 N 组的待遇相同，但自第 11 天起，研究者会在迷宫的出口处放置食物，而且以后每天如此。

图 15-1 展示了以三组大鼠的平均错误数（进入盲巷的次数）为指标的实验结果。在图中很容易看出，N 组和 D 组的大鼠在没有得到任何奖赏时，它们的学习没有多少进步；而控制组的大鼠在大约 14 天就可以达到近乎准确无误的程度。但当 D 组的大鼠发觉走迷宫能得到好处（食物！）时，他们仅需大约 3 天就可以近乎无误地学会走迷宫（从第 11 天到第 13 天）。对这些发现的唯一可能的解释是，该组大鼠在学习走迷宫的前 10 天中，它们所学到的东西比它们表现出来的要多得多。正如托尔曼所解释的：“一旦……它们知道能得到食物，它们的表现证明在先前没有奖励的练习阶段实际上已经习得了一些盲巷的位置。它们

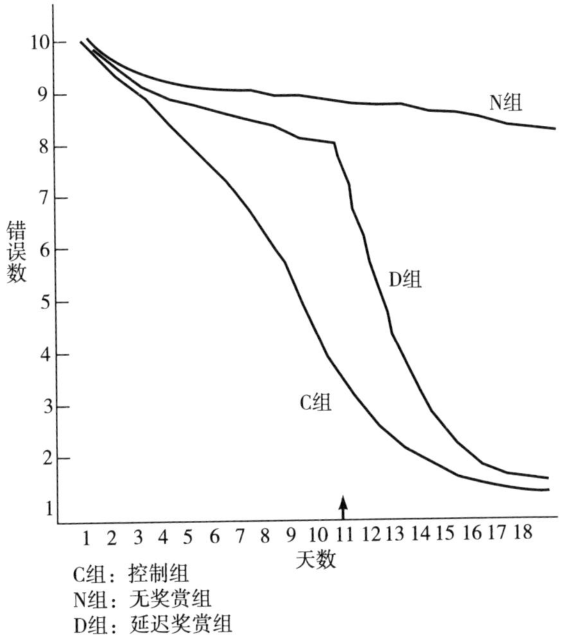

图15–1　在潜伏学习实验中大鼠学习走迷宫的错误率（引自p. 195）

已经构建了一幅‘地图’，而一旦产生了学会走迷宫的动机，它们就能立刻利用这幅‘地图’”（p. 195）。

我们要讨论的第二项研究称为“空间定向”实验。刺激－反应理论认为，大鼠为了得到食物奖赏，只有通过在迷宫里四处奔跑并经历过所有的刺激－反应联结（即S-R）后，才能知道食物的具体位置。这就好比说，你只有走出厨房，穿过起居室，走过门厅，经过洗手间，进入你的卧室，才能知道卧室的具体位置。实际上，你对卧室在你家中的具体位置已形成了一种心理表征，而并不必通过像“走迷宫”那样的方式来确定你卧室的方位。托尔曼设计的空间定向技术就是要说明，进行走迷宫训练的大鼠实际上掌握的是食物出现的空间位置与它们的出发位置间的相对关系，而不管迷宫的结构有多大变化，甚至是被拆除。 131

首先，大鼠学习图15-2所示的简单迷宫。它们进入迷宫的入口，穿过圆台面并进入引导通道，经过一条迂回曲折的路线，走到有食物奖励的出口。这是一个相对简单的迷宫，对大鼠而言，经过12次试验就能近乎准确无误地完成整个

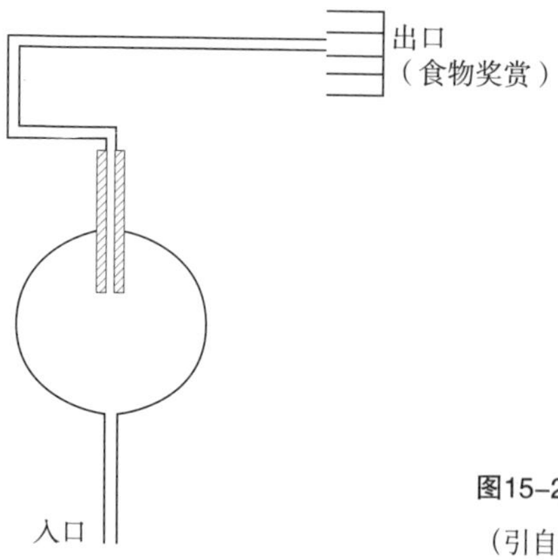

图15-2 空间定向实验：简单迷宫
（引自p. 202）

走迷宫任务。

然后，把迷宫改为图 15-3 所示的放射状。现在，当先前受过训练的大鼠试图走它们已熟悉的路线时，却发现道路被堵住了，它们只能回到圆台面上，在
132 那里它们必须在 12 条可能的备选路线中做出选择，以便到达先前放有食物的迷宫出口处。图 15-4 列出了选择各条路线的大鼠的数量。

正如你所看到的，与其他路线相比，大鼠更多地选择了出口距先前食物出现的位置仅 4 英寸的路线 6。根据刺激 – 反应理论，大鼠应最可能选择最接近先前

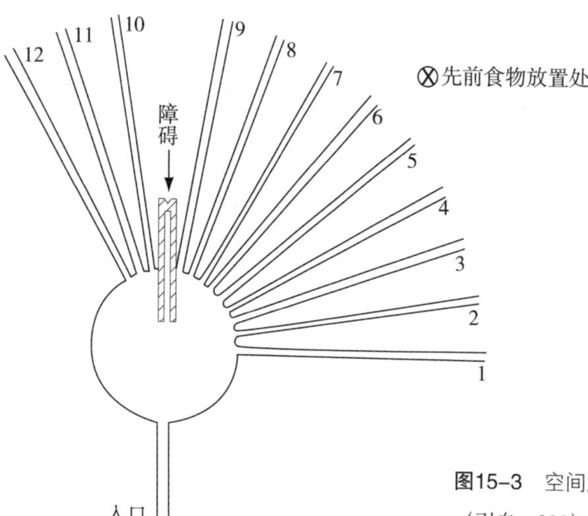

图15-3 空间定向实验：放射状迷宫
（引自p. 203）

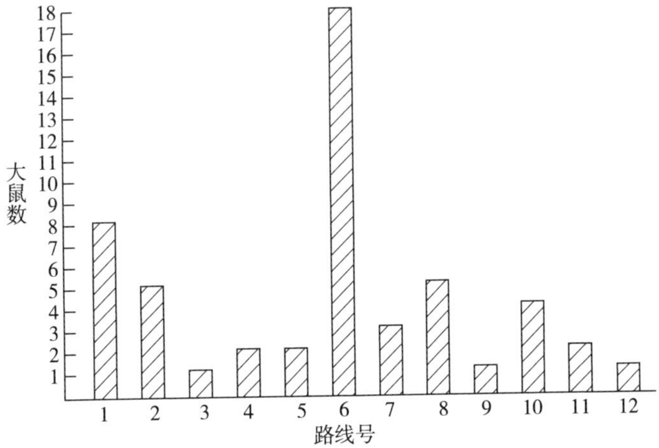

图15–4 空间定向实验：选择各条路线的大鼠数量（引自p. 204）

迷宫中第一个转弯方向的路线 11，但事实并非如此。“看来大鼠掌握的不只是使它能按特定路线找到食物的带状序列地图，而是掌握了一幅食物被放在房间如此这般方位的更宽的综合性地图”（p. 204）。在此，托尔曼把他得自于大鼠的认知地图理论，推广到包括人类在内、能够形成从 A 点到 Z 点路径的认知地图的其他有这种潜能的生物有机体上。他所证明的是，有机体所形成的认知地图不是一种从 A 点到 B 点到 C 点 …… 再到 Z 点的*序列地图*，而是一幅更广泛、更综合化或概念化的地图，它使生物有机体在大脑中形成了一种认知“地貌”。

讨 论

托尔曼在其 1948 年的论文的总结评论中，把焦点主要集中在内涵单一的序列地图与宽的综合性地图之间的差异上。当他把这一发现应用于人类时，托尔曼构建了这样的理论：对社会环境所形成的综合地图对人类而言是有益的，而内涵单一的序列地图则可能会使人陷入消极状态之中，如心理疾病或偏见和歧视等。他的推论是建立在与上述研究有关的一些发现的基础上的。他发现，当大鼠有过份强烈的动机（如过于饥饿）或者受到过多挫折（盲巷太多）时，它们倾向于形

133 成内涵非常窄的序列地图，而不是如前所述的综合性认知地图。托尔曼承认他不是临床心理学家或社会心理学家，但他仍把他的上述观点看作是对一些社会问题的一种合理解释。托尔曼论述道：

> 过分强烈的动机或极度的压抑状态，会使人类一而再、再而三地误入盲目仇视外来者的歧途。他们对外来者的仇视表现在方方面面，从对少数群体的歧视到世界大战的爆发，形式不一而足。
>
> 以上帝或心理学的名义，我们该做些什么呢？我唯一的答案就是重申理性的力量，也就是综合性认知地图……我们不该让自己或其他人过于情绪化、过于饥饿、过于衣衫褴褛，动机过于强烈，这些只能形成狭隘的序列地图。我们所有人……必须保持平和的心态，吸收充足的营养，以便形成真正的综合性认知地图……简言之，当我们的孩子或我们自己在面对人类世界这一上帝赐予的“大迷宫”时，我们必须使我们的孩子和我们自己（就像善良的实验者对待他的实验大鼠那样）处于能激发适度的动机、没有不必要的挫败感的理想状态之中。(p.208)

后续研究及近期应用

在托尔曼完成其早期研究之后的几十年里，大量的研究发现都支持了他的认知学习理论。现在，*认知心理学*已经成为当今行为科学中最具活力和最具影响力的研究领域之一，这也许就是托尔曼的思想及其推论所引起的最引人注目的成果。心理学的这个分支主要研究无法观察的内部认知过程，而在几十年以前，整个的“心理”概念都被排除在科学的研究对象之外。但如今，心理学却有了一个近乎180度的大转变，即人们已普遍接受了如下的观点：在决定一种行为反应的过程中，通过感觉、注意、思维、期望、记忆及分析对刺激进行心智加工的方式，如果不比刺激本身更重要的话，至少与后者同等重要。

托尔曼的认知地图理论还影响了心理学的另一个分支——*环境心理学*。这一领域关注的是人类行为与行为发生其中的环境之间的关系。环境心理学中的一项重要研究内容便是研究人们怎样体验和考虑生活中的各种环境，如城市、邻里、校园或办公楼等。人们对地点形成概念化的认识，而对这种认识的研究被称为*环境认知*，而你对这些地点所形成的精确心理表征被托尔曼称为*认知地图*。环境心理学家借鉴托尔曼的基本概念，他们不仅在了解人们对环境的理解方面，还在理解如何规划环境以使其与我们的认知地图加工过程达到最理想的匹配方面，均取得了颇具影响力的研究成果。

将托尔曼的思想应用于人类的环境心理学家之一便是林奇（Lynch, 1960）。林奇提出了五种人们用来形成认知地图的环境要素。*道路*被认为是承载交通的主
干道，无论是乘车、步行、骑自行车或乘船均如此。*边界*是我们在认知地图中划 134
分一个区域与另一个区域的分界线，它可以是峡谷、一堵墙或某个湖的湖岸，但其功能与道路不同。*交汇点*则是一些引人注目的地方，比如街心公园、道路的环状交叉口或中心广场的喷泉等。这些地方是道路和边界的汇合之处。*街区*在我们的心理表征中占的空间很大，并以其共同特征来命名，如剧院区或餐饮街等。最后，*地标*是在你的认知地图内作为参照点的结构，我们常在远处就能看见它们，譬如钟楼、教堂的尖塔或者一座与众不同的高层建筑。

托尔曼在他的这篇早期论文中清楚地论述了他的认知地图理论，在这篇文章发表以来的50多年里，人们在更广阔的研究领域中频繁引用该论文的研究结果。例如，近期有一项研究利用托尔曼的认知地图模型来理解候鸟如何依靠太阳的位置来确定路标，形成惊人的成百乃至上千公里的迁徙认知地图（Bingman & Able, 2002）。另一项来自旅游领域的研究引用了托尔曼的观点，该研究的目的是检验那些去荒野旅行的人（被称为*自然旅游者*）是怎样对那些地区的地形形成认识的（Young, 1999）。该文的作者发现，有几个因素影响着参与者心理地图的质量，其中包括交通方式、过去在当地的旅游经历、停留天数、旅游者的籍贯、旅游者的年龄以及性别。

现在，我们的许多“旅行”根本不必外出，至少在身体的层面上是这样。我们可以在互联网上找到去往世界上任何一个地方的路线。托尔曼的认知地图概念甚至已经影响了有关万维网的心理学研究。想象一下你在互联网上所做的一切：你在网上浏览，从一个地方跳转到另一个地方，在网上冲浪，四处游逛。你常常

感觉像是一次真的旅行，其实你的身体哪儿也没去。而且一旦有机会，你们中的大多数人还会以几乎相同的路线去同样的地方，对吗？所以，如果你想到这里，你就已经对网络这块广阔天地中的一小部分形成了一幅心理地图！发表在一本人机关系研究专刊上的一项研究就考察了人们在互联网上的搜索行为以及人们在网上“冲浪”时所用的策略（Hodkinson et al., 2000）。研究者能够把网络搜索行为转化为图解形式，识别出每个人的搜索策略，进而提出了一些提高网上搜索效率的可行方法。

将托尔曼的观点纳入一个新的研究中，也许可以为一个古老的性别刻板印象带来新的启示，即“男人永远不问路”。贝尔和索西亚（Bell & Saucier，2004）探讨了人们的性别和性激素水平与其沿着指定路线前进的能力之间的关系。设想一下，你正在沿着一条路从 A 处走往 B 处。走在路上，你会产生很多与周围环境
135 相关的表象，比如一些明显的路标和沿途你感兴趣的地方，而且当你出发时，就会产生一种整体的方向感。如果要求你指出其中一些心理表征，你可能指认那些正确的位置，而不是其他的。换句话说，你已经建立起一幅属于你自己的认知地图，但它很难成为完美的。贝尔和索西亚要求这些参与者完成类似的任务，结果发现，主要的男性激素睾丸素含量越高，越能显著地提高这些指向任务的准确性。这说明在环境经验中，这些参与者都有一个清楚的认知地图。因此，这是否意味着男人要比女人少问路是因为他们已经知道他们在哪里？不是的。与这些发现同样能够引人入胜的是，回答上述这一问题还需要进行更多大量的研究。

Bell, S., & Saucier, D (2004). Relationship among environmental pointing accuracy, mental rotation, sex, and hormones. *Environment and Behavior, 36*(2), 251–275.

Bingman, V., & Able, K. (2002). Maps in birds: Representational mechanisms and neural bases. *Current Opinion in Neurobiology, 12*, 745–750.

Hodkinson, C., Kiel, G., & McColl-Kennedy, J. (2000). Consumer Web search behavior: Diagrammatic illustration of wayfinding on the Web. *International Journal of Human-Computer Studies, 52*(5), 805–830.

Lynch, K. (1960). *The image of the city*. Cambridge, MA: MIT Press.

Young, M. (1999). Cognitive maps of nature-based tourists. *Annals of Tourism Research, 26*(4), 817–839.

16 感谢记忆！

Loftus, E. F. (1975). Leading questions and the eyewitness report. *Cognitive Psychology, 7*, 560–572.

佩里·梅森：汉密尔顿，我相信我的当事人所说的，她根本没有到过犯罪现场，我认为她的话是真实的。

汉密尔顿·伯格：佩里，我们为什么不让陪审团来决定呢？

佩里·梅森：因为我认为没有必要提起诉讼。你没有直接证据，你有的只是间接证据。

汉密尔顿·伯格：好吧，佩里，我想现在是告诉你一切的时候了。我们找到了目睹整个案件的人，佩里，我们有一个目击证人！

随着神秘的背景音乐逐渐响起，我们知道，对电视中成功率最高的佩里·梅森而言，这又是一个非常棘手的案子。尽管我们有理由相信他将最终获胜，但对地方检察官而言，一个目击证人的出现完全可以使一个本来证据不足的案件一下子变得几乎无懈可击。为什么人们相信在刑事案件中目击证人的证词可作为如此有力的证据？理由是律师、法官、陪审团和普通民众都相信，一个人对一件事的记忆一定反映着该事件的本来面貌。换言之，记忆被认为是和录影机或 DVD 功 136
能相似的重放事件的过程。然而研究记忆的心理学家现在却对这种看法和其他有关记忆可靠性的观念产生了怀疑。

华盛顿大学的伊丽莎白·罗夫特斯（Elizabeth Loftus）是记忆研究领域中的卓越研究者之一。她发现，当人们回忆一件事情时，并不是准确地再现它；相反，回忆起的事件是对实际发生事件的一种重构。罗夫特斯的研究证明，重构式记忆是你用新信息和既有信息去填补你回忆某种经历时所出现的空白之处的结果。她指出，人的记忆并不像我们通常认为的那么稳定，一段时间以后，它们是会调整和改变的。所以，如果你给别人讲述你五年前度假时的一件事，你认为你是按照它当时发生的情景来描述的，但事实可能并非如此。或许你已经用了很多来源于其他地方的信息重新建构了你的记忆，其来源可以是你前几次对它的讲述、这一次或随后的假期中的其他经历，也可能是你去年看过的一部在与你的度假地相似的地方拍摄的电影，等等。如果你在讲述某种体验时，有另一个人在场，而这个人是当时与你一起度假的，你常常会惊讶于你们对同时经历的事件的叙述竟然会完全不同！

记忆的这些改变通常是有趣的和无害的。然而，在司法程序中，当被告的命运可能由目击者的证词决定的时候，记忆重构就变得至关重要了。基于这个原因，罗夫特斯在该记忆领域的很多研究都与法律上的目击者证词有关。在她的早期研究中，她发现，提问中措辞的细微差别都可能改变一个人对事件的记忆。例如，如果问一个交通事故的目击者：“你看到一个撞碎的车前灯了吗？”或“你看到那个撞碎的车前灯了吗？”即使事件中根本就没有撞碎的车前灯，在提问中使用“那个”比使用“一个”会产生更多的肯定反应。使用“那个”假定了事故中出现了撞碎的车前灯，这样就使目击者在重构这个事件时在记忆中加入了这个新的因素。

罗夫特斯的这篇文章是最常被引用的文献之一。该论文报告了相互关联的四项研究，而这些研究把她的理论向前推进了一大步。她在这些研究中证明，向目击证人提问时措辞的变化，会在他们之后被问到关于事件的其他问题时，影响他们对事件的记忆。请记住，这一研究既影响了记忆理论，也影响了司法领域。

理论假设

该研究的焦点是探讨含有假定前提的问题对改变人们关于某个事件的记忆的作用。罗夫特斯对假定前提的定义是，为使所问的问题有意义而必须为真的条件。例如，假设你目击了一场交通事故，我问你：“有几个人坐在这辆超速行驶的车
137 里？”这个问题的假定前提为汽车是超速行驶的。但是如果这辆车实际上并没有超速，你又该如何回答呢？是的，不管怎样，你可以去回答，因为这不是一个关于汽车的速度而是关于乘客的问题。然而，罗夫特斯认为，提问时的这种措辞方式可能会使你在这个事件的记忆中加上汽车超速行驶的信息。因此，在回答随后对你提出的其他问题时，你就更有可能说这辆汽车是超速行驶的。罗夫特斯假设，如果对目击者提出的问题中包含了关于目击事件的错误假定前提，那么这个新的

错误信息可能会混入目击者对这个事件的记忆并且出现在目击者随后的新证词中。

方法和结果

我们将四项实验中每项实验的方法和结果部分合并在一起，这些内容报告于下面的小节中。

实验 1

在第一项实验中，主试将 150 名参与者分成小组后请他们观看短片，短片的内容为一个司机闯过了停车标志，冲进迎面而来的车流，并引发了五车相撞的连锁事故。事件只持续了 4 秒钟，而整个电影也不超过 1 分钟。电影结束后，要求参与者做一份包含 10 个问题的问卷。对于其中的一半参与者，问卷中的第一个问题是："轿车 A（闯过停车标志的那辆车）闯过停车标志时速度有多快？"而另一半参与者的第一个问题是："轿车 A 右转弯时的速度有多快？"接下来的一些问题对研究者而言都是无关紧要的，他们真正感兴趣的是最后一个问题。该问题对两组参与者的提法完全相同，即"轿车 A 前面是否有停车标志？"

在曾被问到停车标志的那组参与者中，有 40 名（53%）说他们看到轿车 A 前有停车标志，但在"右转弯"组中，只有 26 名参与者（35%）声称他们看到了这一标志。这种差异达到了统计学上的显著性水平。

实验 2

在罗夫特斯报告的第二项研究中，她首次引入了延迟记忆测试，这也是四项实验中唯一没有使用交通事故作为目击事件的一项。在这项研究中，主试给 40 名参与者播放一段 3 分钟的电影片段，片名为《学生革命日记》。这个电影片段说的是一个课堂被 8 名反战示威者搅乱。参与者看完电影后，要求他们回答一个问卷，里面含有 20 道与该电影片段有关的问题。其中一半参与者的一个问题是："进入教室的 4 名示威者的带头者是男性吗？"另一半参与者的问题则是："进入教室的 12 名示威者的带头者是男性吗？”向两组参与者所提的其他问题完全相同。

在初测的一个星期之后，主试把两组参与者请回并请他们回答有关这部电影的 20 道新问题（不再重看电影）。与研究结果有关的一个问题是：“你看见几名
138 示威者走进了教室？”请记住，两组参与者看的是同一部电影，而且所回答的问题除了提及 12 名示威者与 4 名示威者这个不同之处以外，其余全部相同。

在问题中假定了 12 名示威者的那组参与者平均报告的人数为 8.85。在问题中假定了 4 名示威者的那组参与者平均报告的人数为 6.40。这一差异同样具有显著性。这个实验表明，平均来看，问题的措辞改变了参与者对目击事件基本特征的记忆。

实验 3

研究者设计这个实验的目的是想知道，提问中包含的一些错误的假定前提是否会使目击者在重构对某事件的记忆时把未曾出现在事件中的物体包括进来。参与者（150 名大学生）先观看一段与一辆白色跑车有关的交通事故的短片，然后回答 10 个与录像有关的问题。一半参与者的问卷中包含的一个问题是：“白色跑车在乡间道路上行驶，它经过谷仓时速度有多快？”对另一半参与者则问道：“白色跑车在乡间道路上行驶时，速度有多快？”与前面的研究一样，参与者一个星期后返回并回答 10 道与这个事件有关的新问题。其中，用来验证研究假设的问题是：“你是否看见了一个谷仓？”

在前一轮回答的问题中提到谷仓的那组参与者中，有 13 人（17.3%）对此问题回答了“是”，相比之下，没有提到谷仓的那组参与者中只有 2 人（2.7%）回答“是”。两组的差异又一次达到了统计学上的显著性水平。

实验 4

该论文的最后一项实验是为了实现两个目标而精心设计的。第一，罗夫特斯希望进一步证明在实验 3 中发现的记忆重构效应。第二，她想知道，仅仅提及某物，即使它不是错误假定前提的一部分，是否也足以使参与者把它补充到记忆中去。

例如，影片中没有出现谷仓，而主试直接问你：“你是否看到一个谷仓？”你可能回答：“没有。”但如果主试一周以后再问你同样的问题，谷仓就可能会潜入你对该事件的记忆里。这就是罗夫特斯要在她的第四项实验中验证的想法。

研究者让 3 组参与者（每组 50 人）观看了一段 3 分钟的短片，影片给出的视角是从一个小车里往外看到的景象，结尾是这辆车撞到了一位男士推着的婴儿车。然后向 3 组参与者分发包含有关该短片问题的小册子。这些小册子有如下不同：

D 组：直接提问组收到的小册子中包含了 40 道“凑数”题和 5 道关键的直接提问事件中并不存在的事物的问题。如“你是否在电影中看到一个谷仓？”（见表 16-1）

F 组：错误假定前提组收到了同样的 40 道“凑数”题和 5 道关键题，但这
些关键问题包含了对同样的不存在物体的假定前提。如，“你是否看见有一 139
辆旅游车停放在谷仓前？”

C 组：控制组。他们只收到了 40 道“凑数”题。

一周后，所有参与者返回并回答有关该短片的 20 个新问题。这些问题中有

表16-1 直接问句和错误假定前提问句后，电影中不存在的物体在参与者回忆中出现的情况

		一周后对直接问题回答为“是”的百分比		
直接问句	**错误的假定前提**	**D**	**C**	**F**
在电影中看到校车了吗？	看到孩子们上校车了吗？	12	6	26
电影开始时看到卡车了吗？	电影开始时，卡车是停在汽车边上的吗？	8	0	22
在乡间道路上看到中间线了吗？	是否有另一辆汽车越过了乡间道路的中间线？	14	8	26
看到一位推着婴儿车的女士吗？	推着婴儿车的女士是否在穿过道路？	36	26	54
在电影中看到谷仓了吗？	看到一辆旅行车停在谷仓之前吗？	8	2	18

C = 控制组　D = 直接提问组　F = 错误假定前提组（引自 p. 568）

5 道与一周前对直接提问组所提的关键问题完全相同。所以 D 组两次见到这 5 个问题。主试所使用的指标是每组中声称记得在短片中见过但实际上并未出现过的事物的人数百分比。

表 16-1 展示了 3 组参与者的回答结果。请记住，短片中并没有出现校车、卡车、道路中间线、推着婴儿车的女士以及谷仓。把所有问题综合在一起，一周后各组对直接问题回答“是”的总百分比如下：错误假定前提组为 29.2%，直接提问组为 15.6%，控制组为 8.4%。直接提问组与错误假定前提组在每一问题上的差异以及所有问题的综合差异都具有统计显著性。

讨 论

在上述工作及其他研究的基础上，罗夫特斯主张，既然新的信息被整合到人对某一事件的最初记忆之中，一种关于记忆和回忆的准确理论就必须包括重构过程。假定回忆仅仅是心理上对一个事件的重放，并不能解释这些研究发现，即使
140 这种重放可以有不同的准确度。为了说明这些问题，图 16-1 对传统的回忆观点与罗夫特斯提出的新观点作了比较。正如你所看到的，罗夫特斯的理论增加了把新信息整合到记忆中的步骤。进而，这种新信息会使你原先的记忆表征发生改变或重构。随后，如果问你一个有关这个事件的问题，你的回忆将不再是原先实际发生过的事件，而是你对它的重构。罗夫特斯认为，这种重构过程就是谷仓、校车、推着婴儿车的女士和道路中间线这些在短片中根本不存在的东西会鬼使神差地出现在参与者记忆中的原因。问题中的错误假定前提所提供的新信息被人们无意地整合进对事件的记忆中。

把该理论应用到刑事调查中的目击者证词上时，罗夫特斯指出，这些目击证人经常会被询问不止一次。他们可能在犯罪现场接受警察的提问，接受负责处理该案的检察官的询问，而且如果他们出庭作证，则将再一次接受询问。在上述不
141 同的问答过程中，错误假定前提的产生并非没有可能，有时可能是无意的。有无数的途径可以导致这种现象的发生。研究表明，一些普通的、听起来无辜的提问，如“那家伙的枪是什么样的？”或“逃逸的汽车停在哪儿？”等，都会提高目

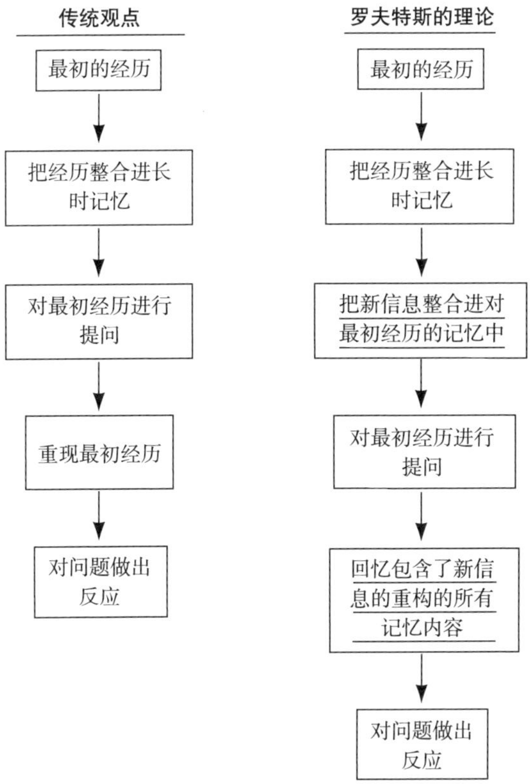

图16–1 回答问题时对事件的回忆

击者记住枪或逃逸车辆的可能性，无论它们是否真正存在（Smith & Ellsworth, 1987）。所以，虽然检察官、法官和陪审团都假定目击证人是在再现他们亲眼所见，但罗夫特斯认为，目击证人记住的是“建立在改变了的记忆表征基础上的再生意象”（p. 571）。

近期应用

罗夫特斯就目击证人证词所做的一系列令人印象深刻的研究在相关领域产生了深远的影响，以下几项研究就是很好的例证。一项引用其 1975 年文章的研究考察了律师的复杂提问方式对目击证人的信心和证词准确性的负面影响（Kebbell

& Giles, 2000）。让所有参与者观看完全相同的录像，并在一周后对他们所看到的内容进行提问。对一半参与者提问时使用令人困惑的语言（你知道，律师们会说："……并非如此，难道不是吗？"），而对另一半参与者提问相同问题时则使用简练的表达方式。结果很清楚：相比于简练的方式，在使用令人困惑的提问方式时，参与者所报告的证词不够准确，并且对答案也缺乏信心。其他研究已证实，在辨认嫌疑犯时，如果出示的照片不止一组（这在执法过程中很常见），则目击证人辨认嫌疑犯的准确度明显下降，因为他们将后来的新面孔整合进对原始事件的重构中（Pezdek & Blandon-Gitlin, 2005）。

另一项有趣的研究将罗夫特斯的成果应用于某些人报告的"幻想记忆"，即与现实相比，这些记忆与幻想更为接近，如被外星人绑架、灵魂出窍经历、超感官知觉、遭遇鬼魂等（French, 2003）。显然，如果关于这些记忆的报告是准确的，它们将为这些"超自然"事件的真实性提供证据。然而，研究一次又一次地告诉我们，这样的事件从未被科学所证实。那么如何解释这些记忆呢？答案可能就是我们在本章所讨论的人类记忆的易误性和不可靠性，可能还有我们大脑创造出对未实际发生事件的记忆的能力。正如这位作者指出的那样，"大量被证明与错误记忆易感性有关的心理变量（例如催眠易感性、分离倾向等），同时也与报告超自然体验的倾向相关"（p. 153）。

除了目击者证词领域的研究之外，罗夫特斯目前还是颇具争议的被压抑的童年期记忆研究领域的代表人物之一。争论的一方声称自己在过去的某段时间曾被
142 性虐待，但只是在最近，经常是在心理治疗师的帮助下，记起了自己的受虐经历。对此通常的解释假定这些创伤性记忆已被压抑到他们的潜意识之中，直到最近才显示出来。争论的另一方是那些突然被指控为施虐者的人，他们坚决否认指控，并且声称这些记忆纯属幻想，或者是在治疗过程中通过某种方式灌输进去的（对该争论的回顾参见 Garry & Loftus, 1994）。这正属于罗夫特斯记忆研究的范畴。

罗夫特斯的著作《被压抑的记忆之谜：错误记忆和性虐待指控》（Loftus & Ketcham, 1994）总结了她在这一领域的研究结果并把它们综合成论证该问题的一个有机整体。罗夫特斯主张被压抑的记忆根本不存在，而且她在很多研究中似乎已经证明了这一点。事实上，她站在了质疑整个潜意识概念及其存在的心理学家

的最前列。罗夫特斯论点的一个主要内容是，实验证据反复证明了特别令人痛苦的记忆往往是我们记得最清楚的部分。然而，临床医师却经常报告一些实例，在特定的深入治疗过程中，被压抑的性虐待记忆浮出水面。如何调和这两个看似对立的观点呢？罗夫特斯提出可能存在着三种记忆歪曲，而这或许能解释临床医师所见到的压抑现象（Loftus, Joslyn, & Polage, 1998）。首先，当事人也许早已忘记了早期的性虐待，而不是压抑了它们。她引用的研究证据是，当儿童并不理解虐待事件的性本质时，虐待事件往往很难被儿童记住。其次，人们可能在治疗中说他们不记得某一创伤性事件，但事实上，他们从未真正忘记。不愿想起某件事并不等于忘记了此事。最后，罗夫特斯主张，“某些人可能相信某个创伤性事件发生过并且被压抑了，而事实上，这一事件当初并没有发生。在某种情况下，这些歪曲的某种组合可能会导致压抑现象的出现”（p. 781）。

不难想象，罗夫特斯在这一问题上的见解肯定会招致批评（如 Spitzer & Avis, 2006; Steinberg, 2000）。毕竟，她对压抑的力量的排斥与自弗洛伊德以来人们普遍持有的关于心理学和心理治疗的信念相反。并且，很多治疗师和受害者与他们所信奉的受虐待记忆可以被压抑多年、而后得以恢复的观点有个人的利益关系。然而，仔细阅读罗夫特斯那全面而细致的科学研究著作后，每个人都应该对这一观念提出质疑。

结 论

伊丽莎白·罗夫特斯被公认为记忆重构及目击者证词准确性研究领域的领先人物。她在这些方面的研究还在继续进行。多年来，她的研究结果成功地经受住了各种挑战，并且得到了该领域其他研究者的支持。

在当今的心理学和法学专业领域内，人们普遍相信，目击者的证词会受到不 143
同来源的错误信息的影响，例如，事件发生后的信息整合。正是由于罗夫特斯和其他人的大量研究工作，目击者的证词在司法程序中的作用和可靠性才受到了应有的质疑。罗夫特斯本人就是最为人们器重的专家证人之一（通常是为被告辩护），她的职责是向陪审团成员证明，评估目击者的证词时必须保持谨慎。

正如罗夫特斯本人在她的著作中所总结的：“我研究记忆，并且我是一个怀疑论者”（Loftus & Ketcham，1994，p. 7）。或许我们都应如此。

French, C. (2003). Fantastic memories: The relevance of research into eyewitness testimony and false memories for reports of anomalous experiences. *Journal of Consciousness Studies*, *10*, 153–174.

Garry, M., & Loftus, E. (1994). Repressed memories of childhood trauma: Could some of them be suggested? *USA Today Magazine, 122*, 82–85.

Kebbell, M., & Giles, C. (2000). Some experimental influences of lawyers' complicated questions on eyewitness confidence and accuracy. *Journal of Psychology, 134*(2), 129–139.

Loftus, E., Joslyn, S., & Polage, D. (1998). Repression: A mistaken impression? *Development and Psychopathology, 10*(4), 781–792.

Loftus, E., & Ketcham, K. (1994). *The myth of repressed memories: False accusations and allegations of sexual abuse*. New York: St. Martin's Press.

Pezdek, K., & Blandon-Gitlin, I. (2005). When is an intervening line-up most likely to affect eyewitness identification accuracy? *Legal and Criminological Psychology, 10*(2), 247–263.

Smith, V., & Ellsworth, P. (1987). The social psychology of eyewitness accuracy: Leading questions and communicator expertise. *Journal of Applied Psychology, 72*, 294–300.

Spitzer, B., & Avis, J. M. (2006). Recounting graphic sexual abuse memories in therapy: The impact on women's healing. *Journal of Family Violence 21*(3), 173–184.

Steinberg, M. (2000). The stranger in the mirror. *Psychology Today, 33*, 34.

第五章

毕生发展

心理学的这一分支学科关注每个人从出生到死亡的整个过程的发展变化，这 144
是行为科学研究中最庞杂的课题之一。虽然我们每个人都最终成长为一个独一无二的个体，但是我们的成长过程还是大致相似的，并且是可预测的，而且按照相对固定的进程发展。发展心理学中最有影响的研究领域是婴儿与母亲之间的依恋过程、智力的发展以及与老化过程相关的一些变化。

在这一部分，我们要讨论一些心理学领域中曾做过的最著名和最有影响的研究。亨利·哈洛博士用猴子做的实验证明了婴儿早期的依恋对其以后的心理调适的重要性。让·皮亚杰的包罗万象的研究成果，为今天尽人皆知的认知发展理论奠定了坚实的基础。在此，我们将详细介绍他的一项研究，使读者得以管窥其研究方法的巧妙及研究结果的明了。另外，我们还将介绍劳伦斯·柯尔伯格的著名研究，其内容是关于人类的道德品质是如何发展的，以及为什么一些人会比其他人表现出更高的道德水平。此外，由于人的发展是终其一生的过程，我们还将探讨由埃伦·兰格和朱蒂斯·罗丁所做的著名研究（通常也叫“植物研究”），以此来说明任何人无论年轻与否，都需要拥有对自己生活、工作和命运的控制感。

17 爱的发现

Harlow, H. F. (1958). The nature of love. *American Psychologist, 13*, 673–685.

有时候，心理学家似乎是走得太远了。诸如“爱”之类的问题怎么可能用科学的方法进行研究呢？但无论你怎样界定“爱”的含义，你不得不承认它对我们的行为有着巨大的影响。那么心理学家必然会提出一系列他们感兴趣的东西，
145 比如什么是爱，爱从何而来，爱是如何起作用的。

发展心理学家亨利·哈洛（Harry Harlow, 1906—1981）被公认为是自弗洛伊德之后在研究早期经验对成年的影响方面做出巨大贡献的心理学家。绝大多数心理学家认为，婴儿与母亲（或者早期照料者）之间的亲密度接触和依恋经历，对其在今后生活中爱的能力及与他人亲近的能力有着重要的影响。仔细想想，在你生命中，最早的有关爱的经历是什么？那就是自你出生伊始便存在的与母亲之间的联系。但如此重要的联结究竟是关于什么的呢？弗洛伊德学派相信，在生命开始的第一年里，亲密接触主要集中在乳房和本能的口唇需要（弗洛伊德的口唇期）。后来，行为主义者反对这种观点，并认为人的所有行为都与行为产生的情境及行为后果有关。由于母亲可以满足婴儿的基本需要，所以婴儿与母亲之间的亲密关系常在母亲喂养婴儿的过程中不断得到强化。因而，母亲就与愉快的事件联系在一起，于是“爱”就产生了。在这两种观点中，爱都是从其他本能或生存需要中发展出来。然而，哈洛却发现，爱和情感可能是与饥饿和口渴一样强烈的基本需要，抑或比它们更强烈。

用以揭示婴儿与母亲之间爱的成分的方法之一就是把婴儿放在特殊环境里，在这类环境中母亲并不满足婴儿的所有需要，同时研究者可对环境中的多种成分进行科学的操纵。按照上述理论，我们通过改变母亲满足婴儿基本需要的能力，便能妨碍或改变婴儿与母亲之间的依恋的性质和强度。然而，由于伦理的原因，这种实验很显然是不能在人类身上实施的。因为哈洛用恒河猴来对学习进行研究已有好几年了，所以他便用猴子作被试来开展爱与依恋的实验研究。从生物学角度看，恒河猴与人类非常相似。哈洛也相信，恒河猴在婴儿期对情感和联结（如喂养、触摸、依附等）的基本反应与人类相同。那么，用动物作被试进行这种研

究是否存在伦理问题呢？我们将稍后对此进行讨论。

理论假设

在哈洛的早期研究中，幼猴在实验室由人精心抚养，研究者用奶瓶悉心地喂养它们，挑选食物使它们吸收均衡的营养，并使其免受疾病威胁。在这种情况下成长的幼猴比由母猴照顾的幼猴更健康。哈洛注意到这些幼猴非常依恋铺在笼子 146
底部的布垫子（棉花垫子）。当研究者把这些垫子拿去清洗时，它们变得非常生气和烦躁。他发现一天大的幼猴便能表现出这种依恋，其程度在出生后的最初几个月中会变得越发强烈。很明显，正像哈洛所说的那样 ："无论是婴儿还是幼猴，为了生存，他们必须获取一些更多的东西"（p. 675）。如果幼猴生活在一个没有软垫覆盖的笼子里，即使它拥有非常好的营养和医疗条件，它也无法茁壮成长。把布垫放进去后，幼猴就变得更健康，看起来也更为满足和快活。所以，哈洛提出理论认为，幼猴除了基本的饥饿、口渴等生理需要外，它们一定还有一种接触柔软、舒服物质的基本需要。为了验证这个理论，哈洛和他的合作者决定"制作"各种类型的实验代理母猴。

方 法

他们制作的第一只代理母猴是这样的 ：用光滑的木头做身子，用海绵和毛织物把它裹起来 ；在胸前安装了一个奶瓶，身体内还安装了一个提供热量的灯泡。然后他们又组装了另一只不能提供舒适感的代理母猴。这只母猴是由铁丝网制成，外形与绒布母猴基本相同，以便使幼猴能用接近绒布母猴的同样方式接近它。这只铁丝母猴也安装了能喂奶的"乳房"，且也能提供热量。换言之，这只铁丝母猴与绒布母猴相比，除了在被哈洛称为"*接触安慰*"的能力方面有差异外，其他方面完全一样。

然后，研究者把这些人造母猴分别放在单独的房间里，这些房间与幼猴的笼子相通。八只幼猴被随机分成两组，一组由绒布母猴喂养（用奶瓶），另外一组由铁丝母猴供奶喂养。我相信，你已经很清楚哈洛为什么要做这个实验。他企图将喂养与接触安慰对幼猴对母亲行为的作用分离开来。哈洛把猴子放在笼子里，并记下在出生后的头五个月中，幼猴与两位“母亲”直接接触的时间总量。结果是令人惊讶的，我们将稍后对此进行讨论。

在完成了这些最初的研究后，哈洛想进一步详细探索“依恋”及接触安慰的作用。常识告诉我们，当孩子们感到害怕时，他们总会到母亲（或者其他早期照料者）那里寻找庇护。为了探寻在这种情境下，与铁丝母猴在一起的幼猴和与绒布母猴在一起的幼猴将分别做出何种反应，哈洛在它们的笼子里放入各种各样能
147 引发恐惧的物品，如上紧发条的玩具打鼓熊（这种玩具熊与幼猴一样大，对幼猴而言是很可怕的）。研究者对幼猴在这些情况下的反应进行观察，并作了详细记录。

哈洛的另一项研究被称为“旷场试验”，他把幼猴放进一个不熟悉的小房间里，里边放着各种各样的物品（如积木、毯子、带盖的容器、折纸等）。在一般情况下，猴子喜欢玩这些玩具或摆弄它们。把两组幼猴放进同一个房间，并设置三种情况：仅出现绒布母猴，仅出现铁丝母猴，两者都不出现。哈洛是要考查母猴在场或不在场的情况下，这些幼猴适应和探索这种陌生环境的倾向性。

最后，哈洛想探索幼猴与代理母猴之间形成的依恋关系是否在它们分开一段时间后还能保持。当幼猴长到六个月能够吃固体食物时，让它们与“母亲”短暂分开一段时间，然后再在旷场环境中团聚。

结　果

你可能还记得，在最初的实验中，所有的幼猴与两只代理母猴都接触。其中一半幼猴由绒布母猴喂奶，另一半则由铁丝母猴喂奶。现在，你可能已猜到幼猴偏爱的是由绒布包裹的木制母猴（不是吗？），但是令人惊奇的是，这种偏爱程度趋向于极端，甚至对那些由铁丝母猴喂养的幼猴而言也是如此。在这个研究期间，当时流行的观点是满足幼猴的饥饿、口渴等生理需要是幼猴或人类行为的主要动力。然而，在哈洛的研究中，这些生理需要对幼猴选择母亲的影响似乎并不大。反而，接触安慰在幼猴对母猴产生依恋的过程中有重要影响，这一点在实验

幼猴，还是绒布母猴喂养的幼猴，其反应没有差异：当它们害怕时，都会到绒布包裹的代理母猴那里寻求安全感。

你也许曾注意到，当父亲或母亲在场时，孩子们会感到安全与放心，他们在这种场合下更充满好奇心，更乐意去探索他们周围的环境。通常，他们会探究周围环境中的一切，但其前提是他们必须看到父母亲在场。哈洛的陌生环境或旷场试验就是这样设计的，他要在猴子身上看到类似的行为反应。研究者把幼猴放入陌生的环境后，所有幼猴立即冲向绒布母猴，抓住它，用身体蹭它，并摆弄它的脸和身体。一会儿以后，这些幼猴“开始把绒布母猴看作是安全之源……它们在这个陌生的新环境里探索和摆弄各种物品，然后返回到母亲怀里，循环往复”(p. 679)。

然而，如果我们把这些幼猴放在同一间房间里，但绒布母猴不出现时，它们的反应就完全不同了。它们充满了恐惧，出现情绪化的行为，如嘶叫、缩成一团、吸吮手指。有时候，它们会跑向房间里母猴曾出现过的那个地方，然后从一个物体跑向另一个物体，尖声嘶叫着。在铁丝母猴出现的情况下，幼猴的行为表现与它们在两种母猴都不出现的情况下的表现是完全一样的。所有幼猴都是这样，无论它们是由谁（绒布母猴或铁丝母猴）喂养的。

149 在该研究的最后一部分中，研究者让已过哺乳期、可食用固体食物的幼猴（大概 5~6 个月大）与母猴分离（最长时间约 30 天）。当幼猴们在相同的旷场环境中再一次与绒布母猴重逢时，它们冲向母猴，爬在它身上，紧紧抓住它，用自己的头和脸在它身上摩擦，然后与母猴玩耍，撕咬包裹在母猴身上的绒布。最明显的变化是幼猴不再像以前那样，离开母猴去探索和玩弄房间里的其他物品。按照哈洛的观点，这显然说明寻找安全感的需要比探索周围物体的天性更为强烈。然而，需要指出的是，重聚的时间是短暂的，假如我们把这段时间再延长一些，这种探索行为也许还会发生。

讨 论

哈洛指出，他的研究证明，接触安慰对幼猴与母猴间依恋关系的发展具有极其重要的作用。事实上，对于幼猴而言，接触安慰在依恋关系的形成中比母猴提供维持生命的乳汁的能力更重要。

这项研究改变了心理学的原因之一在于，该研究的发现与当时所流行的行为主义观点背道而驰。行为主义的观点认为，推动母婴关系发展的动力是喂养行为所导致的强化。然而，正如哈洛所说："作为一个感情变量的哺乳行为，其主要功能是确保使婴儿与母亲之间经常发生亲密的身体接触。当然，人是不能仅仅依靠乳汁来生活的"（p. 677）。

哈洛和其他人都认为他的研究结果应该可以推广到人类，我们稍后将很快会谈到这个问题。实际上，他提出将他的研究应用于人类。哈洛认为，随着家庭对社会经济的需求增加，会有越来越多的妇女进入社会，参加工作。这也是那个年代许多人（哈洛做研究的时候）所关注的。因为，那时人们仍普遍认为，母亲亲自喂养孩子对依恋的建立和孩子的健康成长来说是必不可少的。他进而指出，成功养育的关键是接触安慰，而不仅仅是妇女的哺乳能力，美国男性也能在养育婴儿方面起到相同的作用。今天，这种观点广为接受，但是，哈洛在 1958 年写这篇报告时，简直如同一场革命。

批评与研究发现的意义

尽管哈洛坚持这个主张，但你是否也认为人类与猴子的依恋或爱的过程是相同的？有一些研究支持这个观点，即婴儿对其照料者的依恋确实超越了生理需要的满足。研究已表明，母亲与她的孩子之间的肌肤接触增进了依恋关系（例如，150
Klaus & Kennell, 1976）。但是，对于人类而言，这种依恋的发展过程要缓慢得多：六个月大的婴儿的依恋水平大约只相当于刚出生几天的幼猴。另外，大约仅有 70%的孩子在一岁的时候与成人照料者形成了安全依恋关系（Sroufe, 1985）。

无论过去还是现在，许多人基于伦理原则批评哈洛用幼猴做实验。他们提出了这样的问题：作为人类，我们有权在有潜在伤害的情境中用猴子或其他动物做实验吗？就哈洛的研究而言，在这个问题上争论双方都有合情合理的解释。科学界判断此项研究是否符合伦理原则的途径之一，是看其是否对人类和社会有潜在的益处。无论你认为这项研究是否符合道德标准，研究发现已经对人类社会的许多方面产生了积极的影响，有些还涉及福利院儿童、收养儿童或虐待儿童等问题。

不幸的是，有许多孩子被迫长时间地生活在福利院等机构中，有些是因为他们的父母不能够照顾他们（如孤儿），有些是因为他们自身有疾病或是残疾（在医院中）。哈洛的研究已经影响了我们对这些孩子的照顾方式。几乎所有的儿童发展专业人士都认为，仅满足孩子的这些生理需要是远远不够的，我们应使孩子有机会与他人身体接触。所以，工作人员、护士、志愿者等应尽可能多地抚摸、拥抱这些孩子。另外，除了医疗隔离的情况，通常我们把这些孩子放在他们彼此能够看见、相互能触摸的环境中，以使他们获得更多一些的接触安慰。虽然在满足依恋需要方面，这种努力也许永远不能替代真正来自父母的关怀，但这与传统的看护方式相比，着实前进了一大步。

哈洛的工作还鼓舞了男性照料者，使他们信心倍增，他们完全能够成为好父母。在婴儿的发展与适应过程中，接触安慰似乎比哺乳更为重要，因此，孩子的生母不再被看作是照顾婴儿的唯一合适人选。今天，许多父亲完全可以在这个过程中承担起一个重要的角色。除此之外，在必要时，其他除父母外的照料者如保姆或日托中心的工作人员，都可以成为婴儿合适的照料者。而且，这些发现大大扩展了子女收养的前景。因为人们已认识到，养父母可以跟亲生父母一样，给孩子提供同样多的接触安慰。

哈洛的早期研究给虐待儿童问题带来了一些启示。令人惊讶的是，几乎在所有案例中，那些被虐待的孩子似乎很爱甚至依恋那些施虐的父母。根据严格的行为主义者的解释，这是难以理解的，因为虐待是一种惩罚，所以孩子应该退出任何依恋关系。但是正如哈洛所说，如果依恋本身是最强烈的基本需要，那么它将
151 远比施虐后果重要。实际上，哈洛在后来的实验中检验过这一观点。他设计了能够拒绝幼猴的代理母猴，即一些母猴能够喷出强气流，而其他母猴则能够弹出钝头长钉，来迫使幼猴离它们而去。幼猴对这种情形的反应是，与母猴保持一小段距离，等这种驱逐行为一结束，它们便再返回来，与先前一样紧紧地抓住母猴（Rosenblum & Harlow, 1963）。

近期应用

哈洛的研究不断被其他研究频繁引用，这些研究探讨接触、联结、依恋，以及人与人的接触对情绪和生理健康的影响作用。其中有一篇研究考察了那些处于孤独生活情境下的成年人的社会隔离（缺乏与他人建立亲密的、有意义的社会联系的机会）和生理健康之间的关系（Cacioppo & Hawkley, 2003）。研究结果表明，与那些拥有健康社会交际的人们对比，缺乏交际的人会觉得日常的生活事件压力更大，患上高血压的风险更高，在受伤后治疗恢复得更缓慢，睡眠也更差。

另外一项引用哈洛的工作的研究试图理解爱的概念，心理学家早在半个世纪以前就一直致力于这个艰难任务（Berscheid, 2010）。在这篇论文中，作者识别并描述了四种不同类型的爱：浪漫之爱、伴侣之爱、同情之爱以及成人的依恋之爱。

浪漫之爱的特征是激情、性吸引、心理上的兴奋和生理上的唤起。伴侣之爱的感觉是深入内心的，更多地被定义为亲近、亲密的友谊，同时伴随着舒适、喜爱和信任，还享有共同的兴趣和活动。同情之爱被一些研究者定义为关心、给予和无私的爱——专注于关心、担忧、对另一个人的柔情以及忽视其缺点（也见 Sternberg, 1986）。爱的第四个概念是成人的依恋之爱，它建立在这样一个原则之上，即爱是基于对另一个人的强烈的心理依恋，这个人被视为独特和无法替代的。当被迫分离时，这种爱会带来巨大的沮丧感，而如果这种分离是永久的，则会带来巨大的哀伤。

很多心理学家对爱研究了数十年，大部分是跟随哈洛的引领，因为在人类的行为中爱是如此强大的力量——可能至少与它的反面一样强大：恨。但遗憾的是，关于爱的研究相对较少。

哈洛的研究结果还被应用于心理治疗机构。在过去的 40 年中，人本主义和整体疗法已有了长足的进步，触摸治疗在这一领域扮演着越来越重要的角色。就像一位心理治疗师所解释的：

> 我已经发现，尤其是在穴位按摩和治疗性接触之类的接触疗法中，专注及有意识的触摸会成为治疗互动的一个重要部分。它能深化治疗中的认识并可对治疗效果提供帮助。触摸疗法不是制造混乱，若使用恰当，可以增强而 152

绝非削弱心理治疗的互动。但要注意的是，这里的关键词正是“恰当”。接触是强有力的工具，要多加利用（LaTorre, 2000, p. 105）。

结 论

虽然认为哈洛对“爱”的定义具有唯一性可能并不对，但他的这一发现改变了我们对于母婴之间关系的看法，这一点是确定无疑的。如果这个研究已经渗入到我们的文化当中，哪怕只是一点点，我们也许就能看到一些好的结果。例如，哈洛曾提到一名妇女，这名妇女听完了他的研究报告后，来到他面前说：“现在我知道我的问题到底出在哪儿了，我就像是那只铁丝母猴”（p. 677）。

Berscheid, E. (2010). Love in the fourth dimension. *Annual Review of Psychology, 61*, 1–25.

Cacioppo, J., & Hawkley, L. (2003). Social isolation and health with an emphasis on underlying mechanisms. *Perspectives in Biology and Medicine, 46*, S39–S52.

Klaus, M. H., & Kennell, J. H. (1976). *Maternal infant bonding*. St. Louis, MO: Mosby.

LaTorre M. (2000). Integrative perspectives. Touch and psychotherapy. *Perspectives in Psychiatric Care 36*, 105–106.

Rosenblum, L. A., & Harlow, H. (1963). Approach-avoidance conflict in the mother surrogate situation. *Psychological Reports, 12*, 83–85.

Sroufe, A. (1985). Attachment classification from the perspective of the infant-caregiver relationships and infant temperament. *Child Development, 56*, 1–14.

Sternberg, R. (1986). A triangular theory of love. *Psychological Review, 93*, 119–135.

18 眼不见，不一定心不烦

Piaget, J. (1954). The development of object concept. In J. Piaget, *The construction of reality in the child* (pp. 3–96). New York: Basic Books.

你是如何从一个仅有基本思维能力的婴儿，发展成现在能使用语言、符号和逻辑等众多复杂方法对事物进行分析、推理的成人的？对于这个问题，你的第一反应很可能是这样的：“嗯，我在一生中是通过经验以及从成人那里获得的教育来学会如何思考的。”

仅凭直觉，大多数人对于这个解释会持肯定态度，但许多发展心理学家却认为，智力的获得不只是通过学习，还有许多其他的途径。人们普遍认为，智力的发展是一个成熟的过程，就像身体的成熟一样，从出生到长大成人，它始终是以可预测的方式进行的。

当你面对一个婴儿时，你会认为只要通过足够的学习，他便会表现出许多成人的行为吗？当然不会。相反，你明白，这里有一个发育成熟的过程，在这个过程中，孩子会表现出越发复杂的行为。只有当孩子们达到了特定的发展水平，某种学习才能导致某种行为。例如，就拿走路这个行为来说，你也许会认为走路是一种习得的行为。但设想一下，教一个 6 个月大的婴儿走路，即使你按奥运会的 153
训练计划每天对婴儿进行 8 小时的训练，他也学不会走路。为什么呢？因为他的身体还没有成熟到能够走路的程度。

智力或认知的发展在很大程度上也是这样一个过程。只有认知发展达到某个特定的阶段，个体才会有特定的推理和思维能力。否则，无论进行多少次学习也不会具备这种能力。心理学界把对认知发展概念的这种理解与认识归功于瑞士心理学家让·皮亚杰（Jean Piaget, 1896—1980）。

让·皮亚杰是心理学史上最有影响的人物之一，他的研究不仅引发了发展心理学的一场革命，并为其后的大多数智力结构研究奠定了基础。让·皮亚杰早先攻读生物学，致力于研究动物适应环境的先天能力。在巴黎索邦神学院（即巴黎大学的前身）学习期间，为了赚点外快，他在阿尔弗雷德·比纳实验室找了一份工作，这个实验室便是世界上第一个智力测验的诞生地。他的工作是将一项用英语开发的推理测试标准化为法语版。让·皮亚杰正是在巴黎工作的这段时间里，开始形成了他自己的认知发展理论。

理论假设

起初，对于皮亚杰来说，比纳实验室的工作是枯燥乏味的。但是在随后的测验中，不同年龄段的儿童回答问题时表现出的一些有趣模式开始引起他的注意，即同一个年龄段的儿童出现的错误是相同的，也就是说，他们用同样的推理得到同样的答案。深深吸引他的不是正确答案，而是导致相同错误答案的思维过程。基于他的观察结果，他提出的理论假设是，年龄大的儿童不仅比年龄小的儿童学到的东西多，而且他们对于问题的思考也与后者有很大的不同。这就导致他对当时流行的智力（IQ 分数）定义产生了质疑，该定义支持一个涉及对不同年龄阶段儿童所使用的认知策略的更充分的理解的模型（Ginzburg & Opper, 1979）。

让·皮亚杰在他后来 50 多年的职业生涯中，一直致力于儿童智力发展的研究。他的工作使他著名的认知发展理论得以产生，该理论解释了人类获得复杂思维的过程，多年来无可辩驳。他的理论认为，在儿童期，人的发展都要经过四个认知发展阶段，其出现顺序相同，年龄阶段基本一致，详见表 18-1。

与皮亚杰的理论同样重要的是他研究儿童思维能力所使用的技术。在比纳实
154 验室里，他认识到如果要探索新的智力概念，那么就要在研究方法上有所突破。与以往那些死板的标准化测验不同，他提出了一种访谈技术，允许儿童的回答影响提问趋势。利用这种方法，他就能够探索隐藏于儿童推理背后的过程。

皮亚杰的研究最引人注目的方面之一是他通过研究自己的孩子吕西安娜、杰奎琳和洛朗而得出了许多结论。按照今天的科学标准衡量，这种方法将会受到极大的怀疑，因为它极有可能导致偏见，并且缺乏客观性。然而，事情总有出人意料的时候，皮亚杰对自己孩子的研究结果已成功地应用于世界上所有儿童。

由于篇幅有限，我们无法在这短短的一节中对他的工作细节做进一步的阐述。因此，我们将重点讨论他对关键智力技能客体永久性（也译作“客体恒常性”）概念的探索。这一技能是皮亚杰最重要的发现之一，借此，我们也有更多机会来了解他的研究方法。

155 客体永久性是指即便物体不在我们的感知范围之内，我们也认为它是客观存在的。倘若现在有个人来到你面前，从你的手中把这本书取走，又跑进了另一间房间，你会认为这本书或拿书的这个人已经不存在了吗？当然不会。这本书和这个人已经在你的脑海中形成了概念，即便你已看不见、听不见、摸不到他们，你也知道他们依然存在。但皮亚杰认为，这种能力不是人生来就有的。他以实验证明，对你或其他任何人而言，客体永久性这一认知能力是在生命的头两年发展起来的。这种能力非常重要，因为倘若没有它，我们就无法进行问题解决和内部思维。所以，当一名儿童从感觉运动阶段（0~2 岁，参见表 18-1）进入前运算阶段时（2~7 岁），儿童必须具备客体永久性的能力。

表18-1　皮亚杰的认知发展阶段

阶段	年龄范围	主要特征
感觉运动阶段	0 ~ 2 岁	• 所有的知识都是通过感觉和运动获得的（例如观察和抓握） • 思维与身体运动是同步进行的 • 客体永久性概念开始形成
前运算阶段	2 ~ 7 岁	• 思维与运动分离，并且思维的速度大大加快 • 能够进行象征性思维 • 非逻辑的，“不可思议的”思维出现 • 万物有灵论：所有客体都有思想和感觉 • 自我中心式思维：不能从他人的角度看世界
具体运算阶段	7 ~ 11 岁	• 逻辑思维开始发展，包括能对客体进行分类以及根据数学法则进行运算，但其对象仅限于现实的、具体的客体 • 液体、面积和体积的守恒 • 能够推断他人的感受或想法
形式运算阶段	11 岁以上	• 逻辑思维拓展到假设概念和抽象概念 • 能够借用隐喻和类比进行推理 • 能够探讨价值观、信仰以及哲学问题 • 能够思考过去和将来 • 每个人所达到的形式运算阶段的水平不同，有些人甚至根本达不到形式运算阶段

方法与结果

皮亚杰用非结构式评价方法研究了客体永久性的发展。由于观察对象是婴幼儿，不能对他们进行“访谈”，皮亚杰的研究常采用游戏的形式。在这些游戏中，他与他的孩子们一起玩耍，通过对他们问题解决的能力以及在游戏中所犯错误的观察，皮亚杰发现在感觉运动阶段之中还有六个亚阶段，这六个阶段与客体永久性的形成有关。为使你更好地领略他的研究风格，下面我们将用皮亚杰与孩子互动的例子来对这六个阶段作一简要介绍，这些内容引自皮亚杰的观察日记。

- 阶段 1（出生—1 个月）。在此阶段中我们能观察到婴儿对喂养和接触的行为反射，但没有任何与客体永久性有关的迹象出现。

- 阶段 2（1—4 个月）。在第二阶段中，仍然没有出现与客体永久性概念有关的任何迹象，但有些行为被皮亚杰认为是客体永久性概念的前期准备。婴儿开始有目的地重复以自己身体为中心的各种动作，例如，如果婴儿的手偶然碰到了自己的脚，他也许便会反复做出同样的动作以使这种现象反复出现。皮亚杰将其称为*初级循环反应*。在这一阶段，婴儿还可以用他们的眼睛追随物体。如果一个物体离开他们的视野并且不再出现，婴儿会将注意力转向其他物体，没有表现出寻找“消失”物的迹象。然而如果客体再次出现在同一位置，婴儿会更持久地注视那个点。皮亚杰把这种行为称作*被动期待*。下面是皮亚杰与他的儿子洛朗之间的一次互动，它可以说明这一点。

> 观察 2　洛朗两个月大时，我透过摇篮的顶棚观察他，我总在某个
> 156 固定点出现，当我离开他的视线时，洛朗就盯着那个点看，急切地希望我再次出现。(p. 9)
>
> 孩子的目光仅限于物体消失的那个地方：因此在他的脑海里只是留下了对物体的一些知觉感受，如果没有别的东西再次出现，他便不会再去寻找物体的去向。如果他的头脑中有物体的概念……他便会主动去各种可能的地方寻找物体的下落……但正是在这一点上他无能为力，因为对他而言，消失的物体还不是“永久的客体”，它仅仅是一个表象，一旦消失就无迹可寻，有时却又会莫名其妙地出现。(p.11)

- 阶段 3（4—10 个月）。在这个阶段，孩子们开始有目的地反复操纵在环境中偶然遇到的物体（*二级循环反应*）。他们开始伸出手来试图抓住那些东西，用力摇它们，把它们拿到眼前仔细观察或放进嘴里。同时，孩子们的快速眼动能力也开始发展，他们的眼睛能追踪迅速移动或落下的客体。在这个阶段的后期，首次出现了“客体永存”的信号。例如，如果孩子们看见了物体的一小部分，那么他们便会开始寻找那些在视线中还很模糊的物体。

> 观察 23　在吕西安娜 9 个月大时，我给了她一只她以前从未见过的赛璐鹅。她立即抓住它，将它仔仔细细地研究了一番。我把赛璐鹅放在她的旁边，当着她的面把它盖住，有时候盖住全部，有时候露出鹅的

> 脑袋。吕西安娜作出了两种截然不同的反应……倘若鹅在视野中完全消失，即便吕西安娜马上就要抓住它了，她也会立即停止对鹅的搜寻……但倘若将鹅嘴露出来，她就不仅会抓住看得见的部分，把动物拽到她面前，而且……有时候为了要抓住整只赛璐鹅，她会预先揭起用于遮挡的布！……即使仅露出鹅嘴时她有好几次将布掀起，但吕西安娜从来不会在鹅完全藏起来的时候掀起用于遮挡的布。这就证明了对整体的重构要比寻找看不见的东西容易得多。(pp. 29-30)

然而，皮亚杰仍然坚持认为，物体的概念还未完全形成。对于这个阶段的儿童而言，物体的存在并不具有独立性，它是与儿童自己的行动及感知觉联系在一起的。换言之，“儿童认为只露出一部分的物体是正在消失，而不是为其他物体所掩盖。”(p. 35)

- 阶段 4（10—12 个月）。在第三阶段的最后几周与第四阶段早期，儿童已经知道，即使客体不在视线之内，它们依旧存在。儿童会想方设法地主动寻找完全被隐藏的客体。从表面上看，这似乎标志着客体永久性概念已经形成，但皮亚杰发现，这种认知技能尚未得到全面发展，因为儿童仍然不具备理解“可见转移”的能力。为了便于理解皮亚杰所说的，你可以思考下面的例子（下次当你身边有个 1 岁左右的孩子时，你可以自己尝试一下）：你与一个 11 个月大的孩子坐在一起，把一个玩具完全藏在毛巾下（位置 A），孩子会从毛 157
巾下找出那个玩具。然而，如果你再当着他的面把物体藏在毯子下（位置 B），孩子将有可能返回先前发现过玩具的位置（A）进行搜寻。此外，你可以多次重复这个过程，孩子会重复地犯同样的错误，皮亚杰称此现象为 A 非 B 效应。

> 观察 40　杰奎琳 10 个月大时，我让她坐在床垫上，我从她的手中拿走鹦鹉，并连续两次藏在她左边的垫子下（位置 A），她两次都找到鹦鹉并抓在手里。然后，我又从她手中拿走鹦鹉，在她面前慢慢地把鹦鹉移到她右边的床垫下（位置 B）；杰奎琳非常专注地看着这个移动过程，但是当鹦鹉在 B 位置消失以后，她却转向左侧，到鹦鹉以前消失的那个

> 地方（A）去寻找。（p. 51）

皮亚杰对出现在阶段 4 的这类错误做出了如下解释：这并不是由于孩子们心不在焉，而是由于他们脑中的客体概念与你我脑中的有所不同。对于 10 个月大的杰奎琳来说，她的鹦鹉并不是一种独立于其行为的永恒存在物。我们先把鹦鹉藏起来，然后儿童在位置 A 找到了它，于是鹦鹉的概念就变成了“A 位置的鹦鹉”，这一定义不仅依赖于鹦鹉本身，而且还依赖于它所藏的地方。换句话说，在儿童的大脑中，鹦鹉仅仅是整个画面中的一部分，而不是一个单独存在的客体。

- 阶段 5（12—18 个月）。大约从一岁左右开始，儿童获得了追踪物体连续可见转移的能力，并且能够在物体最后出现的地方找到它。出现这种现象后，皮亚杰认为，孩子便进入了感觉运动阶段的第五阶段。

> 观察 54　我们让 11 个月大的洛朗坐在 A 和 B 两个垫子中间。我在 A 与 B 两个位置之间交替隐藏手表；洛朗不断地在手表最后消失的地方进行搜寻，有时候在位置 A，有时候在位置 B，而不像在前一个阶段那样，总是在手表第一次消失的位置寻找。（p.67）

然而，皮亚杰指出，真正的客体永久性概念仍未完全形成，因为儿童还不能够理解被皮亚杰称为“*不可见的转移*”的现象。设想一下下面的例子：你看见一个人把一枚硬币放在一个小盒子里，然后他背对着你走到梳妆台前，打开了抽屉；当他回来后，你发现那个盒子里空空如也，这就是所谓的“不可见的转移”。当然，你会自然而然地走到梳妆台前，打开抽屉查看。但皮亚杰在杰奎琳身上得到了如下发现。

> 观察 55　18 个月大的杰奎琳坐在一块绿色的小毯子上，很开心地玩弄一个土豆（对她来说，土豆是一个新玩意儿）。她……把土豆放在一个空盒子里，又把它拿出来，玩得不亦乐乎。然后我当着她的面把土豆拿过来，放进盒子里，然后我把盒子放在毯子下面，并把土豆倒出来，
> 158 把它藏在毯子下，最后取出空盒子，我没有让杰奎琳看见我玩的小伎俩。

虽然杰奎琳一直盯着毯子，也知道我在毯子下面做了点手脚，可当我对她说“给爸爸土豆”时，她开始在盒子里寻找土豆，还抬头看看我，又看了一会儿盒子，再看看毯子……但是，她并没有掀起毯子去寻找下面的土豆。在此后连续五次的试验中，得出的结果都是如此。（p. 68）

- 阶段 6（18—24 个月）。最后，孩子们将进入感觉运动阶段的末期（见表 18-1），这时客体永久性概念就完全形成了。进入这个阶段的标志是他们能在心理上表征经过不可见的转移的物品。

观察 66　杰奎琳 1 岁零 7 个月时，已有……能构想物体被隐藏在重重屏蔽物之下的能力……我把铅笔放在盒子里，用一张纸将盒子包起来，再用手帕扎裹一层，最后用贝雷帽和床单把它罩起来。杰奎琳先揭开贝雷帽和床单，然后再解开手帕，却没有立即发现盒子，但是她继续寻找，显然她已确信盒子的存在。然后她觉察到了纸，并立即明白了其中的奥妙，她撕开纸，打开盒子，找到了铅笔。（p.81）

皮亚杰认为，客体永久性这种认知技能是真正思维的开始，是运用洞察力和符号来解决问题的能力的开始。这就为儿童进入下一个阶段（前运算阶段）的认知发展做好了准备。在前运算阶段，思想与行动相对独立，使思维的速度显著提高，换句话说，客体永久性概念是所有智能发展的基础。正如皮亚杰所说：

在众多的事物当中，客体守恒是客体定位的机能。也就是说，儿童既能明白当物体消失时，它依然存在，也能理解客体去往何处。这一事实表明，从一开始，客体永久性图式的建构就是同现实世界的整个时空组织和因果关系密切联系在一起的。（Piaget & Inhelder, 1969）

讨　论

这种操作和行为观察的方法构成了皮亚杰工作的基础，并贯穿其对认知发展四阶段的建构。皮亚杰坚信他的阶段理论可广泛地适用于世界上所有的儿童，而无论其来自什么文化或家庭。另外，他强调了在感知运动阶段中与客体概念发展有关的几个重要方面（对此问题的详细叙述参见 Ginzburg & Opper, 1979）。

1. 每个阶段的年龄范围仅是一个近似值。因为皮亚杰的早期工作只涉及三个孩子，要很确定地预测年龄范围，这对皮亚杰而言相当困难。例如，他在杰奎琳 1 岁零 7 个月时观察到的能力，吕西安娜在 1 岁零 3 个月时就已表现出来了。
159 2. 然而，皮亚杰坚信各阶段的发展顺序是固定不变的。所有儿童在进入下一个阶段时必须经历此前的每一个阶段，不可能有任何跳跃发生。
3. 从一个阶段到另一阶段的变化是随着时间推移而逐渐发生的，这样，在前一阶段的错误就会随着新心智能力的成熟而渐渐减少。皮亚杰认为，孩子们有时会处在两个阶段之间，会同时表现出滞后或超越某个阶段的一些能力，这都是相当正常和常见的。
4. 儿童的认知发展进入下一个更高阶段后，与前一阶段有关的行为并没有完全消失。对于一个处于阶段 6 的儿童来说，采取阶段 5 的智力策略来解决问题是很自然的。若这些策略未获成功，儿童便会采用新的方法，即用阶段 6 典型的推理方法来作新的尝试。

批评与近期应用

尽管皮亚杰的认知发展概念在发展心理学领域占统治地位已有几十年，但其间也确实遭到一些批评。有人把质疑的目光集中在皮亚杰关于认知发展阶段的划分上。许多学习理论学家不同意皮亚杰在这个问题上的观点，皮亚杰认为认知的发展过程是阶段性的，而他们则坚持主张智力的发展是一个连续的过程，在这个过程中没有任何特殊的顺序。他们坚信认知能力就像其他行为一样，是模仿、学习和条件作用的结果。

另一些批评者认为，皮亚杰断言的出现特定能力的年龄段并不正确。甚至有些人认为，某些特定的能力也许在出生时就已出现。客体永久性正是这众多能力中被挑选出来加以讨论的技能。在一系列使用“注视偏好”技术的（参见本书研究 5 中对范茨研究方法的介绍）设计精巧的研究中，发展心理学家芮妮·贝拉吉恩和她的助手已经证明在两个半月大的婴儿头脑中已经出现了客体永久性概念的最初形式（Aguilar & Baillargeon, 1999; Baillargeon, 1987）。她和其他学者声称，皮亚杰所用的方法不足以对婴幼儿的能力进行准确的测量，因为这些方法需要婴儿用到他们不具备的动作技能。

皮亚杰的理论概念和研究发现已广泛影响了众多领域内的研究。作为证明，至今每年仍有超过 50 篇的文献引用皮亚杰著作中的内容作为讨论的基础。例如，有一项研究用类似皮亚杰与其孩子所做的游戏，比较了 6 个半月的婴儿对黑暗处的物体和光亮处藏在布下的物体的搜索倾向（Shinskey & Munakata, 2003）。有趣的是，研究者发现“婴儿具有在黑暗中寻找物体的优势”。为什么会如此呢？其 160 中一个解释是，也许遮盖布的出现干扰了婴儿本身就很弱的在脑中表征物体的能力。另一个解释是，从进化和适者生存的观点来看，比起搜寻藏在光明处的物体来说，人类思考并寻找黑暗中（潜在危险）的物体的能力要更为重要。

另一项与皮亚杰的工作相关的有趣研究发现，婴儿区分不同物体的能力与他们理解这些物体名称的能力之间有联系（Rivera & Zawaydeh, 2007）。这项研究使用注视偏好技术，发现 10 个月或 11 个月大的婴儿只能够区分他们知道名称的物体。作者提出：“这些结果表明，对于完形的 / 非完形的（隐藏的和显露的）物体名称的理解能够提供一种类似于‘胶水’的东西，这种东西能够允许婴儿将物体的心理指标与感知特征联系在一起（因而加速形成两个心理指标，而不是一个）”（p. 146）。这说明，相对于其他物体，知道物体的名字似乎有利于婴儿存储更加独特和可识别的物体表象。

还有一项引用皮亚杰客体永久性工作的研究发现，9 个月大婴儿的睡眠与其客体概念的发展有关（Scher, Amir, & Tirosh, 2000）。这些发现表明，在同年龄组（9 个月）的婴儿中，客体永久性概念水平较高的婴儿比水平较低的婴儿睡眠状况要好。稍加思考，你自然会意识到这点。如果你不能确信第二天早晨醒来你的财物依旧原封不动，没有消失，你可能也睡不安稳吧！

结 论

随着对婴儿认知能力的研究方法不断推陈出新（例如注视偏好、习惯化—去习惯化技术的应用），皮亚杰的一些研究结果也受到了质疑（关于这些研究方法的更多信息可参考本书研究 5 中对范茨研究的介绍，也可参见 Craig & Dunn, 2007）。事实上，在发展心理学领域中，围绕着他的认知发展理论现在仍存在大量争论。这种争论是非常有益的，它所引发的研究将最终推动我们对认知能力的深入理解。

尽管有争论，但对所有相关的研究领域而言，皮亚杰的理论仍然处于基础地位，催生着各种新型研究。他的著作还在继续指导和启发着人们对儿童研究、教育方法及家教风格等方面的思考。皮亚杰的贡献无论在过去还是现在都是不可估量的。

Aguilar, A., & Baillargeon, R. (1999). 2.5-month-old infants' reasoning about when objects should and should not be occluded. *Cognitive Psychology, 39*(2), 116–157.

Baillargeon, R. (1987). Object permanence in 3½- and 4½-month-old infants. *Developmental Psychology, 23*, 655–664.

Craig, G., & Dunn, W. (2007). *Understanding human development*. Upper Saddle River, NJ: Pearson Prentice Hall.

Ginzburg, H., & Opper, S. (1979). *Piaget's theory of intellectual development*. Englewood Cliffs, NJ: Prentice-Hall.

Piaget, J., & Inhelder, B. (1969). *The psychology of the child*. New York: Basic Books.

Rivera, S., & Zawaydeh, A. N. (2007). Word comprehension facilitates object individuation in 10- and 11-month-old infants. *Brain Research, 1146*, 146–157.

Scher, A., Amir, T., & Tirosh, E. (2000). Object concept and sleep regulation. *Perceptual and Motor Skills, 91*(2), 402–404.

Shinskey, J., & Munakata, Y. (2003). Are infants in the dark about hidden objects? *Developmental Science, 6*, 273–282.

19 你的品德如何

Kohlberg, L. (1963). The development of children´s orientations toward a moral order: Sequence in the development of moral thought. *Vita Humana, 6*, 11–33.

161 你是否思考过与他人相比，自己的品德如何？在生活中引导你做出决策的道德准则到底是什么？如果你仔细思考一下这些问题，经验将告诉你，人们的品德存在着很大的个体差异。道德一般被心理学家定义为：帮助人们判断对和错的态度和信念。个人的道德概念是由其文化背景下的行为准则和规范所决定的，而这些准则、规范已为个体内化为自己的一部分。道德准则不是与生俱来的标准装备，也就是说，你不是刚出生就有道德准则。随着你从童年走向青年，长大成人后，也就形成了自己的是非观念。每个正常的成人都有自己的道德概念。但是，你的道德观念从何而来？这种将一整套文化准则内化为个体自我意识一部分的过程又是怎样的呢？

在道德形成的研究历史上，两位最著名和最有影响力的人物可能就是让·皮亚杰（前面已讨论过）和劳伦斯·柯尔伯格（Lawrence Kohlberg, 1927—1987）。柯尔伯格在芝加哥大学所做的研究综合拓展了皮亚杰关于智力发展的很多观念，且重新激起了人们对该领域的研究兴趣。柯尔伯格提出了这样的问题："没有是非观念的婴儿是如何具备道德推理能力的？"

循着皮亚杰的研究，柯尔伯格提出了自己的理论主张：人类所拥有的独一无二的道德判断能力是以一种可预测的方式在整个儿童时期发展起来的。他相信，与皮亚杰的智力发展阶段相关和相似，道德也存在可确定的特定发展阶段。正如柯尔伯格所解释的，"儿童能够内化其父母及其文化背景中的道德价值观，而且只有当他逐渐把这些价值观与他已理解的社会秩序以及他作为一个社会自我的目标联系起来时，儿童才能将上述道德价值观内化为他自己的一部分"（Kohlberg, 1964）。换言之，儿童必须达到某种智力发展阶段才能达到一定的道德发展水平。

有了这些想法，柯尔伯格便着手设计一种研究儿童道德判断能力的方法，从中创建了他那得到广泛认可的道德发展理论。

理论假设 162

柯尔伯格提出道德形成遵循一定的发展阶段，他使用"阶段"这一概念是相当严谨和准确的。我们很容易想到所有能力的发展都有阶段性，但是，心理学家还是对那些随时间而逐渐发生的变化（比如一个人的身高）与在不同阶段差别很大的变化做了区分。因此，当柯尔伯格谈及"童年和少年时期道德结构发展阶段"

时，他是指：(1) 每个阶段都有一种独一无二的道德思维方式，而不是对成人道德概念理解的逐渐深化；(2) 各阶段总是以固定的顺序出现，不可能跳过任何一个阶段，也绝对没有倒退的情况出现；(3) 阶段具有优势性，即儿童理解所有处于他们现有道德阶段以下的道德判断，且可能对比他们现处阶段至多高一级的那个阶段的道德问题有某种程度的理解。鼓励、教育和练习都不能使儿童理解更高阶段的道德。而且，儿童常常以他们所达到的最高道德发展水平来对事物进行判断。另外，这一道德发展阶段中的规则表明，无论个体之间是否存在环境、经验或文化上的差异，发展阶段是具有普遍性的，且它们以固定的顺序向前发展。

柯尔伯格相信，他能通过给不同年龄的儿童提供道德判断的机会来对其道德形成理论加以探究。如果发现儿童做出道德决策的思维方式随年龄而有规律地发展，那么这将可以证明道德阶段论是基本正确的。

方 法

柯尔伯格的研究方法相当简单。他向不同年龄的儿童提供 10 个假定的道德两难故事。每位儿童需接受两个小时的关于这些故事的访谈。研究者对访谈进行录音，以便对儿童所使用的道德推理进行进一步的分析。下面是柯尔伯格的两难故事中为人引用次数最多的两则：

> *弟弟的难题* 乔的爸爸许诺说，如果乔挣够了 50 美元，便可以拿这笔钱去野营。但后来他又改变了主意，让乔把所挣得的 50 美元都交给他。乔撒谎说只挣到了 10 美元，他把 10 美元交给了爸爸，拿另外的 40 美元去野营。临走之前，乔把挣钱和向爸爸撒谎的事告诉了他的弟弟阿里克斯。阿里克斯应该把事情的真相告诉爸爸吗？（p.12）

> *海因茨的难题* 在欧洲，一位妇女因患有一种特殊的癌症而濒临死亡。医生们认为只有一种药或许能挽救她的生命。那是她所在镇上的一位药剂师最近研制的一种含镭药物。这种药的成本昂贵，而且这位药剂师向购买者索要 10 倍于成本的高价。他花 200 美元生产的这种药物，剂量非常少的药却要

> 卖 2 000 美元。这位病人的丈夫叫海因茨，他向他认识的所有人都借了钱，但在最后他也只能借到 1 000 美元，仅仅够要价的一半。他向药剂师恳求说他的妻子快死了，请求便宜一点卖给他或者允许他以后再支付另一半的钱。但药剂师却说："不行，我研制该药的目的就是为了赚钱。"所以，海因茨绝望了，他后来闯进了药店，为他的妻子偷了治病的药。海因茨应该这样做吗？ 163
> （p.17）

柯尔伯格最初的参与者是居住在芝加哥郊区的 72 名男孩。这些男孩分属于 3 个年龄组，即 10 岁、13 岁和 16 岁。每个年龄组中有一半参与者来自中下等经济条件的家庭，而另一半则来自中上等经济条件的家庭。在两个小时的访谈中，这些孩子表达的道德观点从 50 到 150 个不等。

下面是柯尔伯格引用的四名不同年龄的儿童面对道德两难处境时所做的反应：

> *丹尼，10 岁，弟弟的难题。*"一方面，他应该告诉爸爸事情的真相，否则的话，他的爸爸或许会生他的气，甚至会打他的屁股。另一方面，也许他应保持沉默，否则他的哥哥会揍他。"（p.12）
>
> *唐，13 岁，海因茨的难题。*"确实是药剂师的错。他是不公道的，索要高价且不顾别人的死活。海因茨爱他的妻子，想救她。我认为任何人都会这么做的。我相信他不会被关进监狱。法官会全面看待这场官司并明白药剂师是在漫天要价。"（p.19）
>
> *安迪，13 岁，弟弟的难题。*"如果我爸爸事后发现了真相，他将不会再信任我；我的哥哥也会这样。但如果弟弟不说出真相，我也不会觉得有什么不好。"（p. 20）
>
> *乔治，16 岁，海因茨的难题。*"我不这样看，因为药剂师有权决定药的价格。我不能说海因茨确实做对了，尽管我猜想任何人都会为了妻子而这么做。他宁愿进监狱也不愿看到他的妻子死去。在我看来，他有正当的理由这么做，但从法律的角度看，他是错的。至于究竟是对是错我不能发表更多的意见。"（p.21）

基于这些陈述，柯尔伯格和他的同事界定了六个道德发展阶段，并把孩子们的所有陈述分别归入其中某一个发展阶段。此外，基于六种类型的动机来识别孩子们的推理，它们与每个阶段一一对应。值得注意的是，柯尔伯格所描述的每个道德推理阶段都可以普遍适用于儿童可能面临的任何情境。尽管道德发展阶段无法预测一个儿童面对真实的两难处境时所采取的特定行动，但却能预测该儿童在决定一个行动时所进行的推理过程。

结　果

柯尔伯格把这六个发展阶段分成三种道德水平，具体参见表 19-1。道德发展的早期阶段被柯尔伯格称为“前道德水平“，该水平的特征是以自我为中心，看重个人利益。它包括最初的两个阶段：在阶段 1，儿童认识不到他人的利益，其道德行为是出于对不良行为将要受到惩罚的恐惧。在阶段 2，儿童开始意识到别人的利益和需要，但他们的道德行为是为了别人回报同样的道德行为。这时，良好行为的本质是儿童为了满足自身需要而对情境施行的控制。

在道德发展到水平 2 时，习俗道德作为人际关系中个体角色认知的一部分开始发挥作用。在阶段 3，儿童的道德行为是为了达到他人对自己的期望并维持与

表19–1　柯尔伯格的道德发展六阶段

水平 1	**前道德水平**
阶段 1	惩罚和服从的定向（行为的后果作为是非标准）
阶段 2	朴素的利己主义的定向（以个人需求的满足与否决定事情的好坏）
水平 2	**习俗角色遵从的道德水平**
阶段 3	好孩子定向（取悦于别人就是好的）
阶段 4	维护权威的定向（维护现有的法律和社会秩序，尽职尽责就是好的）
水平 3	**自我接受的道德准则的道德水平**
阶段 5	墨守法规和契约的定向（社会价值和个人权利作为是非标准）
阶段 6	以良心作为个人原则的定向（是非是一种个人依照普遍原则所确立的哲学）

（引自 p. 13）

他人之间的信任和忠诚的关系。按照柯尔伯格的观点，正是在此期间，金科玉律式思维开始出现，而且儿童开始关注其他人的感受（类似皮亚杰所谓的克服自我 164
中心思维）。到了阶段 4，儿童开始意识到法律和秩序的存在，并表现出对法律和秩序的尊重。在此阶段的儿童从更大的社会系统的角度看待事物，并以行为是否遵纪守法为衡量好公民的尺度。他们对现有的社会秩序表示认同，并认为遵守法律的行为都是好的。

当一个人进入水平 3 时，他的道德判断开始超越现有的法律。在阶段 5，人们开始承认某些法律比另外一些法律好。现实中有合情不合法的事，也有合法不合情的事。处于此阶段的个体仍相信，为了维护社会和谐，人们应该遵守法律，但他们也会通过特定的程序寻求对法律的修正。柯尔伯格声称，这一阶段的人在尝试整合道德和法律时将面临冲突。

最后，如果一个人达到了阶段 6，他的道德判断将建立在对普遍道德行为准则的信仰之上，当法律与道德准则相冲突时，个体将依据自己的道德准则做出决策而不考虑法律。决定道德的将是个体内在的良心。柯尔伯格在本篇论文的研究及以后的其他研究中均发现，只有极少数人能够完全达到阶段 6。他最后认为这种道德推理水平只能在具有道义感的伟大领导者身上发现，比如甘地、梭罗以及马丁·路德·金等。柯尔伯格认为：

> 道德的动机层面可以用参与者在论证道德行为时所提到的动机加以界定。六种动机水平是彼此独立的，每一种动机都对应一种道德发展阶段，具体如下：(1) 受他人惩罚；(2) 对物品的占有或得到他人的奖励；(3) 受到他人的反对；(4) 被公认的权威斥责并伴有罪恶感；(5) 所在群体的尊重和不敬；(6) 自我谴责。(p.13)

柯尔伯格的道德阶段论至关重要的一点是：各种水平的道德推理是随着年龄 165
的增长而发展的。为了验证这一观点，柯尔伯格依据儿童的年龄分析各个发展阶段所对应的儿童对两难问题的回答。图 19-1 概括了这些发现：随着年龄的增长，儿童更多地使用高级阶段的道德推理来回答问题。其他的统计分析表明，学会使用每一阶段的道德推理能力对于更高一级道德阶段的发展而言是必不可少的。

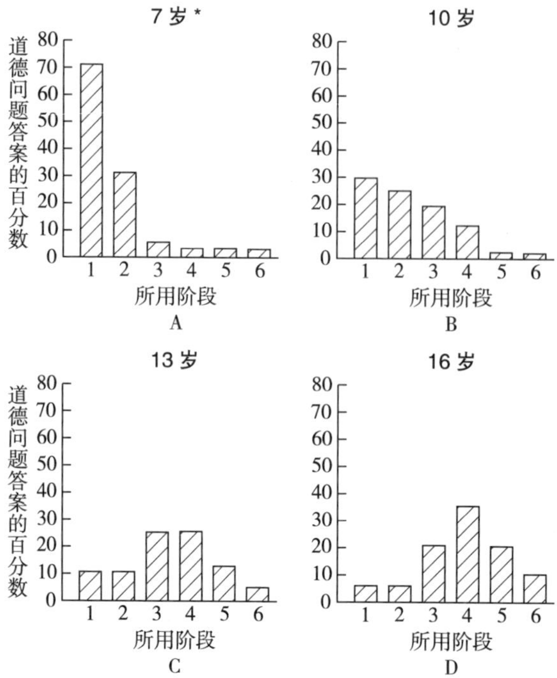

图19-1 道德推理发展的年龄阶段。柯尔伯格指出，7岁组的数据来自12人的附加组（引自p. 15）

讨 论

在柯尔伯格对研究结果进行的讨论中，他指出，这一新的概念体系阐明了儿童是如何以一系列可预测的有序阶段，来对他周围的世界主动进行道德构建的。对儿童而言，这一过程不应被简单地视为成人通过口头解释和惩罚使成人的道德准则同化和内化为儿童的一部分，而应被视作是一种儿童与社会和文化环境相互作用而出现的道德认知结构。按照这一观点，儿童不仅仅是在学习道德标准，而且是在建构道德标准。这就意味着一个儿童在完成了阶段 1 和阶段 2 的道德认知建构前是根本无法理解和使用阶段 3 的道德推理的。同理，一个人除非已经经历而且建构了前 4 个阶段的内在道德模式，否则他是不会使用属于阶段 5 的基本人
166 权的概念来解决道德两难问题的。稍后我们将对柯尔伯格在该研究以及后继研究中所涉及的更深含义进行讨论。

批评和近期应用

自柯尔伯格从事这一开创性研究以来的 30 多年间，他对道德发展阶段论进行了不断拓展和修正。伴随许多新的、有影响力的研究的开展，他的这一理论遭到了多方面的批评。其中最常被引用的一种批评是，即便柯尔伯格关于道德判断的观点是正确的，也并不意味着这些观点能被运用于道德行为。换言之，一个人所想、口头上所说的或许不会反映在一个人的真实行动之中。很多研究业已证明在道德判断和道德行为之间缺乏一致性。然而另一些研究却发现二者之间确实存在相关关系。与此有关的一个有趣的研究方向关注在确定某人是否将依据他的道德判断而行动时，强烈情境因素的重要性（参见 Kurtines, 1986）。该批评显然有一定的道理，但柯尔伯格承认他的理论只适用于道德推理。情境力量或许有时会改变道德行为的事实，但这并不能否认柯尔伯格所描述的道德推理的发展进程。

另一种对柯尔伯格的工作的批评针对的是柯尔伯格道德推理六阶段的普遍适用性。这些批评者声称，柯尔伯格的六阶段论所提出的道德解释只符合西方的个人主义社会。它可能并不适用于占世界人口大多数的非西方的集体主义文化（见研究 28 中川迪斯对这些文化之间区别的讨论）。为了捍卫柯尔伯格的道德发展阶段具有普遍性的观点，塞纳瑞（Snarey, 1987）对在 27 种不同的文化背景中所做的 45 项研究进行了评论。在每项研究中，研究者都发现他们的参与者以相同顺序经历了各阶段，并没有出现颠倒现象，而且阶段 1 到阶段 5 在被研究的所有文化中都普遍存在。不过有趣的是，在一些文化中（如巴布亚、新几内亚以及以色列等），某些道德判断无法纳入到柯尔伯格六阶段中的任何一个中去，这些道德判断是建立在全社会利益的基础之上的。这种推理在美国男性参与者中是无法找到的（见研究 28 中川迪斯关于个人主义和集体主义的研究）。

第三方面的批评是基于这样的想法：柯尔伯格的道德发展阶段论或许不能同等地适用于男性和女性。对此提出质疑的代表人物是卡罗尔·吉利根（Gilligan, 1982）。她认为女孩和男孩、女性和男性思考道德问题时所用的方式并不完全相同。她在自己的研究中发现，与男性相比，在做出道德决策的过程中，女性更多地谈论人际关系、对他人的责任、避免伤害别人以及人们之间保持联系的重要性。 167

她把女性道德判断所依赖的基础叫作关怀定向。基于这种性别差异，吉利根认为，女性在柯尔伯格的测验中得到的分数将偏低，因为这些关系更多地由较低的阶段来处理（如阶段 3，它主要是要建立人与人之间的信任和忠诚的关系）。另一方面，吉利根认为男性是基于正义而做出判断的，而这更符合柯尔伯格所提出的高级发展阶段。她主张，这些道德取向并没有优劣之分，如果女性被判定为比男性处于更低的道德水平，那只是因为柯尔伯格的道德阶段论存在一种无意的性别偏见。

其他研究者大多无法为吉利根的观点提供证据。很多研究发现，使用柯尔伯格的研究方法并没有发现在道德推理上存在性别差异。对此，吉利根承认，尽管女性能够使用所有的水平进行道德推理，但在她们的现实生活中，她们不会做出如此的选择。相反，正如前面所讨论的，女性看重的是人际关系层面，这已经被研究所证实。一项研究表明，女孩愿意付出更多的努力去帮助另一个需要帮助的人，她们在与情绪同理心有关的测验上容易获得更高的分数（针对性别话题所做的全面讨论，参见 Hoffman，1977）。

柯尔伯格早期对道德判断发展所做的这项研究不断被许多学科领域的研究所引用。一项基于柯尔伯格理论的研究调查了妇女在怀孕期间酗酒对其孩子的道德发展的影响（Schonfeld, Mattson, & Riley, 2005）。关于怀孕期间酗酒抑制儿童智力发育已有十分明确的证据，这项研究还发现："那些在出生前接触酒精的儿童和青少年，其道德成熟度低于控制组。根据柯尔伯格关于道德发展的阶段理论，'接触酒精'组的关注点还停留在使自己的损失最小化的阶段（如第二阶段），而控制组已经发展到了关注他人和社会规范的阶段（第三阶段）"（p.550-551）。

另一项引用柯尔伯格理论进行的研究考察了儿童提供的目击者证词的准确性（Bottoms et al., 2002）。一些 3~6 岁的儿童在母亲的陪同下参加一个游戏活动。一半儿童被告知不可以玩室内的某些玩具。然而，研究者离开后，这些儿童的母亲就鼓动他们去玩那些"被禁止"的玩具，但是告诉他们"要保密"。一段时间后，研究者开始询问他们是否玩过被禁止的玩具。"结果表明，对于年龄较大的儿童来说，被告知保守秘密的儿童比没被告知保守秘密的儿童隐藏了更多信息；而对于年龄较小的儿童来说，保密的要求对他们的回答不会有什么显著的影响"（p. 285）。很多时候，儿童被要求为成人违法或有害的行为保密。了解多大的儿童能

够领会保密的含义并能保守秘密，对于在司法诉讼中儿童目击证词的使用可能会 168
起到重要作用（见本书研究 16 中罗夫特斯关于目击证词的研究）。

结 论

在行为科学领域内针对柯尔伯格的研究工作所展开的对话和论争持续至今（例如，参见 Goodwin & Darley, 2010），且有明显的继续下去的迹象。该理论的最终价值和重要性有待于人们做出更清晰的界定。但不管怎样，关于人类发展的新概念，极少能像柯尔伯格的道德发展阶段论那样引发如此众多的研究、思考和争论。而该理论的社会价值似乎已在柯尔伯格 1964 年所做的一段陈述中有所显现：

> 尽管任何道德教育的概念都必须承认，父母不可避免地会把自己的行为准则和道德判断强加于儿童，但把道德教育主要限定在激发儿童自身道德判断的产生和对行为的控制却是可能做到的……我已经发现，有些教师劝诫 13 岁的少年不要作弊时是这样说的：“因为你抄袭的那个人的回答或许是错的，所以这样做对你没有任何好处。”这些少年中的大多数人都能提出更好的不作弊的理由……儿童很可能会抛弃那些低于他们道德发展水平的道德推理，他们也同样无法同化那些远远超出其道德发展水平的道德推理。（p.425）

Bottoms, B., Goodman, G., Schwartz-Kenney, B., & Thomas, S. (2002). Children's use of secrecy in the context of eyewitness reports. *Law and Human Behavior, 26*, 285–313.

Gilligan, C. (1982). *In a different voice: Psychological theory and women's development*. Cambridge, MA: Harvard University Press.

Goodwin, G. P. & Darley, J. M. (2010). The perceived objectivity of ethical beliefs: Psychological findings and implications for public policy. *Review of Philosophical Psychology, 1*, 161–188.

Hoffman, M. L. (1977). Sex differences in empathy and related behavior. *Psychological Bulletin, 84*, 712–722.

Kohlberg, L. (1964). Development of moral character and moral ideology. In H. Hoffman & L. Hoffman (Eds.), *Review of child development research* (Vol. 1). New York: Russell-Sage Foundation.

Kurtines, W. (1986). Moral behavior as rule-governed behavior: Person and situation effect on moral decision making. *Journal of Personality and Social Psychology, 50*, 784–791.

Schonfeld, A., Mattson, S., & Riley, E. (2005). Moral maturity and delinquency after prenatal alcohol exposure. *Journal of Studies on Alcohol 66*(4), 545–554.

Snarey, J. (1987). A question of morality. *Psychological Bulletin, 97*, 202–232.

20 让你愉快的控制力

Langer, E. J., & Rodin, J. (1976). The effects of choice and enhanced personal responsibility for the aged: A field experiment in an institutional setting. *Journal of Personality and Social Psychology, 34*, 191–198.

控制力，这个看似微不足道的心理学概念，却是能对人类所有的行为产生极为重要影响的一个因素。我们在这儿所谈论的控制力并不是指控制别人的那种能力，而是指你所拥有的、能够控制你自己的生活和事件的个人力量。这种力量与
169 对能力和个人力量的自我感觉以及在各种情形下的可用选项有关。人们大多认为，我们至少能在某种程度上控制自己的命运。生活中，你做过不少选择，有好有坏，正是它们引领你成为今天的你。尽管你未曾有意识地思考过这些，但你在一生中还要做更多的选择。你每天都在选择或决定自己的行为。当你的控制力受到威胁的时候，你就会出现负面情绪（生气、狂怒、愤慨），并会以某种行为来反抗，以此来恢复你的个人自由感。如果有人告诉你，你必须做某件事，你很有可能会拒绝他，或是朝相反的方向去做，这是太平常的事了。或者，反过来讲，如果我们禁止某人做某些事，他反倒会觉得被禁止的活动比以前更有吸引力（还记得罗密欧和朱丽叶吗？），这种反对任何限制我们的自由企图的倾向被称为阻抗。

如果我们对控制个人环境的需要对于人类本性真的像看起来那样重要，倘若你丧失了控制力且再也无法将它找回来，你认为结果会怎样？你很可能会经历心理困扰，比如焦虑、气愤、狂怒、沮丧、无助，甚至是以生理疾病的形式出现。研究表明，当人们处在压力情境中时，如果他们相信自己对这一应激事件能够有所控制，那么压力情境的负面影响就会减少。例如，在拥挤的电梯里，如果有人站在靠近控制板的地方，在那儿，他们会觉得电梯不那么挤，也不感到焦虑。不管他们是否会控制电梯来“逃跑”，他们认为自己能控制这种环境（Rodin, Solomon, & Metcalf, 1979）。另外一系列著名的研究已经证明，当人们觉知到他们能够控制某个应激情境时，他们的压力会减少（见 Glass & Singer, 1972）。例如，在一项研究中，让参与者暴露于突然出现的强噪音中，然后要他们完成问题解决的任务。其中一组参与者不能控制噪音，而主试告诉另一组参与者他们可以在任何时候按压按钮以停止噪音。然后，又嘱咐他们能够不按压的话，就尽量别按压。

没有控制力的那组参与者的任务完成情况明显要比那些相信自己可以对噪音进行控制的参与者差得多。另外，在后一组中，实际上没有参与者按压过按钮，所以，他们暴露于噪音的时间与无控制力的那组参与者一样多。

所有这些归结起来就是，当我们能够选择时，我们便是更快乐和更有成就的人。不幸的是，在我们的社会中，许多人都会经历这样一个阶段，他们丧失了这种控制力量，连对自己的生活做出最简单的选择也会受到限制，这个生活阶段就叫作“老年”。我们许多人都曾经听说过或直接接触过健康状况突然恶化的老年人，他们被安置在养老院或疗养院。许多疾病，如心脏病、抑郁症、糖尿病和结 170
肠炎，都与无助感、失控感密切相关。老年人进入疗养院后，他们必须忍受的最困难的转变之一就是失去对自己日常生活的选择和失去对自己命运的影响。在我们思考这个研究之前，艾伦·兰格和朱迪斯·罗丁已经对控制力的问题研究了一段时间，他们决定把这些观点放进真正的养老院环境里进行检验。

理论假设

如果一个人在自己的生活中丧失了对自己负责的能力，往往会引起其不快，并危害他的身体状况，那么提高人的控制力就会有截然相反的结果。兰格和罗丁想通过增进一组疗养院老人对自己负责的能力和选择权来直接验证上述观点。以前人的文献和自己的前期研究为基础，他们预测，给予病人以控制感将明显提高他们的心理警惕性、活动水平、生活满意度以及其他可测量的行为和态度。

方　法

参与者

兰格和罗丁与康涅狄格州的一个名叫阿登屋的养老院进行合作。这个疗养院被康涅狄格州评为这个地区最好的疗养单位之一，它能提供高质量的医疗服务、娱乐设施和居住条件。该养老院共四层，规模大而又现代化。这个疗养院里的老人总体而言身心健康状况相近，有相似的社会经济背景。新成员进入疗养院后，基本上是被随机安排在一个基础设施齐全的房间里。因而，整个疗养院里老人的基本状况大体而言是相同的。随机挑选两层楼，让住在这两层的老人分别接受两种实验处理。四楼的老人（8 男，39 女）接受了“责任感提升”的训练。二楼的老人则作为对照组（9 男，35 女）。91 名参与者的年龄跨度为 65 岁到 90 岁。

程　序

疗养院的管理人员同意辅助研究人员在两种实验条件下进行工作。管理人员是一名 33 岁的男性，他性格外向、友好，每天都要与老人们打交道。他给那两层楼的老人开了个会，告诉他们一些有关疗养院的新信息。他把两条信息分别传递给了这些老人，表示疗养院会把他们的生活安排得尽可能舒适而令人满意，还说明了他们能够享受的几种服务。但两组参与者得到的信息是有重要差别的。

171 “责任感提升”组（4 楼的老人）得到的信息是，他们有照顾自己的责任，并有权决定如何安排自己的时间。他的具体说明是这样的 ：

> 你们可以自己决定房间的设施布置——无论你是希望它就像现在这样，还是希望工作人员帮你再重新布置一下……你们有责任让我们知道你们的意见，告诉我们你们想做什么样的改变，告诉我们你所希望的事情。另外，我想利用这个机会送给你们每人一个由阿登屋疗养院准备的礼物。（工作人员拿着装满小植物的盒子来到老人面前。所有老人要作两个决定 ：第一，他们是否想要植物 ；第二，选择一种自己喜欢的植物。结果，所有的老人都给自己选了一种植物。）这些植物是你们的了，请你们自己照顾好自己的植物。
>
> 最后还有一件事我想通知你们，那就是下周四、周五的晚上我们将各放映一场电影。如果你想看的话，请在两天之中选择一天。（p.194）

对控制组（2 楼的老人）说，疗养院多么希望使他们的生活更充实、更有趣。他的说明如下 ：

> 我们希望你们的房间能尽可能地舒适，并且我们也已尽力为你们作了这样的安排。我们希望你们在这儿能感到高兴，我们的责任就是给你创造一个幸福的家，让你能为它而感到自豪，我们将尽全力在各个方面帮助你们。……

> 另外，我想利用这个机会送给你们每人一个由阿登屋疗养院准备的礼物。（护士拿着装小植物的盒子走了一圈，发给每位老人一棵植物。）这些植物就是你们的了，护士会每天替你们给植物浇水并照顾它们。
>
> 最后还有一件事我要通知你们，那就是下周四、周五的晚上我们将各放映一场电影。稍后将会通知安排你们哪一天去看。（p.194）

三天之后，这名管理人员到每位老人的房间里又去了一次，并重复了同样的信息。

不难看出，这两种信息之间存在着重要的差异：实验组的参与者（4 楼的老人）在生活中有选择的机会，可以对自己的生活多个方面施加控制；而对于控制组的参与者（2 楼的老人）而言，虽然其他因素与实验组基本相同，但他们收到的信息是，将由疗养院来代他们做出大部分决策。这一实验过程持续了三个星期。（应该注意的是，4 楼老人所拥有的控制力水平，是所有居住在这个疗养院中的人都能获得的。在这个实验中，研究者只是对实验组重申他们所拥有的这一控制力，并使他们更清楚这一点。）

测量结果

在这项研究中，研究者运用了数种测量方法（因变量）来了解不同的责任状态是否会产生不同的结果。他们运用两份问卷进行了两次施测，一次是在管理员召开会议前的一周，另一次是在召开会议的三周后。其中一份问卷由老人们填写，主要内容涉及对自己控制力的评估及在疗养院生活的快乐程度和活动水平。另一份问卷由各层楼的护士（她们并不清楚研究者在进行实验）填写，问卷要求她们
用 10 点量表评估老人们在快乐、机敏、依赖、社交、活力等方面的水平，以及 172
他们的饮食和睡眠习惯。另外，还有两个测验也记录了老人的实际行为表现。其中一项记录的是老人在第二周到场观看电影的情况，另一项以竞赛活动的形式出现，研究者让老人们猜测在一个大罐子里共有多少粒果冻豆，想参加的人只需在一张纸条上写下他们的名字和猜测结果，并将纸条放入罐子旁边的一个盒子里即可。

结 果

表 20-1 展示了两份问卷的调查结果。我们可以很清楚地看到，两组参与者的差异是非常明显的，其结果支持了兰格和罗丁的预测，即选择的机会和个人的控制力能产生积极的作用。责任感提升的那组参与者比对照组的参与者感觉到了更多的快乐，也更富有活力，而且访谈者对他们机敏程度的评定也高于对照组，所有这些差异都具有统计上的显著性。更显著的差异可从护士的评定结果中看出。请记住，护士对老人进行评定时对实验一无所知，这样做是为了防止她们在评定时产生偏见。他们证实，责任感提升组的参与者在三个星期的实验后，其情况有显著的提高，与此同时，可以看出对照组的总体情况有所下降。事实上，“实验组中 93% 的参与者（一人除外）的状况都得到了提高，而对照组却只有 21% 的参与者（6 名参与者）的状况向积极方面变化”(p. 196)。4 楼的老人会更多地与
173 别人接触，与各类工作人员长时间地交谈。另一方面，责任感提升组的参与者从

表20-1 问卷调查结果一览表

	第一次管理和第二次管理的差异		
问卷条目	**责任感提升组**	**对照组**	**差异是否显著**
参与者的自我报告			
● 愉快	+0.28	0.12	是
● 积极	+0.20	1.28	是
● 访谈者对参与者机敏程度的评定	+0.29	0.37	是
护士的评定			
● 总体上的进步	+3.97	2.39	是
● 时间安排：			
— 拜访其他老人	+6.78	3.30	是
— 拜访其他人	+2.14	4.16	是
— 和工作人员交谈	+8.21	+1.61	是
— 观察工作人员的工作	2.14	+4.64	是

（引自 p. 195）

事被动性事务（如仅在一旁观看工作人员的工作）的时间也更少。

对行为的测量结果进一步支持了控制力的积极作用。很明显，实验组中有较多参与者到场观看了电影。而在此前一个月，研究人员也放映过一场电影，但当时这种差异并未显现出来。此外，虽然猜果冻豆比赛对于科学研究来说，似乎有点可笑，然而我们所得到的结果却非常有趣：有 10 位 4 楼的老人参与了这项游戏，但是 2 楼却只有 1 位老人参与了该游戏。

讨 论

根据他们的研究并结合其他的早期研究，兰格和罗丁指出，对于一个被迫放弃控制力与自我决策权的人，如果我们给他一种较强的自我责任感，那么他的生活质量便会提高，生活态度会变得越发积极。对于这项研究的实际应用价值，作者简洁明了地指出：

> 为了改变那些真正减少老年人责任感或使老年人感到责任感降低的环境因素，我们可以建立也应该建立一些机制。而且，这项研究以及大量的文献资料显示，衰老和机敏性的降低并不总是因年老而不可避免。事实上，研究表明，通过让老年人重新获得决策权和胜任感，一些因年老而引起的消极结果是可以被延缓、逆转或者防止的。（p.197）

研究发现的意义和后续研究

这些研究者在同一个疗养院，用同样的参与者所做的后续研究也许能为这项研究结果的重要性提供最好的证明（Rodin & Langer, 1977）。第一项研究结束的 18 个月之后，兰格和罗丁又返回阿登屋疗养院作进一步的跟踪调查，以了解责任感提升条件是否存在长期效应。对于依旧住在该养老院的老人，由养老院的医生和护士对他们进行评估；此外，该文的作者之一（罗丁）与这些老人作了一次有关心理学和衰老的特殊讲座。对参加这次讲座的上次实验的参与者的人数进行了记录，并记录了他们提问的问题类型和频率。

护士对老人们的评估结果显示，责任感提升组的情况仍明显优于对照组。实验组的总平均数（把所有评定结果加起来，再计算平均分）是 352.33，而对照组是 262.00（统计差异极为显著）。从医生那里得到的健康评定值也表明，实验组的整体健康状况有所上升，而控制组则有轻微的下降。虽然在参加讲座的人数方面，两组没有显著差异，但大多数问题是由责任感提升组的老人提出的，且内容
174 大多与自由和独立有关。在所有的研究结果中，最重要的发现也许是，在这 18 个月的间隔当中有 30% 的对照组参与者离开了人世，而在实验组中这个比例仅为 15%。

对本项研究的一个重要批评是由兰格和罗丁他们自己提出的。无论何种情境，只要涉及参与者的身心健康，研究者都应十分慎重地对待研究干预的后果。例如，我们在实验中使老年人重新获得了各类控制力，而在实验结束后，他们又失去了这些能力，这可能是有害的，甚至非常危险。实际上，在舒尔茨（Schulz, 1976）的一项研究中，研究者让疗养院中的老人在大学生何时可以采访他们这件事上拥有不同程度的自主权。那些自主水平最高的人，可以决定在什么时候接受拜访，被拜访多久，他们都明显地表现出功能上的提高，这与兰格和罗丁的发现相当一致。然而，研究结束后，大学生们不再继续拜访老人（这里的部分原因是由于研究人员的疏忽）。这就导致了实验组比那些从未经历过控制力增加的参与者衰老得更快。在兰格和罗丁的研究中，这个现象没有出现，因为对日常生活决策的一般控制力在老人身上培养出来了，所以这个积极的变化能持续产生积极的结果。

近期应用

正如我们前面提到的，个人的力量和对生活的控制力是幸福、多彩人生的一个非常关键的因素。这种潜力丧失之后，人也就进入了老年。兰格和罗丁的研究以及朱迪斯·罗丁（参见 Rodin, 1986）的一系列后续研究都清楚地表明：人所拥有的控制力越多，其老年化过程就越快乐、越健康、越平稳。今天，养老院、国家养老机构认证部、医院以及其他一些机构都意识到了这一点，他们对老年人不

断给予鼓励，并增加他们进行自我选择的机会，提高个人的力量和控制力。

包括兰格和罗丁 1976 年的研究在内的很多研究都支持这一观点，即当我们步入老年时，控制力对我们而言是必须的且有价值的。例如，2003 年的一项关于德国养老院中的老人抑郁情况的研究发现，觉知到的自由和个人选择的缺失可作为抑郁症状、身体健康状况不良和缺乏社会支持的预测指标（Krampe et al., 2003）。作者总结道："对老年人抑郁的治疗和预防必须与自主的自我调节（个人选择）和可觉知的自由相结合，因为这二者在对抑郁的解释上有各自的贡献。"（p. 117）

兰格和罗丁早期研究中所提出的问题继续得到研究。2010 年，一项名为"生而选择：控制感需求的起源和意义"的研究提出，人类对周围环境的控制能力以
及感知到对行为结果拥有个人选择的能力，不仅对心理健康有着重要价值，而且 175
可能在生物学上是天生的（Leotti, Iyengar, & Ochsner, 2010）。

这种生物学上的必要性，似乎与选择以及在某个情境下有意识地做出决策的能力有关。越来越多的来自人、动物及脑扫描的研究模型表明，现代人类的控制感是从数百万年的进化过程中发展而来的一种*生存机制*。换句话说，能够做出选择并对环境进行控制的早期人类更有希望生存下来，并将这种"控制基因"传递给下一代。即使在今天，这种基因传递依然在继续并存在于我们当中。研究发现，当人们失去选择的机会和控制时，就会产生压力。举个极端的例子，想象一下你的身体被限制活动了（例如被按倒或被绑起来）。虽然你很清楚这些限制不会真的伤害你，但这种限制仍会导致强烈的应激反应（比如，心率加快、血压升高、肾上腺素释放）。为了更好地证明丧失控制所带来的反应是"天生的"，研究者将同样的限制施加于动物，结果发现其反应模式与人类相似。

结 论

可见，个人力量和控制力不仅影响着人的幸福感，而且还影响人的健康，它们的缺乏会让你变得不快乐甚至生病。将兰格和罗丁的思想运用于你的现实生活并不困难，请回想一下在哪些事件、情境和经历中，你对自己的行为几乎失去控

制。你可能还记得，与那些你能选择和操纵的事件相比，这些经历使你感到更加不安、更加生气、更加不愉快。在绝大多数的生活情境中，提高个人行为的选择程度的确是一个值得追求的人生目标。

Glass, C., & Singer, J. (1972). *Urban stress: Experiments on noise and social stressors*. New York: Academic Press.

Krampe, H., Hautzinger, M., Ehrenreich, H., & Kroner-Herwig, B. (2003). Depression among elderly living in senior citizen homes: Investigation of a multifactorial model of depression. *Zeitschrift fur klinische psychologie und psychotherapie, 32*, 117–128.

Leotti, L., Iyengar, S., & Ochsner, K., (2010). Born to choose: The origins and value of the need for control, *Trends in Cognitive Sciences, 14*, 457–463.

Rodin, J. (1986). Aging and health: Effects of the sense of control. *Science, 233*, 1271–1276.

Rodin, J., & Langer, E. J. (1977). Long-term effects of a control relevant intervention with the institutionalized aged. *Journal of Personality and Social Psychology, 35*, 897–902.

Rodin, J., Solomon, S., & Metcalf, J. (1979). Role of control in mediating perceptions of density. *Journal of Personality and Social Psychology, 36*, 988–999.

Schulz, R. (1976). Effects of control and predictability on the psychological well-being of the institutionalized aged. *Journal of Personality and Social Psychology, 33*, 563–573.

第六章

动机和情绪

本章所关注的话题是我们内心的动机和情绪体验。很多非心理学家感到很难 176
用科学的方法探索这些问题。人们普遍认为，情绪和动机只是这样发生了，我们不能对其进行太多的控制，而且它们是与生俱来的一种本能。然而，心理学家们一直对情绪的产生以及人的行为动机怀有浓厚的兴趣。情绪和动机对行为具有强有力的影响，而且在这一领域已有大量的研究成果，它们使得我们能够更深刻地理解情绪和动机这两种心理现象。

本章的第一项研究也许会令人感到惊讶，这是马斯特斯和约翰森的团队在20世纪60年代开展的有关人类性反应的研究。该研究之所以被收录在此，是因为人类的性感受和性行为受到情绪的强烈影响，而且情绪本身也被视为强有力的动机力量。第二项研究极负盛名且引人注目，它考察了与情绪相应的面部表情，并得出人类所拥有的基本情绪的面部表情具有跨文化的一致性。第三项研究探讨了带来压力的极端情绪对人体健康的影响。我们读到的第四项研究是动机研究领域中最著名的实验之一，它首次证明了一个被称为“认知失调”的心理现象的存在。

21 性动机

Masters, W. H., & Johnson, V. E. (1966). *Human sexual response*. Boston: Little, Brown.

你或许不会一下子意识到这一点，但人类的性行为是非常心理化的活动。很多人可能从逻辑上把性行为的研究划入生物学或生理学的学科范畴。这些学科的
177 确在很多方面与性行为这一主题有关，并且主要是研究动物的性行为。然而就人类而言，性活动毫无疑问是一种心理过程。仔细想想，性吸引、性欲以及性功能都主要取决于人的心理。如果你对此存有疑义，请考虑一下以下几个显而易见的事实。你知道大多数人发生性行为不仅仅是为了繁衍后代，更多是心理方面的原因。此外，据我们所知，人类是地球上唯一一个受性问题困扰的物种，这些问题有性欲的压抑、性快感缺乏、阳痿、早泄、性高潮缺乏、阴道痉挛等。它们通常都涉及心理方面的原因。

不管怎样，在讨论该项研究之前，我们应该知道，性行为带来的欢愉以及对性问题的成功治疗都离不开我们对性功能清晰而全面的认识，即人类性反应的生理学。这正是马斯特斯和约翰森所要着手研究的。

在20世纪60年代以前，对人类性行为有决定性意义的研究工作当数20世纪40年代末、50年代初由阿尔弗雷德·金赛（Alfred Kinsey）所公开的对美国人所做的大规模调查。著名的金赛性学报告——《男性的性行为》(1948）和《女性的性行为》(1953）向数千名美国男性和女性询问了他们的性行为和性态度。随着这些调查报告的陆续发表，我们忽然有了一种衡量自己的性生活方式的标准，对自己的性行为做出相对的判断。金赛性学报告为我们提供了一个探索人类性行为的独特视角，直至今天，这些数据仍作为性行为的统计信息而为人们广泛引用。虽然金赛的研究结果很重要，但是他的研究仅仅提供了人类自我报告的性行为信息，而在人类做出性行为时的身体反应以及性困扰的处理方面留下了很大的空白。

于是，马斯特斯和约翰森出现了。这两个名字已经成为人类性行为研究的同义词，并且为世界上数以万计的人们所熟知。20世纪60年代初，美国发生了一场现在被称为“性解放”的革命运动。剧烈的社会变革使人们能公开和坦率地探

索以前讳莫如深的性行为。直到 20 世纪 60 年代，根深蒂固的维多利亚式价值观使人们对性遮遮掩掩，它成了不宜公开讨论的隐秘话题，更不用说加以研究了。这几乎使马斯特斯和约翰森的研究计划失去所有的社会支持和经济支持。但随着人们开始公开承认我们是具有性感受和性欲望的个体，社会不仅认可马斯特斯和约翰森对此问题的研究，而且也需要这种研究。原有的统计资料已不能满足人们的需要。人们开始乐于了解自己面对性刺激时的身体反应。 178

正是在这样的社会背景下，马斯特斯和约翰森开始研究人类的性反应。他们的早期研究正是本文讨论的主题。尽管他们的研究工作是在几十年前进行的，但它现在仍然是有关人类性反应的生理学知识的基础。

理论假设

马斯特斯和约翰森研究最重要的假设是：为了理解人类的性活动，我们必须研究人们对性刺激做出的真实反应，而不仅仅是记录人们自己感觉到或以为的性体验。

他们提出该理论的目的之一是为了心理治疗，即帮助人们克服他们可能正在经历的性问题。马斯特斯和约翰森对他们的这一目标做了如下描述：

> 有关人类性行为的基础只有在解答了下面两个问题之后才能确定。这两个问题是：当男性和女性对有效的性刺激有反应时，他们的身体发生了什么样的反应？当男性和女性对有效的性刺激做出反应时，为什么他们会做出这样的反应？如果医学和行为研究工作者要成功治疗性功能不健全者的话，他们必须对这些基本问题做出解答。(p. 4)

在这一研究目的的基础上，马斯特斯和约翰森还指出，能够获得上述问题答案的唯一方法便是对男性和女性性反应的各个阶段进行直接的系统观察和生理测量。

方 法

参与者

正如你想象的，这样一个研究课题所遇到的第一个困难就是寻找参与者。该研究要求人类志愿者愿意在实验室里从事性活动，同时接受严密的观察和监控。显然，研究者担心，提出这样的要求会导致根本找不到能够代表人类这一总体的参与者。研究者担心的另一点是，陌生的实验室环境可能使自愿参加该研究的参与者不能以他们通常的方式做出反应。

在他们研究的早期阶段，马斯特斯和约翰森雇用卖淫者作为参与者。做出这一决定的原因是他们推测过着一般的和典型的生活的个体会拒绝参加该项研究。8 名女性和 3 名男性卖淫者接受了近两年的全面研究。研究者们认为，这最初的 11 名参与者的贡献对完善整个研究的研究方法和技术起了关键性的作用。

179 但是，这些参与者对人类的总体而言并不具代表性，这是因为他们的生活方式和性经历与普通人相去甚远。所以，研究者们深知从这些参与者身上所获得的任何结果都不能确定无疑地推论到一般人群。因此，有必要获得一个更具代表性的研究样本。和他们最初的预测相反，研究者发现，寻找具有代表性的参与者并不像他们先前想象的那么难。

通过与某大城市的一些学术、医疗和治疗机构的联系，马斯特斯和约翰森找到了大量具有不同社会经济地位和教育水平的志愿者来参加这项研究。表 21-1 概括了最终被选为参与者的志愿者在年龄、性别以及受教育水平等人口学特征上的分布情况。所有志愿者都接受了详细的访谈，以确定他们参加该研究的动机以及与研究者沟通性反应问题的能力。这些候选参与者也都同意参加一次身体测试，以确定他们的生殖能力常态指标。

程 序

为了仔细地研究人类身体在性活动和性刺激过程中的生理反应，研究人员有必要设计出更多样的观察和测量方法。其中包括对脉搏、血压、呼吸频率等生理反应的标准化测量。此外，还要观察和记录特定的性反应。为此，“参与者在各

表21-1 参与者的年龄、性别和文化程度等特征的分布情况

年龄	男性人数	女性人数	高中	大学	研究生
18~20	2	0	2	0	0
21~30	182	120	86	132	84
31~40	137	111	72	98	78
41~50	27	42	18	29	22
51~60	23	19	15	15	12
61~70	8	14	7	11	4
71~80	3	4	3	3	1
81~90	0	2	0	2	0
总数	382	312	203	290	201

（引自 pp. 13-15）

个时段的性活动将包括各种人工操纵和机械操纵”（p. 21）。这就意味着，研究者不仅观察和测量参与者以各种姿势进行的自然性交，而且还要观察和测量在人工或机械装置的帮助下所进行的手淫活动，这些机械装置是为对参与者的反应进行清晰的记录而专门设计的。 180

这些由物理学家设计的特殊装置主要是由塑料制成的透明人造阴茎，这些人造阴茎可以帮助研究者进行真切的内部观察。人造阴茎可以根据女性感觉舒适与否来调整大小，而且在整个反应周期内完全由女性参与者自行控制。

参与者的适应和舒适感

不难想象，所有这些期望、观察和设备都可能会使很多参与者产生一些真实的情绪困扰。马斯特斯和约翰森也的确意识到了这些潜在的困难。为了帮助参与者在整个研究过程中始终处于舒适的状态，他们保证：

> 首先在研究的中间休息阶段，研究者在私下里积极鼓励参与者的性活动，然后参与者的性活动在调查组成员在场的情况下继续进行……直到参与者在实验环境中泰然处之。……只有当参与者在他们的环境中感到安全而且相信自己能够完成研究任务的时候，研究人员才对他们的反应进行记录。这一

训练阶段是让参与者对研究的单纯性和研究承诺的匿名方式建立信任。(pp. 22-23)

有些参与者进行了一段时间的研究便退出了实验，而另一些参与者则积极参加了长达数年的研究。在这项研究中，马斯特斯和约翰森估计他们共观测了约10 000个完整的性反应周期，其中女性和男性的数量之比是3:1。用他们的话来说，“女性参与者在各种研究程序中完成了至少有7 500个完整的性反应周期，相反，男性参与者的性高潮（射精）经历的研究数据至多有2 500个”(p. 15)。

结　果

马斯特斯和约翰森发现了与人类性反应有关的极为有价值的信息。稍后我们将对这些发现的精华部分进行概括。不过，另一个值得人们牢记的是，他们从参与者那里所得到的大部分数据适用于大多数人。当然，在人类总体中总会存在一些例外，但总体而言，每个人对性刺激的基本生理反应都是极为相似的。然而，当你读他们早期的发现时，你也不应忘记，他们的研究并不是针对人类与性有关的态度、情绪、价值观、道德、偏好、适应性或喜恶等。很明显，以上所有这些问题都是因人而异的，而且这些个体差异造就了人类性行为的极大的甚至是不可
181 思议的多样性。那就让我们见识一下马斯特斯和约翰森的这些最具影响力的研究发现吧！

性反应周期

在研究了大约10 000个性行为案例后，马斯特斯和约翰森发现，人类的性反应可以分为四个阶段，并将其命名为“人类性反应周期”。这些阶段依次为兴奋期、持续期、高潮期和消退期（参见表21-2）。虽然两位心理学家在自己的著作中承认这些阶段是人为划分的，但这种划分使得对性反应的讨论变得更加容易和清晰。如今，学术界或专业领域在对人类性反应进行讨论时无不参考这四个反应阶段。

表21-2 性反应周期的四个阶段

阶 段	女性的反应	男性的反应
兴奋期	第一标志：阴道润滑。阴蒂头勃起。乳头变硬，乳房增大。阴道变长且阴道靠里的三分之二的部分有所扩展	第一标志：阴茎勃起。阴茎勃起的时间因人、年龄、酒精或药物的使用、疲劳和应激等状态的不同而有所不同。阴囊和睾丸提起。如果注意力分散，勃起的阴茎可能会缩回，但通常也容易恢复到勃起状态
持续期	阴道靠外部的三分之一膨胀起来，阴道口缩小至原来的 50%。阴道靠里的三分之二继续膨胀或“充塞”。阴蒂缩回。润滑程度降低。小阴唇充血且颜色变深，预示着性高潮将至。肌肉紧张，血压上升	阴茎完全勃起。即使注意力分散，阴茎也不会轻易缩回。龟头进一步变大。尿道球腺分泌射精前液。睾丸进一步上升、旋转并增大，预示着性高潮将至。肌肉紧张，血压上升
高潮期	骨盆开始以 0.8 秒的时间间隔有节奏地收缩。阴道内下壁的这种收缩感觉尤其明显。子宫也有节奏地收缩。全身肌肉紧张。持续时间从 7.4 秒到 104.6 秒不等，与知觉到的紧张并不一致	骨盆开始以 0.8 秒的时间间隔收缩。射精，即精液的射出，分为两个阶段：(1) 准备发射：精液聚积在尿道口处，感到射精已无法避免；(2) 排出：阴茎的肌肉收缩，迫使精液从尿道排出
消退期	阴蒂、子宫、阴道和乳头等通常在一分钟之内恢复到未唤醒状态。阴蒂通常仍对触摸非常敏感，持续 5~10 分钟。如果女性尚未体验到性高潮，那么，这一消退过程可能会持续几个小时	大约有 50% 的男性勃起的阴茎在一分钟内会缩回；随后逐步地恢复到完全未唤醒状态。睾丸变小并下降。阴囊松弛下来

性解剖学

马斯特斯和约翰森的该项研究的一个巨大贡献便是揭开了人类性行为的神秘面纱。研究者试图纠正在性的解剖学知识方面存在的普遍误解，特别是对阴茎和阴道的分析。有史以来，男性最常见的性担忧便是阴茎的大小问题。马斯特斯和 182
约翰森研究了很多阴茎，且最终找到了该问题的一些科学答案。他们称这种困扰为“性器谬误”。男性通常为这两个问题而苦恼：(1) 阴茎越大才越能满足女性的需求；(2) 怀疑自己的阴茎太小。马斯特斯和约翰森通过揭示他们在研究中测量到的阴茎的平均大小，以及对阴茎和阴道在异性性交过程中作用的解释，证明了上述两种担忧是误导。

研究者发现，在男性参与者中，松弛状态下阴茎长度的正常范围是从 2.8 英寸到 4.3 英寸（1 英寸 = 2.54 厘米），其平均长度大约为 3 英寸。在勃起状态下，阴茎长度的正常范围是从 5.5 英寸到近 7 英寸，其平均长度大约为 6 英寸。这些数字明显小于人们传统观念中所认为的大阴茎和小阴茎的长度。但更令人惊奇的是，当研究者测量勃起阴茎的长度时，他们发现松弛状态下较大的阴茎并不预示着它在勃起时也更大些。事实上，总体而言，他们发现，松弛状态下较小的阴茎在性兴奋时比松弛状态下较大的阴茎有更大的变化幅度。看一看下面的平均数值，松弛状态下 3 英寸长的阴茎可以增加到 6 英寸，而松弛状态下 4 英寸长的阴茎只增加了大约 2.5 英寸，最终达到 6.5 英寸。为了进一步说明这一发现，马斯特斯和约翰森报告了所观察到的最大的阴茎和最小的阴茎在松弛状态和勃起状态下的变化幅度。一位参与者的阴茎在松弛状态下长度是 2.8 英寸，其勃起状态下的阴茎长度增加了 3.3 英寸，总长度达到了 6.1 英寸。另一名参与者的阴茎在松弛状态下是 4 英寸，勃起时仅增加了 2.1 英寸，其最终长度同样也是 6.1 英寸。

比以上这些阴茎的测量更重要的是女性的性快感和性满足取决于阴茎大小的观念。正像他们书中“阴道谬误”一节所说明的那样，研究发现，以上这种观念是毫无根据的。在使用前面提到的人造阴茎技术所做的观察中，他们得出结论，阴道是一种足以容纳不同大小阴茎的极富弹性的器官。“不管阴茎的大小如何，阴道总能在阴茎最初的几次抽动中使阴茎充满阴道”（p.194）。此外，他们发现，在性反应周期的持续阶段（见表 21-2），阴道口的内壁膨胀起来，足以紧紧缠绕住任何大小的阴茎。因此，作者的结论是 ：“显而易见，阴茎的大小在对女性的性刺激上通常只是个无足轻重的因素”（p.195）。

性反应上的两性差异

尽管男性和女性在性反应周期上存在很多相似之处，但马斯特斯和约翰森也
183 发现了一些重要的差异。他们发现的最著名且最具革新意义的差异涉及性反应周期的高潮阶段和消退阶段。高潮阶段过后，男性和女性都进入消退阶段，此时性紧张迅速降低，性器官还原为以前未唤醒的状态（这就是所谓的勃起消退）。马

斯特斯和约翰森发现，此时男性存在一个不应期，即在此期间不管他所受到的性刺激的类型或数量如何，他在生理上都不能经历另一次性高潮。这一不应期可以持续几分钟，几个小时，甚至是一天，而且随着年龄的增长，不应期所持续的时间有不断延长的趋势。

马斯特斯和约翰森发现女性并没有明显的不应期，而且在有效的刺激下，女性能够在第一次性高潮后紧接着经历一次或多次性高潮，这种体验被称为多重高潮。研究者报告，和男性的情况不同，在性交过程中女性“能够使自己的性高潮体验持续相对更长的一段时间”（p.131）。

尽管对很多女性而言，这种多次性高潮的能力已不是什么新闻，但并不广为人知。在马斯特斯和约翰森的研究以前，人们普遍相信男性有更强的性高潮能力。因此，这一发现与马斯特斯和约翰森的其他很多发现对人们所持有的男女性行为方面的文化和社会态度产生了深远的影响。值得注意的是，尽管女性在生理上能够体验多次性高潮，但并非所有的女性都会去寻求或甚至渴望多次性高潮。事实上，很多女性从未体验过多次性高潮，但也非常满意自己的性生活。此外，很多体验过多次性高潮的女性称，她们也通常满足于一次性高潮。就性行为的生理和情绪方面的满意度而言，个体之间的差异是相当大的。马斯特斯和约翰森试图探讨所有可能的性行为的生理反应。

批　评

对马斯特斯和约翰森早期研究的大部分批评聚焦于：(1) 他们对性反应四个阶段的划分过于武断；(2) 他们几乎没有讨论性行为的认知和情绪方面的内容。然而，马斯特斯和约翰森在他们的研究一开始对此都有过考虑和交代。

如前所述，两位作者已充分意识到他们对反应周期的划分纯粹是人为的，但这些划分有助于人们研究和解释人类性反应的复杂过程。多年来，其他研究者提出了不同的阶段理论。例如，海伦·幸格·卡普兰（Kaplan, 1974）提出了一个包括欲望、血管充血（生殖器的饥渴状态）和肌肉收缩（性高潮）的三阶段模型。这些阶段反映了卡普兰的观点，即在任何性刺激开始之前，对性反应的分析应该始于性欲的产生。而且她认为在兴奋期和持续期之间没有必要做明确的区分。她对性欲的强调引发了对马斯特斯和约翰森早期研究的另一种主要批评意见，即他们的研究缺乏对性反应的心理因素的关注。

184 然而，马斯特斯和约翰森明确承认，检测性行为的心理因素并不是他们此项研究的目标。不过他们相信，全面了解与性行为有关的生理学方面对完满的性生活而言绝对是一个先决条件。而且，他们后来还出版了涉及人类性行为的心理和情绪方面的著作，并在其中对这个问题做出了令人信服的论述。

自马斯特斯和约翰森的第一部著作问世以来的 30 多年间，已有研究者对他们把某些研究发现推论到所有人身上的可行性有所怀疑。例如，有研究发现一小部分女性也有不应期，在此期间，她们不能体验性高潮，也有一小部分男性能够体验多次性高潮，其间几乎不存在不应期。此外，虽然射精一向被认为是男性的专利，但近期的研究发现也有一些女性偶尔会在性高潮时射液（对该研究的讨论参见 Zaviacic，2002）。

近期应用

要想从每年参考马斯特斯和约翰森早期关于人类性反应研究的出版物中寻找具代表性的一部分，并将其罗列出来，这似乎是不可能的。这些出版物涉及的范围很广，从有关性的核心教科书（参见 Hock, 2007; McAnulty & Burnette, 2004）到在心理学和性行为杂志中的前沿文章。

此外，如你所料，马斯特斯和约翰森的模型过去和现在都饱受争议。目前，主要的争论点仍然围绕着性反应四阶段模型是否如研究者所认为的那样，符合所有男性和女性。

基于马斯特斯和约翰森的开创性研究，有一项研究针对女性性生活满意度，在全国范围内实施了问卷调查，被调查者为近 1 000 名年龄在 20~65 岁之间的异性恋女性（Bancroft et al., 2003）。该研究的目的是调查女性性问题是否可视为与男性相似，以及什么药物治疗能对女性有效，在这一方面，一些治疗勃起障碍的药物（例如伟哥、艾力达、西力士）已经帮助了许多男性。该研究发现性反应的生理表现（唤起，阴道润滑，高潮）与被调查者的性烦恼之间并没有较高的相关：“总体上讲，与女性性生理反应障碍相比，在性交过程中缺乏幸福感和负性情绪体验会对女性的性困扰起到更加决定性的作用。虽然我们没有男性在此方面的直接对应数据，但我们可以预测该模式会有不同，对男性而言，生殖器的反应会更加重要”（Bancroft et al., 2003, p. 202）。换言之，女性最普遍的性问题的解决远比一小粒“粉红药片”复杂得多。

实际上，在 2000 年，由 12 名女科学家、研究人员和临床医生组成的研究队伍采用新的研究方法来探讨女性的性问题。她们认为男性和女性之间在性问题上
不同之处多于相似之处，同时认为马斯特斯和约翰森的四阶段模型在描述、解 185
释和治疗女性的性问题上是无效的（参见 Tiefer, 2001）。这种关于女性性问题的新观点声称：“女性的说法并不恰好对应马斯特斯和约翰森模型。比如女性通常不区分欲望和唤起，女性对生理唤起的关注比对主观唤起要少”（Tiefer, 2001, p. 93）。研究人员指出，马斯特斯和约翰森的模型在很多方面将男性和女性的性反应等同看待，从而忽略了理解女性性问题时必须重视的某些因素。这其中包括发生性交时双方关系的状况以及女性性反应模式的个体差异。更独特的是，他们认为考虑女性的性困难需要建立一个分类系统，这个系统应包含文化、政治和经济背景（比如性教育或避孕措施的缺乏）、女性的伴侣和关系问题（如虐待恐惧、力量失衡和整体的不和谐）、心理因素（比如以往的性创伤经验、抑郁和焦虑）以及医学因素（如激素失衡、性传播疾病和药物的副作用）等。

感谢马斯特斯和约翰森所做的大量工作，使我们对包括人类性愉悦和性反应在内的生理过程的理解与半个世纪前相比前进了一大步，但是仍有大量问题有待研究。毋庸置疑，在马斯特斯和约翰森开创性的工作背景下，相关研究会继续进行，我们关于人类性反应的视野也会逐渐变宽。

结 论

马斯特斯和约翰森于 1971 年步入婚姻殿堂。在接下来的 20 多年里，他们作为一个小组，继续进行相关工作和发表文章。在 1992 年，由于在研究方向的分

歧日趋增加及退休的原因，这对夫妇离婚了，约翰森也随之退休了。马斯特斯一直担任位于圣路易斯的马斯特斯和约翰森研究所的主任直到 1994 年退休。他于 2001 年 2 月 16 日死于帕金森病，享年 85 岁。

让我们回到本讨论的开头部分，马斯特斯和约翰森研究的主要目的是要探讨性功能不全的问题，以便帮助人们解决它们。毫无疑问，他们达到了这一研究目的。几乎所有的性治疗，从勃起问题、性高潮缺乏到早泄、性唤起困难等，都是建立在马斯特斯和约翰森的研究的基础上。马斯特斯和约翰森为我们理解和研究人类性行为做出了难以估量的贡献。对任何一本有关性知识的教科书进行调查，你都会发现，和其他的研究者相比，马斯特斯和约翰森的研究被引用的次数
186 更多，所占篇幅也更多。除此之外，在《人类的性反应》一书出版后的数十年间，马斯特斯和约翰森继续他们的研究工作，并将其研究发现应用到帮助人们实现性生活和谐的实践当中。在《人类的性反应》问世的 4 年后，他们又出版了《人类的性功能障碍》一书（1970），该书直接将其早期的研究成果应用于解决性问题上。我们可以从其随后出版的一系列著作中发现他们不断前进的脚印，这些著作包括：《快乐的结合》（1970）、《同性恋观》（1979）、《人类的性行为》（第 5 版，1995）、《危机：艾滋病时代的异性性行为》（1988）、《马斯特斯和约翰森论性与人类的爱情》（1986）、《异性恋》（1998）。

Bancroft, J., Loftus, J., & Long, J. (2003). Distress about sex: A national survey of women in heterosexual relationships. *Archives of Sexual Behavior, 32*, 193–208.

Hock, R. R. (2007). *Human sexuality*. Upper Saddle River, NJ: Pearson Prentice Hall.

Kaplan, H. S. (1974). *The new sex therapy.* New York: Brunner/Mazel.

Kinsey, A., Pomeroy, W., Martin, C., & Gebhard, P. (1948). *Sexual behavior in the human male*. Philadelphia: W. B. Saunders.

Kinsey, A., Pomeroy, W., Martin, C., & Gebhard, P. (1953). *Sexual behavior in the human female*. Philadelphia: W. B. Saunders.

McAnulty, R. D., & Burnette, M. M. (2004). *Exploring human sexuality: Making healthy decisions*, 2nd ed. Boston: Pearson Allyn & Bacon.

Tiefer, L. (2001). A new view of women's sexual problems: Why new? Why now? *Journal of Sex Research, 38*, 89–96.

Zaviacic, Milan (2002). Female urethral expulsions evoked by local digital stimulation of the G-spot: Differences in the response patterns. *Journal of Sex Research, 24*, 311–318.

22 我能读懂你的脸！

Ekman, P., & Friesen, W. V. (1971). Constants across cultures in the face and emotion. *Journal of Personality and Social Psychology, 17*, 124–129.

如果你想到一些有趣的事儿，你的脸上会浮现出什么表情？现在再回想一下过去的伤感经历，你的面部表情会发生变化吗？答案是肯定的。毫无疑问，你能意识到特定的面部表情是与特定的情绪相对应的，而且在大多数情况下，你能通过某人的面部表情识别出他此时此刻的情绪情感。现在设想一下：如果一个人来自另一种文化背景，如罗马尼亚、苏门答腊抑或蒙古，你还能借助他们的面部表情成功地识别他们的情绪状态吗？换句话说，你是否相信表现情绪的面部表情具有普遍性？大多数人相信他们能够辨认来自异域文化的人们的面部表情，但当他们想到异域文化与他们自身的文化差异悬殊时，他们又会变得犹豫不决起来。试想，不同文化在穿着、动作手势、个人空间、礼仪规范、宗教信仰以及态度等方面是多么不同。所有这些差异都会影响人的行为，因此如果有任何人类特征（包括面部表情）在所有文化中是完全一样的话，那该是多么不可思议啊！

在面部表情研究领域，保罗·埃克曼（Paul Ekman）是站在最前沿的卓越研究者。这篇文章详细描述了他早期的研究，研究旨在证明面部表情具有普遍性。尽管作者在论文的引言部分承认，先前的研究者已经发现了一些证据支持人的面部表情受到文化差异的影响，但他们认为先前的研究做得不好，在现实中，表达基本情绪的面部表情具有跨文化的一致性。

在开展该项研究的几年前，埃克曼和弗里森已经着手研究这方面的问题，他 187
们在阿根廷、巴西、智利、日本和美国向具有大学文化程度的参与者呈现人脸部的照片。结果来自所有国家的参与者都成功地识别出对应于某种情绪的面部表情，不管照片中的人是哪个国家。研究者把这一发现作为面部表情具有普遍性的证据。然而，正如埃克曼和弗里森他们自己所指出的，参加上述研究的参与者都能够接触到像电影、杂志、电视等国际性的大众传媒，而这些传媒又充斥着可能已被传递至这些国家的面部表情，因此他们欢迎各方面的人对他们的研究提出批评意见。因此，要找到一种从未接触过上述大众传媒的文化群体才有可能证明面部表情具有跨文化的一致性。试想在当今世界要想找到这样一种文化群体是多么困难（也许根本就不可能），即使在当时的 1971 年，也很不容易。

埃克曼和弗里森来到了位于新几内亚东南部的高原，为他们的研究寻找参与者，在那里生活的弗尔族人与世隔绝，其社会状态仍处于石器时代。很多当地居民几乎没有接触过西方或东方的现代文化。因此，除了自己人的面部表情外，他们还没有接触过来自其他文化的表现情绪的面部表情。

理论假设

埃克曼和弗里森的研究所依据的理论假设是，对应于基本情绪的特定面部表情具有跨文化的一致性。埃克曼和弗里森用极为简洁的话对此进行了陈述：

> 本文的目的是考察这样一个假设，即处于前文明时期的人们，尽管他们没有接触过任何的异域文明，他们依然能和来自西方文明和东方文明的人们一样，从相同的面部表情中识别出相同的情绪概念。（p.125）

方　法

南弗尔族是当地最与世隔绝的弗尔族分支。研究所选择的参与者从未看过电影，不会说英语或皮钦英语（一种掺杂了当地语言的英语），从未为西方人工作过，并且也从未生活在西方人在当地的聚居区内。共有 189 名成人和 130 名儿童被选为参与者，他们都来自总人口为 11 000 人的南弗尔族。对照组则选取了通过看电影、生活在西方人聚居区内、上教会学校等方式接触过西方文化的 23 名成人。

经反复尝试，研究者发现，让参与者最有效地识别情绪的方法是给他们呈现三张印有不同面部表情的照片，同时读一段简短的文字给参与者听，描述该情绪产生的情景或故事情节。每一段描述对应于其中一张照片。听完描述后，参与者
188 指出与某一故事情节最为匹配的面部表情。在故事的选择上主试非常谨慎小心以确保每种情境只与一种情绪有关，而且它必须能为南弗尔族人所辨认。表 22-1 列出了由埃克曼和弗里森编制的六个故事。作者解释说，与恐惧有关的故事必须

表22-1 埃克曼和弗里森的对应于六种情绪的故事

情绪	故 事
1. 愉快	他（她）的朋友来了，他（她）很高兴
2. 悲哀	他（她）的孩子（妈妈）死了，他（她）感到很悲伤
3. 愤怒	他（她）很生气，而且要动手打架
4. 惊奇	他（她）看到一件出乎意料的新玩意儿
5. 厌恶	他（她）看见一件他（她）不喜欢的东西；或者他（她）闻到某种很难闻的东西
6. 恐惧	他（她）独自坐在自己的屋子里，整个村子里都没有其他人。屋子里没有刀、斧头或弓箭。一头野猪正站在他（她）的家门口，这个男人（女人）正盯着这头野猪而且非常害怕它。这头野猪一直在门口站了好几分钟，这个人正很害怕地看着它。这头野猪没有离开的样子，他（她）害怕它会咬他（她）

（引自 p. 126）

编得长些，以避免参与者将它与惊奇或愤怒相混淆。

研究者用男人、女人、男孩、女孩共 24 人的 40 张照片，作为六种情绪表现的样片。此前，这些照片已经得到来自不同其他文化背景的参与者的确认。每张照片至少被东西方两种文明 70% 的参与者认定为能代表某种情绪。

在正式的实验中，由一名研究人员和一名当地人组成一个主试小组，充当翻译的当地人向参与者解释任务并把故事翻译成当地的语言讲给他们听。主试向每个成人参与者出示三张照片（其中一张是正确答案，其他两张是错误答案），然后告诉参与者故事与其中一张照片相匹配，最后要求参与者挑出与故事最匹配的表情。儿童参与者的实验程序与成人参与者的完全一样，不同的是，他们只需从两张照片中挑出正确的答案。给每个参与者提供的照片有很多套，以确保每张照片不会在比较中重复出现。

充当翻译的当地人都经过严格的训练，以使他们不会对参与者施加任何影响。主试告诉他们没有绝对正确或错误的反应，并要求他们不要催促参与者回答。此外，还教他们如何每次以同样的方式翻译同一个故事，如何使自己不对故事进行扩充或润饰。为了避免无意识的偏见，研究小组的西方研究人员不能观察参与者，只负责对参与者的回答进行录音。

请记住，所提供的照片中有西方人的面部表情，那么，弗尔族人是否能在甚至没见过西方人的情况下正确识别照片中所传达的情绪呢？

189 结　果

首先，埃克曼和弗里森分析了参与者的回答是否存在性别差异以及成人和儿童间的差异。结果发现，成年妇女对参加实验表现得更加迟疑，她们比成年男子更缺少与西方人的接触机会。但不管怎样，在正确识别照片所代表的情绪的能力上既不存在性别差异，也不存在成人与儿童之间的差异。

表 22-2 和表 22-3 分别显示了基本未受西方文化影响的成人和儿童在识别六种情绪时正确反应的百分比。需要指出的是，研究者并未要求所有的参与者识别

表22-2　成人正确识别照片所表现的情绪的百分比

故事所描述的情绪	参与者人数	正确识别的百分比（%）
愉快	220	92.3
愤怒	98	85.3
悲哀	191	79.0
厌恶	101	83.0
惊奇	62	68.0
恐惧	184	80.5
恐惧（含有惊奇的成分）	153	42.7

(引自 p. 126)

表22-3　儿童正确识别照片所表现的情绪的百分比

故事所描述的情绪	参与者人数	正确识别的百分比（%）
愉快	135	92.8
愤怒	69	85.3
悲哀	145	81.5
厌恶	46	86.5
惊奇	47	98.3
恐惧	64	93.3

(引自 p. 127)

所有的情绪照片，而且有些参与者可能会被要求重复识别同一种情绪照片。因此，表中参与者的数目并不等于参加实验的参与者总数。参与者除了在辨别恐惧和惊奇时的正确率稍低外，其他正确反应的百分比都达到了统计学上的显著水平。在辨别恐惧和惊奇时，出现了较多错误，甚至还有一组参与者在故事情节描述的是恐惧情绪时，他们选择惊奇的次数竟占到了总次数的 67%。

将受西方文化影响的参与者（即对照组参与者）与未受西方文化影响的成人参与者比较，他们在正确匹配照片与故事的比例上不存在显著差异。年龄稍大的儿童与年幼儿童之间也不存在显著差异。正如你在表 22-3 中所看到的，儿童的
成绩似乎比成人要好，但埃克曼和弗里森把这一现象归因于儿童完成的是二选一 190
的任务，而成人完成的则是三择一的任务。

讨 论

埃克曼和弗里森根据这些数据毫不犹豫地下结论说："关于成人和儿童的研究结果都明确地支持了我们的假设，即特定的面部表情与特定的情绪之间存在普遍的联系"（p. 128）。这一结论的依据是南弗尔族人没有机会掌握任何与西方人面部表情有关的知识，因此，除非面部表情具有普遍性，否则他们是无法进行正确识别的。

为对他们的研究结果进行验证，研究者用录像机录下了当地人演示的同样的六种面部表情。后来，他们把这些录像带放给美国大学生看，并要求他们对表情进行识别，他们都正确地识别了对应于每种情绪的面部表情。

> 上述两项研究的结果都否定了"与情绪相关的面部表情具有文化特异性"的观点，这种观点认为面部表情是一种与文化紧密相连的独特传统习俗体系，它对另一种文化的成员而言是不可理解的。（p.128）

和上述发现不一致的一个例外是，参与者在识别恐惧和惊奇这两种面部表情时出现了混淆。埃克曼和弗里森在解释这一例外时承认，情绪的面部表现确实存在某种文化差异，但这并不足以否认几乎其他所有的面部表情都能被来自不同文

化的人们正确识别。研究者推测，参与者对恐惧和惊奇的混淆“也许是因为在该文化中，恐惧的事件几乎总是令人惊奇的，例如，邻村的一名充满敌意的成员突然出现；一场意想不到的招魂术或者巫师的表演等”（p.129）。

研究结果的意义

埃克曼和弗里森的研究科学地证实了人类的面部表情具有普遍性的猜测。然而，你或许仍会产生这样的疑问：“这一研究结果的重要性何在？”这一问题的部分答案与天性－教养之争有关，即人类行为是出生时便有的还是后天习得的。由于该研究中所涉及的六种情绪的面部表情几乎不受文化差异的影响，我们也许可以下结论说这些情绪应该是先天性的。也就是说，出生时这些情绪的生物学基础就已经形成了。

行为学家对于表情具有普遍性的观点颇感兴趣的另一个原因在于，它已涉足
191 了人类的进化问题。1872 年，达尔文出版了他的经典著作《人类及动物的表情》。他认为，面部表情是一种适应机制，它有助于动物适应它们的环境进而提高其生存能力。从这一观点可以做进一步的推论，如果某些特定的信息能通过面部表情在动物的某个种系中或种系之间得到交流，那么，这将增加物种的生存和繁衍几率。例如，恐惧的表情是一种无声的警告，它预示着来自食肉动物的迫在眉睫的危险；愤怒的表情可向地位低下的同类成员发出警告，使他们远离更强大的成员；厌恶的表情所传递的信息是：“你做什么都行，就是千万不要吃它！”从而避免一次潜在的食物中毒。然而，如果这些表情在所有的个体间不存在普遍性，那么它们对动物将毫无作用。虽然这些面部表情如今对人类的生存而言已不再那么重要，但这些表情具有普遍性的事实却表明，它们是我们的祖先在进化过程中传递给我们的，并且帮助我们达到了现在所处的进化高度。

另一项引人注目的研究证明了人类面部表情残留的生存价值。研究者（Hansen & Hansen, 1988）推测，如果某些诸如愤怒的面部表情能够对迫近的危险起报警作用，那么，它们相对于其他不具威胁性的面部表情，如愉快，应更易为人们所辨别。为了检验这一假设，他们向参与者出示大量照片，这些照片上的人具有各

不相同的面部表情。在某些照片中，除了一人的表情是愤怒以外，其余人的表情都是愉快；而另一些照片则相反，即只有一人表情是愉快的，其余人的表情都是愤怒的。参与者的任务是找出照片中那个具有不同表情的人。研究者记录下每名参与者完成该任务的时间。参与者从很多愤怒表情中寻找愉快表情的所需时间显著长于从很多愉快表情中寻找愤怒表情的所需时间。此外，随着照片数量的增加，参与者寻找愉快表情所花费的时间也相应增加，但寻找愤怒表情的时间却没有显著增加。这一发现以及其他类似的研究发现都表明，人类也许天生就对某些表情提供的信息比较敏感，因为这些表情传递了更多生存信息。

近期应用

来自其他领域的许多新近研究也借助埃克曼的早期发现，努力加深我们对存在发育或学习缺陷的儿童和成人的了解。其中一项研究发现，被诊断为自闭症（一种广泛性发育障碍，表现为语言缺陷、社会退缩、重复性的自我刺激行为）的儿童对基本情绪的面孔识别存在困难（Bolte & Poustka, 2003）。这种困难在不只有一个自闭症儿童的家庭中更明显，这也许可以解释为什么自闭症个体对其他人的 192
情绪反应的解释存在困难。

然而，埃克曼研究的影响不仅限于对人类。他 1971 年的这项研究被一篇关于农场动物情绪的文章（Desire, Boissy, & Veissier, 2002）引用，信不信由你。这些研究者认为农场动物的健康在一定程度上取决于它们对周围环境的情绪反应。当动物个体感觉与周围环境和谐相处时，健康达到最佳；但是“如果个体感觉到任何显著的不和谐，都会导致由负性情绪体验带来的健康水平的降低”（p.165）。

另外一项引用了埃克曼 1971 年文章的研究致力于探讨特定面部特征——眉毛——对面孔再认的影响（Sadr, Jarudi, & Sinha, 2003）。先前的研究更多是针对眼睛、嘴巴，而这些研究者发现，眉毛可能比眼睛的作用更重要。作者总结道：“在熟悉面孔中缺少眉毛会导致显著的再认障碍。实际上，缺少眉毛比缺少眼睛更能显著地引起面孔再认的困难”（p. 285）。所以，如果你需要有效的伪装，一定要把你的眉毛遮起来！

结 论

自埃克曼完成表情的跨文化早期实验研究的30年以来，埃克曼或独自或与弗里森等其他研究者合作，继续进行着他的研究工作。在这一系列的研究中，有很多引人注目的研究发现。埃克曼后来涉足的“表情的反馈理论”便是一个例子。这一理论主张，你的面部表情实际上又把表情信息反馈到大脑，以帮助你解释你正在经历的情绪体验。埃克曼通过鉴别与上述六种基本情绪有关的面部肌肉活动来检验他的观点。他指导参与者控制不同的面部肌肉来模仿各种情绪，在此过程中，埃克曼便能据此测量与特定情绪相对应的生理反应指标，这里的特定情绪仅是由特定的面部表情所导致，而不是真正的情绪本身（Ekman, Levensen, & Friesen, 1983）。

埃克曼还把自己的研究领域扩展到对欺骗的研究，即探索面部表情与身体姿态如何泄露说话者本人是否在撒谎的信息。他的发现表明，仅观察说话人的面部表情时，人们正确判断说话人在说谎的水平略微高于随机水平；然而，当主试允许参与者观察某人的整个身体时，参与者的正确判断率将大大提高。这表明，人的整个身体或许比单独的面部表情更能提供与某种心理状态相关的线索（对此问题所做的详细讨论参见 Ekman, 1985）。最近，埃克曼已将他宽泛的研究内容整合
193 到名为《情感展露：通过识别面部表情和情绪来提高沟通技巧与改善情感生活》的著作中，该书可以使读者应用作者的成果来解读面部表情所表达的意思，从而帮助我们提高与浪漫伴侣、儿童、同事甚至陌生人的交流与互动质量（Ekman, 2007）。

在用面部表情进行非言语交流的研究方面，埃克曼和他的合作者为我们提供了大量文献，并且他们仍在继续这方面的研究。毋庸置疑，该领域的研究将持续直到我们的研究目标最终实现，这一目标正如埃克曼和弗里森1975年出版的一本书《摘下你的情绪面具》的书名所描绘的那样。

Bolte, S., & Poustka, F. (2003). The recognition of facial affect in autistic and schizophrenia subjects and their first-degree relatives. *Psychological Medicine, 33*, 907–915.

Darwin, C. R. (1872). *The expression of the emotions in man and animals*. London: John Murray.

Desire, L., Boissy, A., & Veissier, I. (2002). Emotions in farm animals: A new approach to animal welfare in applied ethology. *Behavioural Processes, 60*, 165–180.

Ekman, P. (1985). *Telling lies*. New York: Norton.

Ekman, P. (2003). *Emotions revealed: Recognizing faces and feelings to improve communication and emotional life*. New York: Times Books.

Ekman, P. (2007). *Emotions revealed: Recognizing faces and feelings to improve communication and emotional life*. New York: Henry Holt.

Ekman, P., & Friesen, W. (1975). *Unmasking the face*. Englewood Cliffs, NJ: Prentice-Hall.

Ekman, P., Levensen, R., & Friesen, W. (1983). Autonomic nervous system activity distinguishes between emotions. *Science, 164*, 86–88.

Hansen, C., & Hansen, R. (1988). Finding the face in the crowd: An anger superiority effect. *Journal of Personality and Social Psychology, 54*, 917–924.

Sadr, J., Jarudi, I., & Sinha, P. (2003). The role of eyebrows in face recognition. *Perception, 32*, 285–293.

23 观察你的情绪?

Ross, P. (2003, August 11). Mind readers. *Scientific American, 289* (3), 74–77.

这篇研究报告与本书中的其他研究有所不同，但将之收录进来似乎很合适。如你所知，本书涉及那些给心理学带来重大改变的经典之作。本节讨论的研究也不例外，但或许你已注意到，它相对较新。当下有些研究可能正在给心理学带来令人叹服的改变，而这项研究正是它们的代表。它涉及新兴的、技术性很强的方法，该方法可以（通过无创的方式）真正窥视你的大脑，“看见”大脑中正发生什么，以及大脑如何执行诸如情绪、思考和感受等功能。好吧，这也许并非你通常所认为的真正的“读心术”，但如今心理学与神经科学的尖端研究技术实在是令人震惊。

大多数人都听说过磁共振成像 (MRI)；很多人也许还体验过。与 X 光和 CT 扫描相比，MRI 是一项重大进步，它不发出放射线（因此对人体无害），并且它能比 CT 扫描更清楚地显示软组织异常（通常是三维显示，这对大脑结构的可视 194 化尤其关键）。因此，如果你膝盖受伤，而 CT 扫描未显示出任何明显损伤，下一步就很有可能要进行 MRI 扫描，以便确切查看是否发生了软骨或其他组织损伤，从而对症治疗。

从 20 世纪 70 年代开始，MRI 就已被应用于医疗领域，然而在过去 40 年间，这项技术发生了相当大的变化。开发 MRI 技术的先驱是美国伊利诺伊大学的保罗·劳特布尔和英国诺丁汉大学的彼得·曼斯菲尔德（Lauterbur, 1973; Mansfield,

195 一位即将进入fMRI扫描装置的病人（资料来源：Juan Manuel Silva/Glow Images, Inc.）

2007)。他们因为对这项技术的杰出贡献而共同获得了 2003 年的诺贝尔医学奖。

菲利普·罗斯的这篇文章是探讨如何将 MRI 用于医疗以外领域的一份早期报告，比如用 MRI 探测参与人类思维、情绪、动机和行为的大脑结构。具体地说，罗斯查验了一项研究，该研究测试 MRI 是否能判断人在说谎——它是否有可能成为一台高科技测谎仪！

运用 MRI“读取”大脑的根本依据是，它能揭示在扫描过程中任一时刻大脑的哪些部分正在运作。MRI 这一探测大脑功能运作而非仅作为诊断工具的用途，被称为 fMRI（功能性磁共振成像）。换言之，当某人的大脑正在接受 fMRI 扫描时，研究者可以让他回答问题、观看图片、阅读短文，等等。于是，研究者就能准确地了解大脑中的哪些部分参与了上述活动。这是如何做到的呢？其实，fMRI 是通过探测大脑激活区周围血流中的氧含量和葡萄糖消耗量的变化来了解大脑的运作的。研究者通过与扫描仪相连的监视器来观察大脑中某些部位活动的变化，毫不夸张地说，他们能看见大脑中哪些部分在完成任务时被激活了。从某种角度上说，这些脑区被“点亮”了。

理论假设

试着回答一下，当你讲真话或撒谎时（人人都会撒谎；有些人撒谎比别人多！），真话和谎话是否“来自”大脑中不同的部分？事实是，仅根据你的个人经验，你并不能回答这一问题。你的大脑并未感到任何不同。但如果我们能观察大脑在讲真话和撒谎时的运作情况，看看针对每一项活动，哪些区域激活了，我们就能回答这个问题。

fMRI 能做到这一点，而且它比多导生理记录仪（即测谎仪）更胜一筹，因为多导生理记录仪主要测量由焦虑引起的大脑之外的身体反应，而人们可能因各种原因而焦虑，不仅是由于撒谎。因此科学上并不认为多导生理记录仪是有效的，法庭上也不能作为证据。fMRI 脑成像并不追踪焦虑，而是揭示思维过程。

这篇文章探讨的基本观点是，在利用扫描仪对大脑进行观察时，如果被试说真话，其大脑的一个部分将“点亮”，即包含真实陈述的部分。然而，如果此人撒谎，大脑中的两个部分将显现出来：一部分制造谎言，另一部分掌控被谎言所掩盖的真话。换句话说，谎言是掩盖真话的，否则它无法存在，这两个过程处于大脑中的不同部分（见 Langleben et al., 2002）。使用 fMRI 应当能够探测出这些脑区。

方　法

文中描述的这项关于说真话和撒谎的研究，是在参与者和研究者都清楚哪些是真话、哪些是谎话的情况下进行的。换言之，这并非用 fMRI 来检查某个人——如被指控犯罪或被质疑不道德和行为不端的人——是否撒谎的测试。相反，这是一项用以检验理论的探索性研究（Langleben et al., 2002）。

方法非常简单。要求参与者从三只信封中选择一只，每只信封内都装有扑克牌梅花 5 和一张 20 美元的钞票(参与者并不知道信封中的物品都是一样的)。随后，要求参与者记住牌，并将牌和钱放回信封，将信封藏在他们的衣袋里。他们被告知，有一台“电脑”能分析人的想法，如果参与者能对电脑成功隐瞒自己所持有的牌，196
就能获得信封里的 20 美元（实际上，除了 fMRI 设备以外，并未使用所谓的电脑）。另一些参与者拿到了红桃 2，他们被指示要说真话，不要隐瞒他们持有的牌。

随后，每名参与者都进入 fMRI 扫描仪中，可以用按键来表示是或否。随后他们被问到：“你有这张牌吗？”研究者知道参与者有什么牌，而参与者并不清楚这一点（这无关紧要，因为“欺骗”研究者不是本研究的重点！）。

结 果

fMRI 扫描的发现是显而易见的。如图 23-1 所示，讲真话（红桃 2）的参与者只运用了一个脑区（前扣带回）。然而，在撒谎条件下（梅花 5），两个区域（前扣带回和背外侧前额叶皮层）变得活跃。

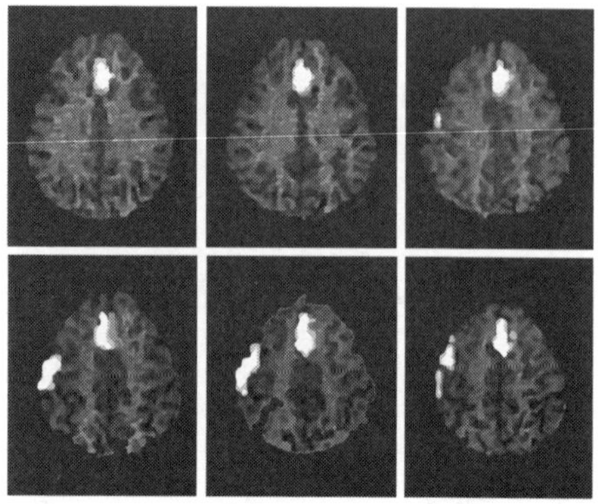

图23–1 讲真话和撒谎的参与者的fMRI扫描结果。上：讲真话的参与者的脑扫描（红桃2）。下：撒谎的参与者的脑扫描（梅花5）。

（资料来源：Langleben et al., 2002）

研究发现的意义

这些发现之所以意义重大，主要是基于两个原因。第一，它们证实了 MRI 扫描可能具有医学诊断之外的重要用途（确实如此；很快会讨论到），并且也许能成为一台“不出错的”测谎仪，其结果最终可能被法庭承认，就像 DNA 证据在证明或推翻某些罪行方面已经成为一个可被接受的方法一样。

第二，这项研究扩展了我们对于人类大脑不可思议的特异化的认识。如果你直接观察一个人类大脑，它看起来不过是一团柔软黏稠的细胞和组织。但事实上，
197 你的大脑高度特异化，为特定任务预留了特定的脑区。你的大脑拥有大量特异化的脑区，它们被“分派”了从面孔识别到说话、计划和问题解决等具体工作。在这项研究中，你看见了一个用于讲真话的脑区和另一个用于撒谎的脑区。

近期应用

自 21 世纪初这篇文章发表以来，心理科学在“读脑”方面有何进展？我们如今能把 fMRI 用作测谎仪吗？ fMRI 还能让我们做什么别的事？就第二个问题而言，答案似乎是非常“有可能”。一项研究发现 fMRI 测谎比传统的多导生理测试可靠得多。不过，批评者指出，允许法庭窥视某个人的大脑可能会引发严重

的伦理问题（Simpson, 2008）。

另一项值得注意的重要研究运用了与这里讨论的扑克牌研究相似的方法，但使用了几组真实的人类面孔（Bhatt et al., 2008）。研究者向参与者呈现几组面孔照片，随后在 fMRI 扫描下，从刚才所看过的照片中选出一些来呈现，要求他们要么如实报告此前曾见过这些照片，要么撒谎。结果与扑克牌实验基本相同。两个脑区在他们撒谎时被激活，但仅一个脑区在讲真话时被激活。

fMRI 在“测谎仪”领域之外也有新的用途，其中一个例子和心理障碍有关。在神经心理医学中，fMRI 已成为强大的辅助手段，为精神分裂症患者脑中可能导致理性思维特征性缺失的脑区进行定位（Libby & Ragland, 2011）。这类信息或许能帮助研究者针对精神分裂症最具破坏性的症状之一开发新的疗法。神经心理学运用 fMRI 取得的另一项重要进展是对自闭症谱系障碍个体脑功能认识的提高（Philipa et al., 2012）。这类障碍最清晰的指征通常是社交缺陷，即不能或难以与他人恰当地建立关系。一项针对自闭症患者的 fMRI 研究显示其负责社会化的脑区有异常活动，这一结果提示自闭症患者可能并非没有能力社会化，而是偏好回避社会化。此外，该研究还揭示了当日常事务发生变化时大脑调节反应的异常，这或许能解释为什么被诊断为自闭症相关障碍的人在他们所遵循的习惯发生改变后，会变得心烦意乱。

或许到 2012 年为止，最令人惊讶的 fMRI 结果来自于加州大学伯克利分校的加兰特 fMRI 实验室。研究者给参与者呈现电影片段，同时进行 fMRI 扫描。运用新的电脑软件，仅仅根据 fMRI 扫描图像，研究者就能重建出参与者所观看过的电影画面，重建的画面虽然模糊但与参与者观看的画面非常相像。如图 23-2 所示，对照这些作为例子的电影画面，你会发现这项技术和真正的读心术有多么接近。

图23-2 电影画面及fMRI扫描重建图（资料来源：左上和左下，AF 198
archive/Alamy; 右上和右下，Vadym Drobot/Shutterstock）

结 论

fMRI 在帮助我们理解大脑如何工作上的应用和效用，在很大程度仍未实现，不论是在测谎、心因性脑功能障碍和脑损伤等方面，还是揭示个体或群体（例如，男人和女人）的大脑“连线”方式有何不同。然而，在诸如 MRI 这类无创扫描技术之前，我们直接研究大脑的方法仅局限于外科手术或尸体解剖。现在，神经科学家可以运用 fMRI 和其他无创工具，比以往任何时候都更加有效地研究、诊断和治疗脑部相关疾病，甚至还可能记录你的思想。这项技术究竟会被用于善还是“恶”的目的，将取决于操控者的伦理观和价值观。

Bhatt, S., Mbwana, J., Adeyemo, A., Sawyer, A., Hailu, A. & VanMeter, J. (2009). Lying about facial recognition: An fMRI study. *Brain and Cognition, 69*, 382–390.

Langleben, D, Schroeder, L., Maldjian, J., Gur, R., McDonald, S. Ragland, J., O'Brien, C., & Childress, R. (2002). Brain activity during simulated deception: An event-related functional magnetic resonance study. *NeuroImage, 15*, 727–732.

Lauterbur, P. (1973). Image Formation by Induced Local Interactions: Examples Employing Nuclear Magnetic Resonance. *Nature, 242*, 190-191.

Libby, L. & Ragland, J. (2011). fMRI as a measure of cognition related brain circuitry in schizophrenia. *Current Topics in Behavioral Neurosciences*. Retreived from www.biomedsearch. com/nih/fMRI-as-Measure-Cognition-Related/22105156.html.

Mansfield, P. (1973). A personal view of my involvement in the development of NMR and the conception and development of MRI. *Nature, 242*, 190–191.

Philipa, R., Dauvermanna, M., Whalleya, H., Baynhama, K., Lawrie, S., & Stanfield, A. (2012). A systematic review and meta-analysis of the fMRI investigation of autism spectrum disorders. *Neuroscience & Biobehavioral Reviews, 36*, 901–942.

Simpson, J. (2008). Functional MRI lie detection: Too good to be true? *Journal of the American Academy of Psychiatry and Law, 36*, 491–498.

24 认知失调

Festinger, L., & Carlsmith, J. M. (1959). Cognitive consequences of forced compliance. *Journal of Abnormal and Social Psychology, 58*, 203–210.

199 你是否曾有过必须说或必须做与你意愿相反的事的尴尬境遇？很有可能！每个人都会碰到这种情况。当你不得不这么做时，你真正的态度或观点会发生什么变化？还是没有什么变化？也许它的确没有发生变化。然而，研究告诉我们，当你的行为和你的态度发生矛盾时，你的态度将会有所改变，为了与行为保持一致。

例如，如果因实验要求而强迫一个人发表讲话并支持一种与他原来观点相悖的意见，那么他的真实态度也将渐渐转向他在讲话中所支持的观点。

20 世纪 50 年代初，许多研究把这种观点的改变归结为：(1) 该次演讲的心理复述；(2) 从相反立场寻找论据的结果。这些早期的理论认为，在完成上述心理任务的过程中，参与者使他们自己相信了他们在讲话中所持的观点和立场。为了做进一步的推论，对做出与其自身所持观点相悖却令人信服的讲演的参与者，研究者给予了金钱奖励。人们预测：参与者所得到的奖励越多，他自己的观点将越容易改变。(这似乎很符合逻辑，不是吗？) 然而，这又一次证明常识不能很好地预测人类行为，这些研究发现事实与人们预期的相反，即给参与者的奖励越多，他们的态度改变得*越少*。从当时盛行的行为主义理论（例如，操作性条件作用、强化理论等）来看，研究者很难对上述发现做出合理的解释。

若干年后，斯坦福大学的心理学家利昂·费斯廷格（Leon Festinger, 1919—1989）提出了颇具影响力且至今闻名于世的*认知失调*理论，用该理论便可解释上述看似矛盾的研究发现。“*认知*”一词指的是一种心理过程，如思想、观念、态度或信念等；*失调*的意思就是不协调。基于此，费斯廷格主张，当你同时持有两种或多种彼此间不协调的认知时，你便会经历认知失调。一旦出现了这种情况，它将导致不同程度的不适感和紧张感，其程度取决于该认知失调对你的重要程度。进而，这种不适感会促使你做出某种改变来减少失调。既然你不能改变你的行为（因为你已经这么做了，或是因为环境的压力太大），你只能改变你的态度。

费斯廷格创立这一理论的灵感来源于 1934 年印度发生的一场大地震。在这场地震后，可怕的谣言传遍了整个印度。其内容是，在此次地震灾区以外的地区
将会有范围更广、震级更大的地震发生。这些谣传没有任何科学证据，但令费斯 200
廷格不解的是，人们为什么会散布这种灾难性的、令人焦虑的谣传呢？不久，他恍然大悟：谣传不是用来增加焦虑的，而是用来*为焦虑辩护*的。也就是说，即便他们住在灾区外，这些人还是感到非常害怕。这就产生了*认知失调*：他们的这种强烈恐惧与现实的安全不符。因此，他们散布这种谣传以证明他们的害怕是事出有因的，进而也就降低了他们的认知失调。他们使自己对世界的看法与自身的感受和行动相一致。

理论假设

费斯廷格的理论观点是：通常情况下在我们的社会里，个人所公开表达的看法与其私下里的观点或信仰是相一致的。因此，如果你相信 X，但你却公开主张非 X，那么你将会体验到这种由认知失调引起的不适感。不过，如果你意识到，自己之所以公开主张非 X 是由于某种不得已的原因，如压力、奖励或者惩罚，那么你的认知失调将大大降低或者消失。因此，事情是这样的：越将不一致的行为归因于自己的选择，你的认知失调就会越严重。

对你而言，降低这种令人不快的认知失调的方法之一是改变自己原有的观点，使之与自己的行为（即某种新主张）相一致。费斯廷格认为，当个体的认知失调很严重时，其态度和观点的改变幅度将是最大的。设想一下，假如某人给你一大笔钱，让你公开支持某种你原本反对的观点，而且你也同意这么做。再假设另外一个人向你提出同样的请求，但只给你一小笔钱，虽然这看起来完全不值得一做，但不管怎样你还是答应了。那么，在哪种情况下你的认知失调会更严重呢？从逻辑上讲，在钱较少的情况下，你将经历更严重的认知失调，这是因为你没有充足的理由为你那违背自己意愿的言行辩护。因此，根据费斯廷格的理论，在钱较少的情况下，你真正的观点将会有更大的改变。现在，让我们来看看费斯廷格和他的助手詹姆斯·卡尔史密斯是如何设计实验来验证自己的认知失调理论的。

方　法

假设你是一名大学生，正在学习一门心理学导论课。该课程的要求之一是你必须在这一学期内以参与者身份参加三个小时的心理学实验。你查看了布告栏，那里贴着许多心理学教授和研究生正在进行的心理学研究，随后你在一个耗时两个小时、涉及“表现测量”的研究上签了名。这一研究由费斯廷格和卡尔史密斯主持，像很多心理学实验一样，该研究的真正目的是对参与者保密的，因为如果参与者知道了研究的真正目的，其反应将会出现严重的偏差，进而使研究无效。
201 在这项原创性研究中，实际的参与者由 71 名正在学习心理学的低年级男生组成。

你在规定的时间来到实验室（这里的实验室就是一间房间）。工作人员告诉你这个实验需要花费一个多小时的时间，因此必须做两个小时的打算。既然还有一些剩余时间，实验者便告诉你，一些心理系的人正在就作为参与者的感受这一话题访谈做过参与者的大学生，而且让你参加完这项实验后也去接受访谈。随后实验者给你布置了第一项任务。

你的面前放着一个装有 12 个线轴的托盘，主试要求你从托盘里拿出线轴放在桌上，然后再将线轴放回原处，并如此循环往复。你要用一只手以你自己的速度完成任务。与此同时，实验者拿着秒表在旁观看并做记录。就这样，你必须反反复复做 30 分钟。然后，主试拿走托盘，又给了你一块钉有 48 个方栓的板，你的任务是按顺时针方向将每个方栓旋转 90 度，如此循环往复再做 30 分钟！如果你觉得这种活动太过枯燥，那这正是该研究所欲达到的效果。按费斯廷格和卡尔史密斯的话说，“该实验阶段的目的就是要使所有参与者产生一种一致的消极体验。”（p. 205）毫无疑问，你会承认这一目的已经达到了。完成了这些任务后，真正的实验才刚刚开始。

主试将参与者随机分配到三种实验条件下。控制条件下的参与者完成上述任务后即被带进另一个房间，就自己对刚刚完成的实验任务的反应接受访谈；其余的参与者接着进行下一步实验程序。在完成消极体验任务后，实验者和除控制组外的参与者进行谈话，似乎是要向他们解释该研究的目的。实验者对他们中的每个人都说，你是 A 组的参与者，你们这组在实验前没有得到与实验有关的任何信息；这个实验还有一个 B 组，对 B 组的参与者我们在实验前会向他们传达这样的信息——这些实验任务是非常有趣的，而这一信息由一名伪装成大学生的已完成了实验任务的参与者传递。请记住，所有这一切都是刻意布置的，为的是确保随后实验的关键部分真实可信。换句话说，这是一个幌子。

然后实验者离开房间几分钟。当他返回时，他面带迟疑和困惑地继续对参与者说，不好意思，那名一直向 B 组参与者传递信息的“大学生”打电话来说他病了，但现在还有一名 B 组参与者在外面等待，而他们这会儿又很难再找一个人填补这一空缺。然后，实验者很有礼貌地问参与者是否愿意顶替这名“大学生”去向正在等候的 B 组参与者传递信息。

实验者给愿意提供这一帮助的一些参与者每人 1 美元作为酬劳，给另一些参与者每人 20 美元（在当时看来，这是很大一笔钱）。参与者同意参加下一步实验
202 后，实验者便交给他一张纸，上面标有“B 组”几个字，并写着这样一段话：“这项实验任务非常有趣，很好玩，我很高兴，真令人激动，令人兴奋”。然后实验者付给参与者 1 美元或 20 美元，并将他带入一间房间，和新来的“参与者”在一起单独待上两分钟。两分钟后，实验者回到这间房间，对参与者说了些感谢的话，然后把参与者带入访谈室，让他们谈谈对实验任务的真正看法。这一访谈与先前对控制组进行的访谈完全一样。

整个实验程序是否略嫌复杂？其实一点儿也不。概括来说，共有三组参与者，每组 20 人：一组参与者因其就实验任务向后来的“参与者”撒谎而得到 1 美元奖励；另一组参与者因其撒谎而得到 20 美元；控制组参与者没有撒谎。

结　果

研究结果以每名参与者在最后访谈阶段所表达的对实验任务的真实感受作为测量指标。要求他们对该实验做如下评定：

1. 这些实验任务是有趣且令人愉快的吗？以 11 点量表的形式进行评定，–5 代表非常枯燥和使人厌烦，+5 代表非常有趣和令人愉快，0 代表这些任务是中性的，既不枯燥也不有趣。
2. 你对自己完成这些实验任务的能力了解多少？以 11 点量表的形式进行评定，0 代表毫无收获，10 代表收获非常大。
3. 你相信该实验及你所完成的实验任务是在测量某些重要的东西吗？以 11 点量表的形式进行评定，0 代表没有什么科学价值，10 代表科学价值非常大。
4. 你是否还愿意参加另外一项与之类似的实验？以 11 点量表的形式进行评定，–5 代表肯定不想参加，+5 代表非常想参加，0 代表中立的看法。

表 24-1 中列出了所有参与者对每个问题所作回答的平均值。问题 1 和问题 4 是用以说明费斯廷格的认知失调理论的，其结果表明组间差异非常显著。相对于

表24–1 每种实验条件下的参与者对访谈问题的平均评定值

问题	控制组	1 美元组	20 美元组
1. 任务是否有趣（–5 到 +5）*	0.45	+1.35	0.05
2. 有多大收获（0 到 10）	3.08	2.80	3.15
3. 科学重要性（0 到 10）	5.60	6.45	5.18
4. 是否愿意再参加类似的实验（–5 到 +5）*	0.62	+1.20	0.25

* 与费斯廷格和卡尔史密斯的研究假设有关的问题（引自 p.207）

那些得到 20 美元及没有撒谎的参与者而言，得到 1 美元的参与者报告更喜欢这些实验任务；这与此前该领域的一些研究结论相反，而且也和我们大多数人用常识对结果所进行的预料相反。这一研究发现既反映在对第一题（直接问题）的回答上，也反映在获得 1 美元的参与者表示更愿意参加另一项类似的实验上（即问题 4）。

讨　论 203

用费斯廷格的话说，认知失调理论主张：

1. 如果一个人被别人劝说做了某种和他原来的观点相反的事或说了某些与他的真实观点相反的话，他会产生一种改变原有观点的倾向以使之与已做过的事或说过的话相一致。
2. 引起公开行为的压力越大，则改变原有观点的倾向越弱。（pp.209-210）

费斯廷格和卡尔史密斯的研究发现显然支持了这一理论。费斯廷格对此的解释是：当人们从事某种与态度不符的行为（撒谎）时，如果他们有这样做的充分理由（20 美元），他们将体验到较少的认知失调，因此他们改变观点的动机并不强烈。相反，如果他们的理由并不充分（1 美元），他们的认知失调将比较严重。因此，为了减少认知失调所引起的不适感，他们对原有的观点将做出较大的调整。该理论可以用图解的形式表述如下：

与态度不符的行为→解释该行为的理由充足→轻微认知失调→态度改变较小

与态度不符的行为→解释该行为的理由不充足→严重认知失调→态度改变较大

质疑与批评

费斯廷格预料到，以前的研究者在其理论受到这一新观点的挑战时，会试图批评这一新的研究结论，并提出他们自己对这一研究结果的解释（诸如我们在本文开头所提到的心理复述及寻找论据）。为了反击这些批评意见，该研究对实验组的参与者撒谎的实验片段进行了录音，并且由两个并不知情（1 美元组和 20
204 美元组）的评定者各自单独进行评定。统计结果显示，两组参与者在撒谎的内容或撒谎的说服力方面不存在显著差异。因此，唯一剩下的对该研究结果的明确解释便是费斯廷格的认知失调。

自费斯廷格和卡尔史密斯提出认知失调理论以来，许多其他研究者对该理论进行了修正，但并不否定该理论。库珀和法齐奥对各种修正意见进行了总结（Cooper & Fazio, 1984），他们概括出由认知失调所引起的态度改变必须经过 4 个必要的步骤：第一步，这种与态度不符的行为必须导致你不乐于接受的消极结果。在费斯廷格和卡尔史密斯的实验中，参与者不得不向“新来的参与者”撒谎以说服他们参加一个令人厌烦的实验，这就导致了所需的消极结果。这也可以解释，为什么你根本无法忍受某人的穿着却恭维他时，你对他穿着的态度没有改变。

第二步，参与者必须觉得个人必须对消极结果承担责任。这通常涉及是否有选择权的问题。如果与态度不符的行为是你自己的选择，且导致了消极结果，那么你将体验到认知失调。但如果有人强迫你这样做，你将不会感到自己对此有责任，因而也就不会或只产生较少的认知失调。尽管费斯廷格和卡尔史密斯在其论文的标题中使用了“被迫服从”一词，但实际上参与者仍相信其行为是自愿的。

第三步，研究表明，生理唤起也是认知失调过程中必不可少的组成部分。费斯廷格认为失调是一种促使我们改变态度的令人不适的紧张状态。的确，有研究已经证明，当参与者以与态度不符的方式自主行事时，他们体验到了生理上的唤起。尽管费斯廷格和卡尔史密斯没有测量参与者的生理唤起，但可以肯定地说，生理唤起是存在的。

第四步，个体必须意识到自己所体验到的唤起是由自己所做的与态度不符的行为引起的。在费斯廷格和卡尔史密斯的研究中，参与者体验到的不适感可以明确地归结为是他们向新来的参与者撒谎而引起的。

费斯廷格和卡尔史密斯的认知失调理论已经成为被人广泛接受且经得起检验的心理学研究成果。大多数心理学家都认为有两个基本过程会导致我们原有观点和态度的改变：其一是劝说，即其他人不遗余力地说服你改变自己的观点；其二就是认知失调。

近期应用

费斯汀格和卡尔史密斯的理论和研究结果不断得到社会科学研究领域的支持和肯定。一项有趣的研究发现，仅仅是由于观察到你喜欢和尊敬的人做出与你的
态度不一致的行为，你就会体验到认知失调并改变你自己的态度，完全不需要亲 205
身参与（Norton et al., 2003）。作者把这个过程称为替代性失调。在这项研究中，大学生在一个有争议的问题上听到一些与他们态度相反的演讲（关于增加大学学费的问题）。对于其中一些大学生，他们听到的关于支持增加大学学费的言论是来自于他们自己学校（“内群体”）；而另外一些人，他们听到的言论是来自于其他大学中的学生（“外群体”）。当内群体成员发表此言论时，参与者感到认知失调，且在增加学费的问题上的相反态度有所减弱。另一个研究结果更有力地显示出替代性失调，研究者发现参与者根本不必亲耳听到某些言论，只简单地了解到内群体成员同意发表支持学费增加的演讲，就足以引发参与者失调，进而引起态度改变。

颇具吸引力的另一项研究在另一个完全不同的领域使用了认知失调理论，它解释了为什么吸烟者在明知吸烟有害健康（几乎每个人都知道）的情况下仍不能戒烟的原因（Peretti-Watel et al., 2007）。如果你吸烟，并且知道吸烟的危害，但是感觉无法戒掉，那你很可能会经历认知失调。因为这不是一种令人不快的状态，

因此你会制定一个减轻你不适感的策略。在 2007 年的研究中，研究人员发现吸烟者经常沿着这样的思路来表达一种“自我豁免”的信念，比如“吸烟有害健康但我除外，因为我不经常吸烟”或者“我吸烟的方式会保护自己远离疾病”。研究人员建议：“未来的控烟信息和干预，应该专门针对那些降低吸烟者的认知失调和抑制他们戒烟意愿的自我豁免信念。”(p. 377)。

加利福尼亚州立大学的心理学家艾略特·阿伦森完成了一项以费斯廷格的认知失调理论为基础的重要研究，该研究的目的是改变学生的危险性行为（Shea, 1997)。研究者要求热衷于性行为的学生就使用避孕套可以减少感染艾滋病的几率为主题做一段宣传录像。做完录像后，其中一半的学生被分为多个小组，研究者鼓励他们就为什么大学生抗拒使用避孕套的问题展开讨论，并透露他们自己不使用避孕套的经历。换言之，这些参与者不得不承认他们并不总是坚持刚刚自己在录像中所宣扬的立场。这样，他们便不得不面对自己的言行不一。参与录像制作的另一半学生没有参与后面的讨论。当研究者给所有学生一个购买避孕套的机会时，与未参与讨论的学生相比，自相矛盾组的学生购买避孕套的人数更多。更重要的是，3 个月后，当参与者就他们的性生活接受访谈时，92% 的自相矛盾组的学生声称他们在性交时一直使用避孕套，而在未参与讨论组，只有 55% 的学生声称自己一直使用避孕套。这是一个认知失调起作用的典型例子。

206 ## 结　论

当你不得不面对自己的言行不一致的情况时，你通常都能体验到认知失调，这将促使你改变自己行为或者观念来使自己的言行保持协调一致。阿伦森坚信认知失调在改变现实行为方面具有重要作用，他解释说：“我们大多数人经常会有言行不一的时候，这是因为我们会对这样的行为熟视无睹。但是如果有人站出来而且迫使你正视它，你可能就不会再对其置之不理了”(Shea, 1997, p. A15)。

Cooper, J., & Fazio, R. (1984). A new look at dissonance theory. In L. Berkowitz (Ed.), *Advances in experimental social psychology*. New York: Academic Press.

Norton, M. I., Monin, B., Cooper, J., & Hogg, M. A. (2003). Vicarious dissonance: Attitude change from the inconsistency of others. *Journal of Personality and Social Psychology, 85*, 47–62.

Peretti-Watel, P., Halfen, S., & Gremy, I. (2007). Risk denial about smoking hazards and readiness to quit among French smokers: An exploratory study. *Addictive Behaviors, 32*, 377–383.

Shea, C. (1997). A University of California psychologist investigates new approaches to changing human behavior. *Chronicle of Higher Education, 43*(41), A15.

第七章

人　格

207　有时你会问自己 :“我是谁”或“我是个什么样的人?”这是人格心理学家最为关心的一个问题。研究人格就是要力图揭示那些使每个人独一无二的人格特征及其起源。当行为科学家谈到人格的时候,他们通常指的是那些相对稳定的、具有跨情境和跨时间一致性的品质。也就是说,你的人格特征不会每天、每周抑或每年都有变化。相反,你的人格特征总有一些是稳定且可预测的。这种可预测性正是那些研究人格的学者最感兴趣的。在过往的心理学历史中,心理学家已经提出了几百种人格理论,其中的绝大多数模型都引起了太多的讨论和激烈的争论,常常搞不清楚它们是否能够真正测量出个体间有意义的差异。当然,经反复验证,也有几个因素能够可靠地预测某些特定的行为,而这些就是本章所要讨论的重点。

第一篇文章讨论的是朱利安·罗特的著名研究,它主要关注的是人们对生活中“控制点”的看法。一些人相信他们的生活是被外部因素所左右的,比如命运或运气 ;而另一些人则认为他们的生活是由内部因素掌控的,即他们是自己生活的主宰。一个人持有的内外控制点的信念特点是具有一致性的,也是定义一个人是谁或是怎样的一个人的重要因素。接下来的文章是关于桑德拉·贝姆在 20 世纪 70 年代的研究,该研究颠覆了世人对性别构成的基本看法。第三篇文章所介绍的研究影响广泛 :该研究率先确定了所谓的“A 型”与“B 型”人格的存在,并解释了“A 型”个体为什么更容易患冠心病。你还将读到一项对心理学各分支领域都颇具影响力的研究。该研究提醒我们必须把人类行为放在一种文化背景下加以考虑。此处我们所要讨论的是哈里·川迪斯在过去30年间经仔细探索所构建的令人信服的理论，即认为我们可以将大多数人类社会划分为概莫能外的两种类型之一，即集体主义文化和个人主义文化。这种看似单一（尽管肯定不简单） 208
的维度，却在很大程度上解释了文化背景对个体的人格特质所造成的极其深远的影响。

25 你能主宰自己的命运吗

Rotter, J. B. (1966). Generalized expectancies for internal versus external control of reinforcement. *Psychological Monographs, 80*, 1–28.

你的行为后果是由你本人控制还是由外在力量所左右？请你思考一下这些问题：当某种好事发生在你身上时，你认为这是实至名归还是运气所致？而当某种不好的事情发生时，你会认为这是自己的责任还是把它归结于命运？这一问题可以用更正式的心理学术语表述如下：你相信在你的行为及其后果之间存在某种因果关系吗？

作为心理学历史上最有影响力的行为主义者之一，朱利安·罗特（Julian Rotter）认为，个体在把发生在他们身上的事件原因的归因方面存在很大的差异。当人们把自己的行为后果归因为运气、命运或是他人力量的影响时，罗特认为这种人持有外控点的信念；与之相反，如果人们把行为后果归因于自己的选择及其个性，则他们就具有一种内控点的信念。在他这篇于1966年完成并被频繁引用的论文中，罗特解释说，在关于我们是谁的信念中，一个人看待事件的内外倾向是基本的，而且可以用社会学习理论加以解释。

在社会学习理论看来，一个人在从婴儿成长为儿童的这段时间内，会受到某种形式的奖赏或称强化而习得一些行为。这种强化增加了儿童对某种特定行为将引起某些他们想要的强化的预期。这种预期形成之后，取消强化将导致这种预期渐渐消退。因此，有时人们认为强化与行为是相关联的，有时却不是这样（参见研究11中斯金纳对关联性问题的讨论）。随着儿童的成长，一些儿童经常感受到其行为与强化的直接联系；而对其他儿童而言，强化似乎并非由其自身的行为所导致。罗特称，个体所有的具体学习经历使其对强化是内控还是外控形成了一种总体预期。

罗特写道："随着在文化上将情境类分为机会决定型情境和技能决定型情境，这些总体预期将导致行为表现出特征差异，并进而在特定条件下，可能演变出个体差异"（p. 2）。换言之，你已经习惯于对自己的行为后果做内控或外控的解释，
209 这将影响到将来你在几乎所有情境中的行为。罗特坚信，不论是外控还是内控，你对控制点的解释始终是你人格的一个重要组成部分。

现在，让我们回过头来再看本文开头所提出的问题。你认为自己是一个内控的人还是外控的人？罗特试图研究人们在这一维度上的差异，当然他不只是简单地对参与者进行询问，而是编制了一套用以测量个体的控制点的测验。一旦测量出人们的这种特征，他便能进而研究这一特征对人们行为的影响了。

理论假设

罗特打算在他的研究中证明两个要点。首先，他预言可以编制出一个测验，以便我们能够可靠地测量出个体在生活中内控或外控倾向的程度。其次，他假设人们在同一情境中对强化原因的解释将呈现出稳定的个体差异。罗特力图通过将各种情境下的内控行为和外控行为进行比较，以此来验证他的这一假设。

方　法

罗特设计了一个包括很多成对陈述句的量表。每对句子中包括一句反映内控点的陈述句和一句反映外控点的陈述句。给参与者的指导语是从每一对陈述句中"挑选出一句话，它所描述的情况必须是你认为自己在身临其境时更有可能发生的情况，即你一定要选择那个对你来说更真实的陈述句，而不要选择你认为应当选择或希望它成为事实的陈述句。这是一种对个人信念的测量，回答显然没有对错之分"（p. 26）。该测验采用了迫选法，即迫使参与者在每对陈述句中选择一句，

既不能都不选，也不能都选。

罗特的这一测量工具几经修订和改进。早期的量表包括 60 对陈述句，但经过各种信度和效度的检验后，量表的条目精减到 23 项。为了掩盖该测验的真正目的，后又加入了 6 个补充项目。这样的补充项目常常出现在类似的测验中，因为参与者如果能够猜出测验的真正目的，他们可能采用某种方式改变其回答，以求更好的表现。

罗特称他的测验为 I-E 量表（“I”代表内部，“E”代表外部），这也是如今广为人知的该测验的名称。表 25-1 列出了取自 I-E 量表的一些样题，以及补充项目的样题。如果你浏览一下这些项目，就会相当清楚哪些陈述句测量的是内控倾向，哪些陈述句测量的是外控倾向。罗特声称他的测验所测量的是一个人的人格特征中内控或外控的程度。 210

罗特接下来要做的最重要的一步是：证明利用这些特征能够准确预测人们在特定情境中的行为。为此，他在自己的几项研究中（由罗特和其他人共同完成）报告说，参与者所得到的各种 I-E 量表的分数与他们在生活中所经历的各种事件

表25–1　罗特I–E量表的样本项目和补充项目

项目 #	陈述
2a	人们生活中很多不愉快事件的发生都部分地缘于运气不好。
2b	人们的不幸是由他们所犯的错误导致的。
11a	成功靠的是努力工作，运气只起一点点作用或者根本不起作用。
11b	找到一份好工作主要靠的是在恰当的时间出现在恰当的地点。
18a	大多数人没有意识到他们的生活在某种程度上是被偶发事件所左右的。
18b	世上根本就没有“运气”这回事。
23a	有时我不能理解老师是怎样给我打分的。
23b	我的努力程度和学习成绩之间有直接的关系。
	补充项目
1a	孩子们之所以出问题，是因为父母对其惩罚太多。
1b	今天的孩子所面临的困难是父母对他们过于随和。
14a	世上肯定有一无是处之人。
14b	每个人都有一些优点。

（引自 pp. 13-14）

中的行为表现存在显著相关，这些事件包括赌博、政治激进主义、劝说、吸烟、成就动机以及从众倾向。

结 果

下面我们对罗特在该领域研究中的早期发现做一简要总结。（完整讨论以及参考文献的引证参见原研究 pp.19-24。）

赌 博

罗特研究了赌博行为与控制点的关系。研究发现，经 I-E 量表测得的内控型个体倾向于对有把握的事情下赌注，他们更喜欢中等风险的赌注而不喜欢高风险赌注。相反，外控型个体更愿意把许多钱押在高风险的赌注上。此外，外控型个体在下注时更倾向于采用被人们称为“赌徒谬误”的异常方式（例如，对根据个人猜测应该出现而实际出现概率甚微的某个数字下更大的赌注）。

211 劝 说

罗特引用了一项有趣的研究，该研究用 I-E 量表选取了两组学生，一组为高内控者，另一组为高外控者。两组参与者对大学校园里的男生联谊会和女生联谊会大体上持相似的态度。主试要求两组参与者劝说其他的学生改变对这些组织的看法。结果发现，在改变他人态度方面，内控组参与者比外控组参与者做得更成功。相反，一些别的研究则发现，内控型参与者更不愿在态度方面受他人的操纵。

吸 烟

内控点似乎还与自律存在相关。罗特提及的两项研究均发现：(1) 吸烟者比不吸烟者更倾向于外控；(2) 那些接受烟盒上有关吸烟危害健康的警示并戒了烟的个体更多地倾向于内控，尽管不论是内控型个体还是外控型个体，他们都相信这种警示是正确的。

成就动机

如果你相信自己的行为决定着自己的成就，那么从逻辑上讲，你应该比那些认为成功更多取决于命运的人有更强的成就动机。罗特对 1000 名高中生所做的研究表明，I-E 量表中的内控得分与预测成就动机的 17 个指标中的 15 个存在正相关。这些指标包括上大学的计划、用于做家庭作业的时间、父母对子女的在校表现的感兴趣程度等。这些与成就动机有关的因素更可能从具有内控倾向的学生身上发现。

从　众

罗特引用所罗门·阿施所做的从众实验来证明自己的观点。在该实验中，主试让参与者处于一个大多数人都认可同一个不正确答案的情境中，以判断参与者的从众行为（参见阿施的从众实验）。主试允许参与者对他们判断的正确性下赌注（钱由实验者提供）。在这样的条件下，与外控倾向的参与者相比，那些具有内控倾向的参与者更少服从大多数人的意见，而且当他们的判断与大多数人相反时，他们比外控倾向的人下的赌注更多。

讨　论

在罗特论文的讨论部分，他提出了人们在内 – 外控维度上存在个体差异的可能原因。他援引了很多研究，提出内控倾向或外控倾向形成的可能原因有三：文化差异、社会经济水平的差异以及父母教养方式的差异。

有一项研究发现，不同文化间个体的控制点倾向存在一些差异。在美国的一 212
个相对封闭的社区中，主试比较了三个不同的群体，即印第安人后裔、墨西哥裔美国人和白种人。结果发现，一般而言，那些具有印第安血统的个体最具外控倾向，而白种人最具内控倾向，墨西哥裔美国人在 I-E 量表上的得分介于上述二者之间。以上结果更多意味着不同族裔群体在控制点上存在差异，而与参与者的社会经济水平无关。

罗特还引用了一些早期实验的研究结果，这些结果表明，在某一特定的文化中，控制点的倾向可能与个体的社会经济水平有关。这些研究指出，社会经济水平较低预示着有更大的外控倾向。

父母的教养方式被罗特视为是个体习得内控或外控倾向的一个显而易见的原因。虽然当时并没有拿出用以支持该论断的研究证据，但他认为父母在教养孩子时所采取的奖励和惩罚的方式若常与孩子的表现不一致，或是让人捉摸不定，那么这将会导致孩子形成外控的倾向（稍后我们将对此问题做更详细的讨论）。

罗特总结了他的研究结果并指出，研究结果的一致性可以让我们得出如下的结论：控制点是一种在各种情境中一贯起作用的可界定的个体特征。而且，个体的内－外控维度对行为的影响是使不同的人在面对同一情境时采取不同的行动。此外，罗特认为控制点可以进行测量，I-E 量表正是测量这一指标的有效工具。

最后，罗特做出了如下假设，那些具有内控倾向的个体（即那些坚信他们能掌握自己命运的人）较那些具有外控倾向的个体更可能会：(1) 在一个情境中尽可能获得更多信息，以便他们在将来的类似情境中改进他们的行为；(2) 更主动地改变和改善他们的生活状况；(3) 更加看重内在目标成就和内在技能；(4) 更能抵制他人的操纵。

后续研究

自罗特编制了 I-E 量表以来，已有数百项研究检验了控制点与各种行为之间的关系。以下便是我们对这些涉及林林总总的人类行为的研究所做的简要介绍。

在 1966 年的论文中，罗特谈到了控制点与健康行为的关系。从那时起，许多其他的研究也做了相同的检验。在一篇对控制点研究的综述文章中，斯特里克兰（Strickland, 1978）发现，内控型个体一般对自己的健康更加负责，更可能采取健康的行为方式（如不吸烟以及养成更合理的营养搭配习惯等），而且在生活中更关心如何避免意外事故。此外，研究还发现内控型个体一般应激水平较低，
213 而且较少患与应激有关的疾病。

罗特关于教养方式与控制点存在相关的假设已经得到了部分验证。有研究表明，那些具有内控倾向的孩子的父母更有爱心，对孩子采取前后一致的奖惩约

束，且更加注意教导孩子对自己的行为负责。具有外控倾向的孩子的父母则更加专制和严厉，且不给孩子更多自我管理的机会（对此类发现的讨论参见 Davis & Phares，1969）。

一项颇具吸引力的研究证明，控制点的概念有可能预示着社会性问题或灾难性问题。西姆斯和鲍曼（Sims & Baumann, 1972）运用罗特的理论解释了为什么阿拉巴马州死于龙卷风的人数会大大多于伊利诺伊州。这些研究者注意到，美国南部由龙卷风造成的死亡人数是中西部的 5 倍，进而他们着手追根溯源。他们一一排除了与物理因素有关的解释，如龙卷风的强度及严重程度（事实上，发生在伊利诺伊州的龙卷风更为严重），龙卷风发生的时段（在这两个地区夜间发生的龙卷风次数相等）、商用建筑和居住房屋的建筑类型（两个地区使用相似的建筑技术）以及安全警报系统的质量（即使在两个地区安装警报系统之前，阿拉巴马州的死亡率也更高）。

排除了所有明显的环境因素之后，西姆斯和鲍姆认为差别可能源于心理变量，并提出把控制点概念列为一种可能的影响因素。他们采用 I-E 量表的修订版测试了伊利诺伊州和阿拉巴马州四个县的居民，这四个县的龙卷风以及致人死亡龙卷风的发生率相近。他们发现，阿拉巴马州人的回答比伊利诺伊州人的回答具有更加明显的外控倾向。循着这一发现并结合当地居民面临龙卷风时的行为及对他们就问卷中有关项目回答的分析，研究者得出了如下结论：内控倾向会促使个体在面临龙卷风时采取更可能存活下来的行为（如内控者关注新闻广播或者会提醒其他人注意危险）。这是由于他们坚信自己的行为在改变事件的后果上能发挥作用。在该研究中，阿拉巴马州人被视为“更缺乏自信，更缺乏采取有效行动的信心……这些资料……为我们提供了颇具启发性的证据，那就是人格特征在决定人与自然相互作用的特点中发挥着多么积极的作用”（Sims & Baumann, 1972, p.1391）。

近期应用

自从该篇论文在 1966 年发表以来，如果说已有几百项研究借鉴了罗特的“控制点”理论，那么这一数字是大大低估了实际情况。事实上该数字或许应为几千

214 项！罗特的这一理论受到如此大的信赖，这本身就清楚地说明人们对内 – 外控人格维度的影响及效度的广泛认可。下面是曾引用过罗特开创性工作的大量新近研究中的一部分代表。

当我们讨论罗特对控制点的研究时，经常出现的一个话题便是宗教信仰问题。很多有宗教信仰的人相信，有时将自己的命运交给上帝不仅符合他们的心愿而且是合适之举。然而，根据罗特的理论，此举将预示着具有一种外控倾向，其涵义可能是负面的。不久前，有人在《心理学与宗教》期刊上发表了一篇颇引人注意的文章，阐述的正是这一论题（Welton et al., 1996）。研究者使用不同的控制点量表和分量表，分别评估了参与者的内控点水平、觉知到受有影响力的其他人控制的水平、受运气和上帝控制的水平。结果发现，在“受上帝控制”维度上得分较高的个体身上也发现了与内控型相关的一些优点。作者认为，如果一个人经罗特量表测量具有外控倾向，但这种外部力量被认为是一种对至高无上的神灵（如上帝）的强烈信仰，那么他也就不太可能陷入由外控倾向带来的一些典型问题（如无助感、抑郁、低水平的成就动机、缺少谋求改变现状的动机等）。

控制点的概念与个体对自己在生活中是否有选择的感知有密切关联。事实上，“有选择”会增加人们（尤其是内控型个体）的控制感。有一项研究考察了各种研究，包括动物研究、人类临床研究、神经成像（例如 fMRI 研究；见研究 23）。该项研究的结果表明，人类对控制感的渴望不是后天习得的，而是一种进化得来的生存机制，是通过基因传递下来的（Leotti et al., 2010）。作者指出，如果没有“你能做出选择”（可产生最佳结果的选择）这样的信念，你将不会有动力去面对生活中的任何挑战，包括有助于使你保持健康和远离危险的选择。这也就是为什么当你选择的自由（控制事情的能力）被剥夺时，常会产生一些病理性的结果，从明显的抑郁到极端的愤怒和攻击。

另一方面，大量重要的跨文化研究在很大程度上都受益于罗特的内 – 外控制点这一人格维度概念。例如，一项俄罗斯的研究考察了俄罗斯和美国大学生的控制点倾向以及他们对右翼独裁主义的态度（D’yakonova & Yurtaikin, 2000）。结果显示，在美国学生中，较高水平的内控倾向与独裁主义有正相关；但在俄罗斯大学生中却并不存在这种相关。另一项借助罗特的 I-E 量表所进行的跨文化研究，考察了在高度迷信的集体主义文化中癌症病人的心理调适状况（Sun & Stewart, 2000）。有趣的是，该研究的结果表明，在面对类似癌症这样的重病时，“即便是在一种普遍具有超自然信仰的文化中，病人的内控倾向与其进行的调适也有正相关，而外控倾向则与调适有负相关”（p. 177）。 215

引证罗特研究的领域除了上面已讨论过的这些之外，还包括创伤后应激障碍、控制与衰老问题、分娩方法、预期应激的应对方式、环境中噪音的影响、学术成就、白领犯罪、青少年酗酒问题、对儿童的性骚扰、自然灾害后的心理健康、避孕药的使用、人类免疫缺陷病毒（HIV）以及艾滋病的预防研究。

结 论

内－外控制点维度已作为人格的一个相对稳定的组成部分被广泛接受，它对预测众多情境中的行为起到了有意义的提示作用。之所以称之为“相对稳定”，是因为一个人的控制点在特定的环境中会发生改变。那些具有外控倾向的人，由于在工作中被赋予了更大的权力和责任而常常向内控转变。而那些具有内控倾向的人在面对巨大压力和不确定性时，也可能会转向外控。而且，如果有机会，个体能够通过学习来提高其内控水平。

隐含在罗特的控制点概念中的一个假设是，内控水平高的人可以更好地进行自我调适，更有效地生活。尽管大多数研究都证明了这一假设，但罗特在他后期的著作中又告诫我们（参见 Rotter, 1975）：每个人，特别是内控水平高的人，必须更加关注周围的环境。倘若有人试图改变一种不可能改变的情境，那么挫折、沮丧和抑郁很可能随之而来。当存在于个体以外的力量确实控制着行为的后果时，最现实也是最健康的行为方式是采取倾向外控的态度。

Davis, W., & Phares, E. (1969). Parental antecedents of internal–external control of reinforcement. *Psychological Reports, 24*, 427–436.

D'yakonova, N., & Yurtaikin, V. (2000). An authoritarian personality in Russia and in the USA: Value orientation and locus of control. *Voprosy Psikhologii, 4*, 51–61.

Leotti, L., Iyengar, S., & Ochsner, K. (2010). Born to choose: The origins and value of the need for control. *Trends in Cognitive Science, 14*(10), 457–463.

Rotter, J. (1975). Some problems and misconceptions related to the construct of internal versus external

reinforcement. *Journal of Consulting and Clinical Psychology, 43*, 56–67.
Sims, J., & Baumann, D. (1972). The tornado threat: Coping styles in the North and South. *Science, 176*, 1386–1392.
Strickland, B. (1977). Internal–external control of reinforcement. In T. Blass (Ed.), *Personality variables in social behavior*. Hillsdale, NJ: Erlbaum.
Sun, L., & Stewart, S. (2000). Psychological adjustment to cancer in a collective culture. *International Journal of Psychology, 35*(5), 177–185.
Welton, G., Adkins, A., Ingle, S., & Dixon, W. (1996). God control—The 4th dimension. *Journal of Psychology and Theology, 24*(1), 13–25.

26 男性化、女性化……还是双性化

Bem, S. L. (1974). The measurement of psychological androgyny. *Journal of Consulting and Clinical Psychology, 42*, 155–162.

216 你的性别是男还是女？你是男人还是女人？你是男性化的还是女性化的？三个看似差不多的问题，答案却可能让你大吃一惊。对于第一个问题，答案一般是很明确的，因为这是基于染色体、激素以及性解剖结构等作出的生物学回答。大多数人在回答第二个问题时也鲜有犹豫。实际上，你们从差不多四岁开始就会非常肯定自己的性别了。你可能根本不用停下来花任何时间思考就知道你是男人还是女人。

然而，第三个问题好像就没那么容易回答了。不同的人拥有不同量的“雄性”和“雌性”，或者说男性化特征和女性化特征。想一下你认识的人，你可能会把他们中的某些人划到极端男性化一边（这些人*更可能*是男人），而某些人会属于极端女性化一边（这些人*更可能*是女人）。但还有一些人的性别特征好像介于二者之间，他们既有男性化特征又有女性化特征（这些人有男有女）。这些“分类”并不是以判断为目的，而仅仅是为了说明人类的一个重要特征的差异性。这种男性化 – 女性化维度构成了心理学家通常提到的“*性别*”，而你对自己性别的看法就是你的“*性别认同*”。性别认同是组成人格最基本的构成要素之一，它既包括你自己也包括他人对于“你是谁”的感知。

20 世纪 70 年代以前，行为科学家（以及大多数非科学家）都持有一种两极化的性别观点：即人们的性别认同不是彻底的男性化就是彻底的女性化，它们被看作单一性别维度的两极。如果你基于这种观点进行性别认同测试的话，你的测

验结果将处在单一维度上，要么更接近男性化，要么更接近女性化。此外，当时的研究者和临床医师认为，在一定程度上，心理调适与个人同其性别类型的契合度有关，并以其生物学上的性别为基础。换句话说，为了达到心理健康的最佳状态，男人就应该尽可能男子气，女人就应该尽可能女人味。

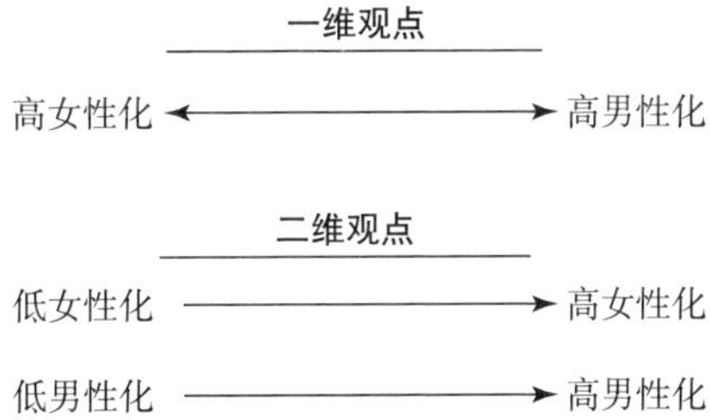

图26–1 传统一维性别模式与新近二维性别模式的对比

然而，20 世纪 70 年代早期，这种单维性别观点受到了挑战。安妮·康斯坦丁诺普尔（Constantinople, 1973）在其发表的文章中指出：男性化和女性化并不是同一个维度的两极，相反，它们应该成为衡量人类性别的两个不同维度。也就是说，一个人拥有某种程度男性化特征的同时也可能拥有某种程度的女性化特征。图 26-1 把一维和二维两种性别的观点进行了对比。 217

这些在你看来可能没什么值得大惊小怪，但在当时可谓是一场革命。支持这种二维性别模式的代表人物是斯坦福大学的桑德拉·贝姆（Sandra Bem）。她向当时盛行的性别观念发起了挑战，该观念认为，健康的性别认同应该表现为一个人的行为符合其生物学性别的社会期望。而贝姆提出：一个更协调的人，可以有效融合男性化和女性化两种行为，实际上，他们比那些性别类型极度男性化或极度女性化的人更快乐，心理调适能力也更强。贝姆进一步发展了这项研究，并着手开发一种基于二维性别模式的测量方法。在作为本文基础的这篇论文中，贝姆创造了“双性化”（androgynous）一词（“andro”意为男性，“gyn”意为女性），用来描述那些同时具有男性化和女性化特征的人，他们可以根据特定情境表现出最适宜的行为特征。此外，贝姆还认为，不仅某些人具有双性化的性别特征，而且当一个人从一种生活环境转移到另一种生活环境时，双性化的性别特征更可以为增加行动的适应性提供优势。贝姆这样解释道：

> 性别类型分明的人总想使自己的行为与已经内化的性别角色标准保持一致，并通过压抑任何他可能认为不想要的或与其性别不相符的行为来达成自己的目标。因此，鉴于一个自我概念中性别认同为男性化的人可能会抑制那

些被刻板印象化为女性化的行为；一个自我概念中性别认同为女性化的人也可能会抑制那些被刻板印象化为男性化的行为；而一个混合型或双性化的人，其自我概念可能就会允许个体自由地从事“男性化”或“女性化”的行为。(p.155)

举个例子，你可能认识一位优雅、敏感、轻声细语的女士（传统女性化特征），但她同时也是个野心勃勃、独立自主、身强体健的人（传统男性化特征）。另一种情况，你的一位男性朋友可能好胜、统治欲强、敢于冒险（男性化特征），但他有时也会表现出一些典型的女性化特征，如有爱心、有同情心、活泼可爱。当一个人拥有相对平衡的男性化和女性化特征时，贝姆就用“双性化”来描述。本文解释了贝姆用于开发测量性别特征量表的理论基础和设计过程，即贝姆性别角色量表（BSRI）。

218 理论假设

每当科学家提出一种挑战传统观点的新理论时，他们也就必须承担起证明这种革命性观点正确性的责任。如果贝姆想要研究双性化的人与那些具有极端男性化或女性化特征的人之间的差异，她就需要找到一种方法来证明双性化特征的存在。换句话说，她必须要对其进行测量。

贝姆认为要测量双性化特征，就需要有一种新的测量量表，它应该从根本上区别于已经过时的男性化－女性化量表。以此为目的，她所设计的量表有以下几方面的创新：

1. 贝姆首先考虑的是所设计的性别量表应该抛开那种一维性别模式：即认为男性化和女性化是单一维度相反的两极。因此，她将两个独立的维度引入其测验，分别用于测量男性化和女性化（见表 26-1）。
2. 她所设计的量表的基础是男人和女人各自所觉知到的男性化和女性化特质。而先前的性别量表是以在男人和女人身上普遍可以观察到的行为为基础，而不是以美国社会期望或赞许为标准：

表26–1 修改后的性别角色量表

等级	女性化测试项	等级	男性化测试项	等级	中性测试项
____	有爱心	____	领导派头	____	适应性强
____	顺从	____	喜欢冒险	____	骄傲自满
____	活泼可爱	____	胸怀大志	____	捉摸不透
____	爱慕虚荣	____	坚持己见	____	实事求是
____	有同情心	____	善于分析	____	效率低下
____	善解人意	____	个性强	____	圆滑世故
____	温柔	____	处事果断	____	嫉妒心强
____	柔弱	____	自我满足	____	诚实可信
____	喜爱孩子	____	阳刚	____	喜怒无常
____	轻声细语	____	独立	____	值得信赖

（改编自 Table 1，p. 156）

按照他们提供的如下标准为所有测试项评分：

1= 完全不或几乎不符合

2= 大多数情况下不符合

3= 有时但很少符合

4= 偶尔符合

5= 常常符合

6= 大多数情况下符合

7= 完全或几乎符合

评分

女性化得分：女性化测试项分数总和 ÷20= ______

男性化得分：男性化测试项分数总和 ÷20= ______

双性化得分：女性化得分减去男性化得分 = ______

说明：

女性化 = 1.00 或更高

接近女性化 = 0.50 至 0.99

双性化 = –0.50 至 0.49

接近男性化 = –1.00 至 –0.49

男性化 = 小于 –1.00

> 一种特征如果被判断为对于男人来说更受赞许，那么就定性其属于男性化；而一种特征如果被判断为对于女人来说更受赞许，那么就定性其属于女性化。（pp. 155-156）

3. BSRI 是为区分男性化、女性化和双性化而设计的，主要是通过计算个体女性化和男性化得分之差来进行区分的。也就是用个体女性化特质得分减去其男性化特质得分，所得的差数就可以用来判断其男性化、女性化或双性化的程度了。

贝姆设计的量表是由一系列人格特征或特质组成的。为了得到一个性别分数，每种人格特质都在一个 7 点量表上进行评定，1—7 点分别代表回答者所觉知到的自身某种特质的程度。让我们看看这一量表是如何设计的。

方　法

测试项目的选择

请记住，贝姆要使用的是符合社会期望或赞许的性别特征。为了完成她的最终设计，她罗列出一长串她和她的心理学专业学生都认为有价值的特征，这些特征有代表男性化的，有代表女性化的，也有中性化的。三种特质列表每个都约
219 有 200 个项目。她从斯坦福大学挑选出 100 名大学生（男女各一半），要求他们根据美国社会的赞许度，用从 1（完全不符合）至 7（非常符合）的 7 个等级，评定这些特征是否符合美国社会对性别的赞许。

按照学生们给出的分数，贝姆把排名前 20 的特征分别作为男性化和女性化的测试项。同时，她也选择了 20 个可以忽略性别但每个人都期待拥有的测试项(这些并不是双性化的测试项，仅仅是用来反映中性性别的)，其中包括 10 个积极的和 10 个消极的中性性别特征。在测量中加入这些测试项是为了保证参与者不会被测验题目全部是男性化和女性化的或者全部是社会期望的类型所影响。所以最终的量表包含了这 60 个项目。表 26-1 就是最终选出的特质作为 BSRI 项目的范例。但要说明的是，在实际测量中，所有测试项不是按性别类型分列的，而是随机混

合在一起。

评 分 220

正如前面所提到的，一个人进行 BSRI 测量，只需要用一种 7 个等级来衡量所有测试项与其自身的相符程度。相应的标准如下：1= 完全不或几乎不符合，2= 大多数情况下不符合，3= 有时但很少符合，4= 偶尔符合，5= 常常符合，6= 大多数情况下符合，7= 完全或几乎符合。测量完成后，参与者会得到三个分数：男性化分数、女性化分数和对本文最为重要的双性化分数。男性化分数是把所有男性化测试项得分相加再除以 20 得到的平均数，女性化分数也是按这种方法得到的，因此得分均在 1.0 至 7.0 之间。那么，你想到如何利用这两个分数算出双性化得分了吗？请记住，这种分数可以分别测量男性化和女性化，但却不包含双性化的测试项。如果你想到双性化分数可以用女性化分数与男性化分数的差来表示，那么你就是正确的，因为贝姆正是这么做的。一个人的双性化分数就是用其女性化分数减去其男性化分数而得到的，其范围从 –6 至 +6。真的很简单。这里有三个典型的例子，他们分别代表了男性化、女性化和双性化性别类型的人。

詹妮弗男性化分数是 1.5，女性化分数是 6.4。用 6.4 减去 1.5 得出她的双性化分数是 4.9。理查德男性化分数是 5.8，女性化分数是 2.1，因此他的双性化分数是 –3.7。黛娜男性化和女性化的分数分别为 3.9 和 4.3，其双性化分数为 0.4。

詹妮弗：女性化分数 = 6.4
– 男性化分数 = –1.5

双性化分数 = 4.90

理查德：女性化分数 = 2.1
– 男性化分数 = –5.8

双性化分数 = –3.70

黛娜：女性化分数 = 4.3
– 男性化分数 = –3.9

双性化分数 = 0.40

看一下这些数据，我们所举的三个例子中哪个人双性化程度最高呢？答案是黛娜。为什么呢？因为黛娜的男性化分数与女性化分数基本相同，并没有像詹妮弗和理查德那样显示出明显的性别取向。因此，黛娜的测量结果反映了其在自我觉知中缺乏明显的性别类型，而更多表现的是一种男性化与女性化特征的平衡。这也恰恰是“双性化”一词的定义。

221 综上所述，BSRI 的测量结果可以这样解释：分数越接近 0（无论正负）表示双性化程度越高；在正方向上距 0 越远表示女性化程度越高；在负方向上距 0 越远表示男性化程度越高。

你也许想为自己测量一下。当然，就现在来说，你并不会得到一个理想的结果，因为你对这项测量如何进行了解得太多了！你会把男性化、女性化和中性特质分开评分，而不是像在实际测量中那样混合在一起。不过，记住了这些提醒，你大可以试着测量一下。表 26-1 提供了简化的评分和解释说明。

结　果

任何测量手段都必须是可信和有效的。信度是指测量的前后一致性，也就是各种测试项对参与者的同一种特征的反映程度，以及经过重复测量得出相似结果的能力。效度是指实际测量的内容与想要测量内容的相符程度——就 BSRI 来说，就是男性化特征和女性化特征。

BSRI 的信度

对学生样本测量结果的统计表明，BSRI 对男性化和女性化测量的信度非常高。这就意味着男性化的 20 个测试项测量的都是同一种特质（假定为男性特征），女性化的 20 个测试项测量的也都是同一种特质（假定为女性特征）。为了确定测量的一致性信度不受时间影响，贝姆四周后又对最初测量过的 60 人实施了第二次测量。两次测量的结果相关程度很高，因此具有很高的“重测”信度。

BSRI 的效度

为了证明 BSRI 的效度，必须首先对男性化与女性化的测量标准进行分析，以确保不是对同一特质的测量，这一点是非常重要的。因为贝姆所做研究的理论假设前提是男性化和女性化是两个相对独立的性别维度，并且这两个独立的维度是可以分开测量的。贝姆证明这一点的方法是考查 BSRI 中男性化得分和女性化得分的相关系数，结果显示两种测量明显不相关，功能各自独立。

接下来，贝姆需要证明此量表测量的确实是男性化和女性化的性别特征。为了确认这一点，她分别分析了男人和女人进行这两种测量所得的平均分。你可以预期结果应该是：男人在男性化测试项上得分更高，女人在女性化测试项上得分更高。这种差异也正是贝姆从大学生参与者身上发现的，而且差异达到了统计显著性。

最后，贝姆把参与者按照前面讨论过的形式进行了性别归类，即男性化、女 222
性化和双性化。她发现许多人的女性化得分和男性化得分的差异都很小，换句话说，他们是双性化的。表 26-2 显示了在贝姆的研究中，参与者男性化、女性化和双性化的百分比。

讨 论

贝姆文章中的讨论部分短小、简洁，具有很强的说服力。呈现它的最好方法

表26-2 参与者中男性化、女性化和双性化的百分比

类 型	男 人	女 人
女性化	7%	35%
接近女性化	6%	17%
双性化	35%	29%
接近男性化	19%	11%
男性化	33%	8%

参与者人数 =917

改编自 Table7，p. 161（合并了样本）

恐怕就是直接完整地从原文中引用：

> 希望 BSRI 的出现和发展，能够鼓励在性别差异和性别角色领域的研究者们去质疑那种用性别类型说明心理健康的传统观点，并转而关注这种更为灵活的性别角色观念对人类行为以及社会所产生的影响。当性别角色的硬性划分已经不再适用于这个社会时，也许双性化人这一概念将为心理健康建立一条更为人性化的标准。(p.162)

这段话说明了贝姆的研究是如何改变心理学的。在其文章发表几十年后，西方文化逐渐开始接受“一些人是双性化的”观点，而且，同时拥有男性化特征和女性化特征不仅不被人排斥，反而被认为是一种优势。更多的男人和女人开始从事或参加那些在传统观念中被视为“仅限于”异性的职业、业余爱好、体育活动和家庭活动。从女 CEO 到“全职爸爸”，从女消防员、女军人到男护士、男教师，从女性掌管权力到男性展现其敏感性的一面，你会看到，性别角色和性别期望的转变在社会中无处不在。

然而，这绝不是说文化已经对性别差异“视而不见”了。相反，对性别角色的种种期望仍会使我们对行为和态度的选择产生很大影响，而且性别歧视依然是一个严重的社会问题。总的来说，男性还是被认为处事果断而女性则常常被认为感情用事；绝大多数飞行员都是男性（96%），而几乎所有牙齿口腔保健医生
223 都是女性（98%）。但是我们应该注意到，这种伴随性别角色的文化差异在缩小，而且这种缩小还将会持续。

在贝姆这一新的性别观念的影响下，大量研究开展了起来。正如先前讨论过的，20 世纪 70 年代以前，人们普遍认为，如果他们的性格和行为符合其性别认同，他们就能很好地适应生活。也就是说，男孩和男人应该表现出男性化的态度和行为，女孩和女人应该表现出女性化的态度和行为。然而，双性化的发现改变了这一观念，而研究者们也开始探索个体之间男性化、女性化以及双性化的差异。

批评与后续研究

一项研究显示，双性化的儿童和成人趋于拥有更高水平的自尊，而且在多样化的情境中适应性更强（Taylor & Hall, 1982）。另一项研究指出，双性化个体更易与异性建立起亲密关系，可能是由于他们能更好地理解、接受彼此间的差异（Coleman & Ganong, 1985）。更多近期研究揭示，具有积极的双性化特征的人在心理上更健康，更快乐（Woodhill & Samuels, 2003）。然而，随着时间的推移，贝姆等人发展的双性化基础理论也经历了多方面的改进和完善。

许多研究者指出，那些双性化程度高的人之所以体验到心理上有优势，可能更多的是因为他们表现出的是男性化特征而非两种性别特征的平衡（Whitley, 1983）。仔细想想，这是有道理的。很明显，许多传统的女性化特质，如依赖、自责、感情用事等都不符合社会期望。这就说明了为什么那些具有更多男性化性格特征的人会受到更好地对待，渐渐地，也会比别人更自信、更自尊。但是，并不是所有男性化特质都是积极的，也不是所有女性化特质都是消极的。每种性别所具有的特质都包含积极和消极两个方面。

研究者们在此基础上进一步提出了更为精准的双性化概念，它包括四个维度：受赞许的女性化、不受赞许的女性化、受赞许的男性化、不受赞许的男性化（见 Ricciardelli & Williams, 1995）。像坚定、自信、强大被看作是受赞许的男性化特征，而专横、嚣张、尖刻都是不受赞许的男性化特征。就女性化来讲，有耐心、敏感、责任心强都是受赞许的特征，反之，像神经质、羞怯、软弱等都是不受赞许的特征。所以，通过一个人性格特征的分布，就可以推断他所属的性别类型：积极男性化、消极男性化、积极女性化、消极女性化、积极双性化或消极双性化。

当性别特征根据积极和消极的性质进行更为细致的定义后，积极的双性化优势开始被推崇（例如 Woodhill & Samuels, 2003）。同时拥有最好的男性化和女性化性别品质的人，比那些仅拥有一种性别特征或结合了两种性别特征消极面的人，可能更圆通、更快乐、更受欢迎、更招人喜爱、更灵活，也更懂得尊重自己。想 224
象一下，把一个耐心、敏感、负责、坚定、自信、强大（积极双性化）的人（男性或者女性），和一个神经质、羞怯、软弱、专横、嚣张、尖刻（消极双性化）

的人进行对比，你就会更加清楚地理解这种对贝姆理论的修正。

桑德拉·贝姆在性与性别角色这一领域的研究一直处于领先地位。她应用其理论和研究发现对性别不平等和性别歧视问题进行辩论，并在其 1994 年出版的著作《性别透镜》中对此进行了深入的讨论。近期，她又开始关注婚姻、家庭以及儿童抚养的复杂问题，并出版了《一个不寻常的家庭》（1998）一书。在书中，贝姆用自己和前夫达里尔·贝姆（康奈尔大学著名心理学家）生活的经历，探究一对夫妻如何避免形成传统的性别行为预期，如何真正平等对待彼此，以及如何把孩子抚养成为"性别观念解放"且具有积极双性化特质的人。

近期应用

你在阅读本文时可能会提出这样一个问题：用来测试男性化和女性化的那些测试项是否一直有效，也就是它们是否可以一直用于区分男性化人群和女性化人群呢？事实上，你可能对其中的一些测试项早有看法，毕竟这项研究是在几十年前进行的，而社会价值观对性别行为的期待也会随着时间而改变，对吗？这个问题的答案却是"可以"！ 20 世纪 90 年代末开展了一项针对 BSRI 的所有项目进行重新评定的研究，选取美国南部一所中等规模的大学的学生作为参与者。结果显示，除了其中两项，其他测试项仍能在很大程度上区分男性化和女性化（Holt & Ellis, 1998）。"孩子气"和"忠贞"是两个例外的，它们在 BSRI 中都是对女性化的描述，但在 1998 年的研究中，与男性特征相比，它们并没有被评定为是女性更受赞许的特征。

然而另一项研究却得出了截然不同的结果。当选用美国东北部城市的一所大学的学生作为参与者，对 BSRI 的测试项进行验证时，结果出现了很大的差异（Konrad & Harris, 2002）。研究发现：（1）女性参与者认为 20 个男性化测试项中仅一项（"阳刚"）对于男性来说更受赞许；（2）男性参与者则认为 20 个男性化项目中有 13 项是更受赞许的男性化性格特征；（3）女性参与者只评出女性化项目中的 2 项（柔弱和轻声细语）对于女性来说更受赞许；（4）男性参与者觉得只有 7 项女性化项目对于女性来说更受赞许。

我们如何解释这两种研究结果之间的差异呢？一种可能是人们对性别的认同与地理区域有关。前者（Holt & Ellis）的数据来自美国南部（还是一个相对较小的城镇），而后者（Konrad & Harris）的参与者来自于美国东北部（而且是一个大城市）。作者认为的另一种可能是：研究中的参与者可能已经“猜到了”研究 225
目的，从而使他们的答案带有了一定的倾向性：

> 明确地说，尽管是要求参与者对一种性别特征评分，但事实上仅仅指定性别作为测试目标这一点就可能暗示参与者该研究的目的。既然有这种可能性，参与者很可能会提供比真实情况更为平等的性别认同来表现出积极的自我形象。（Konrad & Ellis, 2002, p.270）

贝姆的研究和发现继续对性与性别研究产生着重大影响。事实上，它们已经成为数以百计广泛主题的性别相关研究的基础。例如，有一项研究考察性别特征如何影响人们对处在领导地位的男性和女性的看法（Ayman & Korabik, 2010）。在诸多的影响因素中，研究者发现性别（部分地）决定了一个人是否能成为领导者。领导者大部分是男性，这是为什么呢？因为从传统上看，在成为领导者的人身上，我们感知到更高程度的男性化特征和社会主导性。另外，以任务为导向、更少表达情感的个体更有可能成为领导者，而这些特质在男人身上更常见。然而，近期的研究表明，如果把群体的性别构成和特定的领导任务考虑在内，那么表现出更多双性化特征的个体更有可能成为领导者。这可能是由于双性化程度高的个体能更轻易地将任务导向和情感表达结合起来，而这种导向使得许多领导角色都显得非常高效。

结　论

桑德拉·贝姆的研究之所以改变了心理学，是因为它改变了心理学家、个人以及整个社会对一项最基本的人类特征——性别认同的看法。贝姆的研究对开拓我们的视野具有重要的作用，使我们真正意识到什么是男人和女人，什么是男性化和女性化。也正是因为如此，我们每个人才有机会去拓展自己的行为模式、选择范围和生活目标。

Ayman, R. & Korabik, K. (2010). Leadership: Why gender and culture matter. *American Psychologist, 157*, 157–170.

Bem, S. L. (1993). *The lenses of gender: Transforming the debate on sexual inequality*. New Haven, CT: Yale University Press.

Bem, S. L. (1998). *An unconventional family*. New Haven, CT: Yale University Press.

Coleman, M., & Ganong, L. (1985). Love and sex role stereotypes: Do macho men and feminine women make better lovers? *Journal of Personality and Social Psychology, 49*, 170–176.

Constantinople, A. (1973). Masculinity-femininity: An exception to a famous dictum? *Psychological Bulletin, 80*, 389–407.

Holt, C., & Ellis, J. (1998). Assessing the current validity of the Bem Sex Role Inventory. *Sex Roles: A Journal of Research, 39*, 929–941.

Konrad, A., & Harris, C. (2002). Desirability of the Bem Sex-Role Inventory for women and men: A comparison between African Americans and European Americans. *Sex Roles: A Journal of Research, 47*, 259–271.

Ricciardelli, L., & Williams, R. (1995). Desirable and undesirable gender traits in three behavioral domains. *Sex Roles, 33*, 637–655.

Taylor, M., & Hall, J. (1982). Psychological androgyny: Theories, methods and conclusions. *Psychological Bulletin, 92*, 347–366.

Whitley, B. (1983). Sex role orientation and self esteem: A critical meta-analytic review. *Journal of Personality and Social Psychology, 44*, 773–786.

Woodhill, B., & Samuels, C. (2003). Positive and negative androgyny and their relationship with psychological health and well-being. *Sex Roles, 48*, 555–565.

27 和心脏赛跑

Friedman, M., & Rosenman, R. H. (1959). Association of specific overt behavior pattern with blood and cardiovascular findings. *Journal of the American Medical Association, 169*, 1286–1296.

226 你是谁？或你是怎样的一个人？如果有人向你提出这一问题，你很可能会把自己较为明显的主导特征作为对该问题的回答。这些人格特征通常被称为“特质”，它们在使你成为一个独一无二的人这方面起着重要的作用。人格特质具有跨情境和跨时间的一致性。支持人格特质理论的心理学家（并不是所有人都支持）认为，我们身上有很多种人格特质，但不同的心理学家所提出的人格特质的数量又有所不同（例如双性化人格特征和控制点理论）。所有心理学家都感兴趣的是，人格特质使我们能够较稳定地预测出某人在某一特定情境中的所作所为。换句话说，人格特质理论家认为，对人格特质的剖面图进行分析，可以预测个体现在或将来的行为结果。因此，如果某种人格特质经研究能够预测你的健康状况，甚至能预测你死于某种心脏病的几率，那么人格心理学家对这种特质的兴趣的骤增也就不足为奇了。

你也许知道有一种与健康有关的人格特征，它被人们称为 A 型人格。简单地说，A 型人格是指一种特定的行为模式，而不是个体的整体人格。这种行为模式最早于 20 世纪 50 年代末由迈耶·弗里德曼（Meyer Friedman, 1911—2001）和瑞·罗森曼（Ray Rosenman）两位心脏病学家首次提出。他们的理论和发现把心理和健康联系在一起，并且对我们如何看待人格差异和人格何以能导致严重的疾病产生了重大的影响。

理论假设

这两位医生研究构想产生过程的故事首先使我们认识到，对小的、那些看上去并不重要的细微之处的仔细观察可能会导致科学上的重大突破。弗里德曼医生曾请人为他候诊室里的家具重做皮套。做皮套的人说长沙发和椅子的皮套磨损得特别快。具体说来，椅子的前沿比其余部分磨损得更快。这让弗里德曼医生想起似乎他的心脏病人常“坐在椅子的边缘”，这一现象促使他想知道：心脏病人是 227
否在某个重要特征上与其他人有所不同。

通过对公司经理和外科医生的调查，弗里德曼和罗森曼发现，人们普遍认为，长时间处于疲劳驾驶、最后期限、竞争性环境以及经济受挫等压力下的人们，更有可能患上心脏病。于是，他们决定对这些想法进行科学验证。

方 法

利用他们的早期研究和临床观察，两位心脏病学家设计了一套反映一种特定的外显（可观察的）行为模式的模型或组合，他们相信这一特定的行为模式与胆固醇水平的不断升高并最终导致冠心病（CHD）的临床现象密切相关。这种被称为 A 型行为的模式包括如下特征：(1) 一种要达到个人目的的强烈而持久的内驱力；(2) 在所有情况下都有一种热衷于竞争的倾向；(3) 一种想得到认可和成就的持久的渴望；(4) 不断卷入有最后期限的多个事务之中；(5) 习惯于匆忙完成各种事务；(6) 心理和生理上的过分敏感（p.1286）。

研究者紧接着设计了第二种被称为 B 型行为的外显行为模型，其特点与 A 型行为完全相反。这些行为的特点表现为相对缺乏以下特征：驱动力、进取心、时间紧迫感、对竞争的渴望以及最后期限的压力。

弗里德曼和罗森曼接下来要做的就是为他们的研究寻找符合 A 型行为模式和 B 型行为模式的参与者。为此，他们联系了各种各样的大公司和大企业的经理和主管，并向他们解释这两种行为模式，请求经理和主管从自己的同事中挑选那些最符合该行为模式的人。最终选定的两组参与者由各种级别的管理者和其他人员组成，全部为男性。每组 83 人，其中 A 组的平均年龄为 45 岁，B 组的平均年龄为 43 岁。所有参与者都完成了与该研究的目的有关的一些测验。

首先，研究者用访谈的形式来了解参与者父母患有冠心病（CHD）的既往病史、参与者自己的心脏病既往病史、每周的工作、睡眠和锻炼的时间以及吸烟、喝酒和饮食习惯。在访谈过程中，研究者要确定参与者是否具有其所在组（A 型行为或 B 型行为）行为模式的全部特征。基于对身体运动、对话口吻、紧咬牙关、体态、急躁神态以及参与者的主动性、好胜心和时间紧迫感等指标进行判断，研究者最终确定 A 组的 83 名参与者中有 69 人充分表现出他们所提出的 A 型行为模式，而 B 组的 83 名参与者中有 58 人被判定为完全符合 B 型行为模式。

其次，要求所有的参与者用日记方式记录自己在一周内的饮食情况。给每名
228 参与者指定一个编号，以便让他们在如实报告饮酒情况时不会感到为难。接下来，参与者的饮食情况由医院中的一名营养师进行归类和分析，该营养师不了解参与者的身份，也不知道参与者属于哪个组。

再次，对每名参与者进行抽血以测量他们的胆固醇水平和血凝时间。通过详细询问参与者以往的冠状动脉健康状况并根据标准的心电图数据，来确定其冠心病的状况。这些心电图数据由罗森曼和另一名不参与该研究的心脏病学家分别加以解释和判断。除一例之外，他们的解释完全一致。最后，通过对参与者眼睛的映光检查来确定患有角膜弓的参与者数量。角膜弓指的是由血液里的脂肪堆

积而导致的在眼角膜周围形成的一个不透明环状物。

现在，让我们试着对弗里德曼和罗森曼的所有数据进行概括并看看他们究竟发现了什么。

结　果

由访谈结果来看，两组参与者的行为好像与研究人员所勾勒的两种行为模式的轮廓非常吻合。A 组参与者长期为承诺、抱负和驱动力所牵制。而且，他们显然渴望在所有活动中都力争上游，不管是专业活动还是娱乐活动。此外，他们也承认有强烈的获胜欲望。B 组参与者与 A 组参与者相比有非常显著的不同，尤其表现在缺乏时间紧迫感上。B 组参与者似乎满足于他们的生活现状，而且不愿追求多个目标，并避免竞争性的情境。他们很少担心自身的提高问题，而是将更多的时间用于与家人在一起以及参加非竞争性的娱乐活动。

表 27-1 对测验和调查所得的两组参与者存在的最具可比性特征进行了概括。表 27-2 则概括了有关血液水平和疾病情况的一些测量结果。正如表 27-1 所示，两组参与者在几乎所有被测量的特征上都较为接近。尽管 A 组参与者在多数测量指标上略高于 B 组，但两者仅在每天吸烟的数量以及其父母患冠心病的几率方面存在显著性差异。

然而，如果你浏览一下表 27-2 中两组参与者的胆固醇情况和疾病情况，两组之间的确存在非常有说服力的差异。首先，尽管从表中的全部结果来看，两组参与者的血凝时间并不存在有意义的显著差别（血凝速度与心脏病及其他脉管疾病有关）。血凝时间越慢，患病的危险性便越小。为了更严格地进行统计检验，

表27–1　A组和B组参与者的个体特征的比较（平均值） 229

	体重	每周工作时数	每周锻炼时数	吸烟者人数	每日吸烟量	每日饮酒热量	总热量	脂肪热量	有子女的人数
A 组	176	51	10	67	23	194	2 049	944	36
B 组	172	45	7	56	15	149	2 134	978	27

（数据编自 pp. 1289-1293）

表 27-2 A组和B组参与者的血液和疾病的比较

	平均血凝时间（分钟）	平均血清胆固醇含量	角膜弓（百分比）	冠心病（百分比）
A 组	6.9	253	38	28
B 组	7.0	215	11	4

（数据编自 p. 1293）

弗里德曼和罗森曼专门比较了那些表现出 A 型行为模式充分发展的参与者的血
230 凝时间（6.8 分钟），以及那些表现出 B 型行为模式充分发展的参与者的血凝时间
（7.2 分钟）。结果发现二者在血凝时间上存在的差异具有统计学上的显著性。

表 27-2 中所示的其他发现是非常明确的。A 组参与者的胆固醇水平明显高于 B 组。如果将典型的 A 型参与者和 B 型参与者进行比较，这一差异则会更大。A 型参与者角膜弓的发病率是 B 型参与者的 3 倍，而典型 A 型参与者的角膜弓发病率则是典型 B 型参与者的 5 倍。

最后，使本研究得以载入史册的最重要的发现是两组参与者在临床冠心病的发病率上存在极其显著的差异。A 组中有 23 名参与者（28%）出现了明显的冠心病发病迹象，而 B 组中只有 3 名参与者（4%）有明显的迹象。当研究者对典型 A 型参与者和典型 B 型参与者进行进一步检验时，研究所得到的证据变得更为可靠。A 组中的这 23 名参与者全部具有典型的 A 型行为模式，而 B 组中的这 3 名参与者则都不具有典型的 B 型行为模式。

研究发现的讨论

作者提出的结论是，A 型行为模式是冠心病以及与此相关的血液异常的主要原因。不过，如果仔细检查表中的数据，你会注意到对那些结果可以有其他的解释。一是 A 组的人报告其父母患有心脏病的人数更多。因此，或许是遗传而不是行为模式造成了两组之间存在的显著差异。另一引人注目的差异是 A 组参与者每天的吸烟量更大。今天，一个众所周知的事实是：吸烟会促使冠心病发生。所以，也许不是 A 型行为模式导致了这些结果，而是吸烟过多引起了冠心病。

弗里德曼和罗森曼在对研究结果进行讨论时回答了上述两种潜在的批评意见。首先他们发现，A 组中吸烟少的参与者（每天 10 支或更少）和吸烟多的参与者（每天多于 10 支）患冠心病的人数一样多。其次，B 组中吸烟多的参与者多达 46 人，却只有两人有冠心病症状。作者根据这些发现认为，吸烟可能只是 A 型行为模式的一个特征，但不是冠心病发病的一个直接原因。需要特别注意的是，该研究完成于 40 多年前，当时人们对吸烟与冠心病之间的密切关系还没有达到像今天这样的认识。

关于父母的既往病史导致了这一差异的可能性，“研究数据显示，A 组参与者中的 30 人有心脏病家族史，其中只有 8 人（27%）患有心脏病；而其余的 53 人没有心脏病家族史，其中却有 15 人（28%）患有心脏病。B 组参与者中的 23 人有心脏病家族史，但没有一人表现出临床的心脏病症状”（p. 1293）。此外，现在更多的对该因素进行严格控制的研究业已证明：冠心病与家族因素有关。不过，我们不清楚遗传因素到底是心脏病的致病因素，抑或是指向某种特定的、内在固有的行为模式（例如 A 型行为）的一个倾向。

研究发现的意义和后续发现 231

弗里德曼和罗森曼的研究对心理学研究的历史具有极其深远的影响。之所以这样说，主要是基于以下三个原因。首先，该研究是最早系统探讨并清晰地提出个体的某些特殊行为模式会显著增加某些严重生理疾病患病几率的研究之一。这一发现提醒医生，对成功的诊断、治疗、干预和预防而言，仅仅考虑到疾病的生理方面或许是远远不够的。其次，该研究开创了探索行为与冠心病关系的一个新的研究方向，并且已产生了很多研究文章。A 型人格以及它与冠心病的关系已被提炼为如下要点：A 型人格概念的提出及其与冠心病关系的发现，使得我们有可能预防高危人群的心脏病首次发作。

弗里德曼和罗森曼研究的第三个具有深远意义的影响是，它在开创和发展行为科学的健康心理学这一分支领域功不可没。健康心理学家从心理因素在健康的促进和维持、疾病的预防和治疗、致病的原因及其在医疗保健系统中所处的地位来研究健康和医学的方方面面。

一项特别重要的后续研究值得在此作一介绍。1976 年，罗森曼和弗里德曼发表了一项历时 8 年的研究结果。3 000 名男性参与者在该研究开始时被诊断为没有心脏病且具有 A 型行为模式，这些人患心脏病的几率是具有 B 型行为模式参与者的 2 倍，更易遭受心脏病的威胁，其报告的冠状动脉问题是 B 型参与者的 5 倍。然而，也许更为重要的是，A 型行为模式能够在独立于其他诸如年龄、胆固醇水平、血压或吸烟习惯等预测源的情况下，预测出哪些人会患冠心病（Rosenman et al., 1976）。

现在你可能会问自己这样一个问题：为什么 A 型行为模式会引起冠心病？最为人们接受的一种理论解释是，A 型行为者面对应激事件时，易于在生理上变得异常激奋。这种极端激奋状态致使身体产生过多的诸如肾上腺素等激素，同时也提高了心率和血压。久而久之，这些过度反应往往会损害动脉并进而导致心脏病（Matthews, 1982）。

近期应用

弗里德曼和罗森曼或合作或独立地继续进行着人格和行为变量在冠心病中所起作用的研究，并在该领域中扮演着研究领军者的角色。他们的研究连同其他研究发展出一个新的领域——心脏病心理学，主要关注冠心病的发病、病程、康复以及应对机制的心理因素（Jordan, Barde, & Zeiher, 2001）。本节讨论的是他们的
232 第一篇论文，该文以及他们其他许多的近期研究已被很多国家的各类研究所引证。A 型行为的概念已经被完善、拓展并应用到诸多研究领域，其中一些领域是完全顺理成章的，而另一些领域或许会令你感到惊奇。

例如，有一项研究检验了 A 型行为与汽车驾驶之间的关系（Perry & Baldwin, 2000）。其结论也让人深信不疑，即"朋友们不应该让具有 A 型行为的人驾车！"该研究发现，A 型人格与驾驶事故的高发有关：交通事故、罚单、在路上表现出不耐烦、发泄愤怒以及冒险驾车等在他们身上表现得更多。看到这里，在你下次驾车之前，你或许需要用 A 型行为量表测试一下自己。

正当你想到自己的主要担忧是具有 A 型人格时，研究者们仍在继续探索人格因素与健康（尤其是冠心病）的关系，并且已经定义了一种新的典型行为模式：D 型人格（见 Denollet et al., 2010）。字母 D 表示“苦恼”（distressed），D 型人格的特点是大多数时间里都充满了负面情绪，对世界持有悲观的看法（“一切都糟透了”），社交抑制（与他人同处时感到不自在）。研究发现，这种行为模式与很多负面的健康事件风险高发相关，包括动脉疾病、血管成形术、心脏搭桥术、心力衰竭、心脏移植、心脏病发作和因心脏问题造成的死亡。研究者发现 D 型人格的个体处于人群之中时会变得焦虑，同时在日常生活中表现出较高水平的焦虑和抑郁。另外，他们还回避与他人谈论自己的不适感，因为他们非常担心其他人的议论。有些人认为 D 型人格是 A 型人格的变体，另一些人则认为它们是相互独立的不同情况。

研究还发现 A 型人格（或许 D 型人格也是一样）会影响父母与青少年子女的关系（Forgays, 1996）。在该研究中，研究者分析了 900 多名参与者的 A 型人格特征和家庭教育环境。结果显示，如果父母具有 A 型行为，则其处于青春期的孩子也倾向于具有 A 型行为。尽管这并不令人吃惊，但却又一次提出了先天与后天之争的问题。孩子是继承了父辈 A 型行为的遗传倾向，还是在 A 型父母对其养育的过程中习得了 A 型行为？研究者指出：“进一步的分析显示，能觉察到的家庭环境是青少年形成 A 型行为的一个*独立*因素”(p. 841，着重强调)。不过，假如收养和双生子研究以及脑成像研究揭示 A 型行为有明显的遗传倾向，那么，遗传将是造成 A 型和 B 型人格特征的重要原因。从最近的研究趋势来看，这一观点也并不会令人感到吃惊（参见研究 3 中鲍查德针对基因影响人格所做的讨论和研究）。

结　论

你有 A 型行为的人格特征吗？你是怎么知道的？正如本文开头部分所提及的你的内向或外向水平一样，你的 A 型与 B 型行为特征也是“你是谁”的一部分。用以评估人们的 A 型或 B 型行为模式的测验已被编制出来。请参考下面的 A 型 233

人格特征的项目，以大致了解其中有多少与你吻合：

1. 经常同时做几件事。
2. 催促别人加快速度，让其快点把话说完。
3. 遇到交通堵塞或排队等待时，显得很急躁。
4. 讲话时有很多手势。
5. 无事可做时很难坐得住。
6. 讲话时很不耐烦而且常常出言不逊。
7. 比赛时总想赢，甚至和儿童做游戏也是如此。
8. 在观看他人完成某一任务时会变得不耐烦。

如果你怀疑自己是 A 型人格，你或许会想到求助于一位有经验的医生或心理学家，以便为自己做一个更仔细的评估。人们已经开发出应对与 A 型行为有关的严重疾病的方案，其中的大部分是在弗里德曼和罗森曼研究工作的基础上完成的（例如 George et al., 1998）。

Denollet, J., Schiffer, A., & Spek, V. (2010). General propensity to psychological distress affects cardiovascular outcomes: Evidence from research on the type D (distressed) personality profile. *Circulation: Cardiovascular Quality and Outcomes, 3*, 546–557.

Forgays, D. (1996). The relationship between Type-A parenting and adolescent perceptions of family environment. *Adolescence, 34*(124), 841–862.

George, I., Prasadaro, P., Kumaraiah, V., & Yavagal, S. (1998). Modification of Type A behavior pattern in coronary heart disease: A cognitive-behavioral intervention program. *NIMHANS Journal, 16*(1), 29–35.

Jordan, J., Barde, B., & Zeiher, A. (2001). Cardiopsychology today. *Herz, 26*, 335–344.

Matthews, K. A. (1982). Psychological perspectives on the Type A behavior pattern. *Psychological Bulletin, 91*, 293–323.

Perry, A., & Baldwin, D. (2000). Further evidence of associations of Type A personality scores and driving-related attitudes and behaviors. *Perceptual and Motor Skills, 91*(1), 147–154.

Rosenman, R. H., Brond, R., Sholtz, R., & Friedman, M. (1976). Multivariate prediction of CHD during 8.5-year follow-up in the Western Collaborative Group Study. *American Journal of Cardiology, 37*, 903–910.

28 个人与集体

Triandis, H., Bontempo, R., Villareal, M., Asai, M., & Lucca, N. (1988). Individualism and collectivism: Cross-cultural perspectives on self-ingroup relationships. *Journal of Personality and Social Psychology, 54*, 323–338.

如果说有一种人性的特征能为几乎所有的心理学家所认同的话，那就是行为从来不会在真空中发生。即使是那些最强调内部动机、个性需求和遗传驱动力的心理学家们，也会考虑把各种各样的外部环境力量引入到最终导致个体行为和特质形成的方程式中。在过去的三四十年间，心理学领域已经开始渐渐认识到，人 234
们成长于其中的文化是一种对人类具有重大影响的环境因素。事实上，研究人员发现，很少有在所有或者大多数文化中具有一致性和稳定性的人类行为模式（参见研究 22 中埃克曼对面部表情的研究）。这在涉及人际关系和互动的行为领域中显得尤为突出。人际吸引、性、感动、个体空间、友谊、家庭动力学、父母教养方式、儿童行为期望、求偶仪式、结婚、离婚、合作与竞争、犯罪、爱和恨等都深受文化因素的影响。因此，可以肯定地说，如果不考虑一个人的文化背景，那就根本无法全面或准确地了解一个人。

从概念上讲，文化是很容易理解的，但具体到实践领域，文化却成了一块难啃的骨头。试想，你如何能够理清那些交织在一起、塑造了现在的你的所有文化因素呢？大多数文化是如此复杂，以至于无法得出足够有根有据的结论。例如，结肠癌在日本的发病率比在美国低得多。日本和美国是两种不同的文化，那么到底哪些文化因素可以解释两国所存在的这种差异呢？是对鱼的需求量的不同？是消费大米数量的不同？是饮酒量的不同？是生活节奏和应激水平上的差异？或许是两国宗教习惯的差异影响了健康？还是家庭和朋友关系的差异导致了健康状况的不同？抑或更可能是，以上两个、三个或者所有这些因素连同许多其他因素共同导致了这一结果？问题的关键是，如果你打算把文化列为全面了解人类本性的因素之一，那就需要用可靠和有效的方式来定义文化差异。正是在这一点上，哈里·川迪斯（Harry Triandis）开始在现代心理学史上崭露头角。

从 20 世纪 60 年代起，川迪斯在伊利诺伊大学俄巴那－香槟分校心理学系致力于挖掘和提炼文化的基本特性，研究处于这些文化背景下的人们，以便以有意义的方式对这些文化加以区分和研究，这项工作贯穿于川迪斯的整个职业生涯。发表于 1988 年的这篇论文解释并论证了他对跨文化心理学作出的巨大贡献，它阐述了*个人主义文化*和*集体主义文化*。今天，这一基本的文化差异维度构成了每年的心理学、社会学以及很多其他领域的数百项研究的基础。在这篇论文中，川迪斯认为，在某种程度上被界定为个人主义或集体主义的特定文化，正以一种复杂和广泛的方式决定着其成员的行为和人格。

用通俗的话讲，集体主义文化是这样的一种文化，即生活在该文化中的个体的需求、欲望、成就都必须服从于他所属的群体或组织的需求、欲望以及目标。这被称为*内群体*。这种内群体可以是一个家庭、一个部落、一个村庄、一个专业
235 组织或者甚至整个国家，依情况的不同而不同。在这些文化中，个体的大部分行为的产生取决于该行为是否有利于个体所属的更大群体的整体利益，而不是该行为是否能为个体提供最大限度的个人成就。人们所归属的这种群体倾向于保持长时间的稳定，而且个体对其所属群体的承诺通常是很难改变的，甚至当一个人在群体中的处境对其自身而言已变得困难或者令人不快时，也是如此。个体依靠他们所在的群体来帮助其满足自身情绪、心理和实际的需要。

相反地，个人主义文化更看重个体的幸福和成就而不是所属群体的需要和目标。在这些文化中，群体对其所有成员的影响可能微乎其微。个体对其所属群体没有太多情感上的依恋，并且如果它对个体的要求过于苛刻，个体则宁愿脱离该群体并加入或者重新组建一个新群体。在个人主义文化中，个体对群体的承诺很少，所以对个人而言，同时参与多个群体是很常见的事情。然而，没有哪个群体能单独对他或她的行为施加太多的影响。在这篇论文中，川迪斯和他的来自不同文化背景的合作者，描述了大量具有各自典型特征的集体主义文化和个人主义文化，所有这些都被总结在表 28-1 中。当然，这些特点是高度概括化，因此不管是在集体主义文化还是在个人主义文化之中，总有一些例外情况。

川迪斯认为，个人主义文化集中在北欧和西欧社会以及那些历史上受北欧人影响的国家。此外，典型的个人主义文化有一些共同的特征：即拥有边疆国界，大量的外来移民，社会和地理上的迅速变迁。“所有这些特点倾向于使群体的控制力变得不太确定。在美国、澳大利亚和加拿大，高度的个人主义是与上述特点

相一致的”(p.324)。他认为，世界上其他多数地区属于集体主义文化。

理论假设

川迪斯在其文章的开头部分指出：

> 文化是一种含混的建构。如果我们要了解文化和社会心理现象的联系，我们必须通过确定文化差异的维度来分析它。最有前景的这类维度之一就是个人主义—集体主义。(p.323)

所以，在川迪斯的很多研究和著作中所隐含的研究假设是：当我们按照个人主义—集体主义模型对文化加以界定和解释时，这一模型能够说明我们所见到的表现在人类行为、社会交往和人格中的大部分差异。在该文中，川迪斯试图概括出其理论所具有的潜在的广泛用途（参见表 28-1），并报告了他为了验证自己的个人主义—集体主义理论所做的三项科学研究。

方　法 236

如前所述，该篇论文报告了三项独立的研究。第一项研究的参与者全是美国人，旨在更清晰定义个人主义应用于美国时的概念。第二项研究的目的是比较个人主义文化（美国）和集体主义文化（如日本和波多黎各）。其核心在于比较在两种文化类型中个体与他们所属群体之间的关系。第三项研究用以检验如下假设，
即集体主义文化中的成员觉知到自己获得更好的社会支持，且一贯享有令人满意 237
的人际关系，而个人主义文化中的成员则报告他们常常感到孤独。所有这些数据都是通过问卷调查的形式来收集的。下面我们将对每项研究及其发现做一简要介绍。

研究 1

第一项研究的参与者是川迪斯所在的芝加哥大学心理系的 300 名在校大学

表28–1 集体主义文化和个人主义文化的差异

集体主义文化	个人主义文化
• 牺牲：把群体目标置于个人目标之上 • 把自我看成是所属群体的延伸 • 关心群体是最重要的 • 因对群体所做的贡献而得到回报 • 较少的个人和文化方面的富足 • 对明确的群体规范的高度服从 • 更崇尚爱、地位和贡献 • 多与群体内的成员合作，少与群体外的成员合作 • 遵从“纵向的人际关系”（孩子与父母、雇主与雇员） • 通过频繁地询问及干预孩子的个人生活来养育孩子 • 在达成目标的过程中更多以人为本 • 更倾向于隐匿人际冲突 • 个人对群体所承担的责任很多，但群体会以高水平的社会支持、资源和安全感作为回报 • 朋友不多，但朋友间的感情较深厚，关系稳固持久并承载着很多责任 • 有少数内群体，而且把所有的其他人都归为一个大的外群体 • 和所属群体内的成员关系非常融洽，但可能与群体外的成员有较大的冲突 • 惩罚更多以羞耻感（外部的）的形式出现 • 经济发展速度较慢，工业化水平低 • 社会弊端（犯罪、自杀、虐待儿童、家庭暴力、心理疾病）较少 • 疾病发生率低 • 婚姻更美满，离婚率低 • 竞争较少 • 关注家庭等小群体的利害得失，而不是更大的公共利益	• 享乐主义：关注令个人满意的目标胜过群体目标 • 认为自我与所属群体相独立 • 自食其力是最重要的 • 因个人的成就而得到回报 • 较大的个人和文化方面的富足 • 不太服从群体规范 • 更崇尚金钱和财产 • 更多的与群体内的成员以及群体外的成员合作 • 遵从“横向的人际关系”（朋友之间、丈夫与妻子） • 通过与孩子保持距离并使孩子独立及保护孩子的隐私来养育孩子 • 在达成目标的过程中更多以任务为本 • 更倾向于直面人际冲突（招致更多的法律诉讼） • 对群体的责任较少，个人权利较多，但从团体中得到的支持、资源和安全感较少 • 交朋友容易，但其中多为不那么亲密的熟人关系 • 有很多内群体，但较少把所有其他人归为外群体 • 内群体规模较大，且很可能发生群体内部的人际冲突 • 惩罚更多以罪恶感（内部的）的形式出现 • 经济发展速度较快，工业化水平高 • 各种社会弊端较多 • 疾病发生率高 • 美满的婚姻较少，离婚率较高 • 竞争较多 • 更大程度地关注公共利益

（引自 Triandis，1988，pp. 323-335）

生。研究者要求每位学生完成一份包括 158 个项目的问卷，用以测量他们有关个人主义—集体主义的行为和信念倾向。如果参与者赞同“只有那些依靠自己的人才能在生活中获得成功”，那么他便持有个人主义的立场。而参与者如果同意“当我的同事把他们的隐私告诉我时，我们的关系更加亲密了”，则说明该参与者持有集体主义的观点。此外，问卷中包括5个生活情景，这些情景把参与者置于一种假设的社会情境中，并要求他们预测自己的行为。该论文中所提供的一个例子是让参与者想象自己想要做一次内群体其他成员都反对的长途旅行。问参与者在决定是否去旅行时，会在多大程度上考虑父母、配偶、亲戚、密友、熟人、邻居以及同事的意见。

对回收的问卷进行分析后发现，在参与者的回答中几乎有50%的变异能够被三个因素所解释，这三个因素是："自信"、"竞争"、"与所在内群体的亲疏关系"。只有14%的变异能被"对内群体的关注"这一因素所解释。川迪斯对研究1的结果做了如下概括：

> 这些数据表明，美国式的个人主义是一个包括多方面含义的概念。具体包括：关心自己的目标胜过内群体的目标，不太关注内群体的观点，竞争中体现出自信，与内群体有些疏远，做决定时根据的是自己的看法而不是其他人的观点，以及对内群体不太关心。(p.331)

他还指出，该问卷所含的项目和生活情景能有效地测量美国文化的个人主义程度，但川迪斯对这些项目在其他的文化背景中是否同样有效尚存疑问。

研究2

在该研究中，研究者提出的问题是："集体主义文化中的人们是否更乐意使自己的个人需求服从于集体的需求？"参与者是91名芝加哥大学的学生、97名波多黎各学生、150名日本大学生和106名年长的日本人。测量集体主义特征的问卷由144个项目组成。问卷被译成西班牙语和日语后交由所有参与者进行回答。经以前的研究验证，该研究的题目分别测查关于集体主义的三个倾向："关心内群体"、"自我与内群体的亲密关系"和"使自己的目标服从于内群体的目标"。 238

该项研究的结果之所以引人注目，是由于它混杂着两种不同的数据：一些结果支持个人主义—集体主义的理论，而另一些结果又似乎反驳了这一理论。例如，日本学生比伊利诺伊的学生更在意同学和朋友的观点，但波多黎各学生并没有表现出这一特点。此外，当群体获得荣耀时，日本参与者表达了自豪感，但他们在生活中只关注他们所在的某些内群体的观点，并牺牲自己的个人目标以服从他们生活中的某些内群体的目标，而不是对所有群体都是如此。尽管服从是集体主义文化的一个属性，但事实上日本参与者比美国参与者更少地表现出服从。有结果表明，随着集体主义文化变得更加丰富化和西方化，他们可能正在经历一个向更多的个人主义转变的过程。作为这一观点的又一证据，研究发现年长的日本参与者认为他们比日本大学生更多地认同其所属的内群体。

因此，你或许会问，第二项研究的结果何以支持川迪斯的理论呢？川迪斯把它们解释成一种警示，即有关集体主义文化和个人主义文化的结论不应该过分概括化，而必须仔细分析并有选择地应用于特定的行为、情境和文化之中。他对这一观点做了如下阐述：

> 该项研究的数据告诉我们要限制和细化我们对集体主义的定义……我们必须考虑到每个独立的社会行为领域。被界定为顺从于所在内群体的规范、需求、观点且情绪上对群体有依恋感的集体主义，是非常特定于内群体和社会行为领域的……集体主义在每种特定的文化中……呈现出不同的形式。（p.334）

研究 3

第三项研究正是要试图完成川迪斯在上述引文中所提出的研究任务，对研究的焦点加以限制和细化。该研究拓展了先前的研究结果，即集体主义社会为它们的成员提供了高水平的社会支持，而个人主义文化中的个体则在更大程度上体验到孤独。该研究所采用的集体主义—个人主义问卷由 72 个项目组成，总共施测了来自芝加哥大学和波多黎各大学的 100 名参与者，男女各半。参与者还填写了另一份问卷，以测量他们所觉知到的社会支持水平和孤独程度。

该研究的结果清楚地表明，集体主义与社会支持存在正相关，也就是说，随着集体主义程度的提高，相应的社会支持水平也会提高。而且集体主义与孤独程度呈负相关，即随着集体主义作用的提高，参与者所觉知到的孤独程度会降低。

最后，作为川迪斯理论模型的进一步的证据，对该研究中的美国学生来说，最重要的因素是“在竞争中表现出自信”（能解释最大的变异）；而对波多黎各学生而言，最重要的因素是“联系”（与他人的互动）。这些结果正是人们期望从个人主义—集体主义理论中得到的。 239

讨 论

川迪斯解释说，总而言之，本文中所述及的这些研究既支持又改进了他对集体主义和个人主义的定义。回过头来看表 28-1 中所列出的两种文化类型的特征，显示的状况似乎是相互对立、非此即彼的，即个人主义文化和集体主义文化看来几乎是完全对立的。不过，本文证明了这两种文化类型似乎处于一个连续体的两端，而某一特定社会则处于其两端之间的某个点上，这个点通常更接近于连续体的一端而远离另一端。此外，具体到某一文化，其中特定的个体、群体、亚文化以及情境可能会背离该文化在连续体上的大体位置而向其相反的一端移动。这一解释可以用图表的形式加以描述和呈现（参见图 28-1）。川迪斯指出：“简言之，这些实证研究表明，我们必须把个人主义和集体主义看作一种多维的结构……每一维度的性质和特点主要取决于其所属群体的现状、情境线索以及所要研究的具体行为”（p.336）。

研究发现的意义和相关研究

在一个相对较短的历史时期内，川迪斯的研究结果已经成为心理学家看待人

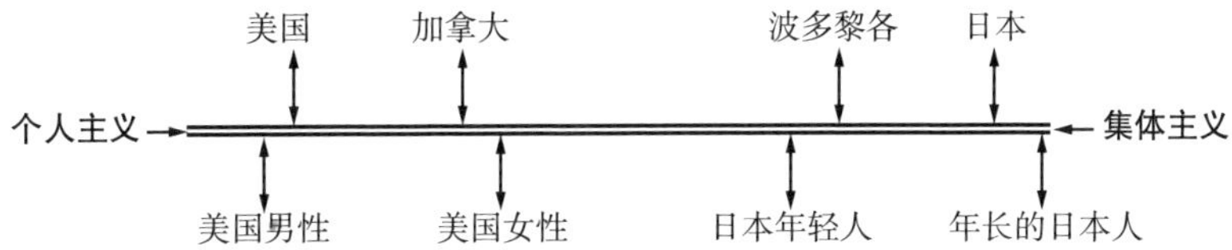

图28–1 集体主义—个人主义的文化连续体（文化和亚文化的近似位置）

类行为的基础。在你打开大多数心理学分支——普通心理学、社会心理学、发展心理学、人格心理学、人类性行为、变态心理学和认知心理学的新版教科书时，你将很难找到一本不涉及川迪斯的这项研究或是他做的很多其他有关个人主义—集体主义的研究的。可以说，在有关文化对人格和社会行为所起决定作用的当代研究中，由川迪斯所提出、阐明和提炼的个人主义—集体主义文化维度，是最可
240 靠、最有效和最具影响力的因素。此外，该维度能被应用于非常广泛的研究领域。以下正是这方面的两个应用实例。

在川迪斯的这篇论文中，他所提供的证据表明，集体主义和个人主义这两个社会心理概念可能会对一种特定文化的成员的身体健康产生重大影响。这项与冠心病有关的研究就是一个很好的例子。一般而言，在集体主义社会中心脏病的发病率比在个人主义社会中要低。川迪斯认为，与心脏病密切相关的令人不快和紧张的生活状态在个人主义文化中更为常见。为了生存和实现个人目标，孤军奋战的个体承受着巨大的精神压力。除了这些消极的生活事件之外，个人主义的社会结构对其成员提供的社会凝聚力和支持力本来就较少，而这种力量却恰恰能够减少压力对健康所带来的影响。当然，正如本文开头部分所讨论的那样，有很多因素可以解释在心脏病以及其他疾病的发病率方面出现的文化差异。但很多研究已经表明，集体主义文化中的成员迁居到个人主义文化的国家后，患上包括心脏病在内的各种疾病的可能性也增大。

或许，更有说服力的是同一种文化中的两个不同的亚群体之间所存在的差异。正像川迪斯所指出的（p. 327），研究人员做了一项针对 3 000 名日裔美国人的研究，主要是对那些在生活方式和态度上已完全适应了美国风格的日裔美国人和那些仍然保持日本传统生活方式的日裔美国人进地比较。结果发现，在排除了胆固醇水平、锻炼、吸烟、体重等因素的情况下，前者心脏病发病率仍然是后者的 5 倍。

当然，你也许已料到，集体主义—个人主义维度会影响到特定的文化群体在子女养育方式上的不同，事实也的确如此。集体主义社会中的父母更加注重培养儿童的“集体自我”，这种集体自我的特征是对群体规范的服从，对群体中权威的服从，行为具有跨时间和跨情境的可靠性和一致性。家长常常以公开或微妙的

方式对做出符合群体目标的行为模式的儿童给予奖赏（Triandis, 1989)。在这种情形下，只是因为自己不喜欢而拒绝从事群体期望自己做的事情，是不能被接受的，这种情况也极少发生。然而在像美国这样的高度个人主义的文化中，这种拒绝是一种正常的反应，而且常常受到人们的重视和尊敬！这是因为在个人主义文化中，父母重视培养儿童的“个人自我”。这就意味着儿童会因具有自力更生、独立、自知之明以及最大限度地发挥自己潜能的行为和态度而得到奖赏。另一个看待这种差异的角度是，在个人主义文化中，反抗（在社会可接受的范围内）和独立倾向被看成是一种人格资产；而在集体主义社会里，它们被看成是负债。文化经由父母向儿童传达的关于资产或负债的信息是强大而明确的，它对年轻人的 241
成长有着强有力的影响。

近期应用

川迪斯的研究发现对众多研究领域都有着广泛的影响。其中一篇文章将川迪斯的理论应用到研究两种文化条件下大学生球迷的态度问题上（Snibbe et al., 2003)。对观看重要足球比赛的美国（Rose Bowl）和日本（Flash Bowl）的大学生球迷进行问卷调查，要求这些大学生在足球比赛前和比赛后，分别对自己球队与对方球队的学校和学生进行评定。在这两场比赛中，都是具有优良学术氛围的大学输掉比赛。然而，在两种不同的文化背景下，学生的反应差别很大：“美国大学生无论是在赛前还是赛后，均表现出对自己球队更加积极的态度。相比之下，日本大学生的评分没有提供内群体偏见的证据……相反，日本大学生对学校的评分反映了每一所大学在社会上的地位，对学生的评价则是根据目前的状态”(p.581)。

另一项研究采用川迪斯的理论模型，对孤独感进行了跨文化研究（Rokach et al., 2002)。来自北美和西班牙的 1 000 多名参与者，要求完成关于孤独感成因的调查问卷，包括个体缺陷、发展性障碍、缺乏亲密感、迁徙和分离以及社会排斥感。“结果表明，孤独感的成因的确受到文化背景的影响。而且，北美参与者在*所有五个因素上*的得分较高”(p.70，着重强调)。

最后，有一项研究突出了川迪斯研究工作的一个很重要的方面。当我们在对集体主义和个人主义加以研究和比较时，这种比较绝不只限于在国家之间进行。很多国家内部就包括了多种水平的集体主义和个人主义的亚类型。在世界上没有哪个国家比美国拥有更多的不同形式的集体主义和个人主义。一项根据川迪斯的理论模型完成的有趣研究（Vandello & Cohen, 1999）以图表的形式描绘了美国集体主义和个人主义的分布情况。在继续往下阅读之前，请想一想你认为最典型的个人主义和集体主义会出现在什么地方。研究发现，美国的南方腹地具有突出的集体主义倾向，而位于大平原和落基山脉的各州则呈现更明显的个人主义倾向。不过，即便在这些不同的地区内，也可以发现不同层次的个人主义和集体主义的亚文化群体。

结 论

川迪斯给所有的社会科学提供了一种看待基本的文化差异的新视角。随着世界变得越来越小、多种社会文化日益交织，我们所直接经历的文化多样性常常会
242 导致一些潜在的误解、沟通障碍、冲突和挫折。对于集体主义和个体主义文化差异的觉察和尊重，有可能让我们朝着缓和文化分歧与促进世界和谐的积极目标迈出很小、却很有意义的一步。

Rokach, A., Orzeck, T., Moya, M., & Exposido, F. (2002). Causes of loneliness in North America and Spain. *European Psychologist, 7*, 70–79.

Snibbe, A., Kitayama, S., Markus, H., & Suzuki, T. (2003). They saw a game: A Japanese and American (football) field study. *Journal of Cross-Cultural Psychology, 34*, 581–595.

Triandis, H. (1989). The self and social behavior in differing cultural contexts. *Psychological Review, 96*(3), 506–520.

Vandello, J., & Cohen, D. (1999). Patterns of individualism and collectivism across the United States. *Journal of Personality and Social Psychology, 77*(2), 279–292.

第八章

心理障碍

大多数没有学过心理学的人会有这样的印象：这一学科主要涉及心理疾病的分析与治疗（心理学的这个分支被称为变态心理学［也译作异常心理学］）。然而，正如你所看到的，在这本书中，几乎所有的研究都把焦点集中在正常行为上。总体而言，相比异常行为，心理学家对正常行为更感兴趣，因为绝大多数的人类行为都不是病态的；大多数人类行为是正常的。结果，如果只研究占人类行为中很少比例的异常行为，我们就不能更多地了解人类的本性。尽管如此，对许多人来说，精神疾病也仍然是心理学中最使人感兴趣的研究领域之一。这里囊括了心理学史上不可或缺的很多研究。

第一个研究在精神健康领域已经讨论了 30 多年。在这个研究中，有几个健康的正常人假扮为精神病人进入精神病院，看一看医生和工作人员是否能把他们与真正的精神病人区别开。第二个研究是介绍所有心理学史著作都会论及的弗洛伊德。因此，我们通过他的女儿安娜·弗洛伊德的著作来讨论他最经久不衰的概念，即自我防御机制。第三个研究是一个用狗作为被试的实验，该研究证明了一个被称为“习得性无助”的现象的存在。这一现象之所以与精神病理学有关，是因为它引出了一个广为接受的理论，用来解释人类临床上的抑郁。最后一个研究是一个有趣的著名实验，它是关于过度拥挤的大鼠以及由拥挤而导致的行为异常，该实验研究可能对人类具有重要的启示作用。

29 这儿，谁是疯子

Rosenhan, D. L. (1973). On being sane in insane places. *Science, 179*, 250–258.

如何区分“正常”的行为和可能被认为是“异常”的行为，是心理学的基本问题。对异常的界定在决定一个人是否被诊断为有精神疾病中起着关键作用，
244 而对其的诊断又在很大程度上决定着患者接受的治疗。然而，区分正常与异常的界限并不像你想的那么清楚，而且，所有的行为可以被看作是位于一个连续谱上。正常或称为“*有效的心理功能*”位于一端，表示有某种*心理障碍*的异常则位于另一端。

决定某个人的行为在这个连续谱上所处的位置是精神健康专业人员的职责。为了做出这个决定，临床心理学家、精神病学家以及其他行为科学家和临床医生可以应用下面的一条或多条标准。

- *行为的背景*。这是一种主观判断，但你知道，某些行为在特定的情境中明显是古怪的，而在另一个情境中则是平常无奇的。例如，你在院子里给草坪浇水没什么奇怪的，而你在暴风雨中给草坪浇水就是行为古怪！因此，判断行为异常与否必须认真考虑某个行为发生的背景。
- *行为持续存在*。我们都曾有过“疯狂”的时刻。一个人有可能偶尔表现出异常行为，这不一定表明他患了精神疾病。例如，当你正沿着繁华商业区的一条人行道散步时，你忽然收到了一条振奋人心的好消息，你忍不住高兴得手舞足蹈起来，就这样经过了大半个街区。虽然这种行为有些不正常，但并不表示你有精神疾病，除非你每周或每天都在人行道上跳一次舞。因此，对精神疾病的这一诊断标准，要求某个古怪的、反社会的或紊乱的行为模式持续存在。
- *社会越轨*。当一个人的行为完全违反了社会期望和规范，就会符合社会越轨行为的标准。当这种越轨行为极端而持久，如幻听和幻视，就可能是精神疾病的证据。
- *主观痛苦*。我们通常都会意识到自己的心理问题及其给我们带来的痛苦。当一个人是如此害怕封闭的空间以至于不能乘电梯，或者某些人发现自己不能

与别人建立富有意义的关系时，不需要专业人员提醒，他们就清楚自己正处于心理痛苦之中。精神健康专业人员在做出心理诊断时，把主观痛苦看作是一种重要的指征。

- *心理阻碍*。当一个人发现自己由于心理问题而无法对生活满意，这可以被认为是一种心理阻碍。例如，一个人害怕成功，因此生活中每一次新的努力都会遭到心理阻碍的破坏。
- *对功能的影响*。我们所讨论的行为，在多大程度上干扰了一个人过他期望中的生活以及社会所能接受的生活的能力，可能是心理问题诊断中最为重要的因素。某种行为可以是古怪的、持续的，但如果它没有损害你的生活功能，就不表示是病态的。例如，假设你有一个不能控制的需要，即每天晚上睡觉 245
之前站在床上唱国歌。这种行为当然是古怪的和持续的，但除非你把邻居吵醒或干扰了家庭其他成员，或者你对之感到难受，否则你的行为对你的一般功能只有很小的影响。因此，它可能不被归为临床问题。

精神疾病的这些症状和特征，都要求由心理学家、精神病学家和其他精神健康专业人员进行判断。因此，前面的指导标准仍然存在两个问题：精神健康专业人员真能区别精神疾病和精神健康吗？发生错误的后果是什么？大卫·罗森汉在其引发争议的精神病院研究中对此进行了探讨。

理论假设

罗森汉的问题是：导致做出心理诊断的特征是属于患者自己的，还是观察者（那些做出判断的人）发现这些患者时的情境或环境。他推想，如果精神疾病诊断标准的制定和精神健康专业人员所接受的诊断训练是恰当的，那么专业人员应该能鉴别精神失常和精神健全。（专业术语精神健全［sane］和精神失常［insane］是法律术语，心理学中通常不用。之所以在此使用，是因为它们有通常理解上的意义，而且罗森汉在他的研究中使用了这两个术语。）罗森汉提出，检验精神健康专业人员正确鉴别潜在患者的方法之一，是让一些正常人设法进入精神病院，看看那些负责诊断他们的人能否发现他们实际上是心理健康的。如果这些“假病人”在医院里的行为与他们在医院之外的日常生活中一样，并且医生和医务人员没有发现他们实际是正常的，这就证明在精神疾病诊断中环境因素的影响大于病人自身的影响。

方　法

罗森汉招募了8名参与者(包括他自己)来充当假病人。这8个假病人(3女、5男）由1名研究生、3名心理学家、1名儿科医生、1名精神病学家、1名画家和1名家庭主妇组成。他们的主要任务是把自己送进12所精神病院，这些精神病院位于美国东海岸和西海岸的5个州。

所有的假病人都遵照了相同的指示。他们打电话到医院并预约医生。到了医院后，他们主诉能听到“无意义的”、“空洞的”和“砰”之类的声音。除了这一个症状以外，所有参与者的行为完全正常，并且给面谈者的信息都是真实
246 的（除了他们改变了自己的姓名和职业）。在受理面谈完成之后，所有的参与者都被收入不同的医院。除一人外，其余均被诊断为精神分裂症。

一进入医院，所有参与者不再表现出之前假装的症状而且行为正常。参与者不知道自己什么时候能被准许出院。他们能否获得释放取决于他们能否说服医务人员,他们的精神健康并足以出院。所有参与者都把自己的经历记录下来。最初，他们试着偷偷这样做，但不久就发现这种掩盖是没有必要的，因为“记录行为”被医务人员解释为他们所患疾病的另一个症状。他们的目标都是尽早出院，所以他们的行为表现像是模范病人，积极配合医务人员的工作，接受所有的药物治疗（但药物不下咽，而是扔到厕所里冲掉）。

结　果

这些假病人的住院时间从7天到52天不等，平均住院时间为19天。此研究

的关键发现是：没有一个假病人被医务人员识破。当他们出院后，他们的心理状况在病历中记录为“精神分裂症缓解期”。他们还记录了其他有趣的发现和结果。

当医院的医生、护士和其他护理人员没能识别出假病人时，其他的真病人却不那么容易被欺骗。在三个假病人所在的医院，118 个真病人中的 35 人怀疑参与者不是真正的精神病人。他们这样评论：“你不是疯子！”“你是记者或编辑。”“你们是来检查医院的！”

病人（无论是参与者还是真病人）与医务人员之间的交流很少，而且常常是怪怪的。这个研究中通过假病人所做的一个试验是，接近不同的医务人员，通过问普通的、正常的问题来与他们进行言语交流（如“我什么时候可以全面康复？”或“我什么时候可以出院？”）。表 29-1 总结了他们得到的反应。

当假病人得到主治医生的回应时，常常是以下面的形式： 247

假病人：“劳驾，大夫，你能告诉我什么时候我能完全康复？”

精神科医生：“早上好，戴维，你今天感觉如何？”

然后，医生不等待进一步的反应，继续往前走。

在所研究的医院中，与严重缺乏人际交流形成鲜明对比的是，药物从不短缺。此研究中有 8 个假病人，医生共发给他们 2100 片药片，如前面所提到的，他们并没有吃下去。参与者注意到，许多真正的病人也偷偷地把他们的药片扔到厕所里。

假病人讲到的另一个奇闻是，一个护士在满屋子全是男病人的休息室门前，

表29–1 医生和其他医务人员对假病人所提问题的反应

反应	精神科医生（%）	护士和其他医务人员（%）
继续前行，回避目光	71	88
目光接触	23	10
暂停和聊天	2	2
停止和交谈	4	0.5

资料来源：From “On Being Sane in Insane Places,” Science, 179, 250-258, © 1973, pp. Reprinted with permission from AAAS .

解开制服扣子，调整自己的胸罩。这并不是她有意挑逗，根据参与者的报告，她只是没有把病人当成“真正的人”看待。

讨　论

罗森汉的研究证明，即使是受过训练的专业人员也不能在医院环境中把正常人从精神病人中区分出来。根据罗森汉的研究，这是因为精神病院环境对医务人员判断个体行为影响过于强大。一旦病人被收入精神病院，医生和医务人员就倾向于不把他们当成个体来看待。这种态度是：“如果他们来这儿，他们就一定是疯子。”更重要的是像罗森汉指出的“贴诊断标签”。即当一个病人被贴上“精神分裂症”的标签后，精神分裂症就成为他的核心特征或人格特质。从标签被贴上的那一刻起，医务人员就明白，他们认为病人的所有行为都来源于这个诊断。因此，他们对假病人的日记缺乏关注和怀疑，只是把它当成精神病标签的另一个行为表现。

医务人员倾向于忽略病人的情境压力，认为所有行为都与患者的病态有关。这里有一个证明，它来自一个参与者的观察。

> 一个精神科医生指着一群离吃午饭还有半小时就坐在自助餐厅外的病人，对一群年轻的住院医生说，这种行为就是（精神分裂）综合征中“口唇需求”的本质特征。他似乎没有想到，在精神病院里除了吃饭，几乎没有什么事儿可做。（p.253）

除此以外，那些被贴上的诊断标签甚至影响了如何对假病人的个人史进行解释。请记住，所有的参与者对自己的过去和家庭都给出了如实的说明。下面是一个来自于罗森汉研究的例子，是一个假病人陈述的个人史，以及他出院以后医生
248 在报告中对此所做的解释。参与者的真实历史如下：

> 童年早期，假病人与他的母亲有着密切的关系，但与父亲相当疏远。然而从青少年时期开始，父亲成了他非常亲密的朋友，而与母亲的关系变得冷

淡了。他目前与妻子的关系亲密而融洽。除了偶尔俩人怄气，冲突很少。孩子也极少挨打。(p.253)

医生对这一段相当正常且无伤大雅的历史的解释如下：

> 这名 39 岁的白人男子，在开始于童年早期的亲密关系方面表现出长时间的相当矛盾的历史。与母亲温暖的关系在青少年期变冷淡，与父亲关系的疏远被描述成变得非常密切。缺乏感情（情绪）的稳定性。他试图控制对妻子和孩子的情绪性，但忍不住发脾气，打孩子。尽管他说他有几个好朋友，但这让人感觉到在这些关系中也夹杂着相当矛盾的心理。(p.253)

没有证据表明医务人员的任何曲解是有意的。他相信诊断（这里指精神分裂症）是正确的，并且对病人生活史和行为的解释也与诊断是一致的。

研究发现的意义

罗森汉的研究震动了精神健康领域。这些结果指出了两个关键因素。第一，它表明在精神病院环境中，“精神健全”不能从“精神失常”中鉴别出来。正如罗森汉在他自己的文章中所述：“医院本身就是一个特殊的环境，在这种环境中行为的意义很容易被误解。结果，在这样的环境中就医的患者似乎无疑会对抗治疗”(p.257)。第二，罗森汉揭示了诊断标签的危险性。一旦某个人被贴上具有某种心理疾病的标签（如精神分裂症、抑郁等），那个标签就会掩盖他的所有其他特征。所有行为和人格特征都被看作是起源于该障碍。这种做法最糟糕的一部分是它可以变得自我证实。也就是说，当一个人在一段时间里总是被某种特定方式对待时，他就可能开始采取这种行为方式。

罗森汉的研究除了提醒了人们在诊断过程中要更加谨慎，也使人们更加认识到给患者贴标签的危险性。本研究所讨论的问题开始减少，同时关进精神病院的患者人数下降。住院人数的下降源于 20 世纪 50 年代抗精神病药物的发现和广泛使用，药物的使用可有效减轻大多数患者的症状，足以使他们在院外生活并在很多情况下过上相对正常的生活。与此并存的原因是社区精神健康机构、危机干预

249 中心和针对特殊问题和行为的行为治疗中心的发展以及避免使用标签。

不管怎样，这并不意味着精神健康专业人士已经取消了诊断标签。然而，在很大程度上由于罗森汉的研究和其他类似的研究，精神病标签现在使用得更为谨慎，也得到了其所要求的尊重。

问题和批评

一所研究和教学医院的医务人员在罗森汉的研究结果还未发表前就听闻到他的一些研究结果，怀疑这些误诊出自他们医院。为了检验这一点，罗森汉通知医院的医务人员，在接下来的三个月时间里，一个或多个假病人将试着被收入他们的精神病院。每一个医务人员都被要求用 10 点量表来评估每个病人是假病人的可能性。三个月结束时，193 个病人被收入院。其中 41 人被至少一个医务人员很确信地认为是假病人；23 人被至少一个精神病专家怀疑是假病人；19 人被一个精神病专家和一个其他医务人员确认为假病人。罗森汉（这只狡猾的狐狸）在三个月的时间里，竟然没有派一个假病人去医院！“这个实验是有指导意义的，”罗森汉说：

> “它表明，当风险（在这里指威望和诊断能力）很高的时候，将一个精神健全的人标定为精神失常的倾向可以被反转。但存在一个不争的事实：任何一个诊断过程，本身这么容易出现大量这类错误，它不可能是非常可靠的。”（p.252）

在 1973~1975 年间，罗森汉在 12 所医院重复了这项研究。每一次他都得到了相似的结果（见 Greenberg, 1981; Rosenhan, 1975）。然而，其他研究者对罗森汉得出的结论提出了异议。斯皮策（Spitzer, 1976）认为，虽然罗森汉所用的方法表明心理诊断系统是无效的，但事实并非如此。例如，假病人通过说谎进入精神病院并不困难，因为准许入院是基于他们的口头报告（而且谁会猜到有些人竟会使用欺骗的手段进入这种地方呢？）这里的逻辑是，你可以走进一个急救中心说自己严重腹痛，可能你就被诊断为胃肠炎、阑尾炎或胃溃疡而住院，虽然医生被欺骗了，但斯皮策认为诊断方法并不是无效的。另外，斯皮策还指出，尽管出现了行为正常的假病人被收入院的情况，但这种症状的差异在精神障碍中是常见的，并不意味着因未能识破这种诡计而说医务人员无能。

从 1973 年罗森汉的论文开始，有关心理诊断有效性的争论一直持续不断。无论争论是否在持续，罗森汉的研究在心理学历史上仍然是最有影响的心理学研究之一，这是毫无疑问的。

近期应用 250

为了说明这种持续的争论，我们将从众多应用罗森汉的研究中选取两个加以介绍，这些研究挑战了由精神健康专业人士制定的诊断标准的有效性。其中之一是托马斯·萨斯的研究。萨斯是一名精神病学家，在 20 世纪 70 年代早期业已成为著名的精神疾病综合概念的批评家。他的观点是，精神疾病并不是病，而应该看作是由社会和环境因素引起的“生活中的问题”。在一篇论文中，他以那些由于说了“*疯话*”而被诊断为有精神疾病的人为例，说明我们不能简单地因为一个人（精神健康专业人士）不能理解另一个人（病人）所说的话，而将其“作为一个人精神失常的正当理由”(Szasz, 1993, p. 61)。

另一个研究建立在罗森汉 1973 年的论文基础上，探讨了在某些现实生活情境中，人们可能会有意地佯装一些精神疾病的症状（Broughton & Chesterman, 2001)。论文中讨论的案例研究包括一个被指控对一名十几岁男孩进行性猥亵的男人。当对罪犯的精神问题进行评估时，他表现出了各式各样的精神病行为。根据进一步的检查，临床医生发现他伪装了所有的症状。作者指出，在诊断心理障碍时，精神健康专家传统上先假定病人陈述的正确性（就像他们对罗森汉这些假病人所做的一样)。然而，他们认为这种伪装出来的症状“对所有的精神病学家来说都是一个十分重要的问题，特别是当它们被外部的社会法律问题复杂化后就更是如此，因为它有可能激励人们佯装精神病态”(p. 407)。换句话说，我们不得不留心，防止罪犯以伪装的精神疾病作为“逃避坐牢的通行证”。

当人们被贴上精神病诊断标签时，他们自己会有怎样的感受？沃尔（Wahl,

1999）调查了 1300 多名参与者，询问他们遭到歧视和污名化的经历。大多数调查对象报告他们感受到的精神疾病污名效应来自各个方面，其中包括一般社区成员、家庭、教友、同事甚至精神健康专业人士。另外，作者写道：“大多数的调查对象倾向于试图隐瞒他们的疾病，担心其他人发现自己的精神病身份而对自己不利。他们报告说，这种经历的结果是沮丧、伤心、气愤和低自尊，他们呼吁公众教育是减少污名的一个手段。”（p. 467）

在一个名为“倾听我的疯狂”的相关研究中，作者（Lester & Tritter, 2005）指出，一个可能有助于我们理解精神疾病患者体验的方法是，通过类比为我们所感知到的其他类型的残障来解释他们在社会中所受的伤害。作者认为，重度精神
251 疾病个体与社会的互动通常非常类似于那些接受照料的其他残障人士。通过将残障模型应用于精神疾病，他们将更容易获得他们所需要的服务与帮助。

结　论

精神健康专业人士希望我们的文化将会增加对心理障碍的宽容和理解。尽管在许多情况下，心理障碍的诊断与其说是科学，不如说是艺术，但可以确定的是，我们的诊断能力在不断提升。或许我们永远无法去除精神病标签；它们是有效治疗心理障碍的重要部分，正如疾病的名称是诊断和治疗躯体疾病的一部分。然而，如果我们被贴上标签（这里没有别的意思），我们必须为去掉由标签所引起的污名、困窘和羞耻而继续努力。

Broughton, N., & Chesterman, P. (2001). Malingered psychosis. *Journal of Forensic Psychiatry, 12*, 407–422.

Greenberg, J. (1981, June/July). An interview with David Rosenhan. *APA Monitor*, 4–5.

Lester, H., & Tritter, J. (2005) “Listen to my madness”: Understanding the experiences of people with serious mental illness. *Sociology of Health & Illness, 27*(5), 649–669.

Rosenhan, D. L. (1975). The contextual nature of psychiatric diagnosis. *Journal of Abnormal Psychology, 84*, 442–452.

Spitzer, R. L. (1976). More on pseudoscience in science and the case of the psychiatric diagnosis: A critique of D. L. Rosenhan’s “On being sane in insane places” and “The contextual nature of psychiatric diagnosis.” *Archives of General Psychiatry, 33*, 459–470.

Szasz, T. (1993). Crazy talk: Thought disorder or psychiatric arrogance? *British Journal of Medical Psychology, 66*, 61–67.

Wahl, O. (1999). Mental health consumers’ experience of stigma. *Schizophrenia Bulletin, 25*(3), 467–478.

30 你再次获得防御！

Freud, A. (1946). *The ego and the mechanisms of defense*. New York: International Universities Press.

在任何一部关于改变心理学的研究历史的著作中，有一个举足轻重的人物很难被忽视：西格蒙德·弗洛伊德（1856—1939）。如果没有弗洛伊德的贡献，我们所知道的心理学今天可能就不会存在。他在很大程度上使我们对人类行为（特别是适应不良行为）的解释从中邪着魔的非理性迷信，提高到推理和科学的理性方式。如果对他的工作没有介绍，这本书就不完整。现在，你可能要问，既然弗洛伊德这么重要，为什么这一节的讨论要集中在他的女儿安娜·弗洛伊德（1895—1982）写的一本书呢？要回答这个问题，需要做一些解释。

虽然弗洛伊德的贡献在心理学史中是不可或缺的，对于本书而言也同样如此，但是要把他的研究和其他研究者放在一起却很困难，原因是弗洛伊德不是通过一个界定清晰的科学方法得到他的发现的。因此不可能像本书介绍的其他研究那样，选择单个或一系列实验代表他的工作。弗洛伊德的理论是从他对患者的细致 252
观察以及几十年的临床分析基础上发展起来的。因此，他的著作很丰富，至少可以这么说。他的著作集（Freud, 1953—1974）的英译本总共有 24 卷！显然，这里只能讨论他的著作中很少的一部分。这里所选择的是弗洛伊德理论中相对经受住了时间检验的部分。在过去的一个世纪，针对弗洛伊德的思想有大量的批评，特别是近 50 年来，他的工作受到了来自科学角度的严重质疑。批评者们认为，他的许多理论要么不能被科学检验，要么被证明为不可信。因此，尽管几乎没有人怀疑弗洛伊德工作的历史重要性，但当今大多数的心理学家对他的人格结构理论、人格的五个性心理发展阶段理论和心理问题的根源理论持否定态度。然而，他在某些方面的工作多年来一直得到了正面的评论，目前已被相对广泛地接受。其中之一就是他的“自我防御机制”的概念。这是自我用以抵御自身产生的焦虑从而保护自己的武器。本书选择这一重要部分来代表他的工作。

弗洛伊德发现的心理防御机制，是他在 30 多年处理心理问题发生的经验中逐渐发展起来的。系统全面地讨论防御机制这一主题，在弗洛伊德众多著作的任何地方都没有出现。事实上，弗洛伊德把这项工作交由他的女儿完成，而他的女儿在自己的领域特别是帮助儿童方面也是一位重要的精神分析专家。在安娜的《自我和防御机制》一书最初在德国出版之前的 1936 年，弗洛伊德就承认了这个事实。他写道："有大量的方法（或我们所说的机制）被自我用来执行防御功能。我的女儿是儿童分析专家，她正在写一本与此有关的书"(S. Freud, 1936)。因此，是安娜 · 弗洛伊德把她父亲关于防御机制的理论综合成了一本书，我们也选择了这本书来讨论弗洛伊德的工作。

理论假设

为了检验弗洛伊德的防御机制的观点，有必要简单介绍一下他的人格结构理论。弗洛伊德提出，人格由三部分组成：本我（id）、自我（ego）和超我（superego）。

弗洛伊德认为，本我从出生起就存在了，包括基本的人类生物冲动，如饥饿、口渴和性冲动。无论何时这种需要未得到满足，自我都会产生强烈的信号使人找到满足它的方法，并且是立刻满足！本我按弗洛伊德所说的"快乐原则"运作，
253 这意味着它要求即刻满足所有的欲望，不顾理性、逻辑、安全或道德等一切因素。弗洛伊德相信，在每个人的本我中都存在那些黑暗的、反社会的、危险的本能冲动（特别是性冲动），而且它们不断寻求表达。因为弗洛伊德认为本我在无意识层面运作，所以你通常不能意识到它们。然而，如果你缺乏人格中的其他部分而只有本我，弗洛伊德预期你的行为将是不道德的，发生惊人的偏常，甚至对自己和他人是致命的。

在弗洛伊德看来，你没有按这些危险的和偏常的方式去行动的原因，是依靠自我和超我的发展来限制和控制本我的冲动。按照弗洛伊德的解释，自我按现实原则运作，意味着它关注现实社会和行为的结果。自我属于意识，其工作是让本我的冲动得到满足，但要用理性的、合理安全的方式去完成。然而，自我也受超我的限制。超我本质上要求自我根据内在的一套关于是非对错的规则，保证自我为本我的需要找到的满足方案是道德的和合乎伦理的。弗洛伊德认为，这些伦理规则是你的父母灌输给你的，并且，如果你的行为方式违反了这些规则，你的超我会用它自身非常有效的武器惩罚你：内疚。你认识超我吗？它通常被称为良知。

弗洛伊德认为超我在意识和无意识两个层面发挥作用。

弗洛伊德的人格概念是动态的，即自我不断试图用超我的道德要求去平衡本我的需要和欲望，以此来决定你的行为。这里有一个例子来说明它是怎样工作的。想象一下，一个年轻男人在一个小镇的街上闲逛。时间是晚上 10 点钟，他正在回家的路上。突然，他意识到自己饿了。在路过一个杂货店时，他看到大窗户的另一边有食物，但店已经关了。他的本我可能说：“看，食物！跳过窗子拿一些。”（记住，本我想立刻满足而不顾后果。）他可能没有意识到本我的建议，因为它们在意识层面之下。自我可能“听到”了，不过，因为它的工作是保护男孩远离危险，它可能回答：“不，那将是危险的。让我们绕到后面，破门而入，偷些食物吧！”这时，超我将愤怒地说：“你不能那样做！那是不道德的，如果你那样做，我将惩罚你！”于是，年轻人的自我重新考虑并提了一个新建议，那是本我和超我都能接受的。“你知道，过四条街有一个通宵快餐店，我们去那儿买点食物吧！”假定这个男孩的心理是健康的，这种解决方案就是最终反映在行为上的方法。

按照弗洛伊德的解释，大多数人不存在反社会或偏常行为，这是因为在人格的三个部分之间存在这个检查和平衡系统。但如果这个系统发生故障而丧失平衡，会发生什么？可能发生的一种情况是本我的要求太过强烈而自我不能适当地 254
控制。如果不被接受的本我冲动挤进你的意识（弗洛伊德称为*前意识*）并开始击败你的自我，会发生什么？弗洛伊德认为，如果这种情况发生，你将经历一种非常不愉快的、被称为*焦虑*的状态。他特别称之为*游离性焦虑*，因为虽然你感到焦虑和担忧，但产生焦虑的原因并没有完全进入意识，所以你不确定为什么会有这种感觉。

当这种焦虑状态存在时，我们会感到不适，并试图改变它。为了这样做，自我要拿起它的“大枪”，即*自我防御机制*。防御机制的目的是阻止本我被禁止的冲动进入意识。如果成功了，由本我的冲动引起的焦虑不适将得到缓解。防御机制通过自我欺骗和歪曲事实来防止焦虑，从而本我的冲动不必得到承认。

方　法

弗洛伊德声称在多年与病人的临床交往中逐渐发现了这种防御机制。自弗洛伊德去世和安娜的书出版后的这么多年来，防御机制的解释得到很多完善。下一节总结了经过弗洛伊德确认并由他的女儿详细阐述的一部分机制。

结果和讨论

安娜·弗洛伊德（p.44）确定了 10 种防御机制，那是她的父亲曾描述过的。这里将讨论今天常被应用并得到广泛认可的 5 种原始防御机制：压抑（repression）、退行（regression）、投射（projection）、反向形成（reaction formation）和升华（sublimation）。请记住，防御机制的基本功能是改变现实以避免焦虑。

压　抑

压抑可能是最基本也是最常见的用以抵御本我的防御机制。在弗洛伊德的早期著作中，他把"压抑"和"防御"这两个概念互用，并且把压抑解释为事实上唯一的防御机制。然而，后来他承认压抑只是许多有效防止焦虑的心理过程之一。弗洛伊德认为，一个人使用压抑来迫使令人不安的想法完全排除出意识。结果，与"被禁止的"想法相联的焦虑就可以避免，因为这个人没有意识到它们的存在。按照弗洛伊德的观点，压抑通常被用来抵御由不可接受的性欲望产生的焦虑。例如，一个妇女对他的父亲有性欲的感觉，如果她意识到这种冲动，她将表现出强烈的焦虑。为了避免焦虑，她可能压抑她的不可接受的欲望，迫使它们
255 全部进入无意识，这并不意味着她的冲动消失了，只是因为它们被压抑而不能产生焦虑。

你可能觉得奇怪，如果这些想法仍然存在于无意识之中，又是怎么被发现的呢？根据弗洛伊德的解释，这些隐藏的冲突可以通过口误、梦以及精神分析中使用的各种技术（如自由联想或催眠）被揭示出来。此外，压抑的欲望可产生心理问题并以神经症的形式表现出来。例如，上面提到的那个妇女压抑了对父亲的性

欲望，她可能以其他形式表达这种冲动，如不断陷入与男性失败的感情关系，试图在无意识中解除她对父亲的冲突。

退　行

退行是一种被自我用来防止焦虑的防御机制，使人退回到发展的早期阶段中那种要求较低和相对安全的行为。通常，当一个家庭中第二个孩子出生时，大孩子将退行，用幼儿时的方式说话，想要奶瓶甚至尿床。成人也可能使用退行机制。想一想，一个男人感受到了“中年危机”，他害怕变老和死去，为了避免与这些无意识恐惧相联的焦虑，他可能退行到青少年时期，变得不负责任，开赛车兜风，试着与更年轻的女性约会，甚至吃他十来岁时吃的食物。另一个退行的例子是，只要婚姻出现问题，已婚的成年人就搬回家跟妈妈住。

投　射

想象一下你的自我正被你的本我挑战。虽然你不知道为什么，但你感到非常焦虑。如果你的自我用投射的防御机制消除焦虑，你将开始在他人的行为中看到你无意识中的冲动。也就是说，你把你的冲动投射到他人身上。在理论上，这使得引发焦虑的感受外化，进而减少焦虑。你将不会意识到你正在这样做，而被你投射的人也不会因你的谴责而内疚。安娜・弗洛伊德举的一个例子是，一个丈夫体验到对他妻子不忠的冲动（p. 120）。他可能甚至没有意识到这种冲动，但这种冲动从他的本我中悄悄漫出，并引起焦虑。为了抵御焦虑，丈夫把他的欲望投射给他妻子，变得非常嫉妒，谴责她有外遇，即使没有证据支持他的说法。另一个例子是，一位妇女害怕变老，开始指出她的朋友和熟人看起来有多老。这些例子中的个体并不是在表演或说谎，而是真实地相信他们的投射。如果他们不这样做，对焦虑的防御将会失败。

反向形成 256

被弗洛伊德确定为反向形成的防御机制可以用莎士比亚的《哈姆雷特》中的一句台词来说明。当哈姆雷特的妈妈看完戏剧的一幕，对哈姆雷特评论说：“我认为那个女士辩解得太多了。”当一个人感受到不可接受的、无意识的“邪恶”冲动，为了避免由此产生焦虑，人们表现出与本我的真实冲动完全相反的行为。安娜·弗洛伊德指出，这些行为通常被夸大甚至是强迫性的。人们通过采取表面上完全拒绝本我真实冲动的态度和行为来阻止焦虑。除非本我和自我的冲突以某种方式解决，否则反向形成倾向于成为个体人格中永久的一部分。举个例子，再想一想刚才那个丈夫，他无意识里对别的女人有欲望，如果他用反向形成而不是用投射来防止焦虑，那么他会变得对他的妻子过度殷勤，送她很多礼物，宣称他对爱情忠贞不移。另一个例子来自于很多令人不安的新闻报道，是关于被称为“殴打同性恋者”的暴力犯罪。按照弗洛伊德学派的解释，一个在无意识中有同性恋欲望的人（他因为社会对非异性恋取向的反对而对此感到恐惧），可能会有攻击或殴打同性恋者这种极端相反的行为，以回避他们真实的欲望和与此相联的焦虑（这个概念在后面会进一步讨论）。

升 华

西格蒙德·弗洛伊德和安娜·弗洛伊德都把大多数防御机制，包括上面描述的四种，作为心理调适出现问题的指标征（神经症）。相反，升华这种防御机制不但被看作是正常的，而且是可取的。当人们使用升华机制时，他们就找到了社会接受的方式来释放无意识中被禁止的欲望所产生的焦虑能量。弗洛伊德主张，既然每个人的本我都包含这些欲望，升华就是富有成效的健康生活所必需的一部分。另外他相信，更强的欲望可以用不同的方式升华。如果某个人有强烈的攻击冲动，他可以通过参加身体接触的体育项目或成为外科医生来得到升华。一个小女孩喜欢骑马，可以解释为不可接受的性欲望的升华。一个带着色情目光注视人体的男性，可以通过成为一名裸体像画家或雕塑家来升华他的感受。

弗洛伊德提出，所有我们称之为“文明”的现象都是通过升华机制而成为可能的。按照他的观点，人类能够升华他们原始的、生物性的欲望和冲动，使他们转向建设文明的社会。然而，弗洛伊德认为，有时人类的无意识力量击败了我们的“集体自我”，并且这些原始的动物性冲动以野蛮的不文明形式爆发出来，如战争。不管怎样，也只有通过升华，文明才能存在（S. Freud, 1936）。

研究发现的意义及近期应用 257

虽然安娜·弗洛伊德在她的书中清楚地写道，防御机制的使用常常与神经症行为相联，但情况并不总是如此。几乎每个人在他们的生活中都会不时地使用各种防御机制，有时是帮助他们应对应激增加的时期。防御机制帮助我们减少焦虑，维持积极的自我意象。某些防御机制的使用甚至被证明可以减少不健康的生理活动。例如，研究发现投射防御机制的使用与血压降低相关（Cramer, 2003）。不过，防御机制包含了自我欺骗和歪曲事实，如果过度使用，会产生消极的后果。例如，如果一个人每当被生活中的问题压垮时都使用退行机制，他就可能永远都不会发展出必要的策略去处理和解决问题。结果，这个人发展为全人的过程会受到抑制。而且，弗洛伊德和许多其他心理学家主张，当特定冲突引起的焦虑被压抑时，它会在某些时候以其他形式表现出来，如恐怖症、惊恐发作或强迫症。

今天的研究者大都质疑弗洛伊德的大多数理论，包括他关于自我防御机制的概念。防御机制真的存在吗？它们真的能“无意识地”发挥作用，阻止被禁止的本我冲动产生焦虑吗？也许最常引用的对弗洛伊德所有工作的批评是：顶多是很难进行科学检验——而通常是不可能的。许多研究试图证明弗洛伊德学派的各种概念的存在。结果是多种多样的。他的某些观点已经得到科学的支持（见 Cramer, 2007），而另一些被明确证伪，还有一些实在无法加以研究（见 Fisher & Greenberg, 1977, 1995）。

一项有趣的研究发现的科学证据表明，*恐同症*，即某些异性恋者所表现的对男同性恋和女同性恋个体的不合理的恐惧、回避和偏见，可能是为了避免由自我压抑的同性恋倾向所引起的极端焦虑而采取的反向形成（Adams, Wright, & Lohr, 1996）。在这个研究中，一组男性接受评估恐同症水平的书面测验，然后被分成两组：恐同组和非恐同组。接着，所有的参与者观看描写异性恋、男同性恋或女同性恋露骨性爱场面的录像，当他们观看这些录像的时候，监测他们性唤起的生理信号。两组参与者唯一的不同是他们观看男同性恋录像时的情况。“结果显示，恐同组的男性在性唤起上明显增加，而非恐同组的男性没有增加”（p. 443）。事实上，当观看男同性恋录像时，非恐同组中 66% 的参与者没有明显的性唤起信号，而恐同组仅有20%的参与者表现出极少的性唤起或没有性唤起的证据。而且，当要求恐同组男性评价自己的性唤起水平时，他们低估了自己对同性恋录像的性唤起水平。这项研究结果与安娜·弗洛伊德对反向形成防御机制的描述明显一致，同时也为前面所讨论的针对同性恋者的暴力行为的可能解释提供了支持。

258 结 论

从本节讨论过的研究可以看出，心理学家对防御机制的科学兴趣在心理学的各个分支中不断增加，包括认知心理学、发展心理学、人格心理学和社会心理学（见Cramer, 2007）。通过对防御机制的认识和理解，你对人们行为原因的洞察能力将明显提高。如果你在自己的头脑中保存一份防御机制的清单，你就可能开始在别人甚至自己身上发现它们。顺便说一句，如果你认为某人正在使用防御机制，那么请记住，他这样做的原因是为了避免令人讨厌的焦虑。因此，让他们注意到防御机制可能不是一个好主意。虽然防御机制的知识在你与他人的交往中是一个强有力的工具，但必须小心谨慎、负责任地使用。

只要随便拿起一本近期关于精神分析理论的学术著作，你很容易就能体会到安娜·弗洛伊德对她父亲的防御机制概念的综合分析所产生的持续影响。你所见到的大多数对弗洛伊德的引用都引自西格蒙德·弗洛伊德，这是理所当然的。但是，当讨论转向防御机制时，安娜·弗洛伊德在1946年出版的书及其各种修订本被认为是论述此主题的权威性著作。

Adams, H., Wright, L., & Lohr, B. (1996). Is homophobia associated with homosexual arousal? *Journal of Abnormal Psychology, 105*(3), 440–445.

Cramer, P. (2003). Defense mechanisms and physiological reactivity to stress. *Journal of Personality, 71*, 221–244.

Cramer, P. (2007). *Protecting the self: Defense mechanisms in action*. New York: Guilford Press.

Fisher, S., & Greenberg, R. (1977). *The scientific credibility of Freud's theories and therapy*. New York: Basic Books.

Fisher, S., & Greenberg, R. (1995). *Freud scientifically reappraised: Testing the theories and therapy*. New York: Wiley.

Freud, S. (1936). *A disturbance of memory on the Acropolis*. London: Hogarth Press.

Freud, S. (1953 to 1974). *The Standard Edition of the Complete Psychological Works of Sigmund Freud*. London: Hogarth Press.

31 习得性抑郁

Seligman, M. E. P., & Maier, S. F. (1967). Failure to escape traumatic shock. *Journal of Experimental Psychology, 74*, 1–9.

如果你和大多数人一样，你会期望你的行为将产生特定的结果。你的预期既使你采取的行为方式倾向于产生令人期望的结果，又会避免产生令人失望的结果。换句话说，你的行为至少部分是由一种信念所决定的，即相信自己的行为会产生某个特定的结果；行为取决于某个特定的结果。

让我们设想一下，假如你不喜欢现在的工作，于是你开始着手准备换个工作。你与所在行业的其他人联系，翻阅你感兴趣的招聘广告，为获取新的技能参加晚上的培训，等等。所有这些行为都由你的信念所驱动，即你的努力最终会给你带 259
来更好的工作和更幸福的生活。人际关系也是如此，如果你正处于一种不良的人际关系中，这种人际关系带有侮辱性或使你不愉快，你会采取必要的行动改变或终止它，因为大多数人期待成功做出令人想要的改变。

所有这些都与能力和控制力有关。大多数人相信自己有足够的个人能力，能控制发生在他们身上的一切，至少有些时候是这样，因为他们在过去曾施加控制并取得了成功。他们相信能够通过自己的努力达到目标。如果一个人觉得自己缺乏能力和控制力，那么剩下的就只有无助感和无望感了。如果你感到自己被一份不满意的工作所困扰，却又找不到另一份工作，或不能学习新技能来提高自己的职业水平，那么你将不太可能为改变工作而做出必要的努力。如果你太过依赖某人，当你与此人的关系具有破坏性，又觉得无力去修复或结束它，那么你便只能无奈地处于这种关系之中并忍受煎熬。

能力与控制的知觉对身心健康是非常重要的（参见研究 20 中兰格和罗丁关于养老院中老年人控制力问题的研究）。想象一下，如果你突然发现自己不再有使生活发生改变的能力和控制力，在你身上发生的事情与你的行为无关，你有何感受？你可能感到无助和无望，并且放弃一切尝试。换句话说，你将变得抑郁。

马丁·塞里格曼（Martin Seligman）是影响深远的著名行为心理学家。他认为，我们对能力和控制的知觉是从经验中习得的。他相信，当一个人控制特定生活事件的努力遭受多次失败后，就会停止这种尝试。如果这种失败出现得足够频繁，这个人便会把这种缺乏控制的知觉推广到所有的情境中，甚至是实际上能够控制的情境。于是，这个人开始感到自己像一颗“命运的棋子”任人摆布，无助而抑郁；塞里格曼把这种抑郁的产生原因称为*习得性无助*。塞里格曼在宾夕法尼亚大学以狗为被试，通过一系列现在被视为经典的实验，形成了他的理论。我们下面将要讨论的这项研究由马丁·塞里格曼与史蒂文·梅尔共同完成，它被认为是对其理论有决定性作用的最初论证。

理论假设

塞里格曼从一项有关学习的早期实验中发现，狗在一段时间受到既不能控制也无法逃脱的电击之后，即便逃离的机会近在眼前，狗也学不会逃走。想一想，这在一个行为主义者看来是多么奇怪的事情。在实验室中，对狗的惩罚是电击，但这种电击不会对其造成伤害。然后，把狗放在一个穿梭箱里，那是一个大箱子，由一块隔板分为两部分。在箱子一边的地板上通电。当狗感觉到箱子的一边有电
260 流时，只需越过隔板跳到箱子的另一边即可逃避电击。通常，狗和其他动物都能很快学会这种逃脱行为。（不难看出其中的原因！）事实上，如果有一个信号（如一个闪光灯或蜂鸣器）警告狗电流即将来临，狗就能学会在电击前跳过隔板而完全避开电击。然而，在塞里格曼的实验中，穿梭箱里的狗经历过无法逃脱的电击后，它们就学不会这种逃脱－回避行为了。

塞里格曼的理论认为，动物在学习控制不愉快刺激的过程中存在某些因素，这些因素决定了它们后来的学习。换句话说，这些狗在先前的电击经验中已经习得自己的行为不能改变电击结果。因此，当它们处于新的环境中时，即便它们有能力逃脱——施加控制——它们也会放弃。它们习得了无助感。

为了检验该理论，塞里格曼和梅尔提出要研究可控电击与不可控电击是如何对后来学习回避电击的能力产生影响的。

方 法

该研究是本书中用动物作被试的经典研究之一。而该研究所引起的关于动物研究的伦理问题，可能比其他几项研究都要多。为了检验一种心理学理论，而让狗忍受令其痛苦的电击（虽然没有身体上的伤害）。这种做法在伦理上是否正当，这是每个心理学的研究者和学生必须面对的问题（这个问题将在讨论完塞里格曼的研究结果之后再详述）。

实验的被试是 24 只“杂交犬，肩高 15~19 英寸，体重 25~29 磅”（p. 2）。它们被分为 3 组，每组 8 只。一组是“可逃脱组”，另一组是“不可逃脱组”，第三组是“无挽具的控制组”。

可逃脱组和不可逃脱组的狗均被单独安置并套上挽具，这种挽具与巴甫洛夫设计的装置相似（参见研究 9 中对巴甫洛夫实验方法的论述）；虽然狗受到束缚，但并不是完全不能移动。在狗头部的两边各有一个鞍垫，以保持头部面朝正前方。狗可移动头部以挤压两边的鞍垫。可逃脱组的狗受到电击后，它可以通过挤压头部两边的鞍垫终止电击。不可逃脱组的狗与可逃脱组的狗一一配对（这是一种称为“配轭”的实验程序）。在同一时间给每一对狗施加完全相同的电击，但不可逃脱组的狗不能控制电击。无论这些狗做什么，电击都将持续，直到可逃脱组的狗挤压鞍垫终止电击为止。这样就能确保两组狗接受电击的时间和强度完全相同，
其唯一不同在于一组有能力终止电击，而另一组却不能。8 只无挽具控制组的狗 261
在实验的这一阶段不接受任何电击。

可逃脱组和不可逃脱组的狗在 90 秒的时间里均接受了 64 次电击。可逃脱组很快学会了挤压两边的鞍垫来终止电击（既为它们自己，也为不可逃脱组）。24 小时以后，所有的狗都被放入与前面描述相似的穿梭箱中。箱子的两边装有灯，当箱子一边的灯熄灭时，电流将在 10 秒钟后通过箱子的地板。如果狗在 10 秒内跳过隔板，它就能完全避免电击。如果不这样做，它将持续遭受电击直到它跳过隔板，或直到 60 秒钟后电击结束。每只狗在此穿梭箱中进行 10 次测试。

研究者根据以下指标对学习进行了测量：（1）从灯熄灭到狗跳过隔板平均需要多长时间；（2）完全没有学会逃脱电击的狗在每组中所占的百分比。另外，7

天后不可逃脱组的狗在穿梭箱中再次接受 10 次额外测试，以评价该实验处理的持续效果。

结 果

在 64 次电击的过程中，可逃脱组的狗用于挤压鞍垫并停止电击的时间迅速缩短；而不可逃脱组的挤压鞍垫行为在 30 次尝试后便完全停止。

图 31-1 显示了在穿梭箱中进行的全部测试中，三组被试逃脱所用的平均时间。记住，这个时间是指灯熄灭到动物跳过隔板之间的时间。不可逃脱组与其他两组之间的差异具有统计显著性，但可逃脱组与控制组之间的差异无显著性。
262 图 31-2 表示 10 次测试中至少 9 次不能跳过穿梭箱的隔板并避免电击的狗在每组中所占的百分比。可逃脱组与不可逃脱组之间的差异也高度显著。在不可逃脱组中，6 只狗在 9 次甚至全部 10 次测试中完全逃脱失败。7 天后，这 6 只狗被放入穿梭箱中再次进行测试。在这个延迟测试中，6 只狗中有 5 只没能在任何一次测试中逃脱电击。

讨 论

可逃脱组与不可逃脱组之间唯一的不同是，狗能否主动终止电击，因此塞里

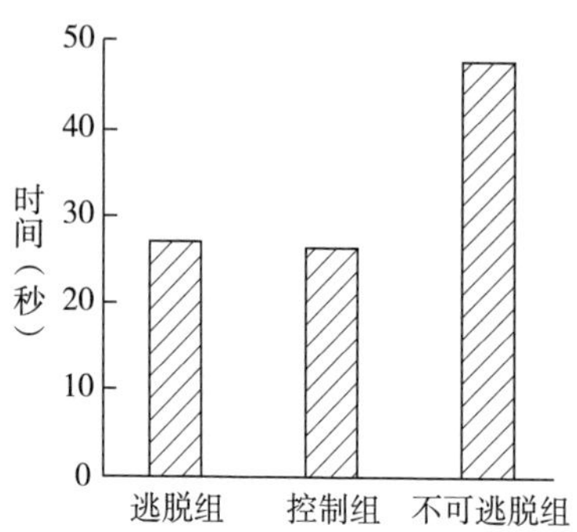

图31–1 在穿梭箱中逃脱的平均时间（引自p. 3）

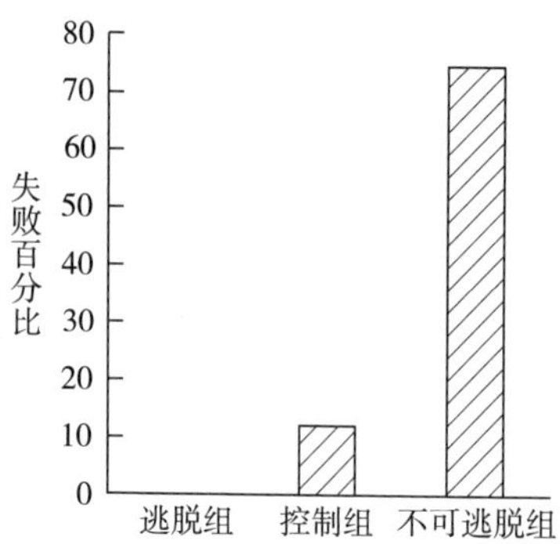

图31–2 在穿梭箱中未成功习得逃脱电击的被试的百分数（引自p. 3）

格曼和梅尔得出结论认为，一定是这种控制因素导致了两组狗在穿梭箱中学习逃脱电击时的显著差异。换句话说，可逃脱组的被试在穿梭箱中能正常学会逃脱的原因是它们在束缚阶段已习得自己的行为与电击终止之间存在相关。因此，它们能主动地跳过隔板并逃脱电击。而不可逃脱组在束缚阶段的行为与电击的终止毫无干系。因此，它们并不期望自己在穿梭箱中的行为能终止电击；它们没有试图逃脱的动机。正如塞里格曼和梅尔所预测的，它们习得了无助感。

偶然地，不可逃脱组的一只狗在穿梭箱中做了一次成功的逃脱。然而，在下一次测试中，它又恢复到无助状态。塞里格曼和梅尔对此的解释是：*即便是在一次成功的经历之后*，束缚阶段动物的无效行为依旧阻碍了它们在新的情境（穿梭箱）中形成终止电击的新行为（跳过隔板）。

塞里格曼和梅尔在论文中报告了后续研究的一些有趣发现。在第二项研究中，首先将狗放置在可逃脱的束缚条件下，此时狗可挤压鞍垫以终止电击。然后将其转移到不可逃脱的束缚条件下，最后将狗放入穿梭箱中接受 10 次测试。在不可逃脱的束缚条件下，狗不断尝试挤压鞍垫，并没有像第一项研究中的狗那样很快放弃尝试。此外，它们在穿梭箱中都成功地学会了逃脱和回避电击。这表明，一旦动物习得它们的行为是有效的，随后的失败经历不足以消除它们改变自己命运的动机。

后续研究

当然，塞里格曼也想做你可能已经想到要做的事情：把这些研究结果应用于人类。在随后的研究中，他认为人类的抑郁包含与动物形成习得性无助相似的过程。在两种情形下，他们（它们）都表现出消极、放弃、傻坐、缺乏进取心、很 263
慢才能习得某个行为是成功的、体重减少和社会退缩等现象。无助的狗和抑郁的人都从以往的特殊经历中习得自己的行为是徒劳的。无论狗做什么，它都无法逃脱电击；而人也有无法控制的事件，如爱人的去世、父母的虐待、失业或严重的疾病等（Seligman, 1975）。

习得性无助导致的人类抑郁能产生比抑郁本身更严重的后果。研究表明，许多老年人，如生活在养老院中的老人，由于各种原因而失去了对自己日常生活的控制力，他们的健康状况比那些能保持这种个人控制力的老人差，更早死亡的几率也更大。另外，一些研究也表明，无法控制的应激事件在严重疾病（如癌症）中能够发生作用。一项研究发现，在过去的几年中遭受丧偶、失业、名誉扫地等事件，将增加一个人患癌症的几率（Horn & Picard, 1979）。在医院里，医生和医务人员都希望病人能心平气和地配合医生，心甘情愿地把自己的命运交到这些医学权威人士的手中。病人相信他们必须不加质疑地听从医生和护士的指导才能尽快康复。一位著名的健康心理学家曾指出，做一名“好的住院病人”意味着病人必然是被动的，而且必须放弃所有期望的控制。这其实是为病人制造了一种习得性无助的条件，即使此后控制力对持续康复是可行和可取的，这些病人也已丧失了施加控制的能力（Taylor, 1979）。

作为习得性无助效应的进一步证据，我们来看看芬克尔斯坦和雷米所做的一项引人注目的研究（Finkelstein & Ramey, 1977）。研究者在几组人类婴儿的床上方安设了旋转的可动装置。一组婴儿头枕在对压力敏感的特制枕头上，他们能够通过移动头部控制可动装置的旋转。另一组婴儿房间里虽然有同样的可动装置，但它们被设定为随机旋转，不受婴儿的任何控制。可控制枕头组每天有 10 分钟时间接触这种可动装置，两周后，这组婴儿非常熟练地通过移动自己的头使可动装置旋转。然而，当实验者把不可控制枕头组的枕头全换成可控制的，并给予这组婴儿比第一组更多的学习时间，他们有了最重要的发现：婴儿全都无法学会控制可动装置的旋转。第一种情境下的经历已使这些婴儿了解到自己的行为是无效的，并且这种认识迁移到可控制的新情境下。对于可动装置，婴儿们已习得了无助。

近期应用

塞里格曼对习得性无助的探索一直影响着当代的研究，并在许多领域引起争论。其他一些研究者致力于增加我们对生活事件控制力重要性的理解，塞里格曼的观点与他们相吻合。

264 关于这种广泛影响的一个可怕的例子是恐怖袭击引发的大范围恐慌和所谓的

“反恐战争”。2001 年 9 月 11 日发生了对美国世贸中心和五角大楼的恐怖袭击之后，恐怖事件产生的心理影响在美国和全世界范围内蔓延。这些症状包括焦虑增加、愤怒、神经质、酒精使用增加、对外部事件失去控制感以及无助感（Centers for Disease Control, 2002）。事实上，恐怖分子的目的之一就是让人们产生脆弱和无助的感觉。一位临床心理学家对袭击的影响作出如下总结：

> 恐怖主义威胁为焦虑和抑郁的出现营造了教科书式的心理条件。心理学家称之为“预期焦虑”——等待谚语中所说的鞋子掉下来，或者是像现在这样，等待恐怖分子的炸弹爆炸。加入“习得性无助”这个成分——即你意识到对于阻止恐怖主义你什么也做不了或者能做的很少——会使抑郁、脆弱、失去控制感进一步加剧。这些正好是自“9·11”袭击之后我们所面临的状况。他们定义为“新常态”和“9·11 综合征”。(Braiker, 2002)

有趣的是，近期的一个研究表明，间接地体验到创伤性事件，经过一段时间后可能会有一些心理*获益*（Swickert et al., 2006）。尽管作者没有否认或试图轻视目击“9·11”事件所带来的极度痛苦的心理影响，但他们指出，在一些个体身上存在着相反的结果，他们称之为*创伤后成长*。研究者指出，以往的研究认为，“当人们对自己、他人和将来的基本假设受到挑战时，会出现创伤后成长。作为对这个挑战的回应，受到创伤的个体可能会试图从他们的经历中寻找意义。因此，有些人常会发现他们从创伤性事件中获益。”（p.566）你可能会问，这种经历会产生哪些可能的益处？作者指出，另一个研究已经发现，在“9·11”事件后，一系列积极特征都有所增强，其中包括感激、希望、仁慈、领导力、爱、灵性和团队合作。研究者说，那些间接目击了袭击的人在事件发生不久后报告了相似的获益，但这些影响会随着时间的推移而减弱。

结　论

我们现在再回到实验的伦理问题上。我们中的大多数人都很难接受在心理学实验室中把动物当作被试来进行痛苦的电击，特别是使用狗或其他我们常常当作宠物来养的动物。过去的许多年中，严格的伦理标准已经建立起来，以确保实验者更仁慈地对待动物（参见本书前言中对这些标准的讨论）。然而，在科学领域内外，还有许多人认为这些标准是不够的。一些人提倡，在心理学界、医学界和所有的科学界彻底取缔以动物为被试的研究。在此问题上无论你的个人立场如何，你应该问的问题是：这些研究的结果是否扩展了我们的知识，减轻了人类的痛苦，
265 并提高了人们的生活质量，所有这些收益是否足以为其所用方法的正当性进行辩护？

对于塞里格曼和梅尔的这项研究，请你思考一下上面这些问题。他们的发现是解释为什么有些人变得无助、无望和抑郁的理论根源。塞里格曼随后继续发展了一种被人们广泛接受的关于抑郁起源和治疗的模型。他的理论经过多年的不断完善和补充，现已能更精确地应用于在界定明确的条件下发生的抑郁，从爱人的死亡到重大的自然和人为灾难。

例如，通过塞里格曼的研究，我们现在了解到，如果个体把自己的控制力缺失归因于：(1) 永久性而不是暂时性的原因；(2) 与自己的内在人格因素（而不是情境因素）有关的原因，(3) 渗透到他们生活中许多方面的原因（参见 Abramson, Seligman, & Teasdale, 1978），那么个体很有可能变得抑郁。有了这些认识，治疗师和心理咨询师就能更好地诊断、干预和治疗重度抑郁。

这么多的知识能否表明在习得性无助的早期研究中采用的方法是合理的呢？你们每一个人都必须自己来决定这个具有争议的问题。

Abramson, L., Seligman, M., & Teasdale, J. (1978). Learned helplessness in humans: Critique and reformulation. *Journal of Abnormal Psychology, 87*, 49–74.

Braiker, H. (2002). "The September 11 syndrome"—A nation still on edge. Retrieved September 15, 2003, from http://www.harrietbraiker.com/OpEd.htm

Centers for Disease Control (CDC) (2002). Psychological and emotional effects of the September 11 attacks on the World Trade Center—Connecticut, New Jersey, and New York, 2001. *Centers for Disease Control and Prevention: Morbidity and Mortality Weekly Report, 51*, 784–786.

Finkelstein, N., & Ramey, C. (1977). Learning to control the environment in infancy. *Child Development, 48*, 806–819.

Horn, R., & Picard, R. (1979). Psychosocial risk factors for lung cancer. *Psychosomatic Medicine, 41*, 503–514.

Seligman, M. (1975). *Helplessness: On depression, development, and death*. San Francisco, CA: Freeman.

Swickert, R., Hittner, J., DeRoma, V., & Saylor, C. (2006). Responses to the September 11, 2001, terrorist attacks: Experience of an indirect traumatic event and its relationship with perceived benefits. *The*

Journal of Psychology, 140(6), 565–577.
Taylor, S. (1979). Hospital patient behavior: Reactance, helplessness, or control? *Journal of Social Issues, 35*, 156–184.

32 拥挤导致行为失常

Calhoun, J. B. (1962). Population density and social pathology. *Scientific American, 206* (3), 139–148.

几十年来，过度拥挤对人类行为的影响始终令心理学家们兴趣不减。或许你已注意到，当你身处让你感到过度拥挤的情境中，你的情绪和行为会有所变化。你可能变得孤单离群、不引人注目，或是想抽身离开，抑或是变得易激惹和好攻击。

本节讨论的这篇论文在题目中用了“人口密度”（population density）一词，而没有用“拥挤”（crowding）。尽管这两个词看起来很相似，但心理学家对两者有明确的区分。人口密度被定义为一定空间内个体的数量。如果一间 12 × 12 英 266
尺的房间内有 20 个人，这个房间可能就被认为是人口密度很高。而拥挤则是由不同密度产生的个体主观体验。如果你试图专注于一项困难的任务，同时与 20 个人待在一间小屋子里，你可能感到极度拥挤；相反，如果你在同样的房间里与 20 位朋友聚会，你可能一点也不感到拥挤。

行为科学家研究密度和拥挤对人们影响的一种方法是，观察那些已经存在拥挤的地方，如曼哈顿、墨西哥城、某些安居项目和监狱等等。这种研究方法的问题是，除了人口密度之外，所有这些地方都包含许多其他可以影响行为的因素。例如，如果我们发现在一个拥挤的市中心街区犯罪率很高，我们无法断言拥挤就是犯罪发生的原因，可能是贫穷，也可能是药物滥用的发生率高，抑或是所有这些因素与拥挤共同导致了高犯罪率。

研究拥挤的另一种方法是让人类参与者在高密度条件下待上相对较短的一段时间，研究他们的行为反应（让他们待上很长时间是不合乎伦理的）。这种方法提供了更多的控制，并让我们能分离出拥挤这一因素对行为产生的影响，但这与现实中拥挤的生活环境相比，它还不是很真实，因为拥挤环境通常是长时间存在的。然而，这两种研究方法都得到了一些关于拥挤的有趣发现，我们将稍后对此进行探讨。

只为研究的需要而让人长时间处于拥挤环境中，这在伦理上是不可行的（因为存在应激和其他潜在的损伤后果），研究者开发了第三种方法来研究密度的影响：用动物被试进行研究（参见本书前言中关于动物研究的论述）。这类研究中最早、最重要的系列研究之一是由约翰·卡尔霍恩（John B. Calhoun, 1917—1995）在 20 世纪 60 年代早期进行的。卡尔霍恩让一组大鼠在一个小空间中繁殖，直到数量增至原来的两倍，然后观察它们在 16 个月中所表现出来的“社会”行为。

理论假设

卡尔霍恩尤其想探索高密度群体对社会行为的影响。虽然把大鼠看作社会动物对你来说似乎有点奇怪，但它们在自然环境中的确有各种各样的社会互动方式。

在理解是什么引导卡尔霍恩进行这项研究之前，有必要回顾他几年前做的一项更早的研究。卡尔霍恩把一群大鼠关在一个 1/4 英亩的安全而封闭的户外空间内，给予大鼠充足的食物和理想的、受保护的筑巢区域，它们没有天敌，所有的疾病都被控制在最低限度。换句话说，这是一个大鼠的天堂。卡尔霍恩早期研
267 究的重点仅仅是研究在一个对群体过剩没有自然控制（如天敌、疾病等）的环境中，大鼠的群体增长率为多少。27 个月后，仅有 150 只成年鼠。这很让人吃惊，因为在这样理想的环境中，考虑到成年鼠的低死亡率和通常的繁殖率，这一段时间应该增加到 5 000 只成年鼠！卡尔霍恩了解到大鼠数量受限的原因在于幼鼠死亡率极高。显然，在这 150 只大鼠中，繁殖行为和母性行为由于社会互动的应激而严重改变了，因此极少的幼鼠可存活到成年。虽然在 1/4 英亩的区域内生活着 150 只大鼠似乎还不显得特别密集，但这种拥挤程度已足以导致极端的行为变化。

这些发现促使卡尔霍恩在实验室中设计控制更严格、更易观察的情境，以便更加仔细地研究在这样的高密度条件下，大鼠会发生什么样的行为变化。换句话说，他已经观察到了发生了什么，而现在想弄清为什么发生。

方 法

在由三项研究组成的一系列研究中，研究者将成年大鼠放入 10 × 14 英尺的实验空间里，实验空间被分成四个部分或围场（见图 32-1），它们之间有坡道可让大鼠从围场 1 到围场 2，从围场 2 到围场 3，从围场 3 再到围场 4，但围场 1 和围场 4 之间无法直接相通。因此，1 和 4 是“终端围场”。如果一只大鼠想从 268
围场 1 到围场 4 去，它就必须经过围场 2 和围场 3。围场之间的隔板是通电的，因此大鼠很快便知道，它们不能爬过隔板。

这些围场里有食物、水的供给装置和供大鼠筑巢的围栏。研究者给大鼠提供充足的食物、水和筑巢用的材料。为了让研究团队观察和记录大鼠的行为，在房间的天花板上有一观测窗。

通过几年对大鼠的研究，卡尔霍恩发现，这个特定品种的种群通常包括 12 只成年鼠。因此，观察室的大小是每个围场容纳 12 只大鼠，共 48 只。大鼠被放进观察室后，允许其自由繁殖，直至接近正常密度的 2 倍，达到 80 只。一旦大

图32–1 卡尔霍恩拥挤研究中实验房间的安排示意图

鼠的数量达到 80 只，断奶后还存活的幼鼠将被转移以使大鼠的数量保持恒定。

有了这种布局，剩下的所有工作就是要对这些处于拥挤环境中的动物观察一段时间，并记录它们的行为。观察持续了 16 个月。

结 果

大鼠的群体密度不是特别高；事实上，这种密度只是中等程度。如果还想增加大鼠的话，每个围场的剩余空间大约还可容纳 20 只。但事实并非如此。当雄性大鼠成熟以后，它们像在自然环境中一样为了社会地位而开始相互争斗。这种争斗发生在所有的围场中，但每个围场中的结果并不完全相同。想一想房间的布局，终端围场只有一个进出口。因此，当这两个围场中的一只雄性大鼠赢得了统治权，它只需守住那个出入口并攻击任何冒险通过坡道的其他雄鼠，就能保住它的地位和领地（整个围场）。这样一来，每个终端围场中最终只剩下一只雄鼠负责统治。当然，它并不孤独，因为在四个围场中雌鼠的分布是几乎平均的。所以，霸占围场 1 和 4 的雄鼠拥有 8 到 12 只雌鼠。它们不心存侥幸，为了防止外敌侵入，雄鼠直接睡在坡道的底部，并始终处于警戒状态。

偶尔，有些别的雄鼠也会进入终端围场，但它们都极为顺从。它们大部分时间都与雌鼠待在窝里睡觉，出去仅是为了觅食。它们不试图与雌鼠交配，在这些围场中的雌鼠基本上起着母亲的作用，它们筑起舒适的窝，养育和保护后代。换句话说，在终端围场中生活的大鼠相对正常，繁殖行为也很成功。幼鼠中有一半可存活到成年。

269 其余 60 只左右的大鼠挤在中间的两个围场中。这两个围场的中央都有供食和供水装置，因此这些大鼠彼此间有很多相互接触的机会。研究者观察到，围场 2 和 3 中的大鼠表现出一种行为现象，卡尔霍恩称之为“行为沉沦”，即“任何把超乎寻常数量的动物聚集在一起的行为过程的结果。这个术语暗示着它对健康不利，这并非偶然：行为沉沦的确会使在一个群体内所能发现的所有形式的病理状态恶化”（p.144）。让我们看一看他所观察到的一些极端的、病理性的行为：

1. *攻击*。在野外环境中，正常的雄性大鼠为了它在社会阶层中的统治地位而与其他雄鼠进行争斗。这种争斗在本研究中一些更具攻击性的雄鼠身上也能看到。不同的是，与它们在自然环境中不同，处于统治地位的雄鼠必须经常与其他雄鼠争斗以维持其地位，而且常常是几只大鼠打群架。不过，研究者通过观察发现在中间围场中最强壮的雄鼠是最正常的。然而，即使是这些大鼠有时也表现出“病理性的指征；发狂；攻击雌鼠、未成年鼠以及不太活动的雄鼠；表现出正常大鼠不会表现出的特殊偏好——咬其他大鼠的尾巴”(p. 146)。
2. *服从*。与这种极端攻击行为相反，其他组的雄鼠并不在意统治权，而且会避免为统治地位而引发争斗。其中包括所有围场中看起来最健康的大鼠，它们身体肥硕、皮毛完好，没有因争斗而常会出现的秃斑。然而，这些大鼠完全不适应社会环境。它们在围场间走动时似乎处于睡眠状态或类似催眠的恍惚状态，而无视其他大鼠的存在，反过来它们也被其他大鼠所忽视。它们对性活动完全不感兴趣，即使面对发情的雌鼠也无动于衷。

   另一组大鼠则极为活跃，常常来回走动寻找雌鼠。卡尔霍恩把它们称为“*刺头儿*”。它们常常被更强势的雄鼠攻击，但它们对争夺地位从不感兴趣。它们的性欲极强，其中相当一部分甚至以同类为食！
3. *性越轨*。这些“刺头儿”也不遵守自然的交配程序。通常情况下，雄鼠追逐发情的雌鼠，直到它逃进洞里，然后，雄鼠耐心地等待，甚至干脆在它的门外跳起求婚舞。最后，雌鼠从洞里出来，与雄鼠交配。在卡尔霍恩的研究中，大部分性活跃的雄性大鼠遵守这一程序，但“刺头儿”例外，它们完全拒绝等待而直接跟着雌鼠进洞。有时，洞内的窝中还有已死亡的幼鼠，在研究进行的后期，正是在这里，“刺头儿”们开始吃起了它们的同类。

   另一组雄鼠被称为“*泛性者*”，因为它们不加分辨地试图与任何其他大 270
   鼠进行交配。它们以性为目的，接近其他的雄鼠、幼鼠以及没有发情的雌鼠。这是一个顺从的群体，常常受到更强势的雄鼠攻击，但它们从不为统治权而打斗。
4. *繁殖异常*。大鼠有一种筑巢的自然本性。在本研究中，研究者向大鼠不限

> 量地提供小纸条作为筑巢材料。正常情况下，雌鼠在生产时间即将到来时会非常主动地筑巢。它们收集材料并堆积起来，形成一个垫子的模样，然后将窝的中间部分做成凹陷形以容纳幼鼠。然而，行为沉沦的雌鼠逐渐丧失了筑巢能力（或兴趣）。最初它们不能做出中间的凹陷。后来，随着时间的推移，它们收集的纸条越来越少，以至于最终幼鼠直接降生在覆盖着木屑的地板上。

当母鼠预感到存在危险时，它们也丧失了把幼鼠从一个地方转移到另一地方的母性能力。它们可能转移了一些幼鼠而忘了另一些，或在转移的过程中不小心把它们掉在地上。通常，这些幼鼠或是被遗弃或是在掉落的地方死去，随后被成年鼠吃掉。中间两个围场的幼鼠死亡率最高，范围在 80%~96% 之间。

除了缺乏母性之外，中部围场中的雌鼠在处于发情期时，会被大群的雄鼠追逐，直到它们最终不能逃脱为止。这些雌鼠在怀孕和生产过程中并发症发生率很高，而且变得极不健康。

讨　论

你可能会预期，将这些发现应用到处于高密度环境的人群中去是合理的推广。然而，由于以下我们即将讨论的一些原因，卡尔霍恩没有得出任何这样的结论。事实上，他很少谈论自己的发现——可能的推测或逻辑是，他的结果本身已说明了一切。他只对一个明确的结果进行过评论：大鼠自然的社会及生存行为已被高群体密度的生活环境所产生的应激严重改变了。另外，他提到，通过进一步研究、改进方法和完善对结果的解释，他的研究以及其他类似的研究有助于我们理解人类面对的类似问题。

研究发现的意义

就像本书中的许多研究一样，卡尔霍恩这项研究最重要的一个方面是，它引发了许多相关的关于高密度生活环境对人影响的研究。虽然这里不可能详细论述
271 那么多的研究，但有些例子值得一提。对人类来说，可能导致类似行为沉沦现象

的一个环境是极度拥挤的监狱。美国司法研究所资助了一项研究，对每个囚犯平均只占 50 平方英尺（约 7×7 英尺的面积）的监狱与不太拥挤的监狱进行比较。结果发现，在拥挤的监狱里，死亡率、杀人率、自杀率、患病率及纪律问题的发生率明显较高（McCain, Cox, & Paulus, 1980）。但再一次请记住，除了拥挤因素以外，还可能有其他因素影响了这些行为（例如，见研究 37 的津巴多监狱实验）。

另一个有趣的发现是，拥挤对问题解决能力会产生消极影响。有一项研究让人待在非常拥挤的小房间里（每人只有 3 平方英尺），或待在不太拥挤的大房间里，要求参与者完成相当复杂的任务，如把不同的形状进行归类，同时给参与者听故事，随后要对故事内容进行测试。拥挤条件下的参与者的成绩明显低于不拥挤条件下的参与者（Evans, 1979）。

你猜测在拥挤环境中你的生理指标会发生怎样的变化？已有研究表明你的血压会升高，心率会加快。伴随着这些影响，你会感到其他人对你更有敌意，并且随着人口密度增加，你会感到时间过得越来越慢（Evans, 1979）。

批　评

卡尔霍恩对动物的研究结果已得到后续动物研究的支持（参见 Marsden, 1972）。然而，正如我们在本书的前面所提及的，把动物研究的结果应用到人类时必须特别谨慎。正如某些物质可能引起大鼠疾病，但对人类的身体健康不会产生相同的影响一样，影响大鼠社会行为的环境因素或许不能直接应用于人类。动物充其量只能代表人类的某些方面。有时，动物研究是非常有用和具有启示性的，它能为结论更明确的人类研究指明方向。另一些时候，它也可能通向一条死胡同。

1975 年，研究者在纽约城进行了一项研究，试图用人类参与者来重复卡尔霍恩的一些研究结果（Freedman, Heshka, & Levy, 1975）。研究者从不同人群密度的地区收集了死亡率、生育率（出生率）、攻击行为（法院记录）、精神病理学（精神病院的入院人数）等数据。分析所有数据后，研究者发现在人口密度和社会病理行为之间没有显著相关。

虽然如此，在 20 世纪 60 代初期，卡尔霍恩还是在拥挤对心理和行为的影响上投入了大量精力。这一领域的研究因为与人类有关而持续至今。

272 近期应用

约翰·卡尔霍恩于 1995 年 9 月 7 日逝世，他给我们留下了发人深省并具有深远历史意义的研究遗产。卡尔霍恩在 1962 年的文章中所论述的社会问题已日益表现出与人类生活状况之间愈发紧密的关系。因此，当科学家对攻击行为、不孕症、精神疾病或各种形式的社会冲突等问题进行研究以更好地理解和采取干预时，他们常会参考卡尔霍恩关于拥挤和行为病理学的研究。

另一项有趣的研究引用了卡尔霍恩的工作，用于检验在驯养过程中动物行为的改变（Price, 1999）。普莱斯认为，被驯化的某些种类的动物，即作为宠物饲养的动物，它们经历了若干代遗传与发展的变化，从而改变了自己的行为，这样它们便能与人和平共处，分享同一生活环境。普莱斯的主要观点是：野生动物经过几个世纪的驯养，不得不适应人类环境，尽管这种环境与它们原来的栖息环境非常不同。这通常包括在相当拥挤的条件下与同类的其他动物、其他种类的动物以及人类和平相处（至少大多数时间如此）。作者认为，这是通过提高反应阈限的水平而达到的，即要想让一只驯养动物变得具有地盘性和攻击性需要更强的外部刺激。换句话说，狗、猫和人类都能够在一个相当小的空间共同生活，而未经驯养的野生动物可能会逃走或相互厮杀。

一项相关的研究发现，与动物相比，人类对人口密度的反应可能存在一个关键差异。在动物研究中，作为密度增长的直接结果，病理行为是呈线性增长的：一个变量随着另一个变量的增加而增加。然而，雷格兹（Regoeczi, 2002）的研究发现，对人类而言，家庭人口密度对社会退缩和攻击行为的影响实际上是随着单个家庭中人口的增加而降低的。但是，这种效应只有在居住人数没有超过房间总数时才会出现；当居住人数远远超出房间数时，反社会影响就会随着人口密度增加而出现。换句话说，当居住条件是 5 个人住在一个 3 居室的公寓里或者 7 个人挤在一个 4 居室的屋里时，人们倾向于表现出更多的退缩或攻击行为。这里有两个可能原因。也许是人口密度导致了病理行为，或是那些退缩或攻击性程度高的人分别出于选择或者排斥而最终获得不太拥挤的生活环境。

卡尔霍恩的研究对关于心理治疗的研究文献也有所贡献。由于当今世界人口日益稠密，人口流动性和多样性增大，对心理治疗师提高专业化程度的需求也变得十分必要（见 Dumont & Torbit, 2012）。比如，由于多种文化之间交流互动的增加，对擅长跨文化关系的咨询师的需求也逐渐增加。随着寿命的延长，人们会 273
对那些在工作和退休的过渡期以及围绕慢性病与死亡方面的问题上有专长的咨询师产生需求。随着城市越来越大，越来越拥挤（更多更大的高密度口袋），市中心人口也增多，犯罪率上升，很多城市总体上对人越来越有害，卡尔霍恩的工作也愈发具有现实意义。当这一切发生时，对能够解决各种城市功能失调的咨询师的需求将会大大增加。

结　论

以上这些研究以及很多其他研究显示了社会科学家们如何不懈地探索和修正人口密度和拥挤所产生的影响。尽管社会病理行为产生的原因是繁多且复杂的，但正是卡尔霍恩超过 45 年前的研究首先让我们注意到了人口密度的影响，这个影响因素虽然只是这个谜团的一部分，但却是非常重要的一部分。

Dumont, F., & Torbit, G. (2012). The expanding role of the counselor: Fitting means to ends. *Canadian Journal of Counseling and Psychotherapy, North America*, February 11, 2012. Retrieved from http://cjc.synergiesprairies.ca/cjc/index.php/rcc/article/view/1776

Evans, G. W. (1979). Behavioral and psychological consequences of crowding in humans. *Journal of Applied Social Psychology, 9*, 27–46.

Freedman, J. L., Heshka, S., & Levy, A. (1975). Population density and social pathology: Is there a relationship? *Journal of Experimental Social Psychology, 11*, 539–552.

Marsden, H. M. (1972). Crowding and animal behavior. In J. F. Wohlhill & D. H. Carson (Eds.), *Environment and the social sciences*. Washington, DC: American Psychological Association.

McCain, G., Cox, V. C., & Paulus, P. B. (1980). The relationship between illness, complaints, and degree of crowding in a prison environment. *Environment and Behavior, 8*, 283–290.

Price, E. (1999). Behavioral development in animals undergoing domestication. *Applied Animal Behavior Research, 65*(3), 245–271.

Regoeczi, W. (2002). The impact of density: The importance of nonlinearity and selection on flight and fight responses. *Social Forces, 81*, 505–530.

第九章

心理治疗

心理治疗，简单地说就是“对心理问题的治疗”。治疗通常包括治疗师和来访者之间亲密友爱的关系。针对心理问题的研究、诊断和治疗的心理学分支学科称为*临床心理学*。心理治疗的历史主要是由一长串各种治疗技术组成，每一种技术都被其创建者认为是最佳的。而能证明所有这些方法有效性的研究并不充分，也不太科学。但的确出现了一些重要而有影响的研究突破。

关于心理治疗，常被问及的一个问题是：“哪一种方法最好？”本章的第一项研究探讨了这一问题，该研究通过一种创新的统计分析方法(在当时而言)证明，各种治疗形式总体上一样有效。第二节讨论了另一系列研究，却表明第一项研究有一个例外。对于*恐怖症*（对某些事物感到强烈的、非理性的恐惧）而言，一种称为*系统脱敏法*的行为疗法被证明优于其他疗法。其中一项研究由系统脱敏法的创建者约瑟夫·沃尔普本人完成。本章的第三、第四两项研究涉及两种相关的治疗和诊断工具的发展：罗夏墨迹法和主题统觉测验（TAT)。这些测验常被治疗师用来诊断精神问题，或者帮助来访者探讨其敏感、创伤性或隐藏起来的心理问题。

33 为自己挑选心理治疗师

Smith, M. L., & Glass, G. V. (1977). Meta-analysis of psychotherapy outcome studies. *American Psychologist, 32*, 752–760.

你不必非得“疯了”才需要心理治疗。大多数人接受心理咨询师和心理治疗师的治疗，不是因为精神疾病，只不过是在生活中遇到了凭借他们通常的应对机 275
制和支持网络不能解决的问题而已。

想象一下，你正经历生活中的艰难而情绪化的时期。你跟平常一样向密友和家人寻求建议，但仍不能使问题得到解决。当你忍受痛苦足够长一段时间后，你最终决定去寻求专业帮助。因为你是一个消息灵通、聪明睿智的人，你读过一些心理治疗方面的书，发现可供使用的治疗方法有很多。你了解了各种类型的治疗，如行为疗法（包括系统脱敏法，研究 34 将在沃尔普的研究中讨论）、人本主义疗法、认知疗法和各种以弗洛伊德的理论为基础的心理动力学疗法。这些形形色色的不同风格的治疗方法，虽然来自于不同的理论和使用了不同的技术，但其基本目标都是一样的：帮助你改变生活方式，使你成为更快乐、更有成效和更有效率的人（关于各种心理治疗形式的更多内容，参见 Grohol，1995）。

现在，你可能真的糊涂了，当你需要帮助时应该选择哪种治疗方法呢？你可能想知道的是：(1) 心理治疗真的有效吗？(2) 如果有效，那么哪一种治疗方法最有效呢？在过去的 40 多年中，心理学家已经在问同样的问题，这能（也可能不能）帮助增进你的了解。虽然研究者已完成了许多比较研究，但大多数研究结果都倾向于支持进行该研究的心理学家所使用的方法。另外，大多数研究在参与者的数量和使用的研究技术方面规模太小。更糟糕的是，这些研究广泛散布在各种书刊杂志上，因此要做出完整而全面的判断极为困难。

为了填补关于心理治疗技术的研究文献在这一方面的空白，玛丽·史密斯（Mary Lee Smith）和吉恩·格拉斯（Gene Glass）于 1977 年在科罗拉多大学开始了一项工作，主要任务是收集到那时为止几乎所有关于心理治疗有效性的研究并重新进行分析。通过对 1 000 多种不同杂志、期刊和书籍的搜索，他们选定了 375 项检验心理咨询和心理治疗有效性的研究。而后，他们采用格拉斯开发的元分析技术，对所有研究数据进行处理，以确定不同治疗方法的相对有效性。（元分析是将许多单个研究的研究结果整合起来进行更大规模的统计分析，这样能使不同的证据综合形成一个更有意义的整体。）

理论假设

史密斯和格拉斯的研究目的如下（p.752）：

1. 鉴别并收集所有检验心理咨询和心理治疗效果的研究。
2. 判断每项研究中治疗效果的大小。
3. 对不同类型的心理治疗的结果进行比较。

276 理论假设就隐含在这些目的之中，即元分析完成后，可证明心理治疗是否有效以及不同方法的有效性是否存在差异。

方　法

虽然史密斯和格拉斯分析的 375 项研究在所用的研究方法和评估的治疗类型上差异很大，但每一项研究都至少包括接受某种心理治疗的一组参与者与接受另一种治疗形式或不接受任何治疗的一组参与者（控制组）。对史密斯和格拉斯来说，在他们的元分析中最重要的发现是各种疗法的有效程度。原始研究选择使用的任何一种治疗结果测量方式都可以得到这个效应量。通常，研究会提供不止一个有效性的测量指标，或同一指标被使用多次。举例来说，用来评估有效性的结果有自尊心增加、焦虑减少、学业成绩提高和总体生活调适能力的提高。只要有可能，在某项研究中使用的所有测量指标，都会包含在元分析中。

从 375 项研究中收集了总共 833 个效应量。这些研究包括大约 25 000 名被试。作者报告，这些研究中参与者的平均年龄为 22 岁，他们平均接受 17 个小时的治疗，治疗师的平均治疗经验是 3.5 年。

结　果

首先，对于所有类型的治疗和所有结果测量指标，史密斯和格拉斯都比较了所有接受治疗和没有接受治疗的参与者。他们发现："接受治疗的来访者的平均状况好于 75% 的不接受治疗者……对已有的治疗结果进行计算表明，心理治疗将来访者的平均水平从第 50 个百分位数移到了第 75 个百分位数"（pp.754-755）。（百分位数表示对某一测量指标而言，落在感兴趣的特定分数下的人数所占百分比。例如，如果你在一项测验中的得分处在第 90 个百分位，这意味着与你做同一测验的人中有 90% 的人分数在你之下。）此外，在 833 个效应量中，只有 99 个（12%）是负数（意味着来访者的状态比治疗前更差）。作者指出，如果心理治疗是无效的，那么负效应量的数量应达到 50%，即 417 个。

第二，将所有心理治疗有效性的各种测量指标在所有研究之间进行比较，结果如图 33-1 所示。从中可清楚地看到，总体上发现治疗比不治疗明显更有效。

第三，史密斯和格拉斯用相似的统计程序比较了所有研究中发现的各种心理治疗方法，图 33-2 总结了几种人们较为熟悉的心理治疗方法间的比较。

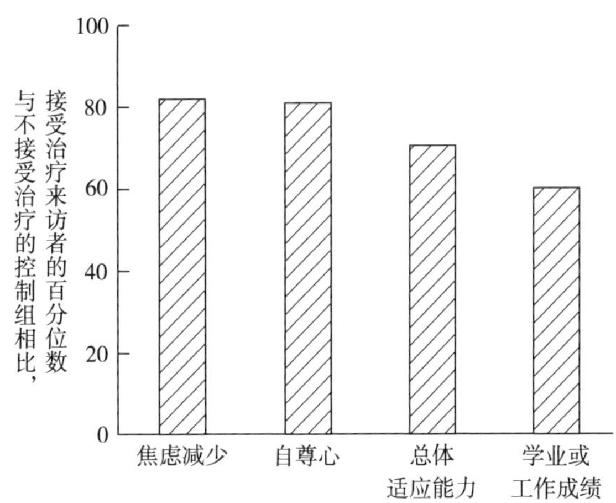

图33-1　将所有分析四种结果测量指标的研究进行综合后的有效性。如果没有改善，来访者的得分应为50。如果来访者的情况变得更糟，则得分应低于50。（数据引自 p.756）

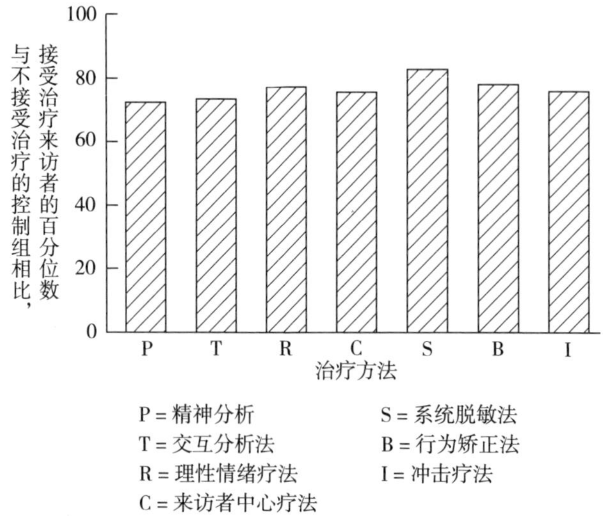

图33-2 七种心理治疗方法有效性的比较。与图33-1一样，分数高于50表明有改善。（数据引自p. 756）

277 史密斯和格拉斯把各种治疗方法分成两个“超级大类”：行为疗法和非行为疗法。行为疗法包括系统脱敏法、行为矫正法和冲击疗法，其余治疗方法均属于非行为疗法。当他们分析了所有将行为疗法和非行为疗法与不治疗的控制组进行比较的研究后发现，行为疗法和非行为疗法之间的所有差异消失了（相对控制组而言，分别处于第 73 和第 75 个百分位数）。

讨 论

总的来说，心理治疗在处理很多不同的心理问题时都是成功的（图 33-1）。另外，无论不同类型的治疗方法如何划分和归类，它们之间的差异均不显著（图 33-2）。

278 史密斯和格拉斯从他们的发现中得出三个结论。第一，心理治疗是有效的。元分析的结果清晰地支持了接受心理治疗好于不接受心理治疗的说法。第二，“尽管不同心理治疗学派之间的理论差异很大，但本研究结果显示，不同类型的心理治疗所产生的效果差异是可以忽略的。无条件地认为一种心理治疗比另一种优越……是不恰当的”（p.760）。第三，研究者和治疗师关于心理治疗有效性的假设还不够充分，因为与之相关的信息在大量出版物中过于分散。因此，他们提出，他们的研究为解决这个问题迈出了正确一步，而且采用类似技术的研究也值得进一步关注。

研究发现的意义和后续研究

史密斯和格拉斯的研究结果减少了来访者对心理治疗效果的困惑，但却增加了心理治疗师的困惑。那些选择心理治疗作为职业的人常常会深信，他们所选择的这种治疗方法比其他治疗方法更有效。然而，史密斯和格拉斯的研究结论已得到了后续研究的支持（Landman & Dawes, 1982; Smith, Glass, & Miller, 1980）。这些研究所导致的结果之一是，治疗师更愿意采用折衷取向来帮助来访者，即治疗师在他们的治疗实践中综合采用几种心理疗法，并且对治疗进行调整以适应每一个来访者和每一个独特的问题。事实上，40% 的心理治疗师认为自己采用的是折衷取向。到目前为止，这个百分比高于所有只采用其他单个取向的治疗师。

从这个研究以及相似的研究中得出“所有的心理治疗方法对所有心理问题和所有人都同等有效”的结论，显然是错误的。这些研究从一个非常广泛和普遍的角度对心理治疗的有效性进行了回顾。然而，根据你的人格特征及具体问题的情况，一些治疗方法可能比另一些对你更有效。

在你选择心理治疗师的时候，最重要的考虑并不是治疗类型，而是你对心理治疗的期望、心理治疗师的特点以及治疗师和来访者之间的关系。如果你相信心理治疗会对你有帮助，你满怀希望地进入治疗关系，那么治疗的成功几率就会大大增加。你感受到与治疗师之间的联结，也可以产生重要的作用。如果你信任你的治疗师，相信他真的能带来帮助，你的治疗就很可能是有效的。

近期应用

史密斯和格拉斯的研究发现和研究方法，对于研究很多形式的治疗干预对各

种心理问题的疗效，仍有深远的影响。这种影响不仅来自于他们得出的结论，即
279 大多数心理疗法的效果相当，同时也来自于他们对元分析研究技术的应用。

在沿用史密斯和格拉斯的方法学路线进行的研究中，有一项研究评估对抑郁进行团体治疗的有效性（McDermut, Miller, & Brown, 2001）。作者对 48 项关于团体治疗和抑郁的研究进行了元分析，发现接受治疗者通常比 85% 作为对照组的未接受治疗者有显著的改善。研究者们推断："团体治疗对抑郁患者是有疗效的，但是对于团体治疗相比个体治疗具有什么优势很少有实证研究"（p.98）。根据史密斯和格拉斯的研究，你可以预测团体治疗方法和个体治疗方法的有效性可能是相似的，但需要进一步的研究来明确这一点。

另一项研究显示了史密斯和格拉斯在论文中描述的元分析策略的不同应用，该研究关注对偏头痛和紧张性头痛患者的各种行为（如非药物）治疗（Penzien, Rains, & Andrasik, 2002）。研究者们用元分析方法比较了 30 年来有关放松训练、生物反馈和应激管理干预的研究。他们发现，总的来说，单独运用行为疗法后，这些类型的头痛减少了 35%~50%。正如作者指出，这是一项重要的发现，因为"已有的证据显示，运用行为干预方法对头痛的改善水平不亚于广泛使用的药物治疗的效果"（p. 163）。根据这项发现，作者提出，如果慢性头痛的行为治疗能够更普及、费用更低的话，更多的医生和他们的患者可能会选择非药物治疗。

有一项研究可以作为例子说明史密斯和格拉斯的方法与发现的广泛影响，该研究考察了对精神发育迟滞个体进行心理治疗的有效性（Prout & Nowak-Drabik, 2003）。他们对大量研究进行了元分析，这些研究在方法学、心理治疗类型和来访者特点上有着广泛的多样性。分析所有研究后得出的结果显示，心理治疗对精神发育迟滞的来访者具有中等程度的益处，但仍然是显著的。研究者们得出结论，"应考虑将心理治疗干预作为精神发育迟滞者整体治疗计划的一部分"（p. 82）。

结　论

史密斯和格拉斯的研究在心理学的历史上是一座里程碑，因为这有助于使研究者不再着迷于试图证明某种特定疗法更为优越，而是鼓励他们把焦点集中于如

何最好地帮助那些心理痛苦的人们。今天的研究可能更直接地聚焦于到底是哪些因素促成了最快、最成功尤其是最有疗效的治疗经验。

Landman, J., & Dawes, R. (1982). Psychotherapy outcome: Smith and Glass's conclusions stand up under scrutiny. *American Psychologist, 37*, 504–516.
McDermut, W., Miller, I., & Brown, R. (2001). The efficacy of group psychotherapy for depression: A meta-analysis and review of the empirical research. *Clinical Psychology: Science and Practice, 8*, 98–116.
Penzien, D., Rains, J., & Andrasik, F. (2002). Behavioral management of recurrent headaches: Three decades of experience and empiricism. *Applied Psychology and Biofeedback, 27*, 163–181.
Prout, H., & Nowak-Drabik, K. (2003). Psychotherapy with persons who have mental retardation: An evaluation of the effectiveness. *American Journal of Mental Retardation, 108*, 82–93.
Smith, M., Glass, G., & Miller, T. (1980). *The benefits of psychotherapy*. Baltimore, MD: Johns Hopkins University Press.
Wood, J. (2007). *Getting help: The complete & authoritative guide to self-assessment and treatment of mental health problems*. Oakland, CA: New Harbinger Publications.

34 缓解你的恐惧心理

Wolpe, J. (1961). The systematic desensitization treatment of neuroses. *Journal of Nervous and Mental Diseases, 132*,180–203.

在我们讨论心理治疗中被称为*系统脱敏法*（即缓慢地逐渐降低你的焦虑或恐 280
惧水平）这种非常重要的技术之前，应首先说明*神经症*这个概念。*神经症*是一个有些过时的术语，是指以极端焦虑为核心特征的一组心理问题。现在这些问题通常被称为*焦虑障碍*。我们都很熟悉焦虑，有时在某些使人紧张的场合我们会体验到高度焦虑，如公开演讲、面试、考试，等等。然而，当某人患有*焦虑障碍*时，他的反应会特别极端、泛化、频繁并致人衰弱。通常这种障碍会干扰人的正常生活，以致人无法发挥正常、应有的功能。

最常见的与焦虑相关的障碍是恐怖症（又译作恐惧症）、惊恐障碍和强迫症。如果你曾经患过其中一种障碍，你就会知道这种焦虑可以控制你的生活。这一节将讨论约瑟夫·沃尔普（Joseph Wolpe，1915—1997）对这些障碍的治疗工作，并重点集中在恐怖症上。*恐怖症*（phobia）一词来源于 Phobos，Phobos 是希腊恐怖之神的名字。古希腊人把他们想象的 Phobos 画在面具和盾牌上，用以恐吓他们的敌人。

恐怖症是一种*非理性*的恐惧。换句话说，它是一种与实际危险不相称的恐惧反应。例如，当你在森林中的小路上漫步，突然一条响尾蛇出现在你面前，盘绕着身子并准备向你进攻，你会感觉到恐惧（除非你是哈利·波特或其他什么人!）。这不是恐怖症，而是一种正常的、对真实危险的合理恐惧反应。但如果你不走进动物园，是因为你可能会看到厚玻璃后面的蛇，那么这就可能被认为是恐怖症了（除非你是达力·德思礼！）。这在你听起来也许很幽默，但对那些患恐怖症的人来说，这一点儿也不好笑。恐怖症的反应是非常令人不适的，包括许多症状，如
281 眩晕、心慌、乏力、呼吸急促、出汗、震颤、恶心等。有恐怖症的人总是小心翼翼地回避那些可能遭遇恐惧刺激的情境。这种回避通常会严重影响一个人在生活中发挥应有的功能。

恐怖症分为三个主要类型：简单（或特定）恐怖症，包括对动物（如鼠、狗、蜘蛛或蛇）或对特殊场所如狭小空间（幽闭恐怖症）或高处（恐高症）的非理性恐惧。社交恐怖症的特征是与他人交往时不合理的恐惧，如在公开场合说话或对尴尬的恐惧。广场恐怖症是对不熟悉的开放或拥挤空间的不合理恐惧，通常是在这些区域发生惊恐发作的结果。虽然各种类型的恐怖症是相当不同的，但它们有两个共同的特征：它们都是非理性的，并且可以用同样的方法进行治疗。

早期对恐怖症的治疗以弗洛伊德学派的精神分析概念为主。这种观点认为恐怖症是无意识心理冲突的结果，这种冲突起源于童年时的创伤。它还进一步主张，恐怖症可能是个体不愿面对的某些其他深层恐惧或愤怒的替代品。例如，一个人对高处有不合理的恐惧（恐高症），这很可能与他小时候被父亲捉弄有关，他父亲假装要把他从高高的悬崖上推下去。作为一个成人，要承认这种经历可能迫使他去接受曾遭父亲虐待的事实（他不想面对的一些事），于是他压抑了这些事，并以恐怖症的形式表现出来。根据弗洛伊德学派对问题根源的看法，历史上的精神分析师试图帮助患者洞察无意识感受，释放隐藏的情感，从而在此过程中使他们摆脱恐惧。虽然这种技术在治疗一些其他类型的心理障碍时是有用的，但在治疗恐怖症时却效果不佳。研究发现，有时即使某人揭示了可能导致恐怖症的无意识心理冲突，恐怖症仍然存在。

约瑟夫·沃尔普不是第一个提出使用系统脱敏法这一行为技术的人，但他被公认为对此技术进行了完善并用来治疗焦虑障碍。行为疗法与精神分析最大的不

同是，它不涉及问题的无意识根源和受到压抑的冲突。行为治疗的基本观点是：你习得了一个无效的行为（恐怖症），现在你必须消除它。这形成了沃尔普治疗恐怖症的方法基础。

理论假设

沃尔普和其他人在早期研究中发现，动物的恐惧反应可以通过一个简单的条件作用程序而减轻。例如，假如一只老鼠看到一幅猫的真实照片时会表现得非常恐惧，如果在每次呈现猫的照片时都给老鼠食物，老鼠的恐惧会越来越小，直到最后恐惧反应完全消失。老鼠最初把猫的照片与恐惧条件化地联系在一起。然而，282
老鼠对进食的反应与恐惧反应是不相容的。由于恐惧反应和进食反应不能同时并存，所以前者被后者抑制了。这两种不相容的反应称为*交互抑制*（即当两种反应彼此抑制时，在既定时刻，只有一种反应可以存在）。沃尔普提出了更普遍的假设，即“如果一个反应在引起焦虑的刺激呈现时能抑制焦虑的产生……存在于刺激和焦虑之间的联结将被削弱”（p.180）。他还认为，人类的焦虑反应与那些在动物实验室里发现的焦虑反应非常相似，因此交互抑制的观点也可用来治疗人类的各种心理障碍。

在对人的治疗中，焦虑的抑制反应是深度放松而不是进食。这一观点的理论基础是：你不可能同时既体验到深度的身体放松又体验到恐惧。作为一名行为主义者，沃尔普相信，你有恐怖症的原因是，你通过经典条件作用过程在生活的某个时候学会了恐惧。通过经典条件作用，某些物体与强烈的恐惧在你脑中形成联系（参见研究 9 中巴甫洛夫的研究）。从华生（参见研究 10 中华生对小阿尔伯特的研究）及其他学者的研究中，我们知道这种学习甚至可以在年幼时发生。因此，为了治疗你的恐怖症，当你面对一个恐惧情境时，你必须体验到一种能抑制恐惧或焦虑的反应（放松）。这种治疗技术有效吗？沃尔普从 150 例恐怖症患者中随机抽取 39 例，并用系统脱敏技术对这些参与者进行了治疗。

方 法

假设你有恐高症。这一问题是如此严重，以至于你很难爬上梯子去修剪庭院里的树木，或走上二楼的办公室。你的恐怖症严重干扰了你的生活，于是你决定寻找像沃尔普这样的行为治疗师进行心理治疗。你的治疗将由放松训练、建立焦虑层级和脱敏等阶段组成。

放松训练

最初的几次会谈基本不会处理你实际的恐惧。相反，治疗师将集中在教你如何放松身体上。沃尔普建议采用一种由埃德蒙·雅克布森（Edmund Jacobson）在 1938 年提出的渐进性肌肉放松训练，这种放松训练在今天的治疗中仍很常见。该过程包括拉紧和放松你全身的各组肌肉（如双臂、双手、面部、后背、腹部、双腿），直到达到深度放松状态。放松训练可能需要你与治疗师会谈数次，直到你能够自己产生这种状态。在训练完成后，你应该能够在任何想要的时候使自己处于这种放松状态中。沃尔普还在他的大部分个案治疗中整合了催眠，以确保完
283 全的放松，但现在已证明，催眠对有效治疗是没有必要的，因为人们不需要催眠通常也能达到完全的放松。

建立焦虑层级

治疗过程的下一阶段是你和你的治疗师共同制定一张涉及恐惧的焦虑产生情境或场景的清单。清单以引起轻微不适的情境开始，强度逐渐增加，直到你所能想象的最让人产生焦虑的事件。层级的数量从 5 或 6 到 20 或更多不等。表 34-1 列出了可能的恐高症层级，还有直接来源于沃尔普的论文中幽闭恐怖症患者的层级。

脱 敏

现在，你进入实际的“消退”阶段。根据沃尔普的观点，为了减少你对情境的敏感性，不直接与恐惧情境接触是有必要的（来访者听到这样说会很高兴！）。

表34-1 焦虑层级

恐高症
1. 跨过人行道上的栅栏
2. 坐在三楼办公室的窗边（不是落地窗）
3. 乘电梯上 45 层楼
4. 看洗窗工人在 10 层高的平台上工作
5. 站在椅子上换灯泡
6. 坐在五楼房间有栏杆的阳台上
7. 坐在剧院二楼的前排
8. 站在梯子的第三格上修剪院中的灌木
9. 站在无栏杆的三层建筑的屋顶边缘
10. 驾车在盘山道上行驶
11. 在盘山道上骑车
12. 站在 20 层建筑的屋顶边缘

（引自 Goldstein, Jamison, & Baker, 1980, p. 371）

幽闭恐怖症
1. 阅读矿工被困的文章
2. 不用清洁剂清除指甲油
3. 被告知某人在监狱里
4. 拜访某地后却不能离开
5. 手指上有一枚戴得很紧的戒指
6. 乘火车旅行（路程越长，焦虑越严重）
7. 与电梯工作人员一起乘电梯（乘电梯时间越长，焦虑越严重）
8. 独自乘电梯
9. 乘坐火车穿越隧道（隧道越长，焦虑越严重）
10. 被锁在房间里（房间越小，时间越长，焦虑越严重）
11. 被困在电梯里（时间越长，焦虑越严重）

（引自 Wolpe, 1961, p. 197）

描述和想象可以达到相同的效果。记住，恐怖症是你通过联想产生的，因此，你 284
将以同样的方式消除恐怖症。首先，治疗师将要求你进入深度放松状态，就像你曾学过的那样。然后，治疗师从焦虑层级的第一个步骤开始，向你描述场景："你走在人行道上，来到一个大栅栏前。当你继续往前走时，你可以透过栅栏看到离下面的底部有 4 英尺。"你的任务就是想象这个场景并同时保持完全放松。如果成功，治疗师将进行下一个步骤："你坐在三层楼的办公室里……"等等。如果在此过程中的任何时候，你感到有任何轻微的焦虑，就举起你的食指示意。这时，治疗师将停止呈现焦虑层级，直到你再次完全放松为止。然后重新从前面某一个层级开始描述，同时你保持放松状态。这个过程一直持续到你完成全部层级并能保持放松状态。一旦你完成了这个过程，在后面的治疗会谈中你可以多重复几次。在沃尔普对其来访者的治疗中，治疗成功所需要的次数差异很大。有些人不超过6次会谈就康复了，而有一个人花了近100次会谈（这是一个对死亡有严重恐惧的患者，而且还患有另外两种恐怖症）。平均会谈次数为12次左右。顺便提一下，这个次数比正规精神分析一般需要的会谈次数要少得多，精神分析治疗通常需要持续一年。

与此治疗方法相关的最为重要的问题是：它真的有效吗?

结　果

沃尔普报告的这39个个案有多种不同类型的恐惧，包括：与他人在一起、幽闭恐怖、暴风雨、被注视、拥挤、亮光、外伤、恐高、坠落、拒绝和蛇形物。判断治疗成功与否，是根据患者的自我报告和偶尔的直接观察。通常，对于那些报告好转和逐渐康复的患者，沃尔普以他们描述过程的方式为依据来判断他们的报告是否可信。他把脱敏过程评定为完全成功(完全脱离恐惧反应)、部分成功(恐惧反应强度只有原来的20%或更少）和不成功三个等级。

在这39个个案中，共有68种恐惧症状需要治疗，其中62种症状的治疗（涉及35例患者）被评定为完全成功或部分成功，因而成功率为91%，其余6种症状（9%）的治疗没有成功。成功治疗所需的平均会谈次数为12.3次。沃尔普的解释是，大多数不成功的个案存在特殊的问题，无法进行适当的脱敏，例如不能想象层级中呈现的情境。

对沃尔普的批评主要来自于弗洛伊德的精神分析学派，他们认为，沃尔普的方法只针对了*症状*，没有针对引起焦虑的*原因*。他们认为以这种方法治疗的症状
285 消失后，其他症状可能会取而代之。他们把这比喻为一个有漏洞的大堤：一个洞被堵住了，另一个漏洞最后又出现了。沃尔普对这些批评和问题做出了回应，在

成功接受脱敏的 35 个患者完成治疗后的 4 年中，他在不同的时间点收集了其中 25 个患者的跟踪报告。通过对这些报告的考察，他写道："没有一个案例报告复发，也没有出现新的恐惧症状或其他神经症症状。当系统脱敏治疗完成或几乎完成后，我再也没有观察到神经焦虑出现！"（p.200）

讨　论

在沃尔普的论文中，他把讨论的焦点集中在反击精神分析学家在研究完成后对他的质疑上。在 20 世纪 50 年代，精神分析是一种非常普遍和流行的心理治疗形式。当行为疗法刚刚开始进入临床心理学的主流时，引发了大量争论。沃尔普指出，脱敏疗法与传统的心理分析相比有几大优势（参见原始研究报告的第 202 页）：

1. 在每一个案例中，都能明确表述心理治疗的目标。
2. 焦虑的来源能够被清楚而快速的定义。
3. 在根据焦虑层级对场景进行描述时，患者反应上的变化在会谈期间都能被测量。
4. 治疗能够在他人在场的情况下进行（沃尔普发现，在会谈期间如果有他人如见习治疗师在场，并不会影响疗效）。
5. 如果愿意或有必要，可更换治疗师。

后续研究和近期应用

自从沃尔普发表了这篇论文并出版了一本关于在心理治疗中应用交互抑制的著作（Wolpe, 1958）之后，系统脱敏法的应用发展到了顶峰，现在它通常被认为是治疗焦虑障碍特别是恐怖症的首选。这种发展大部分应归因于对其疗效的更新和更科学的研究。

在保罗（Paul, 1969）完成的一项研究中，研究者针对那些对公开演讲情境感到特别恐惧焦虑的大学生进行了治疗。首先，要求所有参与者在一名陌生的听众面前做一小段即兴演讲。以观察者的评定、生理测量指标和自陈问卷来测量参与者的焦虑程度。然后，将学生随机分配到三个不同的治疗组：(1) 系统脱敏组；(2) 领悟治疗组（与精神分析相似）；(3) 无治疗组（控制组）。有经验的治疗师进行了 5 次会谈的治疗，然后将所有参与者安排在相同的公开演讲场景，并对焦虑进行了相同的测量。图 34-1 总结了研究结果。显然，在所有测量指标上，系
286 统脱敏对减少焦虑明显更有效。更具有说服力的是两年的跟踪调查显示，系统脱敏组中 85% 的人仍有明显改善，而领悟组只有 50%。

众多有关行为治疗的研究仍然引用沃尔普早期的著作来作为他们理论支持的一部分。沃尔普将经典条件作用概念应用在心理障碍的治疗中，这已经成为众多情况下干预策略的一部分。例如，有一项研究（Fredrickson, 2000）以沃尔普的交互抑制概念为部分依据，针对主要由焦虑、抑郁、攻击等消极情绪引发的问题以及应激相关的健康问题，发展了一种新的治疗策略。研究者提出，应帮助和教会那些有这种心理问题的患者产生更多和更强烈的积极情绪，如爱、乐观、快乐、兴趣和满意，这些可直接抑制消极思维。他认为：

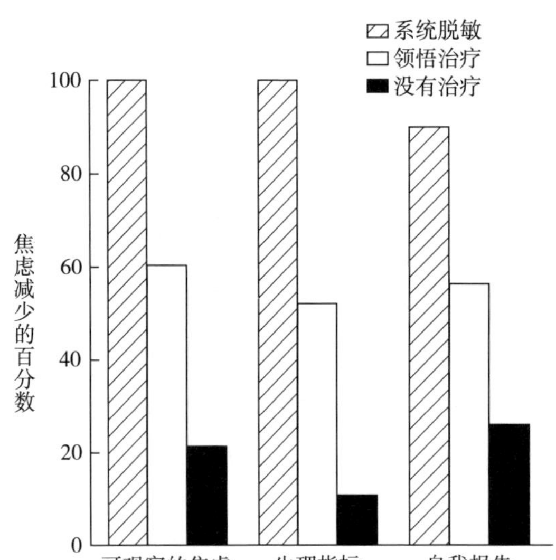

图34-1 焦虑治疗的结果（引自Paul, 1969）

> 积极情绪通过消除生理和心理上对特定行为的预先限制，来解除消极情绪对个体身心的束缚……治疗使人的健康和幸福感更趋完善，并培养了人的积极情绪。这种积极情绪不仅可抵制消极情绪，而且拓宽了个体惯常的思维模式，并建立了个人的应对资源。(p.1)

另一篇以沃尔普的研究为依据的论文，探讨了系统脱敏法治疗很多学生所熟知的数学恐怖症的有效性（Zettle, 2003）。在这项研究中，沃尔普的治疗技术被用来帮助学生克服极端的数学焦虑水平。研究者给参与者提供渐进式肌肉放松训练的指导语和一盘每天在家练习放松的磁带。研究者和每一名学生合作列出一个 287
包含 11 项条目的数学恐惧层级，包括诸如“被数学老师点名在黑板上解题”或者“在期末考试中遇到一道不会做的应用题”这样的条目（p. 205）。然后，如前面所描述的，给每一名学生呈现焦虑层级。简言之，的确有效！治疗结束时，12 名学生中有 11 名“显示他们的数学焦虑水平恢复正常或得到改善……而且，在跟踪研究的两个月间，数学焦虑在临床上仍保持了显著的减少”(p. 209)。

结　论

沃尔普随即在论文中指出，克服恐惧和焦虑的想法并不新鲜。“其实人们很早就知道增加与恐惧物体的接触机会可使恐惧渐渐消失”(p. 200)。事实上，即使你在阅读这一章之前从来没有听说过系统脱敏，你也可能自己已经懂得了这个道理。例如，假设一个 13 岁的孩子对狗非常恐惧，这种恐惧可能是由于在孩子更小的时候，曾有过与狗有关的可怕经历，如被大狗攻击、咬伤，甚至是父母亲中有一人非常怕狗(恐惧能够通过父母的榜样作用传递给孩子)。由于这样的经历，孩子在恐惧与狗之间形成了联系。如果你想治疗孩子对狗的恐惧，你会怎么切断这种联系呢？很多人对这个问题的第一反应是：“给这孩子买一条小狗！”如果你也是这么想的，那你就使用了系统脱敏的一种形式。

Fredrickson, B. (2000). Cultivating positive emotions to optimize health and well-being. *Prevention and Treatment, 3* (article 00001a): 1–25. Retrieved February 3, 2008, at http://www.unc.edu/peplab/

publications/cultivating.pdf

Paul, G. L. (1969). Outcome of systematic desensitization: Controlled investigation of individual technique variations and current status. In C. Franks (Ed.), *Behavior Therapy: Appraisal and Status*. New York: McGraw-Hill.

Wolpe, J. (1958). *Psychotherapy through reciprocal inhibition*. Palo Alto, CA: Stanford University Press.

Zettle, R. (2003). Acceptance and commitment therapy (ACT) vs. systematic desensitization in treatment of mathematics anxiety. *Psychological Record, 53*, 197–215.

35 投射出真正的你

Rorschach, H. (1942). *Psychodiagnostics: A diagnostic test based on perception.*New York: Grune & Stratton.

在一个温暖的夏日，你和你的朋友躺在一片绿油油的草地上休息。蓝天上飘着几朵棉絮般的白云，你指着其中一朵对朋友说：“看！那朵白云多像一个穿着婚纱的新娘，拖着长长的裙摆。”你的朋友回答说：“哪儿？我看不出来。在我看来，那朵云像一座火山，有一缕烟从它的顶部升起。”当你们试图说服对方接受彼此对于同一形状的不同知觉时，气流的变化又将云朵变成了完全不同的样子。
288 但是，为什么你们俩看到的东西会如此不同？你们看到的是同样的形状，而对它的解释却是两种完全不相关的物体。

由于每个人的知觉都受心理因素的影响，从云的形状里看出来的不同物体或许揭示了观察者人格的某些方面，而不是观察到的物体。换句话说，你和你的朋友把自己的某些东西投射到了天空中云朵的形状上。这就是赫尔曼·罗夏（Hermann Rorschach, 1884—1922）构建其“图形解释测验”（即更著名的“墨迹测验”）的理论基础，它是投射测验这种心理评估工具的最早版本之一。

两种使用最广泛的投射测验是罗夏墨迹测验（本节将讨论）和主题统觉测验（TAT，见研究 36）。这两个测验在临床心理学的历史上占有重要位置。罗夏墨迹测验在 1922 年第一次被描述，它涉及对多组精神疾病的直接比较，常与心理障碍的诊断有关。

投射测验就是给人们呈现一个模棱两可的形状图片，并假设人们在描述这个画面时会把自己内部无意识的过程投射在上面。在罗夏墨迹测验中，刺激只不过是一幅对称的墨迹图，它模糊得几乎可以被知觉为任何事物。罗夏认为，一个人把墨迹看成是什么东西，常常在很大程度上揭示了其真实的内心世界。他称之为“对随机图形的解释”。有一个常被提到的有关罗夏墨迹测验的故事，讲的是一个心理治疗师给一个来访者施测。在呈现第一张图片时，心理治疗师问：“这张卡片使你想起了什么？”来访者回答：“性。”呈现第二张图片后，治疗师问了同样的问题，来访者又回答：“性。”当 5 张图片都得到了同一个答案时，心理治疗师评论道：“看来，你肯定整天脑子里都想着性。”对此，来访者吃惊地回答道：“我？医生，是你呈现了这些色情的图片！”当然，这个故事把罗夏墨迹测验过分简单化了，总体来说，性方面的解释不应该比其他方面的解释多。

罗夏相信，他的投射技术将服务于两个主要目的。一是它可以作为一种研究工具以揭示人格的无意识方面；二是罗夏稍后提出的，他希望这个测验可用于各种精神病理学的诊断。

理论假设

罗夏技术的理论基础是，在对随机形成的墨迹进行解释时，人们的注意力转移到墨迹上，此时的心理防御会减弱。进而，心理通常隐藏起来的那些方面会慢慢浮现。倘若被知觉的刺激是模棱两可的（也就是说，没有多少线索能说明它是什么），那么对刺激的解释就必定来自于个人的内心（对此概念的延伸讨论见研 289
究 36 中默瑞的主题统觉测验）。在罗夏的概念中，墨迹要尽可能地模棱两可，这样才能使人最大程度地投射自己的无意识。

方　法

对罗夏创建墨迹测验的介绍可分为两个主要部分：一是他制作原始图形的过程，二是对参与者或来访者的反应进行记分和解释的方法。

测验的开发

罗夏对于墨迹图形如何制作的解释，听起来很像是创作有趣的儿童艺术作品：

“制作这种随机图形非常简单：把少量大滴的墨水滴在一张纸上，将纸对折，墨水就会在纸的两边扩散”（p.15）。然而，简单的部分到此为止。罗夏进一步解释说，只有那些满足一定条件的图形才能有效地使用。例如，墨迹必须相对简单，对模糊的物体有适度的提示。他还提出，图形必须是对称的，因为不对称的墨迹常常由于难以解释而为参与者拒绝。经过大量测试，罗夏最终确定了 10 个图形，组成了最早的罗夏墨迹测验。其中，5 张图是黑白的，2 张使用了黑色和红色，3 张是彩色。图 35-1 包括了属于罗夏所用类型的四个图形。

施测和记分

罗夏的图形解释测验的施测很简单，每次呈现给参与者一张图片，并提问：“这可能是什么？”参与者可自由地改变图片的方向，也可以按自己的喜好将它放得离眼睛远点儿或近点儿。研究者或治疗师不给参与者任何提醒或建议，而只是记录参与者对每个图形的所有反应。测验没有时间限制。

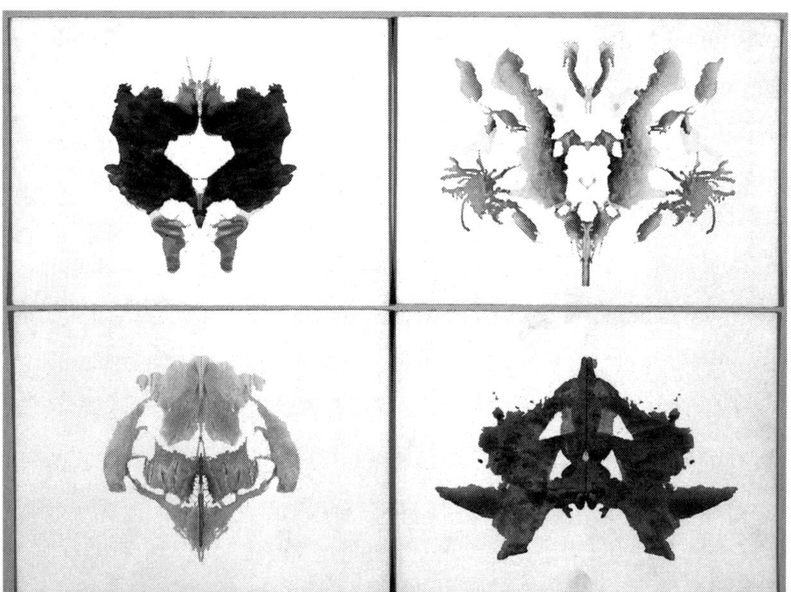

图35-1 与罗夏图形解释测验中使用的图形类型相似的随机图形例子

（资料来源：Science Museum/SSPL/The Image Works）

罗夏指出，参与者几乎都会认为这个测验是用来研究想象力的。然而，他非常认真地解释说，它不是一个想象力测验，一个人想象的创造性不会明显改变测验的结果。罗夏认为，这是一个知觉测验，涉及感觉、记忆过程以及这些刺激图形与个体内心的其他力量之间无意识和有意识的联系。

罗夏列出了下面几条规则，用来给他的被试对 10 张墨迹图的回答进行评分（p. 19）：

1. 总共反应了多少次？反应时间，即在回答之前参与者看图形花了多长时间？参与者拒绝解释图形的次数有多少？
2. 参与者的解释只取决于图形的形状？还是在知觉中也包含了颜色或运动？ 290
3. 图形被看成是一个整体还是几个部分？哪些部分被分离出来？参与者对此如何解释？
4. 参与者看到了什么？

有趣的是，罗夏认为在参与者对墨迹做出的回答中，对图形内容的解释是最不重要的因素。接下来的部分总结了罗夏依据这四条记分规则，对众多有不同心理症状的参与者的观察结果。

结　果

为了解不同人群在墨迹测验中可能做出的不同表现，罗夏和他的同事对来自不同心理群体的人进行了施测。这些群体不仅包括教育程度不同的正常个体，还包括精神分裂症患者以及被诊断为躁狂症的个体。

表 35-1 列出罗夏所报告的对 10 张墨迹图的典型反应。当然，这些反应会因 291
个体或心理群体的不同而发生变化。表中的回答仅是作为例子。

罗夏发现被试通常对 10 个图形共给出 15 到 30 个反应。抑郁个体一般给出的回答较少；快乐的人给出的回答较多；精神分裂症患者的回答数目在个体间有很大的差异。全部测验通常需要 20~30 分钟完成，精神分裂症患者所用时间平均来说要少得多。正常参与者几乎从不拒绝对所有图形做出回答，但精神分裂症

表 35-1　一名普通正常被试对罗夏墨迹图的典型反应

图形编号	反　应
Ⅰ	两个圣诞老人用手臂夹着扫帚
Ⅱ	一只蝴蝶
Ⅲ	两个提线木偶的形象
Ⅳ	家具上的一件装饰品
Ⅴ	一只蝙蝠
Ⅵ	一只飞蛾或一棵树
Ⅶ	两个人头或两个动物的头
Ⅷ	两只小熊
Ⅸ	两个小丑或燃烧的火焰
Ⅹ	一只兔子的头，两条毛毛虫或两只蜘蛛

（引自 pp. 126-127）

患者常常拒绝回答。

罗夏认为，被试重点针对图形的哪一部分进行解释，解释中是否包含运动，颜色在多大程度上成为反应的一部分，这些对分析测验的结果都是非常重要的，常常比这个人看到的具体物体还要重要。他还认为在评分时，上述因素是非常复杂的，临床医生需要经过训练和积累经验，才能熟练地对参与者的回答进行恰当的分析。不过，格莱特曼（Gleitman, 1991）对评分过程进行了有用和简要的总结：

> 使用整个墨迹图进行解释显示了综合思维和抽象思维的能力，而使用细节部分的比例很高则意味着有强迫性的固执。相对较多地使用白色部分被认为是叛逆和消极的信号。回答中描述人在运动显示了想象力和丰富的内心生活；颜色在回答中占主导地位说明情绪化和冲动性。（p.684）

至于个体在墨迹中真正看到了什么，罗夏发现最常见的反应类型包括动物和昆虫。回答中包含动物的占 25%~50%。有趣的是，抑郁者回答动物的比例最高，
292 而艺术家回答动物的比例却最低。

罗夏提出的另一类型是“原创性反应”。这种反应在每 100 次测验中发生的几率少于 1 次。原创性反应在被诊断为精神分裂症的参与者中最为常见，而在普通智力水平的正常参与者中最为少见。

讨 论

在对图形解释测验所进行的讨论中，罗夏指出测验的最初目的是研究一些有关人类心智和心理无意识运作的理论问题。发现该测验有作为诊断工具的潜力纯属偶然。罗夏认为他的测验常能对精神分裂症倾向、隐藏的神经症、潜在的抑郁、内向或外向性格以及智力起到提示作用。但他的意思并不是说墨迹测验能取代通常的临床诊断技术，只是可以对诊断过程有所帮助。罗夏也警告说，虽然测验可显示一定的无意识倾向，但不能用于详细探明无意识的内容。他认为当时其他常见的心理技术，如弗洛伊德式的释梦和自由联想，是深入探索无意识的更好方法。

批评和后续研究

自从罗夏开发了墨迹测验后，几十年以来大量研究都对罗夏的许多结论提出了质疑。最重要的批评之一与测验的效度有关——测验是否测量到了罗夏认为它测量的东西，即潜在的无意识心理问题。研究已经证明，罗夏归因于心理因素的许多反应差异，更容易为以下因素所解释，如言语能力、年龄、智力水平、教育程度甚至施测者的特征（对这些问题的详细讨论参见 Anastasi & Urbinai, 2007）。

总体来说，几十年来关于罗夏墨迹测验的科学研究，对于它作为人格测验或诊断工具的准确性并不特别乐观。虽然如此，该测验在临床心理学家和心理治疗师中仍经常使用。这种鲜明矛盾可以这样解释：罗夏墨迹测验技术在临床上并不作为正式测验使用，而只是作为一种手段用来增进治疗师对来访者的了解以及开启治疗过程中的沟通。其实质是治疗师和来访者之间正常言语交流的延伸。测验 293
中对反应的应用不是那么严格，一些临床医生认为它为有效的心理治疗提供了有帮助的洞察力。

近期应用

对近期的心理学及相关文献进行回顾发现，罗夏评估量表的效度仍然是人们研究和争论的焦点（关于这一争论的全面概述参见 Wood et al., 2003; Exner & Erdberg, 2005）。精神分析领域的几项研究表明，新的施测和评分方法可提高量表的评分者信度以及诊断和鉴别各种心理障碍的能力。例如，阿雷纳尔和奥恩多夫（Arenella & Ornduff, 2000）采用罗夏墨迹法研究受到性虐待的女孩和其他应激环境中未受虐的女孩在身体意象方面的不同。研究者发现，性受虐的女孩在罗夏墨迹测验中的作答方式表明她们比未受虐的女孩更关注自己的身体。类似地，研究者获得了一组 66 名年龄在 14~17 岁之间、患有精神病的年轻男性罪犯的罗夏墨迹测验分数 (Loving & Russell, 2000)。该研究发现，至少罗夏墨迹测验的某些标准变量与精神病理学的不同水平存在明显联系。作者认为，罗夏墨迹测验可以预测哪些青少年发生暴力犯罪行为的风险最高，从而改进预防和干预策略。

一项研究使关于效度的争论发生了有趣的进展，该研究在对性犯罪者的心理评估中，将罗夏墨迹测验和明尼苏达多相人格测验（MMPI）进行比较，后者作为客观性的心理测验而得到广泛使用（Grossman et al., 2002）。在评估性犯罪者是否患有心理障碍时存在一个常见的问题，那就是他们经常否认有心理问题或将任何心理问题的严重性降到最低。这项研究发现，在 MMPI 测验中“回答装好”而在心理侧写上得分正常的性犯罪者，在罗夏墨迹测验中会暴露为精神变态者。“这些发现表明，罗夏墨迹测验对回答装好的企图具有灵活性，因此，在罪犯经常会故意歪曲事实的法庭上，罗夏墨迹测验可能会提供有价值的信息”（p.484）。当然，这里使用的罗夏墨迹测验，在效度方面与最初的罗夏墨迹测验存在同样的问题。

结　论

这些研究以及许多其他的研究均证明了罗夏研究的持久影响力。随着罗夏墨迹测验的改进和更广泛的应用，未来的研究可能会引导研究者对投射测验进行开发与改进，使其能够提供更好的科学效度和更有价值的治疗洞察力。

Anastasi, A., & Urbina, S. (2007). *Psychological testing*, 7th ed. Upper Saddle River, NJ: Prentice Hall.

Arenella, J., & Ornduff, S. (2000). Manifestations of bodily concern in sexually abused girls. *Bulletin of the Menninger Clinic, 64*(4), 530–542.

Exner, J., & Erdberg, P. (2005). *The Rorschach, advanced interpretation*. Hoboken, NJ: Wiley.

Gleitman, H. (1991). *Psychology*, 3rd ed. New York: Norton.

Grossman, L., Wasyliw, O., Benn, A., & Gyoerkoe, K. (2002). Can sex offenders who minimize on the MMPI conceal psychopathology on the Rorschach? *Journal of Personality Assessment, 78*, 484–501.

Loving, J., & Russell, W. (2000). Selected Rorschach variables of psychopathic juvenile offenders. *Journal of Personality Assessment, 75*(1), 126–142.

Wood, J., Nezworski, M., Lilienfeld, S., & Garb, H. (2003). *What's wrong with the Rorschach? Science confronts the controversial inkblot test*. New York: Wiley.

36 编个故事吧！

Murray, H. A. (1938). *Explorations in personality* (pp. 531–545). New York: Oxford University Press.

在上一个研究中，我们结合罗夏墨迹测验技术介绍了一种叫作“投射测验” 294
的方法，它常被临床心理学家用来揭示某些潜在的人格特征。罗夏墨迹测验背后的意图就是让个体把自己的解释投射到客观上毫无意义、没有任何结构的图形上。罗夏墨迹测验通过考察参与者对墨迹图中的特定部分及其各种具体细节的关注和对图形中运动的感知，从而得出有关参与者的人格特征的结论。虽然参与者的解释内容也被考虑在内，但这不是最重要的。

在罗夏墨迹测验问世几年以后，亨利·默瑞（Henry A. Murray，1893—1988）和他的助手克里斯蒂安娜·摩尔根（Christiana D. Morgan, 1897—1967）在哈佛心理诊所编制了另一种不同形式的投射测验，称为主题统觉测验，简称“TAT”，该测验把注意的焦点全部集中在被试解释的内容方面（统觉的意思是“有意识的知觉”）。与罗夏墨迹中杂乱的图形不同，主题统觉测验由一套描绘人们处于各种模糊情境的黑白图片组成。治疗中要求来访者看图讲故事，然后治疗师或研究者对故事的内容进行分析，以揭示隐藏在无意识中的冲突。

主题统觉测验的理论基础是，当你观察人的行为时，无论是图片中的还是现实生活中的，你对该行为的解释都将以情境中可获得的线索为依据。倘若你观察到的行为原因显而易见，那么你的解释将不仅仅是基本正确的，而且也会与大部分观察者相当一致。然而，如果情境是模糊的而且很难找到行为的原因，那么你的解释似乎将更多地反映出与你自身有关的某些东西——你的恐惧、愿望、冲突等等。例如，假设你看到一个男人和一个女人的脸，他们仰望着天空，表情迥异：
295 男人似乎受到惊吓，而女人正在开怀大笑。你觉得很难解释他们的表情。如果再进一步观察，你发现，原来他们正排队等着乘坐“京达卡”，这是世界上最高最快的过山车，位于美国新泽西州六旗大冒险游乐园。现在你发觉在该情境中解释俩人的行为变得容易了，并且你的解释可能或多或少与其他观察者相似。现在假设你在孤立的、没有任何情境线索的情况下看到相同的表情，然后问你：“这些人在干什么？”你的回答将依赖于你的内心解释，并且它会更多地揭示你自己而不是你观察的对象。此外，由于孤立行为的意义模棱两可，因此不同观察者的回答将有很大区别（例如，他们正在看 UFO，或在看一场滑雪赛，或在看孩子们玩攀高玩具，抑或是一场逼近的龙卷风）。这些个人知觉的差异就形成了默瑞和摩尔根的主题统觉测验背后的理念。

理论假设

主题统觉测验的基本理论假设与罗夏测验相同，即认为人的行为是由无意识力量驱动的。这一观点隐含着最初由弗洛伊德发展起来的心理动力学的原理（参见研究 30 中有关弗洛伊德理论的论述）。这种观点主张，为了准确诊断和成功治疗心理问题，必须揭示无意识冲突。这就是在上一个研究中已经讨论过的罗夏墨迹测验的目的，它同样也是默瑞的主题统觉测验的目标。

默瑞写道：“这一程序的目的就是刺激文学创造，从而激发幻想，以揭示在无意识中的情结”（p. 530）。他对这个过程的构想是，给人们呈现模棱两可的描绘人类行为的图画。为了解释图中的情境，来访者的自我意识会有所减少，也不太会意识到治疗师正在观察他们。这将进一步减少人的自我防御，揭示出内心的愿望、恐惧以及被压抑的过去经历。默瑞还指出，这个测验的部分理论基础是“大量的文学创作是作者自身经历或幻想在意识或无意识中的表达”（p. 531）。

方 法

主题统觉测验的最初构思是，让参与者猜想是什么原因导致了画中描述的情境，他们认为其结果将会如何。测验的结果显示，比起让来访者猜想这幅画所描述的事实，让他们简单地就这幅画编一个故事，能获得更多的有关来访者的大量信息。

默瑞和摩尔根开发的图画是为了刺激参与者产生关于其生活中的冲突和重要事件的幻想。因此，他们决定，每一幅图画至少包括一个每个人都容易辨认的人 296
物。通过对几百幅图画的反复试错，他们最终选择了 20 幅图画。

默瑞对主题统觉测验进行了一项早期研究，并在 1938 年默瑞出版的一本书中报告了结果。这项研究的参与者是 20~30 岁的男性。每位参与者坐在一张舒适的椅子上，背对着主试（这是心理治疗师施测主题统觉测验时的常见情景）。以下就是给每个参与者的指导语：

> 这是一个测试你的创造性想象力的测验。我将呈现给你一幅图画，希望你编一段情节或一个故事来说明这幅画所表达的意思。画中人物的关系如何？在他们身上发生了些什么事？他们当时的想法和感受是怎样的？结果会如何？请尽你的最大努力来完成这项任务。既然我要求你发挥文学想象力，那么你可以尽情地编故事，不用考虑长度和详细程度。（p.532）

图36–1 主题统觉测验程序

(Copyright © Van D. Bucher /Science Source)

主试依次向参与者呈现图画，并记录参与者对每幅图画的描述。每个参与者有一个小时的时间。由于时间的限制，大多数参与者只能完成 20 幅图画中的 15 幅。

297 几天以后，参与者被重新召回并问及与故事有关的一些问题。为了掩饰研究的真实目的，参与者被告知，该研究的目的是比较他们与著名作家的创造性体验。主试提醒参与者他们对图画的反应，并要求他们解释故事的来源，而后让他们接受一个自由联想测验，在这个测验中主试要求参与者在主试读出词语以后，说出自己想到的第一件事。这些测验是用来判断参与者根据图画所编的故事在多大程度上反映了他们的个人经历、冲突、愿望等等。

结果和讨论

默瑞和摩尔根报告了他们从这项对主题统觉测验的早期研究中得出的两个主要发现。第一是发现参与者所编的故事有四个来源：(1) 书籍和电影；(2) 发生在朋友和亲属身上的真实生活事件；(3) 参与者自己的亲身生活经历；(4) 参与者意识或无意识中的幻想（原始研究见 p.533）。

第二项发现，也是更重要的发现，即参与者明显把自己的人格、情感以及心理投射到他们的故事之中。作者报告的一个此类例子是，大多数学生参与者会把其中一幅画中的一个人物看作是学生，而非学生参与者就不会这么做。另一个例子中，一名参与者的父亲是一名造船木匠，而这名参与者有想去周游世界的强烈愿望。这种幻想出现在他对好几幅图画的解释中。

例如，当被呈现一幅描绘两名工人谈话的图画时，这位参与者的故事是："这两个小伙子是一对冒险家。他们总是设法在不同寻常的地方会面。他们现在正在印度，已听说南美发生了一场革命，他们在筹划如何到那里去……最后，他们搭乘货船到达了那里"(p. 534)。默瑞在报告中提到，无一例外，每一个参加研究的人都把自己人格的某些方面投射到他们的故事中。

为了进一步说明主题统觉测验是如何反映人格特征的，作者对其中一个参与者的反应做了详细报告。参与者"维尔特"在第一次世界大战期间，遭受了迫害、饥饿、与母亲分离等这些恐怖的童年经历，之后从俄国移民到了美国。默瑞这样描述主题统觉测验的第 13 号图画（这里没有显示）：“一个男孩儿坐在地板上，背靠着长沙发，头斜靠在右臂上，卷曲着身子。在他旁边的地板上有一个形似左轮手枪的东西”（p.536）。维尔特看到这幅画后，编了如下的故事：

> 可怕的事情发生了。他所爱的某个人开枪自杀了。也许是他的妈妈。她可能因为贫穷而自杀。他已经是一个懂事的孩子，明白眼前悲惨的一切，他也想开枪自杀。但他毕竟是一个孩子，没过多久就振作起来。有一段时间，他的生活很悲惨，最初的几个月他想到了死。（p.536）

把这个故事与其他来访者就同一幅画所编的故事进行比较，这会很有趣： 298

1. 一名 35 岁的初中老师：“我想这幅画的主人公是一个没有犯罪却被判坐牢的人。他否认自己犯过罪，并在法庭上一遍又一遍地抗争。但最终他放弃了。现在，他已经精疲力竭、抑郁而绝望。他做了一支假手枪企图逃跑，但他知道这没有用。”（引自作者的文档）
2. 一名 16 岁的中学生：“这个女孩可能正与她的兄弟玩捉迷藏游戏。她正从 1 数到 100。她很忧伤也很疲惫，因为她从来都没赢过但又不得不玩。在此之前，男孩们似乎在这儿玩过其他游戏，因为有一把玩具枪在那里。”（引自作者的文档）

你不必像一名心理治疗师那样去预测，这三个人可能把他们的哪些内部冲突、动机或愿望投射到了这一幅画上。这些例子也证明，对于主题统觉测验，不同的人会有截然不同的回答。

批评和相关研究

虽然主题统觉测验所使用的刺激与罗夏墨迹测验差异很大，但它也因为信度和效度差而受到同样的批评（参见关于罗夏墨迹测验的研究 36 中对该问题的论述）。主题统觉测验最严重的信度问题是，对相同的一组反应，不同的临床医生会给予不同的解释。有人认为，治疗师可能在不经意间把自己的无意识特征加入到参与者对图画的描述之中。换言之，在某些情况下，对主题统觉测验的解释可能会变成对实施该测验的临床医生的投射测验！

就效度（即主题统觉测验在多大程度上测量了其所要测量的东西）而言，人们提出了几种批评。如果该测验测量了基本心理过程，那么它就应该可以鉴别正常人和精神病人，或鉴别不同类型的心理障碍。但研究显示，它不能进行这样的区分。在一项研究中（Eron, 1950），对两组男性退伍军人实施主题统觉测验。一组是大学里的学生，而另一组是精神病院的病人。在对测验结果进行分析后，研究者发现在这两组之间或在不同类型的精神病人之间均无显著性差异。

其他一些研究对主题统觉测验预测个人真实行为的能力提出了质疑。例如，如果一个人在其描述图画的故事和情节中包含了大量的暴力，这并不能区分这种攻击性是只存在于某个人的幻想中，还是真实暴力行为的潜在表现。有些人可能很容易产生攻击性的幻想而从不表现出暴力行为，但对另一些人来说，攻击性幻
299 想则预示着实际的暴力。由于主题统觉测验的反应不能说明某一个体应归为哪一类，因此该测验在预测攻击倾向方面的价值很小（见 Anastasi & Urbina, 1996）。

另一种对主题统觉测验基本的、也是非常重要的批评（罗夏墨迹技术也是如此）是对投射假设本身的有效性提出质疑。主题统觉测验依据的假设是，参与者对图画所编的故事揭示了他们的基本人格以及正在发生的无意识心理过程。然而，科学证据表明，对诸如罗夏墨迹测验和主题统觉测验等投射测验的反应，更加依赖于当时的情境因素。这就意味着，如果你在周一下班后接受了一次主题统觉测验，这时你刚与老板大吵了一架；然后在周六又接受了一次主题统觉测验，这时你刚从海滨放松一天回来，在这两种情况下，你依据图画所编的故事可能会完全不同。批评者指出，造成故事内容不同的原因是，主题统觉测验只反映了你当时的心理状态而不是你的真实自我。

作为该批评的一项证据，大量研究已找到了各种与主题统觉测验结果相关的影响因素：饥饿、缺乏睡眠、使用毒品、焦虑水平、挫败、言语能力、施测人员的特征、参与者对测验情境的态度以及参与者的认知能力。根据这些发现，作为心理测验领域的权威人士之一，安妮·安娜斯塔西曾写道：“许多类型的研究倾

向于质疑投射假设。有充足证据表明两选一的方式也能解释个体对无结构刺激的反应，甚至比后者更好”（Anastasi & Urbina, 1996）。

近期应用

默瑞的研究和主题统觉测验每年仍然被众多的人格特征及其测验的研究所引证和使用。一项研究将诊断为分离障碍的患者，如创伤性遗忘症和分离性身份障碍（以前被称为多重人格障碍），与精神病院的住院病人的主题统觉测验作答进行比较（Pica et al., 2001）。研究者发现，分离障碍患者对主题统觉测验图片的反应几乎不包含积极情绪，“分离性参与者的测验行为特征包括转换、恍惚状态、访谈中的遗忘（在测验过程中对主题统觉测验访谈的部分内容的遗忘）以及对图片产生强烈的（高度情绪化的）抵制情绪”（p.847）。

默瑞 1938 年的研究，也为不少有关人格障碍的研究所借鉴，这些研究涉及反社会型人格（不顾及他人的权利；缺乏内疚或懊悔）、回避型人格（长期持久的能力不足感）、边缘型人格（强烈愤怒，非常不稳定的人际关系）以及自恋型人格（自我重要性的夸大感，非常需要别人的赞美）。一些研究发现，主题统觉 300
测验能成功鉴别所有这些人格障碍，并且主题统觉测验分数与 MMPI（明尼苏达多相人格测验）分数一致。MMPI 是一个客观性的人格测评工具，使用广泛且效度较高（Ackerman et al., 1999）。

人们对模糊图片的解释几乎肯定是随着文化的不同而改变的，承认这一点非常重要。一项研究证实了这一点。该研究分析了赞比亚青少年与德国一个相似的参与者群体对主题统觉测验的反应（Hofer & Chasiotis, 2004）。你可以想象，这两组人在文化、信仰、教育程度和生活经历方面都非常不同。作者发现，两组人对研究中所使用的 5 张主题统觉测验图片的意象复杂性和解释有非常显著的差异，以至于作者指出，事实上，使用主题统觉测验方法比较不同文化下的重要心理变量可能是无效的。

结 论

诸如主题统觉测验和罗夏墨迹测验（上一个研究）等投射测验最引人注目的一个方面是，尽管有大量的证据谴责它们的信度和效度低，理论基础可能不正确，但它们仍是治疗师最常用的心理测验之一。事实上，临床医生仍然热衷于这些测验工具，而实验心理学家却对之越来越警惕，这成为两组人群争论的关键点（关于此问题的回顾参见 Lilienfeld, Wood, & Garb, 2000）。如何调和这一矛盾？对这一问题最常见的答案是，主题统觉测验和罗夏墨迹测验在心理治疗中更多的是作为临床医生与其患者早期交谈的补充，而非用作正式的诊断工具。随后，许多治疗师们以非常个人化的方式使用这些测验以打开其与来访者的沟通渠道，并进入来访者的某些心理领域，这些领域若没有主题统觉测验的故事提示可能被来访者回避或隐藏（见 Cramer, 2006）。正如一名见习心理治疗师所解释的："虽然我不给来访者对主题统觉测验的回答打分或用于诊断，但是图画是一种奇妙而有价值的工具，把我们带入来访者生活中受困扰的领域。对主题统觉测验中产生的问题加以识别和认识，能使治疗更有针对性，也更有效"（选自作者的文档）。

Ackerman, S., Clemence, A., Weatherill, R., & Hilsenroth, M. (1999). Use of the TAT in the assessment of DSM-IV Cluster B personality disorders. *Journal of Personality Assessment, 73*(3), 422–442.

Anastasi, A., & Urbina, S. (1996). *Psychological testing*, 7th ed. New York: Macmillan.

Cramer, P. (2006). *Storytelling, narrative, and the Thematic Apperception Test*. New York: Guilford Press.

Eron, L. (1950). A normative study of the Thematic Apperception Test. *Psychological Monographs, 64* (9, Whole No. 315).

301 Hofer, J., & Chasiotis, A. (2004). Methodological considerations of applying a TAT-type picture-story test in cross-cultural research: A comparison of German and Zambian adolescents. *Journal of Cross-Cultural Psychology, 35*(2), 224–241.

Lilienfeld, S., Wood, J., & Garb, H. (2000). The scientific status of projective techniques. *Psychological Science in the Public Interest, 1*, 27–66.

Pica, M., Beere, D., Lovinger, S., & Dush, D. (2001). The responses of dissociative patients on the TAT. *Journal of Clinical Psychology, 57*, 847–864.

第十章

人类互动与社会行为

社会心理学是心理学的一个分支，它关注的是：别人怎样影响你的行为，而 302
你又怎样影响他人的行为。社会心理学就是研究人类互动的一门科学。心理学的这一分支很庞大，涵盖的主题广泛，从浪漫的爱情关系、群体行为到偏见、歧视、攻击行为。很多非心理专业的人可能会发现这是与自己个人生活最为相关的一个心理学领域。作为人类，我们在大部分醒着的时间都在与他人互动，自然会想知道更多包含在我们的社会关系之中的心理过程。而社会心理学也可能是具有里程碑意义的研究数量最多的研究领域。

本章所选取的四项研究无疑在以下几个方面改变了心理学：(1) 为人们提供了看待某些极端人类社会行为的全新视角；(2) 激起新的研究浪潮，人们或证实、或完善、或质疑原有的理论和发现；(3) 引起了关于研究伦理的激烈争论，并最终促成了在本书前言中讨论的伦理原则。

第一项研究是心理学史上最为著名的研究之一：菲利普·津巴多的“斯坦福监狱实验”，这项研究带给人们一些关于监禁心理学方面的惊人启示。我们介绍的第二项研究，是证明从众效应对行为的决定作用的关键研究。第三项研究揭示一个令人惊讶的现象，称为*旁观者效应*，是指发生危机时的目击者越多，愿意伸出援手的人就越少。最后，我们要介绍的是另一项令人震惊的著名研究，该研究具有里程碑意义，有助于我们理解人们在权力影响的情境下可能会诉诸极端行为，这就是斯坦利·米尔格拉姆关于盲目服从权威的研究。

37 斯坦福监狱实验

Zimbardo, P. G. (1972). The pathology of imprisonment. Society, 9 (6), 4–8.
Haney, C., Banks, W. C., & Zimbardo, P. G. (1973). Interpersonal dynamics in a simulated prison. *International Journal of Criminology & Penology, 1*, 69–97.

303 你曾经被监禁过吗？先假设你与我的回答都是“没有”。那你认识被关进过监狱的人吗？可能吧。无论如何，我们大多数人都对监狱生活所带来的心理影响知之甚少。你可能读过一些关于监狱的文章、故事或者小说，而且几乎可以肯定你曾经在电影或电视中看到过描述监狱生活的场景。基于这些了解，大多数人唯一可以确定的是，监狱不是我们愿意去的地方！我们知道坐牢是一种可怕的经历，犯人会产生一些激烈反应，甚至对其他犯人做出病态的行为。而且我们中的大多数人还认为，监狱工作人员，例如看守和狱警，可能拥有一些独特的人格特征。但是，行为科学家怎样才能系统地研究监狱经历对监狱工作人员和犯人所产生的心理和情绪影响呢？

现实生活情境非常复杂。对研究监狱生活的心理学研究者而言，他们尤其面临一个艰难挑战，因为他们只能使用相关研究。也就是说，我们可以观察监狱环境、访谈犯人和看守、在犯人被释放后收集他们的信息，然后试图在这些数据的基础上形成假设。但我们不能使用科学方法来控制监狱环境，因而对所观察到的行为的真正原因无法得到清晰、可靠的结论。是监狱改变了人们，还是监狱系统中的人原本就与常人“不一样”？解决这一研究困境的方法就是创建一个模拟的“研究监狱”，然后把人们分为“囚犯”和“看守”并置于其中。听起来是不是不可思议？如果现在来做一项这样的研究可能会很困难，但是在30多年前，著名心理学家菲利普·津巴多（Philip Zimbardo）及其同事克雷格·哈尼、柯蒂斯·班克斯、戴夫·杰夫在斯坦福大学进行了这样的研究（在本节开头列出的两篇文章就是关于他们研究的最早论述）。他们想创建一个模拟监狱，然后将一些大学生随机分配为“看守”和“囚犯”。他们的“监狱”建在斯坦福大学校园内心理系大楼的地下室（有关细节稍后会详述）。

理论假设

津巴多想要验证的观点是：相对于一个人的内在性情和天性，周围的环境、事件发生的情境对其行为有更强大的影响。津巴多主张，尽管我们拥有某些特定的遗传或内在行为倾向，但是强大的情境会战胜这些内在倾向，并导致我们做出一些非常反常的行为。津巴多及其同事想要看看，如果把正常人置于一个对个人 304
施加强大影响的情境中（即监狱里）会发生什么。

除了情境对我们的行为具有强大影响这一最初的观点以外，研究者们并没有提出其他特定的假设。为了检验情境的力量，他们将所有参与者随机指派为“看守”或者“囚犯”。他们相信随机指派会导致两种角色在模拟监狱环境中的反应明显不同，例如互动行为的行为测量指标、心境和病态的情绪测量指标、对自我的态度以及其他一些应对和适应这一新情境的指标（Haney, Banks, & Zimbardo, 1973）。

方　法

情境设置

津巴多的目标是创设一个尽可能类似于监狱的情境。他请来一位曾坐过 17 年牢的前科犯作为顾问。尽管在这项研究中监狱并不是真实的，而且参与者都知道这一点，但是津巴多希望确保这个过程模拟了真实的监狱体验。

在津巴多的指导下，工作人员将斯坦福大学心理学系大楼地下室的一些房间和走廊改造为一所“监狱”。由于该研究计划持续两周，所以需要精心建造这所监狱。走廊的两头都被拓宽了，实验室被改成了牢房。为了增强真实感，每个牢房门都改装成了竖栏式结构，并配有单独的牢房号码（见图 37-1）。沿着牢房的封闭走廊是“监狱院子”，作为囚犯的参与者可以走出牢房到那里吃饭和活动。走廊的尽头是一间小黑屋，用来单独囚禁那些惹是生非、反抗或不尊重看守或者其他一些不合作的囚犯。浴室也位于同一走廊，但是守卫会把囚犯的眼睛蒙上把 305
他们带过去，所以囚犯们并不知道他们的方位（Zimbardo, 2007b）。“监狱”里安

图37–1 “斯坦福监狱”的一个典型“牢房”
(Philip G. Zimbardo, Inc.)

装了一个隐藏的摄像机和内部通话系统，这样实验人员就可以持续监督看守和囚犯的行为。

参与者

如果你之前不熟悉这个研究，那么你接下来读到的内容可能会让你觉得惊讶甚至震惊。当你阅读的时候，试着从参与者的思维模式来思考。首先，研究者在斯坦福大学（位于加利福尼亚州帕洛阿尔托县）附近的当地报纸上刊登广告，以每天 15 美元（大约相对于现在的 75 美元）的报酬招募志愿者参与有关监狱生活的实验研究。为了保证参与者的知情同意，研究者会告诉他们研究的基本性质，并告知研究中可能会有一些侵犯其个人隐私和公民权利的情况，他们获得的食物可能仅仅只够满足其基本营养需要。所有参与者都同意了以上各项条款。

研究者进行了大量的测试以排除参与者中有心理问题和犯罪背景的人，最终从将近 100 名报名者中选取了 24 名大学生。之后，通过投掷硬币的方式随机将这些人分成了两组：“看守”和“囚犯”。记住，津巴多的研究目标是将决定行为的内在人格因素和外部情境影响分离开来。所以，有必要确保这两组参与者在开始的时候尽可能同质（Zimbardo, 2005）。然后，所有的参与者都先回家，不再接受任何指导语和训练，不用为接下来的研究做任何准备。

研究程序

本研究的目的是观察、记录和分析囚犯和看守的行为。正如之前提到的，津巴多及其同事试图发现，这些年轻人所处的情境和在情境中扮演的角色，足以颠覆他们每个人的人格特征和行为倾向。

“囚犯” 在初步筛选之后的某个星期天早上，被分派到囚犯组的参与者在自己家中遭到帕洛阿尔托警察局一名（真正的）警官的突然拜访。所有参与者都以持枪抢劫罪“被逮捕”，接受搜查、戴上手铐，被响着警笛、闪着警灯的警车迅速带走。所有囚犯都被立案、采集指纹，然后被蒙着眼睛带到牢房。之后，告知他们将要转移到“斯坦福县监狱”（即心理系大楼地下室的那个模拟监狱）。

当这些囚犯到达监狱后，那些被分派为看守的参与者对他们进行了搜身（见图 37-2），脱光他们的衣服并用气雾喷雾器进行除虱。看守们给每个“囚犯”发放监狱制服，包括一件类似于罩衫的囚服，囚服上有一个四位数字的编码（这些编码将成为囚犯们在整个研究期间的代号），橡胶拖鞋，需要一直套在头发上的 306
尼龙袜（用来模拟大多数监狱中给囚犯剃光头的样子），缠在脚踝上的锁链（铁链并没有真的锁在什么东西上，只是为了提醒囚犯的身份）。津巴多指出，尽管

图37–2 斯坦福监狱的“看守”在对新来的“囚犯”搜身

(Philip G. Zimbardo, Inc.)

这些程序与现实中真实的监禁程序有所不同，但是这些程序背后的意思是模拟羞辱、镇压以及在真实监狱中囚犯的日常体验。每三个囚犯分在一个小囚室中，每人有一张简易床和一个薄床垫、一条毯子。三张简易床填满了整个空间，小囚室里几乎没有多余的空间了。

“看守”　与囚犯不同，看守们不需要每天 24 小时待在监狱里（毕竟他们没有被监禁），他们分为三个人值一轮班，每轮值 8 个小时，不值班的时候他们仍然过自己的正常生活。他们领到了统一的看守制服、警棍（但不允许他们击打犯人）、反光墨镜（让他们看起来更有威慑力，而且可以遮掩外貌）。津巴多解释说，关于反光墨镜的想法来自保罗·纽曼在 1967 年主演的一部电影《铁窗喋血》（Zimbardo, 2007）。这些看守没有受过任何专门的角色训练，只是告知他们的责任是让囚犯们守规矩，以维持监狱的秩序。

结　果

这是心理学史上被探究、讨论和分析得最多的研究之一。看守和囚犯们身上发生的人格和行为变化巨大且令人震惊。为了在有限的篇幅内总结复杂的研究发
307 现，研究者在表 37-1 中简要列出了参与者的一些典型行为。在这里我们将简要地描述接下来几天里“斯坦福监狱”所发生的事情。

出乎所有人预料的是，这些囚犯和看守的真正身份和人格很快就消失了，取而代之的是他们所扮演的角色。在一天之内，“扮演”和现实生活之间的界限就
308 变得模糊了。正如津巴多对其原始研究中参与者所描述的（Zimbardo, 1972）：

> 大多数人变成了真正的“囚犯”和“看守”，不再能区分角色扮演和自我……在不到一周的时间里，监禁的体验（暂时地）破坏了一生的学习；人类的价值被搁置，自我概念受到挑战，人类本性中最卑劣、最丑陋的病态面显露出来。我们觉得非常恐怖，因为一些男孩（看守）把其他人当作卑微的动物一样对待，并且乐于享受那些残忍的行为；而另一些男孩（囚犯）变成了卑屈顺从、失去人性的机器人，他们只能想到逃跑、自己个人的生存以及

表37–1 “囚犯”和“看守”在“斯坦福监狱”研究中的行为和反应

看 守	囚 犯
对囚犯使用一些贬损的、侮辱性的语言；骚扰和恐吓囚犯	很快变得温顺、卑屈，遵守看守们制定的规则
对囚犯进行羞辱性的评论（例如：“2354 号囚犯，你过去告诉 2578 号囚犯你爱他。”）	表现出明显的创伤和抑郁的早期迹象，包括哭泣和深深的沮丧
（每晚）半夜粗暴地叫醒所有的囚犯清点人数	乞求假释
经常惩罚有轻微过错的囚犯做俯卧撑（一个守卫在囚犯被罚做俯卧撑的时候用脚踩他的背。）	愿意放弃实验报酬来换取释放
似乎很享受对囚犯们的虐待性控制	
为了镇压叛乱，用灭火器向囚犯喷射干冰	情不自禁地哭泣、愤怒，思维混乱
整夜把囚犯关在单独囚禁室	筹划并实施了一次“叛乱”，脱掉丝袜头套、撕去囚犯服上的编号、用床把牢房挡起来、诅咒和辱骂看守
把去卫生间作为一种特权，不时拒绝囚犯上厕所的申请，在牢房里放置废旧的垃圾桶	
在牢房里安置线人（实验者的助手），用于监视犯人们的逃跑迹象或叛乱迹象	设计了详细的逃跑计划，但一直没有实施
在囚犯们的逃跑计划暴露后脱光他们的衣服，移除囚犯们的床并强迫他们交出毯子	最终完全放弃了反抗和相互支持
随机地给某些囚犯特权（更好的食物、可以刷牙、洗澡等等），以求破坏囚犯们之间的友情、信任和团结，并对其各个击破	采取“人人为己”的态度，并放弃与其他囚犯之间的团结
为了惩罚囚犯们的逃跑尝试，强迫他们用手清洗马桶、将“夜间点名”延长几个小时、增加罚做俯卧撑的数量来加大惩罚力度	随着研究的进行，日益绝望且温顺地接受了看守们的贬低和虐待
不断想出新的方法来消磨囚犯们的意志	6 天之后，所有的囚犯都变得完全消极、失去人性、如同机器一般

(Haney et al., 1973; Zimbardo, 1972; Zimbardo, 2005; Zimbardo, 2007b.)

对看守日益增长的仇恨。(p.4)

记住，这是一个由高水平的专业研究者开展的一项科学研究，但很快它就脱离了研究者的控制。参与者，尤其是那些扮演囚犯的参与者，似乎忘记了他们是具有自由意志的大学生，随时可以退出研究。但是，他们并没有退出。几天以后，许多参与者申请假释或释放，但是当释放请求被驳回后，他们仅仅沮丧而顺从地回到牢房。其中 5 个囚犯出现了情绪崩溃和非常强烈的应激反应，他们变得抑郁、无法清晰思考并开始绝食，研究者不得不在研究开始的最初几天就让他们退出了研究（或更确切地说，是让他们离开了这个监狱）。

其中一些看守开始折磨囚犯，似乎很享受自己的地位带来的权力。有些看守不那么严厉并且努力去保持公平，但是他们也一直没有干涉那些残暴专横的看守；而且更重要的是，他们从未跟实验者说他们认为其他看守可能做得有点过头了。甚至，津巴多本人也偶尔会忘记他在负责一项科学研究，会不自觉地进入一个“监狱主管”的角色。

近期应用

如同米尔格拉姆关于服从的研究（见研究 40）一样，津巴多开展的监狱研究在 30 多年来产生了广泛的社会影响和政治影响。即使并非不可能，但是要脱离研究的政治属性来讨论津巴多的研究结果也是很困难的。在美国以及世界上大多数国家，监狱改革都是备受争议的热门话题之一。纵观历史，对囚犯的系统化虐待是有案可查的，而且这一情况延续至今。从津巴多开展此项研究至今，美国监狱中发生的暴动、骚乱、反叛、绑架、谋杀等事件，与斯坦福大学地下室所发生的那些事件在很大程度上是类似的。从 20 世纪 80 年代到 2006 年，美国监狱和看守所中囚犯的数量由 50 万左右增加到了 220 多万，这进一步加剧了虐囚事件发生的潜在可能(Bureau of Justice Statistics, 2007)。美国囚犯的数量居世界首位。
309 而且，自 20 世纪 70 年代中期以来，监狱改造罪犯的目标基本上被废弃了（尽管惩教设施的名称还在广泛使用），取而代之的是惩罚以及将罪犯与公众隔离（称为使其失能）。在 1998 年，津巴多和哈尼分析了从斯坦福监狱研究以来监狱系统有何变化。以下是津巴多当时得出的结论：

> 监狱采用惩罚和将罪犯隔离的模式，而不是其他一些可能会持续降低犯罪率的基本康复实践，这种做法仍然是失败的社会实验。我们的分析显示，

在研究之后的几十年里，监狱的条件明显恶化，这是监狱政治化的后果。媒体的夸大让选民们担心犯罪，而政治家、检察官、地方检察官及其他一些官员则对犯罪采取强硬立场，以此来获取选民的支持。（Zimbardo, 2005）

读到这里，你可能在思考津巴多的监狱研究与过去15年来美国干预中东战争所发生的某些事件之间的联系。一些公众高度关注的事件，尤其是伊拉克阿布·格莱布监狱虐囚丑闻和古巴关塔那摩湾拘留营虐待拘留者的报道（参见Hooks & Mosher, 2005; Keller, 200），使“斯坦福监狱研究”重新回到公众的视线。津巴多在其近期的著作《路西法效应：好人是如何变坏的》（2007a）一书中，回顾了监狱研究，并把他关于囚犯虐待的研究和评论从监狱推广到人类罪恶这一更大的主题。我们认为，类似阿布·格莱布监狱的事件不可能会真实地发生，任何人尤其是自由、民主社会中的公民，不可能会对其他人做出如此残忍的虐待。怎么会发生这样的事情呢？诸如津巴多这样的心理学家和其他社会科学家试图帮助我们理解这一现象。正如一位研究这些虐待事件的作者所指出的：

新闻工作者希望通过一些社会科学研究来理解伊拉克、阿富汗以及世界上其他地方发生的虐待事件。研究结果说明不应再强调少数的“烂苹果”，而应该质疑对于那些最底层士兵所做的惩罚。津巴多（Zimbardo, 1972）的研究在这些报告中尤为引人注意。他不同意“烂苹果”理论，而是主张装苹果的木桶坏了。津巴多批评布什政府的“领导失败”，他强调，那些对囚犯的虐待性审讯手段和残酷待遇，得到了布什政府中高级官员和军队官员“自上而下的授权”。（Hooks & Mosher, 2005, pp.1632–1633）

从来自伊拉克、阿富汗、关塔那摩的一份份报告当中，我们听闻并从图片细节中看到看守和审讯官对囚犯实施可怕的虐待和折磨。然而从各方面来看，与津巴多监狱实验中的参与者一样，这些看守和审讯官并非虐待成性的残暴者。他们在本质上就是普通人，可能和你我并没有什么不同，但他们却发生了戏剧性的转变，其中罪魁祸首可能是强大的情境力量：罪恶的战争。

310 # 结 论

正如之前提到的，津巴多原计划进行两周的研究，但是他在第六天的时候就终止了实验，因为这个模拟的监狱情境太强大了，它以惊人的方式演变成了现实。参与者不再是实验者和随机指派的大学生，他们逐渐成为自己所扮演的角色，变成囚犯、看守和监狱长。这些角色的力量是如此强大，以至于个人身份消失了，参与者甚至实验者都难以意识到在“斯坦福监狱”中的行为有多危险。以下是津巴多关于为什么终止研究的论述：

> 我终止实验不仅仅是因为暴力的持续升级以及“看守”与“囚犯”的敌对恶化……而且是由于我自己意识到我所经历的个人转变……我自己变成了监狱管理者，而研究项目负责人这一角色则被置于第二位。我开始像一位强硬的机构权威人士一样说话、走路、行事，更多地考虑“我的监狱”的安全，而忽视了作为一位心理学研究者应当关注那些年轻人的需要。在某种意义上，我认为对情境力量的最深刻的评估，正是它在很大程度上改变了我自己。（Zimbardo, 2005, p.40; 也见 Zimbardo, Maslach, & Haney, 1999）

Bureau of Justice Statistics. (2007). Number of persons under correctional supervision. Retrieved February 4, 2008, from http://www.ojp.usdoj.gov/bjs/glance/tables/corr2tab.htm.

Haney, C., Banks, W. C., & Zimbardo, P. G. (1973). Interpersonal dynamics in a simulated prison. *International Journal of Criminology & Penology, 1*, 69–97.

Hooks, G., & Mosher, C. (2005). Outrages against personal dignity: Rationalizing abuse and torture in the war on terror. *Social Forces, 83*(4), 1627–1645.

Keller, A. S. (2006). Torture in Abu Ghraib (Iraq prisoner abuse scandal, 2004). *Perspectives in Biology and Medicine, 49*(4), 553–569.

Zimbardo, P. (2005). A situationist perspective on the psychology of evil: Understanding how good people are transformed into perpetrators. In A. Miller (Ed.), *The social psychology of good and evil: Understanding our capacity for kindness and cruelty* (pp. 21–50). New York: Guilford.

Zimbardo, P. (2007a). *The Lucifer Effect: Understanding how good people turn evil*. New York: Random House.

Zimbardo, P. (2007b). The Stanford Prison Experiment: A simulation study of the psychology of imprisonment conducted at Stanford University. Retrieved June 2, 2007, from http://www.prisonexp.org.

Zimbardo, P. G., Maslach, C., & Haney, C. (1999). Reflections on the Stanford Prison Experiment: Genesis, transformation, consequences. In T. Blass (Ed.), *Obedience to authority: Current perspectives on the Milgram paradigm* (pp. 193–237). Mahwah, NJ: Erlbaum.

38 从众的力量

Asch, S. E. (1955). Opinions and social pressure. *Scientific American, 193* (5), 31–35.

你觉得你是一个从众者还是反叛者？我们大多数人都希望自己既不那么反叛，以至于被认为古怪得令人害怕，又不那么从众，以证明自己有个性和能够独立思考。几十年以来，心理学家对从众这一概念始终很感兴趣。如果你能想到心理学的研究不仅关注人类行为的解释，而且更重要的是在于揭示其背后的原因， 311
那么你也就理解为什么会这样了。人们愿意顺从他人的效应可以在很大程度上帮助我们理解人类行为的根源。

当心理学家谈到从众时，他们指的是当某一个体是某个群体的成员时，其行为常遵循群体的某种行为模式。一个群体对其成员行为的不成文规定及准则被称为社会规范。思考一下，你或许会想起，在生活中的某个时候，你的行为方式与你的态度、信仰、道德并不同步或一致。当这发生时，你可能处于某一群体之中，群体中的每一个人都那样做，所以你也就跟着那样做了。从众对于我们的行为而言是一种强大的力量，而且这种力量在某些时候会使我们做出一些违背自身意愿的事情。所以，从众显然值得行为科学家投注兴趣并开展研究。然而，直到 20 世纪 50 年代早期，才有人决定对从众进行科学研究，这个人就是所罗门·阿施（Solomon Asch）。他的从众实验为我们提供了有关从众行为的大量新信息，而且为未来的研究开辟了许多道路。

理论假设

假如你与一群经常见到的人在一起，比如你的朋友或同事。他们正在讨论一些有争议的问题或政治候选人。你很快发现，在这个群体中，所有人都观点一致，而你的观点与之相反。当他们询问你的意见时，你会怎么做呢？你要么选择冒着被视为异类的风险而说出自己的真实想法，要么选择和群体保持一致，即使你并不同意这种观点，或者还有可能的话，完全回避这个问题。

阿施想要了解从众的需要对我们的行为到底有多大影响。虽然从众经常会涉及一些笼统模糊的概念，如态度、伦理、道德和信仰体系等，但阿施选择了“知觉从众”这一较为清晰的形式作为关注点，也就是人类在多大程度上与他人对世界的知觉（视觉、听觉、味觉、嗅觉和触觉）保持一致。阿施选择通过一个简单的视觉比较任务来检验从众行为，以便能在一种控制的实验环境中研究这一现象。

如果从众真如阿施以及其他很多人所认为的那样具有强大影响的话，那么研究者就可以通过施加从众的群体压力来操纵一个人的行为。这就是阿施所开展的研究，他设计出一系列非常巧妙的实验进行检验，所有实验都使用了类似的方法。

方　法

视觉材料由成对卡片组成，每对卡片的其中一张上画有三条不同长度的垂直线（称为比较线），另一张卡片上画有一条垂直线（称为标准线），其长度与前一张卡片中三条线中的一条相等（见图 38-1）。接下来便是实验的具体程序。假如
312 你是自愿参加“视知觉研究”的一名参与者，你到达实验室，发现其他七名参与者已经坐成一排。你坐在这一排的最后一个空位上。实验者呈现一对卡片，要求你判断三条比较线中的哪一条与标准线的长度相等。你观察了一下卡片，并很快确定了正确答案。从离你最远的那个参与者开始，主试要求他们回答同样的问题。每个参与者都给出了正确的答案，轮到你的时候，你也很清楚地给出了正确的答案。然后主试更换了卡片，又进行了同样的过程。毫无疑问，你与其他成员一样，又一次给出了正确的答案。然而，在下一轮测试中，奇怪的事发生了。主试向你

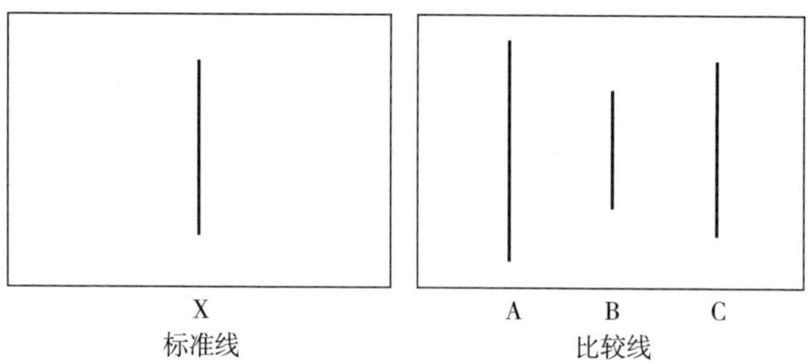

图38–1　阿施线段判断任务卡片的一个例子（引自p. 32）

呈现卡片后，你立即想好了正确答案（看起来太容易了！），但是在其他参与者回答这一问题时，他们却都选择了错误的线段！而且他们竟都选择了相同的错误线段。现在，轮到你作答了，你犹豫了。你简直不能相信眼前发生的一切。难道所有的人都瞎了眼吗？正确的答案是显而易见的，难道不是吗？你们到底是瞎了，还是疯了？现在你必须做出决定。你是继续坚持你的观点（毕竟，这些线段就在你的眼前），还是顺从其他人的意见？

现在你可能已经意识到了，实验室中的其他七个“参与者”根本就不是真正的参与者，而是实验者的助手。他们从一开始就知晓实验内情，而且回答当然也是从众研究的关键。那么，在这项研究中，真正的参与者是如何回答的呢？

结　果

每位参与者测试数次，其中约有 75% 的人至少有一次与群体的错误回答保持了一致。综合所有测试结果，参与者服从于群体做出错误回答的次数约占 1/3。为了确保线段的长度是可以准确判断的，主试要求控制组中的每名参与者写下他们对线段比较问题的答案。结果该组参与者的正确率为 98%。

讨论与相关研究 313

群体压力对从众行为的强大影响在阿施的研究中得到了清楚的体现。如果个体愿意服从于群体，那么他们对明显的错误有时也不具判断力，而这种影响力在现实生活中究竟有多大？群体在何时会发挥更强大的作用？问题在何种情况下会变得更模棱两可呢？从众是影响人类行为的一个重要因素，这个多年来一直为人们反复思考的主题现在已得到了科学的研究。

在心理学领域中，阿施的研究结果的重要性体现在两个方面。首先，如前所述，他首次清楚而科学地证明了社会压力对从众的真实影响；其次，或许也是更重要的，即这项早期研究引起了大量后续研究，而且持续至今。自阿施的早期研究开始，这类研究的数量逐渐增加，它们极大地丰富了我们对那些决定从众效应对人类行为影响的特定因素的了解。下面是其中的一些研究发现：

1. *社会支持*。阿施在同样的实验上做了细微的变动。他改变了七名助手的回答，使其中一名助手在实验条件下给出正确的回答。在这种情况下，只有 5% 的参与者同意群体的一致意见。很明显，你只需要一个同盟者就能“坚定立场”并抵抗从众效应的压力。这项研究发现还得到了后来几项研究的支持（例如，Morris & Miller, 1975）。
2. *群体的吸引力及成员的归属感*。后来的一些研究证明，个体越为某一群体所吸引，对这一群体越有归属感，那么他就越有可能顺从该群体的态度与行为（参见 Forsyth, 1983）。如果你喜欢某一群体而且觉得自己是他们的一员（他们被称为你的*参照群体*），则你顺从该群体的倾向将会非常强烈。
3. *群体的规模*。首先，阿施和其他研究者的研究都证明，从众的倾向随群体规模的增加而提高。然而，进一步的研究发现，这种联系并非如此简单。确实，从众的倾向随群体规模的增加而提高，但这仅限于人数为 6 到 7 人的群体。当其规模超出这个数字时，从众效应的水平不再增高，甚至在某种程度上有所降低。这一现象如图 38-2 所示。阿施认为，随着群体成员数量的增多，人们或许开始怀疑其他成员是在有目的地影响自己的行为，并开始抵制这种显而易见的压力。
4. *性别*。你认为男人和女人在从众的倾向或意愿方面会有不同吗？继阿施的工

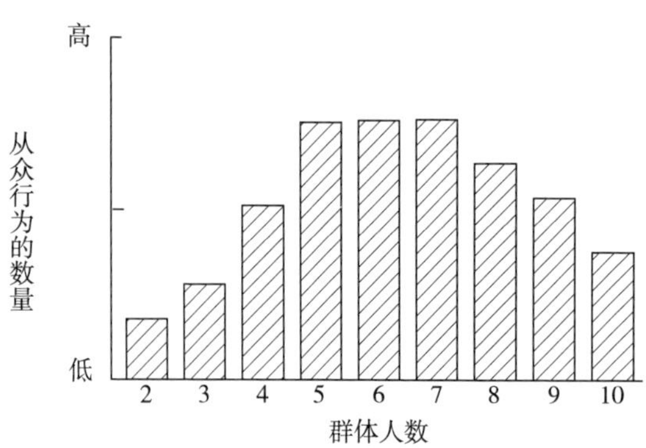

图38-2　群体规模与服从的关系（引自p. 35）

作之后，有早期研究指出，女人似乎比男人更愿意从众。这种性别差异成为一种强有力的证据，频繁地出现在心理学文献之中。然而，近期的研究对这个结果提出了质疑。现在看来，当时的许多早期研究（多由男性设计）无意 314
中创造了一些对男人来说更熟悉、更舒适的实验条件。心理学家明白，当人们身处某种情境中，而该情境中适当行为的标准模糊不清，他们就会表现出更多的从众倾向。因此，关于女性从众倾向更强的结论也许只是一种系统误差，由方法中微小（且非有意）的偏差所致。在更好的控制条件下进行的实验，并未发现从众行为有性别差异（关于性别相关问题的讨论参见 Sistrunk & McDavid, 1971）。

有关从众问题的研究还涉及众多其他相关领域，其中包括文化影响、在做出从众决定时个体所获得的信息量、个人隐私等等。

批　评

阿施对从众效应的研究工作得到了广泛的支持和认可。该研究在多种条件下得到重复。而对这项研究发现的批评之一是其能否被推广到实验室之外的现实世界中。换句话说，参与者在实验室里对一些线段长度的回答与现实生活中的从众行为是否真的有很大关系呢？这是所有在实验室控制条件下对人类行为的研究都存在的一个问题。这种批评的说法是："参与者或许愿意在线段长度这种并不重要的琐事上与群体成员保持一致。但是，在现实生活中，特别是在重要事情上，他们不会那么轻易地从众。"然而，虽然现实生活中的从众事件更有意义，但现实群体在从众事件上给予个体的压力也会相应增加。

近期应用

一篇论文考察了年轻人发生不安全性行为的原因，由此证明了阿施的工作对有关重大社会问题的研究依旧产生着重大的影响（Cerwonka, Isbell, & Hansen,

2000）。研究者对将近 400 名年龄在 18~29 岁之间的学生进行了各种测验，评估
315 他们关于 HIV/AIDS 高风险性行为的知识（例如未使用避孕套、多位性伙伴、酒精和其他药物使用以及性经历等）。研究显示众多因素可以预测高风险性行为，其中包括对同辈群体压力的从众。可以看出，了解从众压力如何影响人们性行为的选择可能成为我们对抗 HIV 持续传播的颇具价值的工具。

另一项引人关注的研究整合了阿施 1955 年发表的文章，考察为什么男性比女性更少寻求帮助，即使他们急需得到帮助（Mansfield et al., 2003）。这篇文章以下面这个（老）笑话引出："为什么摩西用了 40 年时间在沙漠中徘徊？因为他不愿意问路"（p.93）。这个笑话之所以有趣，是因为它触及男性和寻求帮助的刻板印象。当然，不问路通常不会造成严重的问题，但是男性也倾向于拒绝寻求医疗和心理健康救助，这可能是危险的，甚至是致命的。作者指出，阻止男性寻求帮助的一个主要因素就是从众："在需要帮助的情境中，男性可能会不愿意寻求帮助，如果他们认为这样做会受到羞辱……如果一个男性非常钦佩在生活中对寻求帮助持不赞成或者贬低观点的人，那么他自己就不太可能寻求帮助"（p.101）。

最后一点是，文化对从众起着特殊的重要作用（Bond & Smith, 1996）。在集体主义的国家如日本、印度进行的从众研究一致发现，那里的从众水平都要高于个人主义的国家如美国（参见研究 28 中川迪斯对集体主义和个人主义文化的研究）。这些发现再次证明心理学研究决不能忽视文化对几乎所有人类行为的影响。

Bond, R., & Smith, P. (1996). Culture and conformity: A meta-analysis of studies using Asch's linejudgment task. *Psychological Bulletin, 119*(1), 111–137.

Cerwonka, E., Isbell, T., & Hansen, C. (2000). Psychosocial factors as predictors of unsafe sexual practices among young adults. *AIDS Education and Prevention, 12*(2), 141–153.

Forsyth, D. (1983). *An introduction to group dynamics*. Pacific Grove, CA: Brooks/Cole.

Mansfield, A., Addis, M., & Mahalik, J., (2003). Why won't he go to the doctor? The psychology of men's help-seeking. *International Journal of Men's Health, 2*, 93–109.

Morris, W., & Miller, R. (1975). The effects of consensus-breaking and consensus-preempting partners on reduction in conformity. *Journal of Experimental Social Psychology, 11*, 215–223.

Sistrunk, F., & McDavid, J. (1971). Sex variable in conforming behavior. *Journal of Personality and Social Psychology, 17*, 200–207.

39 你会伸出援手吗

Darley, J. M., & Latané, B. (1968). Bystander intervention in emergencies: Diffusion of responsibility. *Journal of Personality and Social Psychology, 8*, 377–383.

在心理学研究的历史上，最有影响的事件之一不是某项研究，而是由美国各地新闻媒体所报道的一则发生在纽约市的暴力悲剧事件。1964 年的一天，基蒂·吉诺维斯在她经营的曼哈顿酒吧营业结束后返回公寓，公寓在皇后大街一个安静的 316
中产阶层居住区内。当吉诺维斯下车朝公寓方向走去的时候，她遭到一个持刀男人的恶意袭击。那个男人刺了她好几刀，她大声喊救命。一个邻居从窗口大声警告那男人："放开这个女孩！"当时歹徒正要逃走，但后来他又返回来将吉诺维斯击倒在地，并继续刺杀她。女孩一直呼救，直到最后有人打电话报警。警察接到报警后两分钟便赶到了现场，但吉诺维斯已经死了，袭击者也不知去向。袭击行为持续了 35 分钟。警察在调查中发现，公寓周围共有 38 人目睹了这一袭击事件，但最终只有一人报了警。一对夫妇（他们说以为已经有人报了警）搬了两把椅子到窗前，为的是观看这一暴力事件。杀害吉诺维斯的人是温斯顿·莫斯利，现年 70 来岁，至今仍被关押在位于纽约北部戒备最森严的监狱里。在 47 年的牢狱生涯中，他提请的 14 次假释都被否决了。在最近的 2011 年假释听证上，他的假释再一次被否决，直到 2013 年他才能再次提请假释。

如果有一个人能早些向吉诺维斯伸出援手的话，她也许就能幸免于难。如此多的邻居们看上去漠不关心，没有试图阻止这场暴力事件，这令纽约市民和全体美国人感到震惊。人们想知道这其中的原因，同时他们谴责居住在大城市里的人们疏远冷漠，谴责皇后大街的居民们，谴责人类的本性。

吉诺维斯的悲剧激发了心理学家的兴趣，他们作为科学家没有加以谴责，而是开始试图理解那些阻止所有人帮助受害者的心理因素。心理学中有一个领域，专门研究行为科学家称为"亲社会行为"的现象，也就是产生积极社会结果的行为。这个研究领域的主题包括利他、合作、抵制诱惑以及帮助行为。如果你目睹了某人需要帮助的紧急情境，有许多因素会影响你做出挺身而出并提供帮助的决定。纽约大学的约翰·达利（John Darley）和哥伦比亚的比勃·拉塔内（Bibb Latané）

就是两位开始研究这些因素的社会心理学家。他们把这种在紧急事件中的助人行为称为*旁观者介入*（在吉诺维斯的案例中则称为*未介入*）。

你曾经遭遇过真实的紧急事件吗？与你在电视中看到的、报纸上读到的相反，紧急事件并不十分常见。达利和拉塔内估计，平均每个人一生中遇到的紧急事件不多于六件。这既是好事也不是好事，好的原因显而易见，不好的原因是因为当你发现自己正面对一个紧急事件，且必须做出决定时，你却没有任何经验。社会
317 要求我们在遇到紧急事件时要伸出援手，但通常的情况就像吉诺维斯事件那样，我们没有这么去做。为什么呢？是因为我们经历那样的事情太少，以至于我们不知道该怎么做？是因为居住在城市里的人感情冷漠吗？或者是因为人的本性本身就是冷漠的？

自吉诺维斯谋杀事件发生之后，达利和拉塔内分析了旁观者的反应。他们提出的理论是，正是由于暴力事件的目击者太多而降低了个体介入并提供帮助的意愿。他们决定用实验的方法来验证这一理论。

理论假设

你的常识可能会告诉你，当紧急事件发生时，在场的旁观者越多，有人介入的可能性就越高。但是，达利和拉塔内却提出了相反的假设：他们认为没有人上前帮助基蒂·吉诺维斯的原因是存在一种被他们称为*责任扩散*的现象。也就是说，在紧急事件中，旁观者越多，人们心里的某种想法就越强烈，即“有人会去帮助他（或她）的，我就不必去了。”你是否曾在繁忙的街道上看见过车祸，或者说当车祸发生不久后你到达了出事地点？你很可能驾车驶离现场，并认为现在一定已经有人叫了警察或救护车，所以你不觉得自己有责任这样做。但是想象一下，假设你在荒郊野外，周围没有其他人，你遇到了同样的事件，此时你会有不同的反应吗？大多数人的回答是肯定的。

责任扩散的概念是本研究的理论基础。研究的挑战是在实验室中重新创设类似吉诺维斯事件的情境，以便能够进行科学的操纵和检验。达利和拉塔内巧妙设计了实验来做到这一点。

方 法

显然，研究者不可能为了实验目的而重新创设与凯蒂·吉诺维斯谋杀案相同的真实事件。因此，他们必须设计另一种与真实的紧急事件相似的模拟情境以便观察旁观者的干预行为。在这个实验中，达利和拉塔内告诉纽约大学选修心理学导论课程的学生，他们想要研究大学生如何在激烈的竞争中适应大学生活、城市环境以及他们正面临着怎样的个人问题。他们要求学生坦诚地与其他学生讨论自己的问题，但为了避免不适和难堪，学生们单独待在相互隔离的房间里，彼此之间通过内部通讯系统来交谈。研究者还告诉他们，这种通讯装置每次仅允许一名学生讲话。每位学生有两分钟的讲话时间，之后下一位同学的麦克风将会开启两分钟。

所有这些都是幌子，是为了从参与者那里获得自然的反应，并掩盖实验的真 318
实目的。其中最重要的部分就是把学生分在三种不同的实验条件下。第一组的参与者相信他们只能与另外一个人交谈；第二组的参与者相信他们可以通过内部通讯系统与另外两个人交谈；第三组的参与者被告知，他们可以与线上的另外五个人交谈。事实上，每个参与者都是独自一个人，所有他们通过“内部通讯系统”听到的其他声音都是录音。

现在，各组的人数已经确定，接下来就是要设计一些紧急事件。研究者决定设计一个逼真的癫痫发作场景，这被人们普遍认为是紧急事件。当参与者们与其他“学生”开始在内部通讯系统中讨论时，参与者听到的第一个说话者是男性，他讲到他的困难主要集中在学习和适应纽约的生活方面。然后他又尴尬地补充说，自己有时候也会有严重的癫痫，特别是在压力过大的时候。然后，便轮到下一个学生讲话。在第一组中，下一个轮到参与者讲话。而在其他两种条件下，参与者在讲话之前会听到一个或多个其他学生说话。参与者说完后，又轮到第一个学生。这时候紧急事件发生了。第一个学生一开始声音很正常，不久癫痫开始发作（记住，这完全是录音机里发出的声音）。达利和拉塔内在后来的报告中引用了癫痫发作的细节：

> 我……我……想，我需要……如果有人……能给我一点儿……给我一点儿帮助的话……因为我……现在真的有麻烦，如……果有人能帮助……我的话，那……太感激……了。因为……我的癫痫……就要发作……我需……要一些……帮助，如果有人愿意帮助我……（哽噎声）我要死了……帮……助癫痫（哽噎声，然后就无声了）。（pp. 95-96）

对于参与者来说，这很显然是一个紧急事件。他们确信，那名“学生”遇到困难，需要立即得到帮助。为了分析参与者的反应，达利和拉塔内测量了每一种实验条件下参与者帮助困难学生的百分比（帮助行为指的是离开小房间，通知实验者有学生癫痫发作）。他们还测量了参与者对紧急事件的反应时间和提供帮助所花的时间。研究者给参与者 4 分钟的时间做出反应，之后实验停止，并向参与者进行解释。

结　果

这项研究的结果对研究者的假设提供了强有力的支持。参与者相信参与研究的人数增加时，迅速向研究者报告癫痫发作（也就是当疾病发作时）的参与者百分比大大减少（见图 39-1）。而在所有最终提供帮助的人中，延迟时间也随旁观者人数的增加而增加。第一组参与者平均的反应时间不到 1 分钟，而第三组参与者的平均反应时间却超过了 3 分钟。无论是在事件发生期间还是之后，报告癫痫的参与者总人数在各组间也有类似的变化。在 4 分钟时间内，所有第一组的参与者都报告了紧急事件，第二组参与者中只有 85% 的人报告，而第三组参与者中只有 60% 的人报告。

319

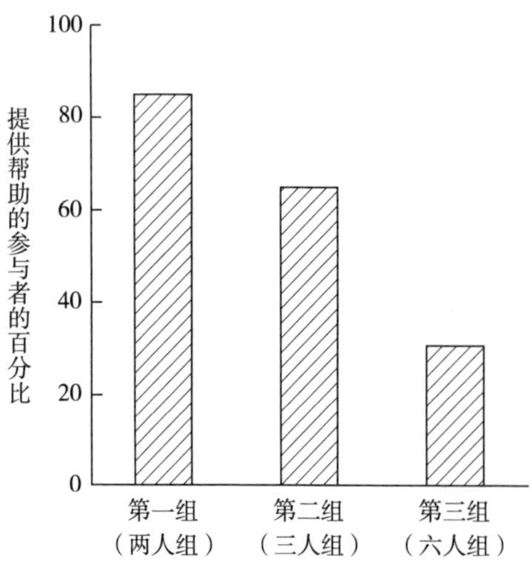

图39-1　在癫痫发作期间，各个实验条件下迅速提供帮助的参与者人数（基于p.380的数据）

讨 论

就像基蒂·吉诺维斯的这一现实生活事件一样，你也许会认为这项研究中的参与者对癫痫发作者冷漠无情。然而，达利和拉塔内很快指出，这并不是第二组和第三组参与者（或吉诺维斯的邻居们）不提供帮助的原因。所有的参与者都报告了在事件发生时他们感到极度的焦虑和不适，还有人出现了紧张的躯体症状(如手发抖、掌心出汗)。所以，研究者得出的结论是，参与者行为结果的不同与参与者认为的在场人数的不同有关。他人的在场改变了你的行为，这是被称为社会影响的心理学原理在起作用。很明显，社会影响在本研究中扮演着重要的角色。但是，我们仍然会疑惑，为什么他人的出现会对我们有如此巨大的影响?

达利和拉塔内声称，已有证据支持他们的责任扩散理论。随着群体人数的增多，参与者在紧急事件中采取行动的个人责任就减少了。对于第二组和第三组的参与者来说，他们“更容易”认为有人已经解决了这个问题。此外，当他人在场时，不仅是提供帮助的责任扩散了，而且因不提供帮助而感到的内疚和自责也扩散了。因为在我们的文化中，我们认为帮助别人是积极的行为，拒绝或不肯帮助别人会带来羞愧感。如果在紧急事件中只有你一个人在场，那么你不提供帮助所 320
要承担的后果，要比有其他人在场时大得多。

对这类社会影响的另一种解释是心理学家称之为评价忧虑的现象。达利和拉塔内认为，当他人在场时，我们没有提供帮助的部分原因是我们害怕难堪或被嘲笑。设想一下，如果你有帮助别人的愿望，而别人并不需要或不想让你帮助时，你将感到自己多么愚蠢。我记得在我的十来岁时，有一次与一大帮朋友在邻居家的游泳池内游泳。当我正准备从跳板上跳水时，我看见邻居 13 岁的女儿正脸朝下躺在泳池的底部。我看了一下四周，似乎没有一个人意识到这个显而易见的紧急状况。她是溺水了还是在开玩笑？我无法确定。正当我准备大声呼喊并跳下去营救时，她懒洋洋地游出了水面。我因担心出错而犹豫了整整 30 秒。我们许多人都经历过这类事情。问题是这些经历教给我们的是一种错误的东西：帮助行为很可能使你看上去很愚蠢。

研究发现的意义

由于本项研究以及一些其他研究，达利和拉塔内在助人行为和旁观者介入领域内成为开创性的研究者。他们早期的大量研究收录在他们的著作《反应冷漠的旁观者——他为何不相助？》（Latané & Darley, 1970）中。在该书中，他们所提出的助人行为模型在有关助人研究的心理学文献中被广泛接受。他们提出个人介入某一紧急事件前需要经历 5 个步骤：

1. 你作为一个潜在的帮助者，必须首先意识到某一紧急事件正在发生。在本节的研究中，毫无疑问出事了，但在真实的生活中，你也许行色匆匆或将注意力集中在其他地方，可能完全没有注意到事件的发生。
2. 你必须对情境做出解释，即某个人是否确实需要帮助。在这一点上，害怕难堪的心理发挥着作用。在本研究中，情境是清晰的，需要帮助也是非常明确的。然而，在现实中，大部分潜在的突发事件具有某种程度的不确定性和模糊性，正如我在游泳池中的那个例子。或者想象一下，你看见一个人正步履蹒跚地穿过繁忙的人行道，你会想他是病了，还是喝醉了？你对情境的解释会影响你对是否介入此事的决定。在基蒂·吉诺维斯事件中，许多没有提供帮助的人声称，他们都以为这是情侣间的争吵而不想介入其中。

321 3. 你必须承担个人的责任。如果你是唯一的旁观者，那么你通常会承担责任。然而，如果有其他人在场，你也许会让他们替你承担责任。这一步是本项实验所关注的重点。在紧急事件中，在场的人越多，责任扩散程度就越高，也就越有可能发生无人提供帮助的情况。

4. 如果你承担了责任，那么你必须决定你该采取什么行动。这时，如果你不知道该做什么或者觉得自己没有采取适当行动的能力，你将不会提供帮助。在达利和拉塔内的研究中，参与者所要做的只是向研究者报告有学生癫痫发作，完全不涉及能力问题。但如果有一群人看见一辆车撞倒了一个行人，这群人中有医生、护士或是其他护理人员，那么他更有可能介入其中，因为他们知道该做些什么。

5. 当你决定采取什么行动之后，你必须去做。仅仅知道自己该做什么并不能保证你就一定会去做。现在，你必须掂量帮助他人的利与弊。你愿意独自介入有一人持刀或两个人都持刀的打斗中吗？对于车祸中的受害者，你是能帮助他们还是可能会把事情弄得更糟呢（又是一个能力的问题）？如果你介入了，你会被起诉吗？如果你本想努力去帮助别人，但结果却像个傻子，又将如何？许多问题取决于情境，在你采取真正的行动以前，这些问题会在你的脑海里一一闪现。

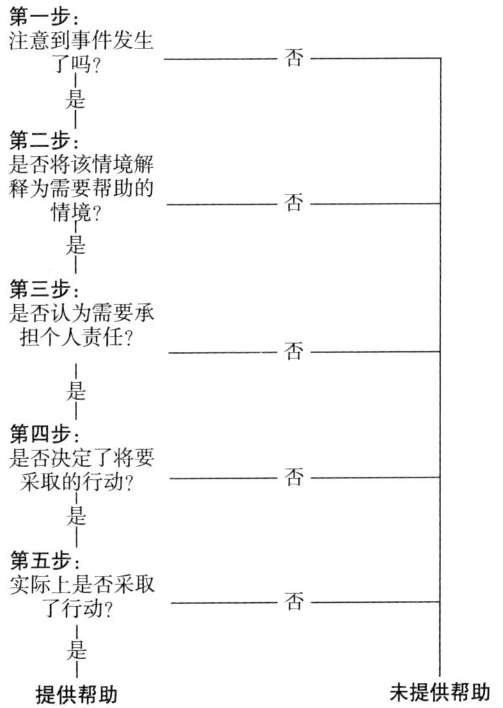

图39-2 拉塔内和达利的助人模型

图 39-2 说明了助人行为是如何被中断的或在某一阶段被阻止的。

后续发现与近期应用 322

在基蒂·吉诺维斯谋杀案和我们这里所讨论的实验中，所涉及的旁观者都是彼此无法交流的。如果这些旁观者彼此能相互看见和交谈的话，你认为结果会怎样？他们会因为自己将受到他人的评判而更可能介入其中吗？然而，达利和拉塔内相信，在某种情况下，即便是密切接触的群体也不比个人更可能提供帮助。他们的理论认为，当紧急事件在某种程度上比较模糊时，这种情况就越有可能发生。

举例来说，设想一下，你正坐在候车室，某个出口处开始冒烟。你忧心忡忡地看了一下房子里的其他人。他们显得出奇的平静，对此毫不在意。因此，你认为自己对冒烟的反应一定有些夸张，所以决定不采取任何行动，因为你若采取了行动，但却错了（也许它不是烟，而是从隔壁房间里冒出来的水蒸气或是其他东西），你将会感到窘迫难堪。事实上你并不知道，房间里的每一个人其实与你有同样的感受，并且他们也试图把这种感受隐藏起来，像你一样在避免难堪！而对于冒烟，却没有一个人采取任何行动。这听起来有些不可信，对吗？但事实确实如此。

拉塔内和达利（Latané & Darley, 1968）创设了一个上述情境来验证这一观点。一些心理学系的学生自愿来参加一项访谈，共同“讨论在城市大学中生活的一些问题”。他们来到访谈地点，在一个房间里坐着，主试要求他们填写一份预备问卷。几分钟后，烟雾开始从某个通风口进入房间，这些烟雾是一种特殊的化学混合物，对参与者不造成任何危险。几分钟后，烟雾变得越来越浓，以至于房间里的视线开始变得模糊。主试开始计时，看看参与者会过多长时间才报告冒烟的情况。一些参与者被单独安排在房间里；还有一些参与者与另外两个人（主试的助手）在一起，参与者认为这两个人也是参与者，当烟出现时，这两个人表现得若无其事。拉塔内和达利的研究结果又一次支持了他们的理论。在单独组中，有55% 的参与者在 2 分钟之内报告了冒烟的情况；其余两个组仅有 12% 的参与者报告了情况。另外，4 分钟之后，单独组有 75% 的参与者开始行动，而在其他组中，再没有参与者报告冒烟一事。

更多关于害怕尴尬让人们对帮助他人犹豫不决的证据，来自另外一项研究，这项研究综合考察了害羞的人格测量、对负面评价的恐惧（FNE）以及参与者帮助他人的意愿（Karakashian et al., 2006）。在这项研究中，参与者先填写测量害羞和恐惧负面评价的问卷。然后，他们会面临帮助一位女性同伴的机会，要么是与这位女士单独在一个房间，要么还有另外两个同伴（研究助手）。与达利和拉特内的研究结果相一致，与没有其他旁观者在场的条件相比，无论参与者人格测量的分数如何，有两位旁观者在场时参与者的帮助行为会显著减少。除此以外，在
323 无旁观者的条件下，那些在恐惧负面评价和害羞测量上得分高的参与者比其他参与者更少提供帮助，而当有两位旁观者在场时，他们提供帮助行为的可能性相同。

这可能看起来与你的直觉相悖。你的直觉认为，害怕被负面评价或者害羞的人，在有其他人在场时应该更少提供帮助，是吗？事实上并非如此。让我们这么考虑：当其他人在场时，一个害羞的人觉得提供帮助的压力更小（由于责任扩散），所以他（或她）其实有“理由”像其他旁观者一样避免提供帮助。另一方面，如果没有其他旁观者在场，对于（潜在的）负面评价的恐惧就起作用了，害羞的人提供帮助的可能性就小于不害羞的人了。研究者是这么论述这一点的：

> 由于在社会条件下（有其他人在场）存在责任扩散，参与者很少面临是否提供帮助的决策。这时，由于提供帮助的想法很少，也就不用担心受到糟糕的评价，那么恐惧负面评价就不成问题了。而在非社会条件下（没有其他旁观者），参与者是单独一个人，具有提供帮助的全部责任，这样他就必须决定是否采取行动（Karakashian et al., 2006, p.30）。

另一项研究揭示了在我们的想象中，而不是现实生活中，旁观者效应和责任扩散具有多大力量。包括达利在内的一个研究小组进行了一项题为“群体思维：固有的旁观者效应”的研究，结果发现，仅仅是想象自己是群体的一员就会改变帮助行为（Garcia et al., 2002）。在这项研究中，要求参与者将自己想象为群体的一员，或者是与另外一个人在一起。然后要求所有的参与者为一个慈善机构捐款。想象自己是群体一员的参与者，比想象和另外一个人在一起的参与者捐出明显更少的钱，而且感觉自己的个人责任更少。这些结果显示，当我们作为群体一员的时候，我们的大脑会“乘机”抓住机会，认为自己的个人责任变少。

结论

虽然这些研究的结果似乎对于我们帮助他人的倾向是让人悲观的，但是你应该认识到，这些研究涉及的都是人们未能伸出援手的极端特殊情况。生活中每天都会发生人们去帮助他人、利他甚至是英雄主义的行为。达利和拉塔内的研究之所以重要，是因为它不仅解释了令人困惑的人类行为，而且还有助于改变这种行为。当人们更多地意识到旁观者效应时，即使有其他人在场，他们也会做出更多的努力去介入紧急事件。事实上，有研究已经证明当人们了解了旁观者效应后，他们更可能在紧急事件提供帮助（Beaman et al., 1978）。关键在于：紧急时刻，千万不要以为已经有人提供了帮助或一定会有人提供帮助。我们应该永远按照自己是唯一的旁观者时那样去行动。

Beaman, A., Barnes, P., Klentz, B., & Mcquirk, B. (1978). Increasing helping rates through information dissemination: Teaching pays. *Personality and Social Psychology Bulletin, 4*, 406–411.

Garcia, S., Weaver, K., Darley, J., & Moskowitz, G. (2002). Crowded minds: The implicit bystander effect. *Journal of Personality and Social Psychology, 83*, 843–853.

Karakashian, L., Walter, M., Christopher, A., & Lucas, T. (2006). Fear of negative evaluation affects helping behavior: The bystander effect revisited. *North American Journal of Psychology, 8*(1), 13–32.

Latané, B., & Darley, J. M. (1968). Group inhibition of bystander intervention in emergencies. *Journal of Personality and Social Psychology, 10*, 215–221.

Latané, B., & Darley, J. M. (1970). *The unresponsive bystander: Why doesn't he help?* New York: Appleton Century Crofts.

40 无条件服从？

Milgram, S. (1963). Behavioral study of obedience. *Journal of Abnormal and Social Psychology, 67*, 371–378.

324 如果某个具有权威地位的人命令你对另一个人施加电压为350伏的电击，只是因为这个人在回答问题时答错了，你会听从命令吗？没有人会这样做。如果有人愿意去做这件事，你会认为他是一个冷酷的人或是虐待狂。耶鲁大学的斯坦利·米尔格拉姆（Stanley Milgram）所做的这项研究试图检验服从权威的观点，并得出了一些令人不安的结果。

米尔格拉姆的服从研究以及津巴多的监狱研究（见研究37），是心理学史上最著名的研究之一。几乎在每一本普通心理学和社会心理学的教科书中都会提到这项研究。如果你与心理学专业的学生交谈，他们中的大多数人对这些研究要比对其他研究更熟悉。根据这项研究，米尔格拉姆（Milgram, 1974）写了一本关于服从心理学的书，拍摄了一部关于该研究的影片，该片在大学心理学课上广泛放映。这个实验不仅涉及有关服从的讨论，而且还影响了关于心理学研究中使用人类参与者的伦理问题的争论。

米尔格拉姆的这项研究方案来自于他的一个想法，即用科学的方法调查人们怎么会仅仅因为别人的命令而对他人施加巨大的伤害。米尔格拉姆特别提到了二战期间那些在他人命令的驱使下发生的骇人听闻的暴行，或者更普遍地说，那些因服从命令而做出的惨无人道的行为。在米尔格拉姆看来，在某些情境中，服从倾向是如此强烈而根深蒂固，它消弭了个人的道德、伦理甚至是同情。

在行为科学家决定要研究某种人类的复杂行为之时，他们的第一步就是要对行为发生的情境进行控制，以便能用科学的方法对它进行研究。这对于研究者而言是一个极大的挑战，因为现实世界中的很多事件是难以在实验室环境中重现
的。因此，米尔格拉姆的问题是如何创造一个可以控制的情境，在该情境中一个 325
人命令另一个人对第三个人造成身体伤害，而且还不能使任何人受到伤害。这是对研究者的挑战！

理论假设

米尔格拉姆最初的理论基础是，人类有一种服从权威人士的倾向，即使服从行为违背他们自己的道德和伦理原则。例如，米尔格拉姆认为，虽然许多人从未有意伤害过别人，但在他们认为是强势的权威人士的命令下，他们很有可能会对受害人施加痛苦。

方　法

这项研究最巧妙的部分就是在实验室中检验服从力量的技术和方法。米尔格拉姆设计了一个看起来有点恐怖的电击发生器：在一个电子装置上有 30 个调节的开关，不同的开关代表着不同的电压，电压从 30 伏开始，每次以 15 伏为单位递增，一直增加到 450 伏（见图 40-1）。这些开关被贴上标签，如“轻微的电击”“中等的电击”及“危险：剧烈电击”等。主试想要用这个装置让权威人士命令参与者不断地增加电压去电击另外一个人。在你得出米尔格拉姆是一个施虐
狂的结论前，请注意，那是一个假冒的电击装置，但看起来很逼真，它不会让任 326
何一个人遭受电击的痛苦。

图40–1 米尔格拉姆的实验“电击”发生器
(Alexandra Milgram)

这项研究中的参与者是 40 名年龄在 20~50 岁之间的男士。其中 15 人是技术工人或非技术工人，16 人是白领销售员或商人，9 人是职员。研究者通过报纸广告或直接发信的方式招募志愿者，请他们参加耶鲁大学的一项关于学习与记忆的有偿研究。每位参与者都单独参加实验。为了获得足够数量的参与者，研究者付给每位参与者 4.5 美元（记住，这是 1963 年的美元，大概相当于今天的 30 美元），并清楚地告知所有参与者，报酬在他们来到实验室后便付清，而且不论在他们到来之后发生什么事情，这些报酬都是他们的。这就确保参与者知道他们可以随时退出研究，而且不会因担心得不到报酬而感觉被强迫以某种方式行事。

除了参与者之外，还有两位关键参与者：一位是研究者的助手（一名 47 岁的会计），他扮演一名参与者；另一位是演员（穿着一件灰色的实验室工作服，看上去非常正式），扮演主试的角色。

当参与者到达耶鲁大学社会互动实验室时，他被安排坐在另一名“参与者”(研究者的助手）的旁边。显然，实验的真正目的是不能告诉参与者的，因为那样将会彻底改变他们的行为。所以，主试给他们讲了一个故事作为掩饰。他对参与者解释说，这项研究是关于惩罚对学习的影响。然后让参与者通过从帽子里抽纸条来决定谁当老师，谁当学生。这个签是事先安排好的，因此真正的参与者总是抽到老师，而实验助手则总是抽到学生。请记住，那名“学生”以及扮演主试的人都是研究者的助手。

然后，学生被带到隔壁的房间里，参与者看到工作人员将他绑在椅子上，用电线将电极（加入电极胶以“避免皮肤起泡或烧伤”）与邻近房间里的电击发生器连在一起。虽然学生的胳膊被绑着，但是他仍可以够得着标有 A、B、C、D 符号的按钮，以便回答隔壁房间里教师提出的问题。

主试向老师和学生详细交代了学习任务。简单地说，该任务是让学生对各种单词配对进行联想记忆。单词表很长，因此这个记忆任务不容易，扮演老师的参与者把每对单词读给学生听，然后检查学生的记忆情况。主试要求老师在学生做出错误的反应时给予电击惩罚。最重要的是，每增加一次错误反应，老师就要将电压强度提高一级。所有这一切伪装得极为逼真，没有一名参与者对电击的真假表示怀疑。

扮演学生的助手的反应是预先安排好的，其正确或错误的反应顺序对所有的 327
参与者来说完全一致。所以，当电压强度随着错误的反应增加时，学生开始从另外一个房间发出痛苦的叫喊（这也是预先安排好的，包括其叫喊的内容及其心脏不舒服的情况）。当电压达到 300 伏时，他猛撞墙壁，要求工作人员放他出去。超过 300 伏电压之后，他变得完全沉默，拒绝回答任何问题。主试指示老师将这种不反应的情况视为错误反应，并继续进行接下来的程序。

大部分参与者在某个时候会转向主试询问是否继续进行电击。当这种情况发生时，主试会命令参与者继续，而且命令的语气逐渐加重。

命令 1：请继续。

命令 2：实验需要你继续。

命令 3：继续进行是绝对必要的。

命令 4：你别无选择：你必须继续。

通过记录每位参与者拒绝继续进行的电压水平，就可以对服从行为进行测量。在这个电击发生器上有 30 个开关，每位参与者的得分在 0~30 之间。一直进行完所有电压等级的参与者被称为“服从的被试”，而在任何一个较低等级就中断的参与者被称为“违抗的被试”。

结 果

参与者会服从主试的命令吗？他们最多会用多高的电压等级？你预测的结果是什么？想想你自己、你的朋友和一些普通人。你认为有多少人会使用所有 30 个电压水平，达到最高的“450 伏——危险：剧烈电击”呢？在讨论这个研究的真正结果之前，米尔格拉姆让一组耶鲁大学心理学专业的四年级学生以及许多其他同事对结果进行预测。人们的估计最低是 0%，最高是 3%，平均为 1.2%。也就是说，100 个人中会施加最高电压电击的不足 3 人。

表 40-1 总结了“令人震惊”的实验结果。在主试的命令下，几乎所有参与者都将电压提高到了 300 伏的水平，而此时学生猛撞墙壁，要求离开实验室，并停止回答问题。最令人惊讶的是一直进行到最高电压等级的参与者数量。

尽管有 14 名参与者不服从命令，在达到最高电压之前中断了实验，但 40 名参与者中仍有 26 个人即 65% 的参与者按照主试的命令继续进行到最高电压等级。
328 这并不是说参与者这样做是心平气和的或者乐意的。许多人表现出了极大的心理压力，为受电击者感到担忧，甚至对主试感到愤怒。然而，他们还是服从了命令。

研究者担心一些对他人施加电击折磨的参与者可能遭受心理上的痛苦，尤其是在最后三次电击中，学生不再做出任何反应。为了帮助他们缓解这种焦虑，在
329 参与者完成实验后，研究者将这个实验的真正目的以及全部的实验程序包括使用的欺骗手段做了完整的解释（称为“事后解释”）。此外，研究者还对参与者进行了访谈，了解他们在实验过程中的感受和想法。作为助手的“学生”也来与每位参与者进行友好的和解。

讨 论

米尔格拉姆对研究结果的讨论主要集中在两点上。首先是参与者惊人的服从倾向。这些参与者是同意参加学习实验的普通人，绝不是冷酷的虐待狂。米尔格

表40-1　参与者执行的电击水平

电压水平（伏特）	拒绝在该电压水平上继续进行的人数
轻微电击	
15	0
30	0
45	0
60	0
中等电击	
75	0
90	0
105	0
120	0
强电击	
135	0
150	0
165	0
180	0
很强的电击	
195	0
210	0
225	0
240	0
强烈电击	
255	0
270	0
285	0
300	5
极为强烈的电击	
315	4
330	2
345	1
360	1
危险：剧烈电击	
375	1
390	0
405	0
420	0
XXX——	
435	0
450	26

（引自 Milgram, 1963, p. 376）

拉姆指出，从童年开始，他们就知道昧着良心去伤害别人是不道德的。那么他们为什么要这样做呢？主试是一个处于权威地位的人，但是你仔细想想，他到底有多少权力呢？他没有任何权力发号施令，参与者若拒绝执行命令也不会有任何损失。显然，是情境本身具有某种力量，创造了一种服从的氛围。

第二个关键的发现是，整个实验过程中，参与者因执行了主试的命令而表现出极度的紧张和焦虑。我们可以预期，参与者只要拒绝继续进行实验，这种不适感就会减轻。然而，这种情况并没有发生。米尔格拉姆引用了一个观察者的话（此人通过双向镜观察参与者）：

> 我看到一位成熟稳重的商人进入了实验室，他面带微笑，充满自信。但在 20 分钟内，他就变得痛苦不堪，说话结结巴巴，很快就近乎于一种神经崩溃的状态……有时候，他用自己拳头敲着自己的前额，喃喃自语道："噢，上帝！让我们停止。！"然而，他还是按主试的要求继续进行，直到进行完所有电压等级。(p. 377)

在文章的结尾，米尔格拉姆列举了几点理由来解释为什么这种特殊的情境会产生如此之高的服从水平。总的来说，从参与者的角度来看，原因主要有以下几点：(1) 如果这项研究是由耶鲁大学发起的，那么它一定是好事情，没有谁会怀疑这样的著名学校；(2) 实验的目的似乎很重要，因为我是志愿者，所以我会尽力完成我的任务来配合研究者实现这些目标；(3) 毕竟，学生也是自愿来这儿的，他对这项工作也有责任；(4) 嘿，我是老师，他是学生，这纯属巧合——我们是抽签决定的，其实另一种情况也很有可能出现，即我是学生，他是老师；(5) 他们为此给我报酬，我要尽力做好；(6) 我完全不知道心理学家以及参与者的权利，所以我将服从他们的安排；(7) 他们告诉我们，电击是痛苦的，但没有危险。

330 研究发现的意义

自从这项研究发表后的 40 多年以来，米尔格拉姆的研究仍然得到很好的支持。米尔格拉姆本人用耶鲁大学以外的其他类似参与者重复了这一实验过程，他们是无偿参加实验的大学生志愿者和一些女性参与者，每次得出的结果都是相似的。

另外，通过实施一系列的相关实验设计，米尔格拉姆进一步拓展了他的研究发现，以揭示促进或限制服从行为的原因（参见 Milgram, 1974）。他发现，受害者（指学生）与老师在身体和情感上的距离会改变服从的程度。当学生在另外一个房间，他既不能被看见也不能被听见，此时服从率最高（93% 的参与者用了最高电压）。当学生与参与者同在一个房间内，主试要求参与者强迫学生把手放在电击板上，此时的服从率降到了 30%。

米尔格拉姆还发现，权威人士与参与者的身体距离也会影响服从行为。参与者离主试越近，其服从倾向越强烈。在一种实验条件下，主试离开房间，并用电话对参与者发出指令，结果参与者的服从率仅为 21%。

最后，有一个现象较为令人乐观，当主试允许参与者用他们想用的任何电压水平惩罚学生时，没有一名参与者使用的电压超过 45 伏。

批　评

米尔格拉姆的研究不仅极大影响我们对服从行为的理解，而且使人们对使用人类参与者的伦理问题进行深刻的思考。即使没有一个人受到电击，但当你认识到自己曾经愿意电击别人（可能致命），而只是因为一个穿实验室工作服的人让你这样做，你会作何感受？对米尔格拉姆研究方法的批评（例如，Baumrind, 1964; Miller, 1986）指出，在实验期间，参与者所承受的压力是让人无法接受的。此外，他们还指出，这种潜在的负面影响可能会长期存在。当参与者经历内心折磨后，主试告诉他们这是个骗局，他们也许会觉得自己被人利用、感到难堪，而且有可能在未来的生活中不再相信任何心理学家或是合法的权威人士。

另一类批评意见主要集中于米尔格拉姆研究结果的效度方面（例如，Brief et al., 1995; Orne & Holland, 1968）。这类批评中经常被提到的一条是，参与者与主试间的关系不仅有信任的成分，还有依赖的成分，并且实验室对于参与者来说也是一种陌生的环境，在那里表现出的服从行为并不代表现实生活中的服从行为。

因此，批评者声称米尔格拉姆的研究结果不仅效度低，而且由于其效度低下，实验对参与者所实施的处理也是不当的。

331 通过在实验完成后对参与者进行调查，米尔格拉姆对这些批评意见做出了回应。他发现 84% 的参与者很高兴参加了这次实验，而只有 1% 的人对这次经历表示后悔。另外，一位精神病学家访谈了 40 名被认为在实验室中感觉最不适的参与者。他得出的结论是，这些人当中没有一个人受到长期的影响。至于批评者认为实验室并没有反映现实生活中的行为，米尔格拉姆的说法是：“来到实验室的参与者是主动的、有选择权的成人，他有能力接受或拒绝在实验中给予他的行动命令”（Milgram, 1964, p.852）。

这里所报告的米尔格拉姆的研究，引起了人们对使用人类参与者的实验伦理问题的持续讨论。事实上，该研究是对服从心理学领域的影响更大，还是对心理学研究中对待人类参与者的伦理政策的影响更大，仍是有争议的（本书前言进行了总结）。

近期应用

米尔格拉姆的服从研究继续对当前的研究发挥着广泛的影响，这一点可以在近期研究的不少注释中得到证明。这些研究主要是在米尔格拉姆早期研究方法和结果的启发下进行的。从 20 世纪 60 年代早期米尔格拉姆开展他的研究以来，每年都有与此有关的研究出现，这些研究可分为两类：一类是试图完善和详细阐述人们服从权威人士的倾向；另一类是在研究中对人类参与者使用欺骗手段的伦理问题的普遍争论。

托马斯·布拉斯是关于斯坦利·米尔格拉姆的研究和职业生涯方面最重要的专家，也是米尔格拉姆的传记《电醒人心》（Blass, 2004）的作者，他回顾了源于米尔格拉姆服从实验的所有研究及其社会意义（Blass, 1999; 2002）。总的来说，布拉斯发现各种研究普遍支持米尔格拉姆最初的发现。更重要的是，在米尔格拉姆第一次发表他的结果之后的 40 多年内，服从率似乎并没有发生显著的改变。这与很多人的直觉判断相矛盾，他们认为美国人总体上已经不像以前那样尊重权威，当权威命令他们做自己不同意的事时，他们更愿意反抗和回击。

另一个经常出现的问题关注的是米尔格拉姆早期研究中的性别，事实上在他最初的研究中所有的参与者都是男性。你有想过吗，总体而言，男性和女性中，谁更倾向于服从权威人士？布拉斯从米尔格拉姆的后期研究和其他人的大量研究中发现，男性和女性在服从率上并没有差异。（想要更详细地了解米尔格拉姆的研究工作的历史和影响，请参见布拉斯的网站：http://www.stanleymilgram.com。）

与米尔格拉姆的发现紧密相关的一个研究，调查了路易斯安那州监狱负责执行死刑的"行刑小组"成员的心理体验（Osofsky & Osofsky, 2002）。研究者访问了 50 名直接参与行刑的狱警，结果发现，尽管比大多数人更多地面对创伤和死亡，但这些参与者并没有出现临床上的抑郁。参与者报告他们依靠宗教信仰、对同辈群体的认同和责任扩散能力来应对痛苦情绪。"不过，这些警官仍然体验到矛盾的情感并且经常报告在执行社会'终级惩罚'时感觉很不好"（p. 358）。 332

在伦理方面，一项研究使用米尔格拉姆的研究范式考察在互联网上进行的社会科学研究中可能存在的棘手的伦理问题（Pittenger, 2003）。今天，大量的研究是通过万维网进行的，而且此类研究的数量在将来还会显著增加。皮滕杰主张，研究者必须警惕与侵犯隐私、未获得知情同意、使用欺骗手段等相关的可能违背伦理的情况。"互联网向研究者提出了独特的挑战，"皮滕杰写道，"其中包括需要界定在互联网上进行的个人行为和公众行为的区别，确保能够获得参与者有效的知情同意的机制，对事后解释程序进行训练，确保所收集数据的有效性"（p.45）。

一个重要的问题是：我们该如何保护参与者在心理学研究中免遭不负责任的欺骗手段的伤害，而又同时允许某些对科学进步来说足够必要的欺骗手段的存在？温德勒（Wendler, 1996）在其研究中建议，当研究涉及欺骗手段时，研究者应给予参与者更高水平的"知情同意"（参见本书前言对此概念的讨论）。这就意味着，在你同意参加实验之前，你会被告知此研究打算使用欺骗手段，但你不会知道欺骗的确切性质。温德勒声称："这种'二级许可'接近于可接受的欺骗，这给我们提供了最好的机会来协调二者的关系，即既要尊重参与者，又要满足科学研究偶尔需要的欺骗"（p. 87）。

结 论

最后，研究米尔格拉姆的历史学家托马斯·布拉斯在 2002 年所著的关于米尔格拉姆生活和工作的传记中评论道：

> 我们不需要米尔格拉姆告诉我们自己有服从命令的倾向。在米尔格拉姆的实验之前，我们不知道的是这个倾向的力量有多大。了解到我们极易服从权威后，我们可以设法使自己提防不受欢迎的或应该受到谴责的命令。（Blass, 2002, p.73）

Baumrind, D. (1964). Some thoughts on the ethics of research: After reading Milgram's "Behavioral Study of Obedience." *American Psychologist, 19*, 421–423.

Blass, T. (1999). The Milgram paradigm after 35 years: Some things we now know about obedience to authority. *Journal of Applied Social Psychology, 29*(5), 955–978.

333 Blass, T. (2002). The man who shocked the world. *Psychology Today, 35*, 68–74.

Blass, T. (2004). *The man who shocked the world*. New York: Basic Books.

Brief, E., Collins, B., & Miller, A. (1995). Perspectives on obedience to authority: The legacy of the Milgram experiments. *The Society for the Psychological Study of Social Issues, 51*, 1–19.

Milgram, S. (1964). Issues in the study of obedience: A reply to Baumrind. *American Psychologist, 19*, 448–452.

Milgram, S. (1974). *Obedience to authority*. New York: Harper & Row.

Miller, A. G. (1986). *The obedience studies: A case study of controversy in social science*. New York: Praeger.

Orne, M. T., & Holland, C. H. (1968). On the ecological validity of laboratory deceptions. *International Journal of Psychiatry, 6*, 282–293.

Osofsky, M., & Osofsky, H. (2002). The psychological experience of security officers who work with executions. *Psychiatry: Interpersonal and Biological Processes, 65*, 358–370.

Pittenger, D. (2003). Internet research: An opportunity to revisit classic ethical problems in behavioral research. *Ethics and Behavior, 13*, 45–60.

Wendler, D. (1996). Deception in medical and behavioral research: Is it ever acceptable? *Milbank Quarterly, 74*(1), 87.

主题索引

注：下文中的页码是指英文原版的页码，请参见本书的边码。斜体页码表示图片或表格。

A

B

D